# 혼돈의
# 20대,
## 자신을
## 말하다

# 혼돈의 20대, 자신을 말하다

청년들의 자기 보고서

김애순 엮음

자신의 꿈을 찾아 도전, 또 도전해 가는 젊은이들의 초상이 여기에 있다!!

시그마북스
Sigma Books

# 혼돈의 20대, 자신을 말하다

**발행일** 2010년 6월 28일 초판 1쇄 발행
2012년 5월 21일 초판 2쇄 발행
**엮은이** 김애순
**발행인** 강학경
**발행처** 시그마북스
**마케팅** 정제용, 장민경
**에디터** 권경자, 김경림, 양정희
**디자인** 김세아, 김수진, 우주연

**등록번호** 제10-965호
**주소** 서울특별시 영등포구 양평로 22길 21 선유도코오롱디지털타워 404호
**전자우편** sigma@spress.co.kr
**홈페이지** http://www.sigmabooks.co.kr
**전화** (02) 2062-5288~9
**팩시밀리** (02) 323-4197
ISBN 978-89-8445-405-7(03180)

* 시그마북스는 (주)시그마프레스의 자매회사로 일반 단행본 전문 출판사입니다.

20대는 낭만과 사랑, 미래에 대한 꿈, 무한한 가능성이 있는 인생의 아름다운 계절이지만 한편으로는 고민과 갈등, 방황 속에서 성숙해 가는 시기이기도 하다. 입시지옥이라는 긴 터널을 빠져나와 대학 입학이라는 환희를 맛보고 넘쳐나는 자유 속에서 잠시 비틀거리다가 미래의 삶을 준비해야 하는 막중한 과제 앞에서 또다시 어둡고 긴 터널로 들어서야 하는 것 같다.

지난 20여 년 동안 연세대학교에서 〈청년기 갈등과 자기이해〉라는 강좌를 이끌어 오면서 청년들과 함께 호흡하며 그들의 갈등과 고민을 나누고 해결책을 모색해 보는 시간들은 나에게 큰 축복이었다. 그리고 이들이 반추해 본 '나의 청년기'에 대한 자기보고서는 나 혼자서 읽기엔 너무 아까운, 소중한 심리학적 자료임을 통감해 왔다. 어떤 학술적 인터뷰가 청년의 내면을 이토록 진솔하게 이끌어낼 수 있으며, 어떤 발달이론이 청년의 갈등과 방황 그리고 대학이라는 생태환경을 이처럼 진솔하게 기술할 수 있겠는가?

이 자료들을 세상에 내놓고자 마음먹은 지는 오래지만 바쁜 일정으로 인해 미루고 미루다가 종강의 아쉬움과 함께 이제야 뜻을 이루게 되었다. 여기에 수록된 자료들은 지난 5년 동안 학생들이 '나의 청년기'란 제목으로 제출한 자기보고서들 중 진솔한 것들을 선별하여 주제별로 분류하고 소제목들을 붙여 엮은 후, 엮은이가 에필로그를 단 것이다. 여기서 '진솔한'의 기준은 자신의 청년기를 거울에 비추듯 얼마나 솔직하게 반추해 보고 자기탐색을 위한 고뇌를 성실하게 기술했는지의 여부이다. 이 자료들 중 일부는 독자들을 위해 내용이 다치지 않는 한에서 문장을 다듬었다. 또한 거의 한 대학에서 수집한 자료이기 때문에 전체 청년들의 모습이라고 일반화시키는 데는 무리가 있음을 밝혀둔다.

이들의 보고에 의하면 많은 청년들이 대학생활 초기 술자리와 인간관계에서 적응의 어려움을 겪고 있다. 그리고 더러는 이성관계, 부모님과의 갈등, 인터넷 몰입으로 인한 무절제한 생활 속에서 비틀거리고 있다. 그러나 이런 비틀거림 속에서 청년들을 일깨워주고 번뇌의 늪으로 빠져들게 하는 것은 이들 앞에 놓여 있는 '정체의 정립'이라는 막중한 과제인 듯하다. 이제 이들은 '나는 누구인가?', '나는 무엇을 할 수 있는가?'에 대한 처절한 자기탐색을 거쳐서 자신의 길을 찾아나서야 하는 것이다. 이것은 미래에 자신이 실현할 꿈을 형성하기 위한 처절한 몸부림이다.

많은 학생들이 지독한 성장통을 겪으면서 자신의 정체를 정립하고 야무지게 꿈을 찾아나가는 모습을 볼 수 있다. 또한 사랑의 아픔, 성경험의 상처로부터 성숙한 사랑에 대한 가치와 능력을 터득해 가고 있으며, 부모와의 관계를 되돌아보면서 부모를 이해하는 성숙함도 보이고 있다. 술, 인터넷, 동아리 활동에 지나치게 탐닉하는 등의 무절제한 생활을 뒤로하고 새로운 생활을 다짐하는 대견스러운 모습들도 볼 수 있다. 그래서 청년기를 '정체의 위기'라 했고, 그 위기 경험은 성숙을 향한 밑거름이 되고 있음을 알 수 있다.

그런데 문제는 청년들이 이런 갈등과 방황을 할 때, 함께 고민을 나누고 대화할 사람이 별로 없다는 것이다. 친구, 애인, 선배들과 어느 정도의 고민을 나누기는 해도 부모와 대화하는 청년은 매우 드문 것이 사실이다. 아마도 〈청년기 갈등과 자기이해〉라는 강좌가 그토록 오랫동안 많은 학생들로부터 사랑을 받아온 이유는 청년들의 이런 욕구를 다소나마 해소시키는 창구가 되었기 때문일 것이다. 내가 학생들의 보고서를 읽으면서 가장 가슴을 저몄던 것은 '나는 내 자식들에게 어떤 부모였나?' 하는 것이었다. 한국의 부모들 중 대학생 자녀와 함께 앉아 이들의 고민과 갈등을 허심탄회하게 나눌 수 있는 부모가 과연 얼마나 될까?

대체로 한국의 부모들은 장기간 입시지옥에 시달려온 자녀가 대학에 합격하고 나면 마치 인생의 목적이 달성된 듯 "휴~ 이젠 됐다. 다 키웠어!" 하면서 안도의 한숨을 내쉬게 된다. 그러나 정말로 중요한 것은 이때부터인 것 같다. 청년기란 '제2의 인생'을 준비하고 설계해야 하는 중요한 인생의 전환기이기 때문이다. 대학 입학이란 그 자체가 목적이 아니라 뭔가를 이루기 위한 수단이고 과정일 뿐이다. 이제 새로운 인생을 준비하는 시작인 것이다. 청년들은 더욱 새로운 마음가짐으로 보다 넓은 세상을 경험하면서 자신의 가능성을 탐색하고 꿈을 형성해서 미래를 설계할 준비를 해야 한다. 그래서 부모는 자녀들의 발달적 변화를 이해하고 자율성을 인정해 주면서 보다 성숙한 차원에서 자녀와 의사소통을 하고 관심과 사랑으로 자녀의 독립을 지원해 주어야 할 때이다.

　여기에 수록된 청년들의 자기보고가 혼돈 속에서 방황하는 청년들에게 자신을 비춰보는 거울이 되고, 자신의 정체를 정립해서 자신의 길을 찾아가는 데 길잡이 역할을 해주었으면 하는 것이 엮은이의 소망이다. 그리고 청소년 및 대학생 자녀를 둔 부모들에게는 자녀를 이해하고 의사소통하는 데 이 책이 징검다리가 되어주었으면 하고 바란다. 더 나아가 부모들이 청년 자녀들의 독립과 분리를 관용하고 지원해 주며 자녀들의 삶을 바로 인도해 줄 수 있는 지혜를 얻을 수 있기를 빈다. 이 책을 예쁘게 편집해서 세상에 나오게 해주신 시그마북스 편집진의 노고에 진심으로 감사를 드린다.

2010년 봄

김 애 순

혼돈의 20대, 자신을 말하다

# 자유에 걸려 비틀거리다

청년기는 어린 시절의 환상, 즉 '내가 원하는 것은 무엇이든지 이루어질 것이며, 나는 부모님한테 속해 있고, 부모님을 따르면 만사가 해결되고 어려움이 있을 때마다 부모님이 도와주실 것이다'라는 환상에서 벗어나 탈바꿈해 나가는 변형의 시기이다. 여기에 그 탈바꿈의 과정이 생생하게 그려져 있다. 새내기 시절 대학 입학이라는 해방감과 자유에 도취되어 휘청거리는 청년들의 모습이 보인다. 그렇게 잠시 흔들리지만 이내 이들은 처절한 고민과 방황 속에서 자기탐색의 '위기'를 거치면서 홀로서기 연습을 하고 있는 것이다. 위기 속에서 군 입대를 하거나 여행을 떠나는 것은 성장을 위한 용광로 역할을 하기도 한다. 어두운 고뇌와 방황의 터널을 지나 새롭게 자신의 정체를 형성하는 모습들, 그리고 한걸음 더 나아가 어렴풋이 방향감각을 찾아서 도약의 디딤돌을 밟고 있는 대견스러운 모습도 볼 수 있다. 이들의 지독한 방황은 성장을 위한 진통인 듯하다. 이들은 '희망은 밥, 도전은 생명, 기적은 옵션, 실패는 거름'이라고 외친다.

# 1. 새내기들의 방황

## '뭔가를 한다는 것'의 소중함을 알기까지

누구에게나 그랬겠지만 대학 입학은 내게 해방과 자유의 문을 열어주었다. 학교와 학원, 도서관만을 오가던 갑갑한 생활에 익숙해 있던 나는 대학이라는 커다란 세상 속으로 들어갈 수 있게 된 것에 무한히 감사했다. 솔직히 나는 대학에 입학해서 열심히 공부해야 되겠다는 생각은 없었다. 물론 내 꿈을 위해 기본소양을 기르는 데 힘써야겠다고 마음먹긴 했지만, 그보다 더 크게 내 마음을 차지하고 있었던 것은 그동안 입시 때문에 포기했던 나의 젊음을 보상받는 것이었다. 한마디로, 마음껏 놀고 싶었다. 밑져야 본전이니까. 아직 스무 살이었고 현역으로 입학했고 건강했고 어떤 것도 내게 걸림돌이 될 만한 것은 없었다. 정말 자유로웠다.

수시입학이어서 전공을 배정받기 위해 학점에 신경 써야 하는 부담도 적어 시험도 편한 마음으로 치르고, 매일 음주가무로 보냈다. 선배님들과 친해지고 친구들과 술잔을 기울이면서 떠드는 것이 좋았다. 그냥 그것이 대학생활의 낭만이고 대학생의 특권이라 생각했다. 술을 멀리하고 도서실과 강의실을 오가는 친구들을 '주어진 기회를 스스로 걷어찬 한심한 녀석들'이라고 생각했다. 대학 1학년은 아무 생각 없이 놀 수 있는 마지막 시기라고 누군가가 말했다. 아마 그 '누군가'는 내가 아는 대부분의 사람들이었을 것이다. 그래서 난 그 조언에 충실했다. 하고 싶었던 축구 소모임에 가입해서 축구를 끝내면 여지없이 술집으로 가서 밤을 새고 길바닥에 토하고 그 다음 날 또 마시고….

　그렇게 하다가 여름방학이 왔다. 다른 친구들은 해외연수나 농촌봉사활동을 떠나기도 하고 외국어 공부를 위해 학원에 다녔다. 이렇게 자기관리에 열심인 친구들을 보면서 위기의식이 느껴지긴 했지만 나는 괜히 모든 것을 군 복무 뒤로 미루고 싶었다. 2학기가 되면서 친구들은 전공 배정을 받기 위해 학점 관리에 열중했고 모두가 자기관리를 하는 쪽으로 흘러가고 있었다. 나도 공부를 하지 않았던 것은 아니지만 내 흥미와는 거리가 멀었다. 그렇다고 예전처럼 놀 수도 없었다. 마음이 무겁게 가라앉았다. 학점, 외국어 능력, 사회체험, 어느 것 하나 변변하게 해놓은 것도 없고, 그동안 사귀었던 친구들도 정작 내 옆에 남은 사람은 별로 없었다.

　'나는 이제 뭘 해야 하나' 하고 막막했다. 공부도, 노는 데도 흥미가 없어졌다. 술자리에서 만났던 친구들은 그저 오다가다 마주치면 인사할 뿐, 연락도 닿지 않고 소원해졌다. 모든 게 짜증났다. 내가 낭비한 시간이 너무나도 아까웠다. 그리고 예전에 잘 놀지 않는다고 무시했던 친구들이 현명했다는 생각이 들었다. 나 자신이 한심했고 자꾸만 무기력해졌다. 그리고 나를 돌아보게 되었다. 늘어난 것은 주량뿐이고 절친한 지기가 늘어난 것도 아니고, 대책 없이 시간만 보냈다는 죄책감이 나를 힘들게 했다.

미래도 불투명했다. '과는 어디로 정해야 하나? 진로는 어떻게 잡아야 하나? 어떤 공부를 어떻게 시작해야 하나?' 어느 하나도 명확한 게 없었다. 답답한 마음에 나는 수업이 끝나자마자 집에 가거나 아예 친구에게 전자출결카드만 맡기고 집에 틀어박혔다. 문득 '내가 뭘 하고 있나' 싶었다. 아까운 시간이 자꾸만 흘러가고 있었다. 그러나 아직 스무 살, 새내기라는 사실에 위안을 삼으며 다시 수업에 열심히 참여해 보았다. 그 결과 학점도 나쁘지 않게 나왔지만 아직 내 앞길은 명확히 보이지 않았다.

그러던 어느 날 연극부를 결성해 보자는 제안을 받았다. 이거다 싶었다. 나는 그해 겨울을 연극과 함께 보냈다. 연극부 단원들끼리 대학로에 나가 연극을 보러 다니고 소품을 준비하고 의상도 제작하고 매일 늦은 밤까지 모여서 연습을 했다. 나는 각색과 주인공을 맡았다. 여러 사람들 앞에서 무언가를 한다는 게 정말로 너무 오랜만이어서 준비하는 내내 많이 떨기도 했다. 하지만 1년의 긴 공백 속에 내 족적을 하나쯤은 찍어두고 싶었다. 그래서 정말 열심히 준비했다. 연극 공연을 성공적으로 마치고, 나는 연극부라는 소중한 열매를 하나 맺었다. 그리고 대본 쓰기에 흥미가 생겨 극을 공부해 보게 되었고 그 관심은 국어국문학과를 선택하게 하였다.

겨우내 얼어 있던 내 좁은 텃밭에서 캐낸 '열정'이라는 작은 풀포기 하나를 발견하고, '뭔가를 한다'는 것의 소중함을 알게 되었다. 아직 '뭔가'를 이루지는 못했지만 앞으로도 계속 내가 원하는 무언가를 해나갈 것이다. 그것이 비록 순탄치 않은 길 가운데 있다고 하더라도 말이다. 나는 아직 젊기 때문이다.

## 나에게 건네는 위로

첫 오리엔테이션 기간, 선배들은 새내기들을 뒤풀이에 데려갔는데 나는 거기에서부터 여학생과 술을 싫어하는 사람, 장애인 같은 소수자를 배제하는 문화에 끼지 못하면 친밀해지기가 힘들다는 것을 깨달았다. 심지어는 휴강 공지를 알지 못해 텅 빈 교실에 혼자 들어선 적도 있었다. 퀴즈와 시험이 잦은 단과대의 특성인지는 몰라도, 부정행위는 아무것도 아닌 일처럼 일어났고, 내가 온종일 과제를 할 때 다른 친구들은 번역판 솔루션을 찾아 공유했고 선배들의 보고서를 2분 만에 베껴낼 수 있었다. 노력이 정당하게 평가받지 못하는 일이 고등학교 시절에 이어 대학에서도 반복되면서 나는 열등감에 빠지기 시작했다.

열등감을 가진 나 자신, 고정관념의 위협에 시달리는 나 자신이 미웠지만 어디에서도 나는 좋은 사람이고 능력 있는 사람이라는 증거를 찾을 수가 없으니 어쩔 수가 없었다. 나는 점차 주류의 주변에서 맴도는 실패한 주변인이 되었다. 그렇게 나를 굽힌 내가 싫었고 1년이 넘도록 폐인처럼 살았다. 학교에 가지도 않고 졸리지도 않은데 잠을 청하고, 또 밤이 되면 외로워하면서 의미 없이 시간은 흘러갔다. 책은 항상 많이 보았지만 책 속의 많은 이야기들이 오히려 나를 더욱 꿈속에서 살게 했기 때문에 나는 더욱 허무주의에 빠져들었다.

그토록 흔들린 것은 아마도 내 자아가 그만큼 약했기 때문일 것이다. 주변에서 뭐라고 하든 내가 옳다고 믿는 것을 지킬 수 있고 스스로 미워하지 않을 수 있으려면 강한 자아를 찾아야 한다. 그래야만 이 긴 회의와 무기력에서 벗어나 나의 길을 갈 수 있으리라. 조급해하지 말자. 나는 이 강의를 통해 이러한 고민과 갈등이 나 혼자만 겪는 문제가 아니라는 것을 깨닫고 희망을 얻었다. 나만 이렇게 힘들다고 믿으면서 한심하게 시간만 보낸 나를 용서할 수가 없었다. 별것도 아닌 마음먹기에 달린 것을…. 돌이킬 수 없을 정도로 실패하지 않았다는 생각만으로도 조각난 나를 모을 의욕이 생겼다.

아직은 어떻게 나를 찾고 어디서부터 시작해야 할지 모르겠지만 이 시간들이 나에게 아무 의미 없는 시간이 아니라 나를 찾기 위해 겪어야 하는 하나의 관문이라고 생각한다. 실은 나를 지독히 미워하며 우울증과 불면으로 보냈던 힘든 시기에 나는 '현재-여기now-here에 살지' 않고 '어디에도no-where 살지 않았던' 것 같다. 자신만만했던 과거의 파편과 미래에 대한 불만과 불안으로 현재에 살지 못했던 것이다. 대학에 들어온 지 얼마 안 되어 쓴 일기를 들춰보면 "누구에게 매달려야 할지 모르겠다"라는 구절이 있다. 그때는 관계란 누구에게 매달리지 않고 함께 가는 것이라는 것조차 잊어버렸던 것 같다. 그래서 나 자신에게 실망하고 주위 관계까지 줄줄이 실패한 후 더욱 외롭기만

혼돈의 20대, 자신을 말하다

했었다. 이제 잠깐 멈추어 서서 현재에 사는 법을 익힌 후 다시 출발해야겠다. 아직 답도 없고 어디로 가야 할지 모르지만 마음의 짐을 덜고 치열하게 고민해 보자.

빛나는 청춘, 희망은 밥이고 도전은 생명이고 기적은 옵션이고 실패는 거름인 청춘! 그래서 다행이다. 다른 사람들처럼 아직 나는 특별한 사람이다. 그래서 다시 글을 쓰고 사람이 있든 없든 외롭지 않으며 내 꿈을 찾아 오롯이 피어날 수 있기를….

# 2. 2말 3초, 군대는 용광로?

### 묻지 마 방황, 그리고 군대로

전국의 수많은 고등학생들은 대학교에 대한 로망이 있을 것이다. 나도 그랬다. 대학에 입학하면 많은 이성 친구, 동성 친구들이 생기고 술도 마시고 미팅, 소개팅도 할 수 있고…. 대학은 나에게 자유와 즐거움의 표상이었다. 아마도 이러한 막연한 기대 덕분에 고3 시절을 버텼는지 모른다.

실제로 대학에 입학하자 나에겐 많은 변화가 생겼다. 집에서도 대우가 달라졌고 친구들의 대우도 바뀌었다. 대학생활 역시 내가 기대했던 대로 이성, 동성 친구들도 많이 생겼고 미팅과 소개팅이 끊이질 않았다. 학교 수업이 끝나면 친구들과 게임방도 가고 당구도 치고 술도 먹으면서 '아, 이런 게 대학생활이구나!' 라는 생각이 들었다. 그 정점은 5월의 축제였다. 고등학교 시절엔 전혀 볼 수 없었던 응원, 그리고 연예인들의 노래와 뒤풀이를 직접 보고 즐기면서 부모님이 왜 '대학 가서 실컷 놀라'고 하셨는지 알 것 같았다.

　많은 친구들을 사귀면서 대학생의 본분은 나와 점점 멀어져 갔다. 난 진로에 대해 진지하게 고민해 본 적도 없고 취직에 대해서는 더더욱 아무런 생각이 없었다. 학점은 나에게는 단순한 소수점 숫자에 불과했다. 학점에 대해서 나에게 뭐라고 할 사람도 없었고, 학점 관리의 필요성도 느끼지 못했다. 대부분의 학생들이 그렇겠지만 고등학교 때 억눌려 있던 자유에 대한 욕망이 대학에 들어오면서 분출된 것이었다.

　2년 동안 같은 생활이 반복되면서 나는 그저 술 먹는 기계, 돈만 축내는 기계였을 뿐, 집에 전화하는 목적은 단지 옷이나 돈을 요구하기 위한 것이었다. 하지만 친구들과 많은 시간을 보내며 인간관계를 재정립할 기회를 가졌던 것은 이 시기의 소중한 열매였던 것 같다. 동아리 친구들과 자전거로 제주도 일주를 하는 색다른 경험도 했다.

　그러나 막상 3학년이 되니 진로에 대한 부담감과 군대에 대한 압박감이 밀려왔다. 더 이상 나에게 여유라고는 없어 보였다. 게다가 어려운 전공과 힘든 교과과정으로 인해 '과연 내가 갈 길이 이 길이 맞는가?' 하는 회의도 생겼다. 친구들은 모두 군대에 가고 없었고 내 주위 환경은 많이 변해 있었다. 이제 결정을 해야만 했다. 지난 2년 동안 생각 없이 살아왔다는 것에 자책감이 들었다. 신체적으로는 발달하였지만 심리적, 사회적으로는 아직 아동 수준이었던 것 같다.

　많은 고민과 갈등 속에서 현실과 이상의 괴리는 커지기 시작했다. 성적은 곤두박질치기 시작했고, 시험을 앞두고 머릿속에는 아무것도 들어오지 않았다. 급기야 백지 답안을 내고 학기 중에 휴학을 해버렸

다. 그리고 카투사에 지원했으나 떨어졌다. 고향으로 내려온 나는 갈
등과 고민으로 인한 스트레스를 술로 해소했다. 일주일에 5~6일은 술
을 마셨다. 당시 문제 출제하는 아르바이트를 했는데, 그렇게 해서 번
돈을 모두 술을 마시는 데 탕진했다. 저녁때까지 게임방에서 시간을
보내다가 날이 밝을 때까지 술을 마시는 것이 나의 일상이었다. 이렇
게 4~5개월을 마시다 보니 몸이 따라주지 않아 토하고 또 마시고 했
다. 이때 아마도 알코올 중독 근처까지 갔던 것 같다.

  나는 해결책으로 군대를 택했다. 나의 힘으로 안 되니 강제의 힘을
빌리기로 했다. 2년 동안 군 복무를 하면서 나는 나에 대해 많은 생각
을 할 수 있었다. 입대 초기에는 부모님과 친구들 생각이 많이 났지만
차츰 적응해 가면서 '나는 무엇을 해야 할까, 전역하면 무엇부터 해야
할까, 내 적성은 무엇일까' 하고 먼 산을 바라보면서 수없이 생각했다.
나에게 서서히 변화가 생기기 시작했다. 휴가를 나왔다가 복귀할 때
전공 서적과 단어장을 가지고 들어가 시간 나는 대로 공부를 하기 시
작했다. 1년여 동안 전공과 영어 공부를 했다. 이때 공부한 전공과목은
다음 학기에 A$^+$를 받았다.

  2년여의 군 복무를 마친 후, 나는 확실히 뭔가 달라졌음을 느낄 수
있었다. 이제 내가 무엇을 해야 할지 방향이 잡힌 것 같았고 마음속에
중심축이 생기니 성적도 잘 나왔다. 전역 후 다음 학기 성적은 4.0에
가까웠다. 공부에 흥미도 생겼고 수동적이 아닌 능동적으로 공부하는
방법도 터득했다. 이제 졸업이 다가오면서 진로를 결정해야 한다. 크
게는 대학원 진학이냐, 취직이냐를 정해야 한다. 교수님과 진로 상담

도 하고 대학원 선배들로부터 조언도 구하고 있다. 전역 후 확실히 달라진 점은 나 자신에 대한 확신감이다.

　겨울방학 때 실무경험을 위해 ○○사 인턴에 지원했는데 합격통지가 왔다. 인턴사원으로 일하면서 영어와 한자 공부도 병행할 생각이다. '젊은 시절의 방황은 절대로 헛된 것이 아닌 성장을 위한 초석'이라는 교수님의 말씀이 실감난다. 지난 세월의 방황이 헛되지 않았음을 느끼면서 감사한다. 그 방황을 통해 내가 어떤 사람이고, 무엇을 해야 하는지를 알게 되었으니 말이다.


## 경기는 아직 끝나지 않았다

'경주가 시작되었다. 100m 달리기 선수가 뛴다. 선두다. 그는 오직 앞만 보고 달린다. 옆이나 뒤를 돌아보는 것은 치명적인 실수다. 가장 먼저 결승선에 도달하기 위해 사력을 다해 달릴 뿐이다. 이윽고 결승선을 통과한다. 해냈다. 우승이다. 그런데 곧 이상한 분위기가 감돈다. 경기는 아직 끝나지 않았고, 주변에서는 더 달리라고 요구한다. 그 사이 하나, 둘, 다른 선수들이 자신을 추월한다. 도대체 얼마나 더 뛰라는 거지? 페이스 조절에 실패한 그는 더 뛸 여력도, 뛰어야 하는 동기도 부족하다. 결국 자리에 주저앉고 말았다.'

　스물이라는 기로에서 나 또한 그랬던가? 대다수의 학생들처럼 나의 목표는 좋은 대학에 들어가는 것이었다. 그것이 비록 자발적이든 아니든 내가 원하는 것은 분명했고, 옳다고 믿었다. 물론 무척 힘겨운 시간들이었고 몇 번이고 좌절을 맛보아야 했다. 하지만 참고 견디었다. 이 고개만 넘으면 넓은 평야가 나올 거라는 막연한 기대 때문인지도 모르겠다. 결국 노력 끝에 나는 명문대에 진학했다. 승리는 달콤했다. 부모님이 좋아하셨고 지인들도 부러워했다. 그날의 흥분과 희열은 영원할 것만 같았다. 하지만 시간이 흐르자 이런 감정들은 어디론가 숨어버렸고 차츰 모든 것이 제자리로 돌아갔다. 자연스럽게 나는 대학생이 되었고 조만간 닥칠 풍랑의 존재에 대해서는 알지 못했다. 가지런히 정돈되어야 할 인생의 매듭들은 오히려 한 올씩 엉키고 있었다.

대학이라는 환경과 새로이 접하면서 나는 심한 부조화를 경험했다. 첫 행사인 오리엔테이션을 마치고 내게 돌아온 주변의 피드백은 존재감이 없다는 것이었다. 내색하지는 않았지만 심한 충격이었다. 고등학교 시절에 나는 공부도 잘하고 친구들 사이에 인기도 많은 학생이었는데 여기서는 더 이상 아니었다. 새로운 사람들과 문화에 적응하기까지 충분한 시간도 주지 않고 나에 대해서 쉽게 말해버리는 이들이 얄밉기도 했다. 어쩌면 1년의 재수생활 동안 정말 내가 변한 건 아닐까 생각도 했다. 성적이 오르고 내리는 것에 지나치게 과민반응을 하고 스트레스를 받다 보니 사뭇 진지하고 과묵해졌을 테다. 하지만 그렇게 변한 내 모습을 스스로 받아들이기란 쉽지 않았다.

한편 대학 문화에 대한 막연한 동경이었을까? 아니면 오해였을까? 알맹이 없는 시시콜콜한 농담, 그리고 밤늦게까지 이어지는 음주문화는 나와 잘 맞지 않았다. 여태껏 달려오기만 한 나에게 의미 없이 쉰다는 것은 시간낭비처럼 느껴졌다. 나는 기계처럼 쉬지 않고 자꾸만 무언가를 생산하고자 했다. 솔직히 고백하면 쉬는 것이 두려웠다. 누리는 시간은 많아졌지만 이를 가치 있게 쓰기란 쉽지 않았다. 독서를 통해 다양한 경험을 하고 자유롭게 학문을 닦을 것이라는 낭만적인 생각은 상상에만 그쳤다. 등수의 개념은 없어졌지만 성적을 위한 의무적인 학습은 여전했기 때문이다. 성적표에 A가 적힐지언정, 나는 안다. 그건 가짜라는 걸.

비가 억수로 온다고 했던가! 이 와중에 때늦은 사춘기가 왔고 나는 부쩍 외모에 신경을 쓰기 시작했다. 거울을 보는 시간이 많아지고 신체 이미지에 대한 불만이 쌓이기 시작했다. 이는 곧 자격지심으로 이어져 주눅이 들곤 했다. 자신감을 잃다 보니 내 태도나 행동에서도 상대방의 피드백에 예민하게 반응하는 과조절 현상을 보였다. 대인관계에서도 소극적인 면을 보였다. '나는 이러이러하니까 사람들이 좋아하지 않을 거야' 라는 식이었다. 나의 자존감은 밑바닥을 향했고 영혼은 점점 황폐화되어 갔다. 부모님과의 대화에도 매일 불평이 섞였다. "아들, 잘하고 있지?" 도대체 무엇을 잘하고 있느냐는 걸까? "아뇨." 마음 속에서 또 심술을 부렸다.

진정 내가 바란 것은 무엇이었을까? 분명히 원하는 것을 얻었는데 뭔가 부족한 허전함은 왜일까? 혼란스러웠다. 수년 동안의 했던 노력의 결실이라고는 단지 명문대 누구라는 수식어가 더해졌을 뿐 삶은 이상할 만큼 그대로였다. 오히려 추락에 가까웠다. 모든 면에서 내가 주체이지 않았다. 언제나 삶의 주인공이라고 믿었던 내가 조연 아니 엑스트라나 들러리가 된 기분이었다. 넓게는 환경이 날 지배하는 것 같앉고, 좁게는 부모님의 꼭두각시 인형처럼 느껴졌다. 마침표가 있어야 할 자리에 물음표만 더해 갔다. 이제는 고시를 준비해야 하는 걸까? 그것을 이룬다고 해도 이 같은 상태가 다시 온다면 어떻게 하지? 나에 대해서 곰곰이 생각한 적이 있던가? 겉으로는 태연한 척 웃고 있지만 마음속으로는 불안감에 노심초사하였다. 누군가 나를 향해 '넌 누구냐'고 물으면 어쩌지?

삶에 대한 부정적 가치관이 어느새 마음속에 자리 잡았다. 지금까지 나의 인생에 행복보다 고통의 순간이 더 많았다고 생각되자 미래 또한 힘겹게 느껴졌다. 나에게 주어진 하나하나의 매듭을 푸는 일이 부담스러워졌다. 어디부터 시작해야 할지 모호하고 불분명했다. 새로운 백지 상태가 되고 싶었다. 다시 밑그림부터 분명하게 그려서 원하는 색깔의 물감으로 칠하고 싶었다. 그래서 나는 떠나기로 결심했다. 일종의 도피였지만, 한편으로는 마지막 희망이었다. 때마침 국방의 의무가 주어졌고 사회와 작별하며 속으로 외쳤다. 성숙한 내가 되어 다시 돌아오리라!

'저 머나먼 아라비아의 사막으로 나는 가자.' 시인 유치환 님의 「생명의 서」 중 한 구절이다. 깨달음을 얻기 위해서라면 극단에까지 이르는 것을 주저하지 않아야 한다. 나는 스스로를 새롭게 재정립하기 위한 자아와 세계와의 치열한 싸움을 선언했다. 이는 지금까지 동일시해 온 자아상을 과감히 버리고 다시금 나를 찾기 위한 모험이었다. 마치 소설 『연금술사』의 산티아고처럼.

훈련병 시절, 작은 체구의 나였지만 한 차례의 열외도 없이 모든 훈련을 끝마쳤다. 총을 쏜다는 것은 두려움 그 자체였고, 매일같이 모래바람을 맞으며 뛰고 뒹굴어야 했다. 정신적으로나 신체적으로 깨지고 아무는 과정이 계속되었다. 힘들 때마다 이를 더 악물었다. 그러자 주변 사람들에게서 차차 인정을 받기 시작했다. 약골로만 보였던 내가 열심히 하는 모습에 자신도 힘을 얻었다는 진솔한 피드백도 있었다. 점점 자신감이 솟구쳤다.

자대 배치 이후에도 자기계발의 노력은 계속되었다. 나로 향하는 모든 문을 개방했다. 악기 연주, 문학, 외국어 등 다방면에서 새로운 경험들을 수용하였다. 특히 독서에 대한 새로운 발견이랄까, 그곳에서 나는 책 읽는 재미에 푹 빠졌고 휴가를 마치고 귀영할 때면 두 손에 책이 가득했다. 가끔씩 정신적으로 훌쩍 성장해 있는 나를 보고 놀라기도 했다. 또한 위계질서가 엄격하고 심지어 비인격적인 곳에서 나는 새로운 인간관계를 만들어냈다. 의외로 내가 가진 사랑스러운 점이 많았다. 2년이라는 시간을 나는 누구보다도 획기적으로 활용했다. 서서히 마음에 여유가 생기고 성격도 밝아졌다. 변화된 내 모습을 당장이라도 보여주고 싶었다.

내 인생을 시기에 따라 정의해 보았다. '미완성 → 방황 → 성장 → 도약' 으로 이어지는 삶의 연속이었다는 것을 깨달았고, 한 순간도 의미 있게 보내지는 않았다고 생각했다. 나아가 조금씩 완성을 향해 다가가는 나를 보게 되었다. 꿈에 있어서도 스스로에게 너그러워졌다. 내가 하고 싶은 일을 찾는 데 힘쓰기로 결심했고, 무엇보다 나의 역량을 키우는 데 집중하기로 했다. 언제부턴가 나를 비롯하여 암울했던 환경 모두가 새롭게 변하였다. 특별한 사실을 깨달았다. 나는 미운 오리 새끼가 아니라 아름다운 백조라는 걸. 이런 것을 자아정체감이라 할 수 있을까? 백조인 나는 이제 훨훨 날 준비를 한다. 성장에서 도약으로 발돋움하기 위한 과정이다. 물론 앞으로도 시련은 있을 것이다. 하지만 나 이외의 다른 어떤 것도 내게 열등감을 줄 수는 없다는 것을 안다. 내 삶은 그 누구도 아닌 내가 완성한다.

'신호음이 다시 울린다. 선수가 고개를 든다. 잠시 방황했지만 경기는 아직 끝나지 않았다. 애초에 이 경기에서 끝이란 없는지도 모르겠다. 오직 선수 자신에게 달려 있으니 말이다. 트랙으로 돌아온 그는 서서히 스퍼트를 내기 시작한다. 선수의 입가에 미소가 번진다. 그의 백만 불짜리 다리가 빛난다.'

# 3. 다시 혼돈 속으로

**어둠보다 대낮의 빛이 더욱 두려웠다**

대학에 입학한 지 어언 5년이 지났다. 술, 당구, PC방, 유흥가를 돌며 즐기는 것이 대학생활의 낭만인 줄 알았다. "괜찮아, 괜찮아…. 남들도 다 같이 노는 건데 뭐 어때!" 하면서…. 최고 방어율 투수에 버금가는 학점을 몇 번씩 받는 어처구니없는 일상을 뒤로하고 나는 군에 입대했다. 처음 입대할 때, 2년 4개월은 참 긴 시간이라 생각해서 많은 것을 계획했다. 하지만 "군대 있는 동안 뭐했어?" 하고 물으면 "아무것도…. 그냥 몸 건강히 전역하는 것이 다행이지" 하는 선배들의 이야기가 한때는 거짓이라 믿었는데, 나 역시 별다를 게 없었다.

제대 후 3개월 동안 나는 우울의 늪에서 헤어나지 못하고 눈 밑에는 항상 다크서클이 자리 잡혀 있다. 이런 내 모습을 거울 속에 비춰 보면서 쓴웃음만 지었다. 때로는 사람이 그리워, 때로는 사람에 시달린다는 느낌에 밤을 지새우기도 하고 홀로 있으면 생각의 홍수에 휩싸여 아무것도 할 수 없었다. 아무것도 하지 않는다는 것이 많은 일을 하는 것보다 훨씬 더 힘들다는 것을 몸소 깨달았다. 무엇인가를 해야만 한다는 압박 속에 열심히 뛰었지만 돌아보면 항상 제자리걸음이다. 남들은 앞으로 나아가고 있는데 내 제자리걸음은 결국 뒷걸음질이란 것도 알게 되었다.

'난 무엇을 하면서 살아야 할까?' 라는 질문을 수없이 던져보았다. 하고 싶은 일이 정말 많은 것 같으면서도 실제로 정확히 하고 싶은 일도, 확실하게 할 줄 아는 것도 없었다. 꿈이 없어서 돈을 목표로 삼고, 겁은 많아 실패는 두렵고, 무엇이든 보상이 확실하게 보장되지 않으면 절대 시작도 하지 않으며, 눈은 높아서 주변 현실도 못마땅하고, 어떻게 하면 편하고 안전한 직장을 얻어 돈을 벌 수 있을지 궁리했다. 노예가 풀려나 쇠사슬을 벗고 광활한 평원을 바라보며 막막함을 느끼듯이 오랜만에 찾아온 자유는 나를 당황하게 했고, 어두움을 두려워하던 어릴 때와는 달리 대낮의 빛을 더욱 두려워하는 내 모습을 발견했다. 아침햇살에 눈을 뜨면 '후~ 또 하루가 시작되는구나' 하고 두려움을 느꼈고 해가 지면 불 꺼진 방 안에서 '드디어 하루가 끝났다' 하고 편안함을 느꼈다.

제대 후, 때 아닌 사춘기가 다시 찾아온 듯 끊임없는 방황이 이어졌다. 몇 날 며칠을 마냥 흘려보내다가 갑자기 봇물 터지듯 쏟아지는 생각들, 해야 할 일들로 머릿속이 혼란스러워지면 눈을 감고 잠을 자버리고 술을 친구삼아 하루를 보내버렸다. 눈을 떠 생각해 봤자 답이 나오지 않았다. 남들이 다 하는 것을 하려고 노력할수록 내가 아닌 것 같

혼돈의 20대, 자신을 말하다

은 느낌이 들고 내 한계를 발견할 뿐이었다. 하지 말아야 한다면서 하고, 해야 한다면서 안 하고…. 이것저것 기웃거리며 어느 것 하나 포기도 못 하고, 방법도 모른 채 거창한 계획만 세우고, 나보다 비참해 보이는 사람들을 보고 위안도 삼았다. 나는 실제의 현실을 직시하지 못하고 내가 그렇게 되기를 바라는 세상을 보아 왔었다.

내 욕망과 꿈속에서 나는 특별한 아이였지만 현실에서는 보통 아이였다. 단테가 말했던가. '인생에서 가장 큰 슬픔은 과거의 행복을 기억하는 것이다'라고. 과거의 모습으로 오늘의 초라한 모습을 대변하고, 과거의 행복을 기억하며 오늘의 슬픔을 위로하는 나였다. 모든 일에 자신이 없다. 귀는 얇아서 남들이 날 어떻게 생각하는지, 어떻게 보는지에 신경을 곤두세우고 그들의 눈에 나를 맞추려 하고 한 번의 실수에도 안절부절못하고 그 실수에 짓눌려 살았다. 하지만 그것은 내 실체가 아닌 거짓 속에 사는 것이었다. '나는 누구인가?' 하고 물으면 "이름은 ○○○, 가족은 부모와 형이 있고, △△대학교 ▽▽학과 재학 중입니다. 특별히 잘하는 것도 없고 취미도 마땅한 것이 없고 성격은 우유부단하며 결단력이 없습니다"라고 대답하는 것 외에는 달리 할 말이 없었다.

어느 날 수업 중 발표자의 말 몇 마디가 내 머리를 강타했다. "나는 항상 밝아 보이고 그냥 보기만 해도 누군가에게 행복과 희망을 주는 그런 사람이 되는 것이 꿈입니다. 왜 그런 사람 있잖아요. 그냥 표정만 봐도 어둡고 우울해 보이는 사람…. 그런 사람은 되지 말자는 생각이에요."

마치 실직자가 거리를 헤매다 얼굴로 날아든 전단지를 보고 "바로 이거야!" 하고 소리치는 것처럼 내 몸에 전율이 왔다. '긍정적 마인드', '모든 일은 마음먹기에 달렸다'는 말은 중·고등학교 윤리 책, 서점 베스트셀러에서 얼마나 많이 들어왔던 말들인가! 그때는 유치하고 뻔한 얘기들이라고 생각했었지만, 나는 생각을 전환하기로 했다. "나는 할 수 있을 거야!"라고. 나는 서서히 우울의 늪에서 벗어나기 시작했고 하는 일이 즐거워졌으며 표정이 밝아졌다. 무엇보다 한동안 잃어버렸던 자신감(자만심이 아닌)을 되찾은 것이 뿌듯했다.

내 문제는 목표의식의 부재다. 눈 덮인 벌판을 일직선으로 걸어가려 해도 발자국은 구부러지게 마련이다. 만일 벌판 저편에 목표물이 있다면 결과는 달라질 것이다. 나는 앞을 향해 곧게 나아가려 하지만 저편에 목표물을 세우는 지혜가 아직 없다. 무엇보다 내가 두려운 것은 하나의 목표물을 세웠을 때 내가 얼마나 노력을 해야 할지 그것이 두려웠다. 타조가 땅속에 머리를 묻어버리듯 현실을 보지 않으려는 비겁자는 되지 않으리라 다짐한다. 지난 세월의 방황과 좌절, 실수와 착오들, 낭비된 시간들을 돌아보며 나 자신을 용서하기로 했다. 과거에 대한 후회보다는 미래가 내 손안에 있다는 것, 그리고 그것을 내 의지대로 선택하고 바꿔나갈 수 있다는 데 희망을 걸자. 망설이지 말자. 보지도 않은 영화를 재미없을지 모른다고 포기하듯 실패에 대한 우려와 걱정부터 하지는 말자.

아직 나에게 거창하고 세부적인 계획이 있는 것은 아니다. 어떤 선택이 옳고 나쁜지도 아직 알 수가 없다. 다만 내가 선택한 삶이 절망적

혼돈의 20대, 자신을 말하다

일지라도 누군가의 강제에 의해 선택한 삶보다는 후회가 적을 것이다. 이제 '내 꿈을 찾는 것'과 '내 맘대로 사는 것'을 혼동하는 바보는 아니다. 앞날을 멀리 보고 쓸데없이 걱정하지 말고, 조금 늦었지만 일단 하나씩 목표를 정해야겠다. 원래 주어진 고통은 괴롭지만 스스로 선택한 고통은 즐거운 법이다. 비록 인생이 내 뜻대로 살아지지 않는다 할지라도 일단 꿈을 위해 달려가는 내 모습이 중요할 뿐이다.


## 끝없는 자기 회의는 부정적 가치관만…

한 해가 저물어 간다. 이제 두 달 후면 지긋지긋했던 대학생활도, 회한의 연속이었던 20대도 막을 내릴 것이다. 돌이켜보면, 이룬 게 없다. 초라한 학점, 항상 혼자 먹는 밥, 가끔 문자로 근황이나 묻는 친구 몇몇. 이것이 냉정하게 평가한 나의 현주소다. 재수할 때 다졌던 각오, 막 제대했을 때의 결심, 내 푸르렀던 청년기 초반의 모습과 꿈들은 어디로 가버린 것일까?

학창시절 나는 공부 좀 하는 아이였고, 말썽 피운 적도 별로 없고 친구 사귀는 데는 소심하고 서툰 조용한 아이였다. 그리고 자만에 가까울 정도로 자부심이 강했다. 그러나 이러한 자부심은 재수를 하면서 불발로 끝난 첫사랑, 특목고 출신들과 경쟁하면서 느꼈던 공허함과 외로움 때문인지 열등감으로 변질되었다. 꿈에 그리던 대학 입학, 그 환상은 오리엔테이션에서부터 산산조각이 났다. 한 살 어린 동기들과 친구가 된다는 것이 어려웠고, 선배들과의 술자리도 어색하기만 했다.

동아리 활동으로 택한 과내 학회 활동 역시 무뚝뚝한 복학생들로 가득 차 있어 내가 기대한 낭만과는 거리가 멀었다. 꿈에 그리던 여학생들과의 만남, 그것은 마음일 뿐 소극적인 나로서는 접근하기조차 어려웠다. 나에게 여자는 애인도 친구도 될 수 없는 존재였고 항상 어렵고 서먹서먹한 대상이었다. 순탄하게 나만의 울타리 안에서 살아왔던 나에게 사교성과 적극성이 요구되는 대학생활은 너무 힘들었다. 그래서 공부에 학을 떼고 있었던 나는 겉돌기 시작했고 몇몇 조원들과의 만남, 출석기계로서의 일상이 끝나면 PC방 게임 속으로 도피하곤 했다.

자유는 자유로되 허망한 자유였고 그것을 누릴 여력이 나에겐 없었다. 점점 지쳐가는 나 자신에게 화도 났다. 그러던 중 어느 친구의 소개로 교회에 나가봤지만 처음부터 난 신앙보다는 대인관계가 목적이었다. 어린 시절부터 부모와 떨어져 살아온 나는 사람의 정이 그리웠다. 처음엔 정감 있는 교회 친구들의 관심과 배려에서 따뜻한 정을 느끼기도 했지만 일주일에 서너 차례 출석을 요구하는 교회생활은 6개월 만에 끝이 나버렸다. 입대 전 1년 반 동안의 대학생활을 통해 자신감이 산산조각 났고, 이런 내 모습은 친구, 선배, 부모님의 기대와는 거리가 먼 모습이었다.

군 입대는 무력감과 우울감에 빠져 있던 나에게 도피처에 불과했다. 현실 도피의 비상구로 택한 군 생활은 또 다른 시련의 연속이었다. 온실 속의 화초 같았던 나에게 군 생활은 살아남기 위해 뛰지 않을 수 없는 생존의 문제였다. 전경이었던 나는 시위 진압을 하며 많은 고민을 했다. 입대 전만 해도 교문 앞에서 불심검문하는 전경들에게 반감을 가졌던 내가 또래 대학생들의 시위를 진압하는 상황은 모순의 연속이었다. 공권력을 증오했던 내가 공권력의 탈을 쓰고 시위를 진압하는 모습은 내 정체의 혼란을 더욱 가중시켰다. 장기 시위가 있다 싶으면 어김없이 이어지는 철야근무와 대치상황, 부모뻘 되는 시위자들과 맞서야 하는 상황…. 정말 육체적으로도, 정신적으로도 힘든 시기였다.

가장 혼란스러웠던 것은 막상 진압복을 입고 나면 그동안의 고민이 언제 있었냐는 듯 무자비하게 폭력을 휘두르는 내 모습이었다. 그토록 미워했던 고참들의 행태를 답습하고 있는 나를 보며 '그나마 자부하고 있었던 지성인으로서의 일말의 양심마저 저버리는 것이 아닌가' 하고 후회도 많이 했다. 전경 버스 옆에 천막을 치고 길거리에서 밥을 먹을 때면 우리를 벌레 보듯 쳐다보는 여대생들이 그토록 미울 수가 없었다. 이렇게 군대는 나에게 사람에 대한 증오 또한 배우게 한 냉혹한 곳이었다. 한 달이 넘도록 장기 농성을 해도 코빼기조차 비치지 않는 회사 경영진의 모습에서 강자와 약자의 현실을 깨닫기도 했다. 돌이켜보면 군 생활에서 내가 깨달은 것은 냉혹한 현실, 적당한 타협, 그리고 대학생과 전경이라는 이중적 정체의 혼란이었다. 대민봉사, 방범활동 때 잠시나마 느꼈던 보람은 정말 짧았고, 잔인한 현실은 늘 다시 돌아왔다.

군 복무를 마치고 복학한 후, 나는 책임감도 늘었고 예전보다는 성실해졌다. 사교성도 높아져 복학생 모임에도 기웃거렸다. 그러나 고시 준비를 하면서 차츰 대학생활이 귀찮아졌고, 전공 수업은 실제 시험에 별로 도움이 안 된다는 생각에 휴학기간은 점점 더 길어져 갔다. 그러던 어느 날 버스에서 잠을 잘못 잔 탓에 오른팔에 마비 증세가 와서 재활치료를 받게 되었다. 많은 환자들 중, 지금도 마음 한 구석에 아련히 남아 있는 여자애가 있다. 반신불수여서 걷지도 못하고 말도 못 했지만 뜻밖에도 표정은 항상 해맑았다. 그 애가 치료 도중 아프다고 말을 더듬으며 우는 모습을 보고 나는 몇 년 만에 눈물이 왈칵 솟았다. 그 아이에 비하면 나는 얼마나 행복한 사람인가! 처음으로 나 자신의 모습에서 건강함의 소중함을 깨달았다. 돌이켜보면, 내 청년기는 자아탐색이 부족했던 것 같다.

'자신을 사랑하지 않으면 남도 사랑할 수 없다'는 말이 생각난다. 나 자신에 대한 끝없는 회의는 결국 세상에 대한 부정적 가치관만 가중시킨 꼴이 된 셈이다. 항상 이기적이고 나 자신을 변화시키는 데 두려움을 가졌던 나는 정작 자신을 사랑하지 못했고 주위를 돌아볼 겨를이 없었다. 선배, 동기들 모두 졸업하고 홀로 남은 이 시점에서 지난 청년기를 되돌아보니 후회의 연속이다. 무엇보다 선배, 동기들과 어울리지 못했고 그들이 준 사랑을 되돌려주지 못한 것이 후회스럽다.


## 타의에 의한 선택이 끊임없는 방황을

대학에 들어온 지 6년이라는 세월이 흘렀지만 아무것도 한 것이 없으니 스스로 부끄러워진다. 고등학교 시절 나는 성적은 항상 상위권, 12년 연속 개근 등 소위 말하는 모범생이었다. 이런 성실함은 내 의지에 의해 형성된 것이 아니라 어머니에 의해 만들어진 것이었다. 나에게

혼돈의 20대, 자신을 말하다

학교는 의무적으로 가야 하는 곳이었고 대학 입학도 마찬가지였다. 그러나 대학생활은 지금까지와는 전혀 달랐다. 나에게 간섭이나 지시를 하는 사람은 아무도 없었다. 부모님과 선생님의 그늘 아래 학교와 집 밖에 모르던 나는 주어진 자유를 감당하기 힘들었다. 첫 학기에는 몸에 밴 습관 때문에 기계적으로 수업에 참여하고 과제를 했지만 시간이 흐를수록 수업을 빼먹는 일이 잦아졌고 성적은 곤두박질쳤다.

이렇게 내리막길로 흐른 내 성적은 나의 미래를 크게 바꾸어놓았다. 즉, 계열모집인 현행 제도에서는 1학년 성적으로 전공 선택의 기회가 주어지는데 내 성적은 어려서부터 관심이 있었던 ○○과를 가기에는 턱없이 부족했다. 결국 친구를 따라 △△과를 선택하게 되었는데, 이렇게 타의에 의해 어쩔 수 없이 선택하게 된 전공에 나는 흥미를 느낄 수 없었다. 이것은 내 끝없는 방황의 시작이 되었다.

이즈음 나는 인생의 큰 산 하나를 놓고 또 다른 고민에 빠지게 되었다. 그것은 군대 문제였다. 당시 나는 '2년이라는 시간을 낭비하면서 꼭 군대를 가야 하는가?' 라는 생각을 가지고 있었다. 그래서 대체복무를 통해 군대에 가지 않을 방법을 모색했다. 고민 끝에 병역특례제도를 이용해 방위산업체에 3년간 복무한 후 복학할 계획을 세웠다. 그러나 이 계획은 아버지의 완강한 반대에 부딪쳤다. 아버지는 남자는 반드시 군대를 가야 한다고 화를 내시며 나를 다그치셨다. 아버지와 난 극도로 대립했고, 2학년을 마친 후 휴학한 채로 1년을 버텼다. 대화와 설득 없이 자존심만으로 버틴 부자지간의 대립은 아무런 소득 없이 결국 시간만 낭비한 꼴이 되었다. 나는 결국 완강한 아버지의 뜻에 따라 군대에 가야 했다. 군대에서의 2년은 정말 길었다. 선임들은 대부분 나보다 나이가 어렸고, 나이 어린 사람에게 욕을 먹고 맞는 것은 정말 참기 어려웠다. 아픈 만큼 성숙해진다고 하던가…. 내가 자존심의 상처를 받은 만큼, 그리고 그 시간을 견뎌낸 만큼 군 생활은 내 인생을 통틀어 내게 가장 많은 것을 깨닫게 해주었다.

제대 후 나는 또다시 방황의 길로 빠져들었다. 내가 선택한 전공은 내가 하고자 하는 길과는 전혀 달랐다. 복학 후 처음엔 열심히 해보려고 노력했지만 시간이 흐를수록 점점 더 나의 관심 밖으로 밀려났다. 군대에서 했던 수많은 건설적인 고민들을 뒤로 한 채, 나는 또다시 입대 전과 다를 바 없는 방황의 길로 빠져들었다. 그리고 그 방황은 스물여섯 살인 지금까지 계속되고 있다. 취업이 코앞에 닥친 지금까지도 나는 예전의 생활에서 크게 벗어나지 못하고 있다. 이번 보고서는 내 청년기를 진지하게 돌아보고 정리하는 좋은 기회였던 것 같다. 이제 좀 더 어른스러운 나로 거듭날 수 있었으면 좋겠다.

# 4. 나를 찾아 떠난 여행

### 여행에서 찾아온 나의 정체성

전공으로 경제학을 선택하고 입대하면서, 나는 전역을 하면 외무고시를 준비하리라 결심했다. 그러나 군 생활이 마무리되어가고 전역일이 다가올수록 공직에 대한 확신이 서지 않아서인지, 내가 정한 진로에 대한 회의가 점점 커져만 갔다. 이 회의가 계기가 되어 나는 인생의 행로를 결정하는 데 지대한 영향을 끼친 큰 경험을 준비하게 되었다. 외무고시를 준비하기로 결심하는 순간까지 언제나 나를 따라다녔던 외국에 대한 동경, 그것이 그저 낯선 것에 대한 근거 없는 환상에서 비롯된 것인지, 아니면 정녕 나의 성격과 적성으로부터 비롯된 것인지 알고 싶었다.

전역을 앞두고, 나는 외국의 대표 격이라 할 수 있는 유럽 땅을 밟아보기로 결심하였다. 그리고 이왕이면 가장 진실한 외국을 경험하고 싶었다. 그래서 내가 택한 여행의 수단은 자전거였다. 2008년 4월 29일,

나는 2년 2개월간의 군 생활에 종지부를 찍었고, 다음 날인 4월 30일에 친구 한 명과 함께 비행기에 싸구려 자전거를 싣고 무작정 스페인 바르셀로나로 떠났다. 그렇게 내 인생에서 가장 낯설고 흥미진진한 여행이 시작되었다. 지중해변에 텐트를 치고 유럽 친구들과 볶음밥을 나눠 먹었고, 스위스 알프스를 넘으며 해발 1,800m에서 자전거에 기대 바게트 빵으로 허기를 달래기도 했다. 체코 모라비아 평원에서 여행자들과 함께 벌레들을 벗 삼아 맥주를 홀짝였고, 아름다운 네카 강이 흐르는 하이델베르크에서 자전거를 집어던지면서 함께 간 친구와 실랑이를 벌이기도 했다. 그렇게 90일간 유럽의 한복판에서 희로애락을 경험하며 나는 훌쩍 커버렸다.

무엇보다도 나는 인생에서 불확실성이 꼭 나쁜 것만은 아니라는 것을 처음으로 알게 되었다. 여행을 떠나기 전까지 나는 대한민국에서 태어나 대한민국의 교육을 받으며 언제나 정도를 걸어온 착실한 청년이었다. 이런 나에게 우리네 교육과 사회적 분위기는 언제나 사지선다형 같은 인생의 옵션을 제시해 왔다. 문과냐 이과냐, 일반고냐 특목고냐, 외무고시냐 취직이냐. 극히 제한된 경쟁의 영역 속에서 나를 포함한 대한민국의 청년들은 아등바등 한끝 차이로 경쟁에서 살아남기 위해 치열하게 살고 있다. 그러나 역설적이게도 내가 본 어른들도, 선배들도, 친구들도, 이런 치열한 경쟁을 통해 희구하는 것은 결국 너무도 소박한 '안정'이었다. 의사, 공기업, 공무원, 고시…. 단기간에 자신의 삶의 향방을 안정적으로 명확히 할 수 있는 진로일수록 사회적으로 인정받고, 또 사람이 몰리는 것이 나의 조국 대한민국의 풍토인 것이다.

혼돈의 20대, 자신을 말하다

여행 이전까지 나 역시 '안정'이라는 것이 그토록 얻기 어려운 것인 줄로만 알았다. 그리고 그것이 없으면 인생은 재앙과도 같아지는 것이라고 생각했다. 그래서 늘 그토록 초조하고 불안해하며, 내가 원하는 '안정'은 어떤 것인지 찾아 헤매며 힘들어했었다. 그러나 자전거라는 터무니없는 수단으로 유럽 땅을 90일간 누비며, 나는 인생에서 처음으로 '불확실하다는 것이 의외로 별게 아니구나, 때론 안정적이지 않은 것이 더 많은 경험을 하게 하는구나'라는 생각을 해볼 수 있었다. 잘못된 지도의 표기를 따라가다가 100km를 역주행한 적도 있었다. 일정이 어설퍼 기차에 자전거를 실어야 했던 적도 있었고, 예산이 맞지 않아 7일간 연달아 노숙을 하기도 했다. 비 오는 날, 대로 한복판에서 자전거가 전복되었던 아찔한 기억도 있으며, 브레이크가 고장 난 친구의 자전거가 알프스 자락을 미끄러져 내려오는 것을 보고만 있어야 했던 순간도 있었다. 그러나 중요한 건 그렇게 와자지껄 부산을 떨면서도 결국은 에펠탑 앞에 당도해 기념사진을 남겼으며, 두 팔 두 다리 성하게 부모님께 돌아왔다는 것이다. 사람이란, 그리고 나라는 존재는 생각보다 훨씬 강했다.

여행 초반에는 예측하지 못한 돌발 상황이 자꾸만 생기면서 당장 내일 무슨 일이 있을지에 대한 걱정으로 매일 밤잠을 설쳤다. 그러나 언제부터인지 그런 경험들이 너무 많이 쌓여버려서인지 내일의 불확실성에 대해 면역이 생겼다. '우리는 최선을 다해 계획하고 그저 페달을 밟아나가면 된다. 그리고 일어나는 일들은 좋은 일이건 나쁜 일이건 있는 대로 대처하며 배우고 느끼면 된다.' 이것이 어느새 우리 머릿속에 자리 잡은 여행의 양식이었다. 놀라운 것은 그렇게 대범해지고 마음이 넉넉해질수록 즐거운 일들이 늘어갔고 낯선 사람들과의 좋은 만남도 늘어갔다는 것이다. 우리 여행은 관광명소 앞에서 기념사진을 남기는 몸과 마음이 편한 '안정적' 여행과는 거리가 멀었다. 그러나 안정의 반대쪽에서 우리가 겪은 것은 불행이 아니고 감동과 선율의 연속이었다. 그 와중에 나는 이렇게 결심했다.

　'인생을 삶에서 단 한 번 떠날 수 있는, 죽기 전에는 끝나지 않는 여행이라고 보자. 원치 않는 안정의 굴레에 인생을 예속시켜 내가 겪을 수 있는 수많은 경험들을 방치하고 싶지 않다. 사회적 시류에 떠밀려 아등바등 안정을 위한 뻔한 경쟁에 휘말릴 바에야 내가 원하는 삶의 방향을 향해 치열하게 불확실성과 싸우자. 그러면서 매일 새로운 것을 보고 배우고 느끼자.'

　이렇게 용감해지고 나니 나의 기호가 어느 정도 확실하게 드러나기 시작했다. 나의 외국에 대한 동경은 그저 잘사는 선진국에 대한 동경이 아님을 알게 되었다. 언제나 나는 현지의 말 한마디 한마디를 배우면서 희열을 느꼈고, 그들의 문화에 대한 설명에 눈이 초롱초롱해졌다. 한글에 대해, 우리의 역사에 대해 이야기할 때는 그 어느 때보다 즐거웠으며, 내가 정성스레 만든 한국 요리를 그들이 맛있게 먹어줄 때는 더없이 기뻤다. 나는 그저 소통이 좋다는 것을 알았다. 나를 통해 내가 가진 한국의 문화적 정체성이 낯선 이국의 정체성과 교류될 때, 희열을 느낀다고 확신했다. 그래서 귀국 비행기에 몸을 실으면서 결심했다. 앞으로 어떤 분야에서 일을 하게 될지는 모르지만 어디에서건

혼돈의 20대, 자신을 말하다

다른 문화와 교류하는 데 반드시 필요한 인재가 되자고, 나라는 존재로 인해 한국과 세계가 소통할 수 있게 하자고….

그러나 여행을 통해 얻은 무엇보다 값진 수확은 다시 기도를 하기 시작했다는 것이다. 어릴 적부터 나는 내가 운이 좋다고 생각했다. 그래서 여행 초기, 우연이 이중삼중으로 겹쳐서 놓칠 뻔했던 비행기를 무사히 타게 됐을 때나 감당할 수 없는 어려움을 무사히 넘길 때면 그저 운이 좋아서 그렇다고 생각했다. 그러나 이런 우연 아닌 우연이 쌓여가면서 내가 깨달은 것은 언제나 그 우연이 있도록 해주는 고마운 사람들이 있다는 것이었다. 비 오는 날, 날카로운 페달에 뒤꿈치가 심하게 찢겨 출혈이 멈추지 않을 때, 나를 따뜻하게 돌봐준 오스트리아의 테니스장 주인 아주머니, 파리에서 자전거를 팔지 못해 고심하고 있던 순간에 내 자전거를 웃돈까지 얹어주며 흔쾌히 구입해 주신 뉴질랜드인 론Rhone 아저씨….

이런 우연이 거듭되면서, 나는 분명 신이라고 부를 수 있는 따뜻한 에너지가 존재함을 느꼈다. 가톨릭 신자로서 나는 그분을 하느님이라 부르고 혹자는 하나님, 알라, 혹은 기(氣)라고 부르겠지만, 무엇이라 부르든 분명 이런 긍정적 우연을 연출하는 힘이 있음을 확신하게 되었다. 그러자 언제부터인지 나는 자연스레 이 우연들을 '기적'이라고 부르고 있었다. 여행을 통해 내가 얻은 축복과 가르침들에 너무나도 감사한다. 그래서 나는 여행에서 돌아온 지 수개월이 지난 지금도 여유를 잃지 않기 위해 기도한다.

"주님, 매일의 사소한 기적이 일어나게 해주심에 감사드립니다. 내

일은 오늘보다 내가 나를 더 사랑하고 그 사랑이 흘러넘쳐 주변을 적실 수 있도록 저를 인도해 주십시오."

　여행에서 돌아온 지 4개월이라는 시간이 흘렀다. 나름대로 나의 생각에 맞는 진로를 세우기도 했으나, 내가 선택한 경제학이라는 전공이 의외로 쉽지 않아 힘든 나날을 보내며 아등바등 싸워나가고 있다. 그러나 이러는 와중에도 스스로에게 부끄럽지 않으려면 주어진 하루에서 더 많은 것을 느끼고 배우며 사소한 기적들에 감사해야겠지. 그게 올바른 인생을 사는 길이라고 믿는다. 남은 20대, 그리고 나아가 인생의 여정, 이 초심을 잃지 않고 살아가고 싶다.

## 청춘의 방황, 약인가 독인가?

많은 청년들이 대학의 문지방을 넘어설 때면 "대학은 낭만과 자유가 넘치는 낙원일거야!"라는 환상을 품고 들어온다. 이런 환상이 클수록 그들은 그 환상에 걸려 비틀거리기 시작한다. 마치 입시라는 노예살이에서 풀려난 것처럼 일부 청년들은 넘치는 자유에 도취되어 무절제한 생활 속으로 빠져드는 것 같다. 새내기 시절, 그 흔들림의 진원지는 매우 다양하다. 넘치는 해방감과 자유, 술, 게임, 이성관계, 대학 문화에 어울리지 못하는 소외감, 부모의 그늘에서 벗어나기 위한 몸부림 등등. 정도의 차이는 있지만 새내기 시절이면 누구나 한 번쯤 이런 흔들림을 겪을 수 있고, 또 흔들릴 때는 실컷 흔들려보는 것도 괜찮다. 하지만 그 흔들림이 너무 길면 곤란하다. 휘청거리다가 넘어질 수 있고 넘어지면 다시 일어나기가 더 힘들어지니까. 소위 '묻지 마 방황'과 같은 소모적 방황이 1~2년 지속된 경우 그 대가가 결코 만만치 않은 것을 볼 수 있다. 그리고 만약에 대학 시절 내내 이어진다면 인생은 엇박자가 되어버리고 그 대가는 처절할 것이다.

다행히 대부분의 청년들이 정신없이 뛰고 놀다가 대학생활에 대한 환상이 시들해질 즈음이면 차츰 자신감을 잃고 소외감이나 무력감에 빠져드는 소위 '정체감 위기'[1]를 경험하는 것을 볼 수 있다. 이들은 마치 방향감각을 잃은 듯단배처럼 심연을 알 수 없는 방황의 수렁에서 '나는 누구인가?' 하고 묻고 있다. 이러한 흔들림은 지금까지 자신을 지탱해 온 정체감의 내용들이 더 이상 유용하지 않기 때문이다. 말하자면, 소위 명문대학에 들어온 많은 학생들은 '나는 특별한 사람'이라는 자아도취적인 환상을 가지고 있다. 일종의 왕자병, 공주병이라 할까. 이 환상이 대학사회에서 깨지면서 자신의 존재감을 잃고 휘청거리는 것이다. 대학사회란 비슷비슷한 능력을 가진 사람들이 모여 있고 모두가 자기 잘난 맛에 다니고 있어서 여간해서는 알아주지 않기 때문이다. 그래서 깨지고 있는 자신의 환상을 붙들고 놓을까 말까 휘청거리고 있는 것이다.

하지만 무엇보다 이들 방황의 핵심에는 목표의식의 부재가 있다. 이들의 내면에는 '나는 지금 어디로 가고 있는가?' 하는 회의가 있다. 대학입시라는 맹목적인 목표가 사라지자 뚜렷이 몰입할 만한 대상을 찾을 수 없고 넘쳐흐르는 시간에 걸려 넘어지게 생긴 것이다. 무언가를 시도해 보고 싶지만 이제는 무절제한 생활에 너무 익숙해져서 몸이 말을 듣지 않는다.

대체로 이런 방황의 와중에서 변화의 전환점이 되는 것이 남자들에겐 군 입대, 여자들에겐 사회 진출에 대한 두려움인 것 같다. 대학생들은 자신들이 군 입대나 진로 문제로 진지한 고민에 돌입하는 시기를 '2말 3초'라 하고 있다. 조선 초기의 시대적 변화를 의미하는 '려말선

---

1) 『청년기 갈등과 자기이해』 김애순 저, (주)시그마프레스, 2005.

혼돈의 20대, 자신을 말하다

초(麗末鮮初)'에 비유한 말이다. 어떤 의미에서 이것은 '묻지 마 방황'이 아무리 길어도 2년을 넘어서는 안 된다는 것을 청년들 스스로가 알고 있다는 것을 의미한다. 그동안 아무 생각 없이 휘청거리다가 군대 가기 직전에 '아, 이렇게 살아서는 안 되겠다'는 위기감이 자신을 돌아본 중요한 계기가 되고 있다. 그래서 스스로 자신을 군대라는 극한 상황으로 내몰고 있다. 이럴 경우 비록 군대생활이 고통스럽기는 하지만 자기탐색과 성장을 위한 용광로 역할을 하고 있는 것을 볼 수 있다. 이들은 군 복무기간 동안 혹독한 시련을 체험하면서 새롭게 다시 태어나고 있다. 복학 후 적응의 문제로 일시적인 흔들림이 있을지라도 곧 안정을 되찾아 자신의 길을 찾아가고 있다. 군대생활이 의미 있고 성장할 수 있는 발판이 된 것은 입대 전 처절한 고민, 그리고 입대를 스스로 선택한 용기 때문인 것 같다. 여성의 경우, 무절제한 생활에서 도피하기 위해 군대 대신 여행을 이용하고 있다. 여행 속에서 자신을 되돌아보고 자신에 대한 통제력을 되찾아 안정되고 성실한 모습으로 대학생활에 임하는 것을 볼 수 있다.

그러나 전역 후에 다시 혼돈 속으로 빠져드는 청년들도 있다. 이들 가운데는 입대 전 심각한 '정체의 위기'를 겪지 않고 '묻지 마 방황'을 오래 하다가 현실도피의 수단으로 군대를 갔거나 어쩔 수 없이 떼밀려서 군대를 간 경우가 많다. 그래서 이들에겐 군대생활이 지루하고 무의미한 고통의 시간이었을 뿐, 자기탐색이나 성장의 발판은 되지 못했던 것이다. 이들 가운데는 제대 후 뒤늦게나마 자신을 처절하게 들여다보며 정체감 유예기를 겪고 있는 사람들이 있다. 이들은 자신이 '특별한 사람'이 아니라 보통 사람이라는 것, 그 환상에서 비롯된 완벽주의적 생각에서 무엇도 쉽게 저지르지 못했던 우유부단함을 처절하게 인식하고 있다. 그리고 내면에 깊숙이 숨어 있던 오만함, 자기 자신에 대한 회의, 열등감이 성장의 걸림돌이었던 것을 깨달아가고 있다.

하지만 마치 인생이 엇박자가 된 듯 혼란 속에서 벗어나지 못한 채 대학생활이 길어지고 있는 청년들이 있다. 이들은 주로 '정체감 유실' [2] 지위에 있었던 사람들이다. 고등학교 시절부터 지금까지 이들은 자기 의지에 의해 살아온 적이 없다. 공부, 전공 선택, 군 입대 등. 워낙 타의에 의한 삶을 살아왔기에 대학생활에서도 주어진 자유를 감당할 수 없어서 자신을 틀 안에 가두어 움츠러들고 주변인으로 맴돌곤 했다. 학교생활도 그렇고 군대생활도 그렇고, 항상 자기 의지로 선택하고 밀고 나간다기보다는 어쩔 수 없이 내몰리고 있는 것 같은 느낌이 든다. 이미 너무 수동적인 존재로 익숙해져 있는 것이다. 아무것도 스스로 선택하고 결정해 본 적이 없기 때문에 자신이 무엇을 좋아하고 무엇이 필요하고 무엇을 선택해서 어디로 가야 할지 갈피를 잡을 수가 없다. 이것은 자율성과 자기탐색의 기회를 박탈당한 대가일 것이다. 인생에서 타의에 의한 선택, 강요에 의한 선택이 얼마나 무의미하며 개인을

2) Marcia는 대학생들의 정체감 발달지위를 '위기와 관여'의 두 차원에 근거해서, 정체감 성취, 정체감 유실, 정체감 유예, 정체감 확산의 네 지위로 구분하고 있다. 정체감 성취란 갈등과 방황의 위기를 거쳐 정체를 정립한 후 인생의 방향을 선택하고 필요한 활동에 참여하고 있는 것이며, 유실은 자신을 탐색할 위기를 경험한 적이 없이 이미 어떤 대안에 관여하고 있는 경우이다. 정체감 유예는 아직 자기탐색을 위한 위기의 와중에 있는 경우이며, 확산은 진지하게 인생의 목표나 자신을 탐색해 볼 동기가 없는, 위기도, 관여도 없는 경우이다.

혼돈의 20대, 자신을 말하다

혼란에 빠뜨리고 무기력하게 만드는지를 잘 보여주고 있다.

　그러나 어린 시절부터 자율성이 존중되어 자신의 의지로 모든 것을 선택하고 행동해 왔던 청년들은 확장된 대학 문화 속에서 일시적으로 가치의 혼란, 문화적 적응의 문제로 흔들릴지라도 처절한 자기탐색의 시기를 거친 후 스스로 자아정체감을 정립해 가는 모습을 볼 수 있다. 여행이나 해외연수를 통해서 자아를 시험해 보고 자신의 정체를 되찾아오는 아름다운 젊음도 있다. 젊음의 낭만과 진솔한 자기탐색이 어우러진 알찬 방황이라 할 수 있을 것이다. 늙음이 안정, 결실, 완숙이라면 젊음은 힘, 가능성, 도전을 상징한다. 젊음의 특성을 가장 잘 살려서 여행이라는 경험을 통해 자신의 정체를 찾고 성숙해 가는 것은 젊은이들의 특권일 것이다. 이처럼 어떤 청년들은 알찬 방황을 통해 야무지게 자기탐색에 나서고 있고 결국 자신을 찾고 자신을 사랑하는 법을 배우고 있다. 아마도 이것이 앞으로의 삶에서 가장 큰 추진력이 될 것이다. 이런 청년들일수록 목표의식이 뚜렷하고 이를 달성하려는 동기가 매우 강하다. 정체감 '성취 지위'에 달한 것이다.

　청년의 방황은 약이 될 수도, 독이 될 수도 있다. 문제는 어떻게 방황하느냐, 그리고 그 기간이 얼마나 길게 지속되느냐일 것이다. 아무런 생각이 없이 흥청대는 '묻지 마 방황'이 길어지면 독이 될 수가 있지만 진지한 자기탐색이 있는 방황은 성장을 위한 약이 될 수가 있다. 진솔한 자기탐색이 없는 방황은 끝없는 혼란만 가중시킬 뿐이며 설령 인생의 목표가 설정되었다고 할지라도 진정한 탐색 끝에 설정한 목표가 아닌 경우 조그만 시련에도 다시 방황과 갈등이 찾아오게 마련이다.

그래서 에릭슨E. Erikson은 청년기를 '사회심리적 집행유예기'라고 했다. 이는 청년들에게 성인의 역할과 책임을 지연해 주고 자신이 살아갈 라이프스타일을 탐색해 보라고 주어진 유예기라는 것이다. '나만 왜 이렇게 무력하고 혼란스러운가. 남들은 다 잘나가는데…' 이런 생각은 착각이다. 청년의 방황은 어른이 되기 위한 통과의례이자 일종의 성장통이기 때문이다. 깨질 때는 사정없이 깨진 후 껍질을 벗고 다시 태어나야 하지 않겠는가! 번데기가 아름다운 나방으로 다시 태어나듯 말이다.

하지만 번데기에서 나방으로의 탈바꿈은 일생을 통해 지속되는 작업이다. 비록 청년기가 자아정체감 형성의 민감기이기는 하지만, 자아정체의 발달은 일생을 통해 계속된다. 청년기에 확산이나 유실 지위에 있었던 사람들이 유예로, 그리고 성취 지위에 있었던 사람들이 다시 유예 상태에 빠질 수도 있다. 따라서 인생에서 몇 박자 늦어진 것은 그렇게 중요하지 않다. 중요한 것은 방향이다. 조금 늦었더라도 마음의 여유를 가지고 자신이 진정으로 가고 싶은 길이 무엇인지, 그리고 그 길을 가기 위해서 현재 자신한테 필요한 것이 무엇인지를 파악해서 실행할 용기가 필요하다. 우선 내가 가장 하고 싶은 것, 나에게 가장 필요한 것을 각각 적어보자. 그리고 그중에서 내가 할 수 없는 것은 지워나가 보자. 무엇이 남는지.

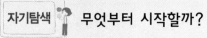

## 자기탐색 무엇부터 시작할까?

내가 '가장 하고 싶은 것'과 나에게 '가장 필요한 것'을 적어보세요. 그러고 난 후 그중에서 내가 '할 수 없는 것'을 지워나가 보세요. 무엇이 남습니까?

| 나는 지금 무엇을 하고 싶은가?(선호) | 나는 무엇을 했으면 좋았을까?(필요) |
|---|---|
|  |  |

지금 무엇부터 시작할까? 하고 싶은 것부터 할까? 필요한 것부터 할까?

# 사랑에 걸려 휘청거리다

청춘의 사랑이 아름답다고 하는 것은 아마도 그 풋풋함과 순수함 때문일 것이다. 짝 짓기의 시기인 20대, 청년들은 누구나 사랑하고 사랑받기를 갈망한다. 여기에 이들 이 풀어놓은 다채로운 사랑의 색깔들이 널려 있다. 어떤 사랑에는 기쁨과 환희, 행복 감이 묻어나지만 다른 사랑에는 집착과 소유욕으로 인한 고통과 회한이 배어 있다. 또 어떤 사랑에는 친구처럼 서로를 위해주는 편안함이 있지만 어떤 사랑은 열정으로 몸살을 앓게 하기도 한다. 그리고 이들 사랑에는 헤어짐의 아픔도, 배신의 상처도 있 다. 하지만 아직 이들은 젊기에 사랑의 기쁨, 아픔과 상처를 겪으면서 성숙한 사랑이 무엇인지, 그 의미와 가치를 깨달아가고 있는 중이다. 그리고 자신이 하는 사랑의 색 깔을 구분하고 사랑하는 능력을 키워나가고 있다.

# 1. 사랑에 대한 담론

## 내가 그리는 사랑

예전부터 나는 사랑에 지대한 관심이 있었다. 특히 남녀 간의 사랑에 대하여. 그래서 지금까지 이어온 나의 사랑에 대한 견해들을 네 가지 주제, 즉 문화 트렌드, 만남, 애정, 성으로 나누어 그 실마리를 풀어보 겠다. 일단 현실에서 사랑의 모습이 어떻게 나타나고 있는지, 또 현실 을 비판적으로 보면서 그에 대한 대안들을 찾아보기로 했다.

문화 트렌드로서의 사랑    오늘날 우리가 말하는 사랑은 각종 기념일과 관 련된 이벤트나 행사로 점철되어 있다. 정신적인 교감이 중시되었던 과 거와는 달리 요즘의 사랑은 물질 상호 교환적이고, 따라서 다분히 소 비적인 면모를 보인다. 문제는 우리가 이러한 트렌드에 휘말려 그것을 당연하게 여기고 있다는 점이다. 자본주의 시장은 그에 맞춰 커플을 대상으로 하는 각종 상품이나 문화 프로그램을 (어찌 보면 불합리하다고 생 각할 수 있는 가격에) 내놓고 있다. 그리고 커플들은 당연하다는 듯 그것을 향유하고 소비한다. 그에 힘입어 시장은 더욱 발빠르게 움직이고 있으니 일종의 악순환이라고도 볼 수 있겠다. 그 와중에 형식화된 연애, 상품화된 연애가 생겨나고 있는데 이는 연애와 관련된 각종 지침서가 시중에 얼마나 나오고 있는지, 또 그것이 얼마나 꾸준히 팔리고 있는지를 보아도 알 수 있다.

사실 내 또래 문화에는 사랑을 내세운 연애문화가 극도로 만연해 있다. 대중가요, 소설, 드라마에 절대 빠지지 않는 것이 연애, 사랑 이야기다. 우리 사회에서 연애는 당연히 해야 하는 것, 누구나 소망하는 것으로 인식되어 있다. 이런 흐름에서 조금이라도 벗어나면 비주류로 취급당하기 마련이다. 게다가 적어도 크리스마스, 밸런타인데이, 화이트데이 등 각종 기념일에 당당(?)할 수 있다는 점에서 커플은 권력자가 된다. 연애를 하지 않는 사람들은 상대적으로 소외감을 느끼며 급기야 연애에 대한 열망(혹은 주위의 압력 내지는 자기기만)을 커플에 대한 질시로 표출하기도 한다. 누구나 우스갯소리로라도 한 번쯤은 '솔로부대' 라는 말을 들어보았을 것이다. 커플에서 솔로부대로의 복귀를 환영하고 커플의 애정행각을 비난하지만 궁극적으로 부대원 누구나 전역을 꿈꾸는, 상당히 자기모순적인 집단이라고 할 수 있다. 문화에 휘둘리지 않는 개성 넘치는 사랑과 연애가 필수가 아닌 선택이 될 수 있는 사회를 그려본다.

**사랑은 만남이다** 사랑은 두 사람의 만남으로 시작된다. 자연스럽게 만나는 경우도 있지만 사회의 분위기는 연애를 하지 않으면 마치 이상한 사람인 것처럼 몰아가면서 미팅, 소개팅, 맞선 등을 조장하고 있다. 이러한 의도적인 만남들이 나쁘다는 것은 아니지만 그렇게까지 연애를 조장해야 하는지에 대해서는 의문이 든다.

이렇게 만남을 갖고 나면 둘 사이에 관계가 성립되고 그 만남은 이성관계라는 한 유형으로 발전하게 된다. 친구관계와는 달리 이 관계에는 서로에 대한 관심, 책임감 등 여러 가지 요소가 존재한다. 그러면 최근 트렌드로 자리 잡은 데이트 메이트와 연인의 차이점을 살펴보자. 데이트 메이트는 겉으로 보기에는 연인과 거의 같지만 서로에 대한 책임감도 없고 사랑도 없어서 헤어지고 싶을 때 아무런 죄책감이나 슬픔도 없이(실제로 슬픔이 없진 않겠지만) 헤어질 수 있다고 한다.

한편 이성관계에 남녀 차별적인 면이 많이 존재하는 것 같다. 이성교제는 남녀의 자유로운 만남이라고 하면서도 사실은 자유롭지 않은 면이 훨씬 많다. 마치 결혼처럼 가부장적 이데올로기가 개입되는 것으로 보이며 남녀 사이에 권력, 흔히 말하는 주도권 문제가 생겨난다. 양성평등하게, 그러니까 커플에 따라 어떤 커플에서는 남자가, 어떤 커플에서는 여자가 주도권을 가진다면 문제가 되지 않는데 일반적으로 남자가 주도적인 역할을 한다는 것이 문제다. 데이트 장소라든지, 무엇을 할지에 대한 결정들은 대부분 남자들이 책임지고 여자들은 수동적으로 따라가는 경우가 많은 것이다. 이러한 책임감의 문제는 데이트 비용으로 연결된다. 7 : 3이라는 법칙이 존재할 정도로 남자가 데이트 비용에 많은 책임을 진다.

연인관계에서 사랑의 의미   연인관계에서 과연 사랑이 필수요소인가 하는 문제가 생겨난다. 앞에서 살펴본 데이트 메이트의 개념이 이러한 논의에 대한 한 해답일 수 있다. '데이트 메이트≠연인'이라는 생각에서 이미 연인은 사랑해야 한다는 답이 나온다. 그러나 쉽게 만나고 쉽게 헤어지는 연인들도 존재하는 것을 보면 연애라는 개념에 사랑이 꼭 필요한 것인지는 확신할 수 없다(이런 연애는 데이트 메이트나 섹스 파트너로 정의해야 하지 않을까 생각하지만 우리 현실에서 본인들이 그런 단어로 표현하기는 어려울 것이다).

이렇게 사랑에 대한 개념이 부족하기 때문에 '사랑'은 생각하기 나름이고 해석하기 나름이다. 그래서 "나 안 사랑해? 이 정도도 못 해 줘?"와 같은 말이 나오는 것이다. 이러한 말들은 구속이다. 그런데 아무리 사랑에 대한 환상과 개념의 혼동이 있다고 하더라도 사랑하면 구속해도 되는 것인가? 사랑이 상대방에 대한 '소유권'을 인정해 주는 도구는 아니다. 하지만 이러한 구속은 주변에서도 흔히 일어난다. 행동을 구속하고 심지어 다른 이성 친구(연인이 아닌)를 만나는 것도 구속한다.

그러다가 말을 듣지 않으면 화내고 신경질을 내면서 자신과의 관계만을 강요하는 사람들도 생겨난다. 초반에는 상대방에 대한 배려와 주도권 문제 때문에 이렇게 구속하고 집착하는 경우가 적지만 시간이 지날수록 구속과 집착이 발생하는 경우가 많다. 문제는 이런 구속과 집착 때문에 연인 이외의 다른 인간관계가 굉장히 줄어드는 부작용이 일어난다는 점이다. 친구들이 점점 사라지게 되는데, 특히 이성 친구들이 줄어든다. 더욱 큰 문제는 배타성이 없는(상대방을 구속하지 않는) 연인들에게까지도 주변 사람들이 알아서 피해주는 경향이 있는데 이런 사회적 분위기는 오히려 배타성을 더욱 조장하는 결과를 가져온다고 생각된다.

성에 대한 담론  사랑에서 언급하지 않을 수 없는 부분은 '육체-성'에 관한 것이다. 많은 이들이 외모지상주의가 만연한 이 시대를 개탄하지만 사람의 첫인상과 그에 따른 호 · 불호를 결정짓는 요인 중 대부분을 차지하는 것이 외모라고 한다. 하지만 이미 서로가 호감을 가지고 있는 상태, 즉 사랑하고 있는 커플에게 외모가 어떤 의미를 가지는지를 생각해 보면 남녀가 조금 다른 양상을 보이는 것 같다. '연애하는 남성은 과연 외적으로 무엇이 달라지는가?' 라는 의문에는 쉽게 의견을 낼 수 없고, 결국 각자의 성향에 따른 변화를 제외하고는 특별히 공통적인 변화는 없는 것 같다는 결론을 내리게 된다(물론 우리 주변에서 연애하는 전반적인 남성이 그러하다는 것이다).

　반면 여성은 신체적인 매력에 얽매이게 되는 측면이 있는 것 같다. 사회의 전반적인 풍토가 여성의 신체적인 매력을 강조하기도 하지만 여성 스스로도 무의식중에 더 예뻐져야 한다는 생각을 내면화하는 것 같다. 물론 내 주위에는 연애를 해도 별로 바뀌지 않는 친구가 있기는 하다. 하지만 다른 대부분의 친구들은 기본적인 옷차림이 변하고 이른바 '여성스럽다' 라고 칭해지는 특징들이 더욱 부각되는 경향을 보인다. 또한 그것은 당연한 것이고 이에 반대급부(?)를 요구하는 여성들도 있다. 즉 '내가 이렇게 꾸미는 데 얼마나 공을 들였는데 상대적으로 당신은 나한테 무엇을 해주는가' 라고 외치면서 말이다. 알게 모르게 우리는 꽤 의도적으로 극단적인 여성성을 강요하고 있는지도 모른다.

사랑의 감정은 자연스럽게 발생하지만 단순히 정신적인 상호 교감만으로 지속되지 않는다고 한다. 즉, 육체적 관계도 사랑에 있어서 중요한 요소라는 것이다. 그런데 육체적 관계에 대한 사고방식 역시 남녀 간에 차이가 나는 것을 관찰할 수 있다. 남성은 이른바 '포르노 각본'을 내재화하여 자신의 연애에 적용시킨다고 한다. 이것은 포르노에서처럼 상대방 여성을 인격적인 존재로 보지 않고 성적 욕망을 충족시키는 대상으로 보는 것으로, 결국 성과 사랑은 일치하지 않는다는 인식을 가질 수 있다. 그러한 인식이 둘 사이에서 육체적 자유나 주도권에 영향을 주는 것 같다.

　반면에 여성은 '로맨틱 러브 각본'이라고 하는 낭만적인 관계를 중요시하는 경향을 보인다. 사회적으로 성과 사랑(결혼)의 일치를 요구당하는 입장에 있는 여성들은 신체적으로 자유롭지 못하다. 연애를 표방하고 있지만 실제로 각자가 이중적인 성의식을 갖고 있는 것이다. 스킨십과 같은 육체적인 접촉 역시 주로 남성 쪽에서 먼저 요구하는 경향이 있는 것 같다. 이와 관련해서 성적 자기결정권 문제를 생각해 볼 수 있다. 즉, 자신의 의사를 나타내는 것 자체가 개인의 결정권을 행사하는 것이며, 진실한 관계에 있다면 대화를 통해 서로를 이해할 수 있지 않을까 하는 생각이 든다.

　사실 나는 지금까지 제대로 된 사랑을 해본 적이 없다. 감정적이든 물질적이든, 득보다 실이 더 많은 것 같은 사랑에 왜 사람들이 그토록 목을 매는지 이해하지 못했다는 편이 옳을 것이다. 하지만 정작 우스운 것은 사랑에 대한 모든 시대적 담론, 이른바 '일반론'이라 말하는 것을 가장 확신하고 있는 사람은 바로 사랑을 한 번도 해보지 못한 나 자신이었다는 점이다. 어쩌면 나는 사랑에 대한 큰 환상을 품어온 게 아닌가 하는 생각이 들고, 오히려 경험해 보지 않았기에 더 일반론에 얽매였던 게 아닌가 싶다.

사실 사랑에 대한 인식도 처음엔 상당히 부정적이었는데 마인드맵을 그리고 난 지금은 좋은 인연을 만난다면 한번 해보는 것도 나쁘지 않을 것 같다. 나는 내 주변 사람들이 너무 쉽게 만나고 쉽게 헤어지는 것 같다고 생각했지만 당사자가 아니니 감히 함부로 그렇게 말할 수는 없을 것 같다. 사람마다 각자 다양한 인생을 살아가듯 사랑 역시 마찬가지가 아닐까 싶다. 다만 그 와중에도 대부분이 공감하고 수긍하는 점이 있다는 것에서 새삼 문화의 힘을 실감하게 되는 것 같다. 그런 것들이 통상 일반론이라고 정의되는 것이 아닐까?

나의 마인드맵 역시 하나의 담론을 풀어놓은 것인데 이렇게라도 해서 돌이켜 반성을 해보고 다른 방안을 모색해 보면서 더욱 성숙해질 수 있으리라 믿는다. 한편 내가 중간에 대안으로 내세운 개성적이고 주체적인 사랑을 이미 많은 연인들이 하고 있다는 생각도 든다. 더 중요한 대안은 사랑의 사회적 '이미지'를 바꾸는 것이다. 어렵겠지만 많은 사람들이 주체적인 사랑을 한다면 그러한 이미지를 조장하고 있는 미디어도 조금씩은 변하지 않을까 생각한다.

사랑은 즐겁다. 영화 〈바닐라 스카이〉에서 톰 크루즈의 친구는 톰 크루즈에게 사랑은 달콤쌉싸름한 거라고, 쌉싸름함을 알기에 달콤함이 더욱 달콤하다고 말한다. 해보지 않으면 모르는 게 인생이고 연애도, 사랑도 마찬가지다. 나도 어서 사랑을 시작하고 싶다. 그리고 나만의 개인적이고 독특한 사랑과 연애를 만들어가고 싶다.


## 네 번의 연애 뒤에 깨달은 것

지금까지 네 번의 연애를 했다. 하지만 한 번도 정말로 사랑을 해본 적은 없다. 내가 생각해도 참 한심스럽다. 처음 연애를 할 때는 잘 모르고 서툴러서 그럴 수도 있지만 세 번이나 더 연애를 하면서 정말로 사랑을 느낀 적이 없다니…. 나는 사랑을 느끼지 못하는 사람일까? 아니, 그렇지는 않을 것이다. 사랑은 사람이면 누구나 가질 수 있는 감정이라고 하는데 나만 그것이 결여돼 있을 리가 없다. 다른 친구들이 연애하는 얘기를 들으면 나와 크게 다르지 않은 교제를 하고 있는데, 왜 나만 연애의 알맹이 감정을 느끼지 못하는 것일까? 그래서 나는 이 글을 쓰면서 네 번의 연애를 돌아보고 내가 과연 어떤 생각을 가지고 그녀들을 사귀어왔는지를 생각해 보려고 한다. 이를 통해 다섯 번째 연애를 성공적으로 하고 싶은 것은 물론이다.

첫 연애는 고3 시절, 학원에서였다. 그 당시에는 공부도 공부지만 남자들만 득시글거리는 학교를 벗어나 여학생들과 함께 공부할 수 있다는 즐거움이 학원에 다니는 중요한 이유 중 하나였다. 거기서 한 여학생이 나에게 말을 걸어왔고 우린 곧 친구가 되었다. 그리고 얼마 가지 않아 그녀는 나에게 사귀자고 했다. 이때 나는 정말 고민 없이 "yes"라고 응답했다. 그 여학생이 그리 맘에 들진 않았지만 당시 난 그런 고백에 거절할 줄 모르는 수줍은 소년이었고, 무엇보다 처음 사람을 사귄다는 설렘이 작용했다.

하지만 그렇게 시작된 연애는 1년도 안 되어 끝나버렸다. 처음부터 상대에게 강한 끌림을 못 느낀 나는 아주 표면적인 교제만을 했다. 굳이 싸우지도 않고 잘 지내지 못한 것도 아니지만 시간이 지나자 차츰 외모가 더 예쁜 친구를 사귀고 싶다는 욕망이 나를 계속 괴롭혔다. 내 안에서 미안한 마음과 욕망이 서로 다투면서 어정쩡한 연애는 지속됐다. 그러다가 나는 대학에 입학하고 그녀는 재수하게 되자 난 좋은 기회라 생각하고 다른 사람이 생겼다는 나쁜 거짓말로 그녀와 헤어졌다. 실제로 누가 마음에 있지도 않은데 말이다.

두 번째 연애는 모르는 번호로부터 걸려온 전화에서 시작되었다. 한 여학생이 고3 때 학원에서 나를 지켜봤는데 대학에 입학하고 나니 나를 만나고 싶다는 것이었다. 호기심에 이끌려 그녀를 만났다. 그녀는 상당히 귀엽고 예뻤다. 하지만 내가 기대하는 만큼은 아니었다. 충분히 예쁜데도 마음에 들지는 않았다. 몇 번의 만남이 있은 후, 이번에도 여자 쪽에서 사귀자고 고백했다. 아직도 나는 거절하는 법을 배우지 못했다. 당시 내게 고백을 거절한다는 것은 일종의 죄악처럼 느껴졌다. 그래서 다시 새로운 관계가 시작됐다. 이번에는 마음을 잘 가다듬었다. 외모로 사람을 평가하는 것은 나쁘다고, 나 자신조차도 외모로 평가한다면 형편없을 것이라고.

몇 개월간은 관계가 즐거웠다. 하지만 다시 다른 사람이 만나고 싶어졌다. 남자들만 모이는 술자리나 다른 여자와 함께하는 자리가 있으면 다른 스타일의 여자들이 눈에 들어왔다. 그리고 강하게 끌렸다. 사실 난 숫기가 없어 여자에게 말을 잘 걸거나 바람둥이 기질이 있는 것도 아니다. 게다가 사귀는 사람에게 상처 주는 일은 나에겐 끔찍한 일이었다. 이런 이유로 양다리라는 것은 생각해 본 적이 없다. 결국 이번에도 헤어지기로 마음을 먹었다. 특별히 싸울 일도 아닌 것에 화를 내고 여자친구를 무시했다. 지금 생각하면 너무 창피하고 미안한 일이다. 마음이 자꾸 다른 사람에게 가는 것은 어쩔 수 없을지 몰라도 사귀는 사람에게 그렇게 대했던 것은 너무 큰 잘못이었다. 결국 여자친구는 나가떨어졌다.

이후 꽤 오랫동안 여자친구가 없었다. 마음에 드는 사람이 눈에 띄어도 직접 말을 걸 용기가 없었다. 두 번이나 여자 쪽에서 먼저 사귀자고 했기에 내가 먼저 여자에게 다가가는 것이 무엇인지 알 수 없었다. 또 한편으로는 누군가를 사귀어도 또 다른 사람을 만나고 싶은 욕망이 꿈틀거릴 거라는 생각이 날 주저하게 만들었다.

세 번째는 나보다 여섯 살 연상의 여자였다. 이번에는 외모보다 그녀가 가진 매력, 그녀가 가진 생각에 강하게 끌렸다. 그녀와 가까이 있고 싶고 인정받고 싶고 통하고 싶었다. 결국 사귀기 시작했다. 누가 먼저랄 것이 없었다. 그냥 분위기가 그렇게 흘러갔고 사귀게 되었다. 이전의 두 관계보다 깊은 정신적인 관계였다. 서로 관심사나 희망 직업도 같았고 얘기가 아주 잘 통했다. 그녀는 나이가 많은 만큼 나를 많이 이해해 주었고 격려해 주었으며 보살펴주었다. 어린 만큼 나도 그녀가 갖지 못한, 혹은 가졌었던 어떤 것을 주려고 노력했다.

그리고 사귀는 것이 많이 편했다. 지난 관계에선 내가 책임져야 했던 선택들이 이번엔 상당히 줄어들었다. 그렇게 편하게 연애를 했다. 그러나 마음속의 욕망이 그 얼굴을 다시 드러냈다. 어리고 예쁜 사람이 만나고 싶어진 것이다. 관계가 삐걱거리기 시작했고 결국은 또 헤어지기로 마음먹었다. 이번에는 그냥 솔직히 말하기로 했다. 왠지 이런 내 욕망을 받아들일 수는 없어도 이해는 해줄 것 같다는 느낌이 들었기 때문이다. 결과는 참담했다. 엄청난 비난과 고통의 시간을 가져야 했고 그녀는 인생의 상처를 가지게 되었다. 나도 그런 고통을 줬다는 죄책감에 오랫동안 마음 한구석을 그녀에 대한 죄책감으로 남겨둬야 했다.

　마지막으로 네 번째 연애에선 정말 예쁜 여자친구를 사귀었다. 이전에 소개팅으로 잠시 만났던 친구인데 우연히 온라인상에서 연락이 닿아 몇 번의 만남을 가졌다. 여자가 먼저 나의 손을 잡았고 사귀기 시작했다. 이상하게 여자친구가 예쁘다는 것이 한동안 뿌듯하게 느껴졌고 이전처럼 다른 사람에게 욕망이 생기지도 않았다. 하지만 그녀와 나는 공통된 '무엇'이 없었다. 자라온 환경도 달랐고 목표로 하는 인생의 모습도 많이 달랐다. 대화를 하면 맞장구를 쳐줄 뿐 진심으로 무엇이 오고가지는 않았다. 그녀와의 통화에서 나는 항상 무언가 할 말을 억지로 만들어내기 바쁘거나 그녀의 말을 조용히 듣고 있을 뿐이었다. 그렇다. 다시 헤어지기로 마음먹었다. 마지막 헤어짐은 앞의 세 번보다 빨리 실행했다. 일부러 싸움을 만들지도 않았고 그런 분위기를 만들지도 않았다. 단지 효과적인 방법으로 빨리 헤어졌다.

혼돈의 20대, 자신을 말하다

네 번의 연애를 돌아보자. 무엇이 문제인가? 과연 난 '연애'란 것을 하기는 했나? 왜 자꾸 헤어질 수밖에 없는가? 이성을 외모로 판단하기 때문이란 대답은 하고 싶지 않다. 그것이 윤리적으로 나쁘다고 하더라도 실제로 이성 친구를 선택할 때 외모는 아직까지도 무시할 수 없는 기준이기 때문이다. 그럼 과연 무엇일까? 네 번의 연애에서 실패한 공통점이 무엇일까.

아무래도 두 가지 이유가 아닐까 싶다. 우선 나는 완벽한 누군가를 찾고 있는 것 같다. 외모도, 성격도, 마음도 나하고 딱 맞는 누군가를 기다리고 있는 것이다. 그렇지만 이런 사람이 존재할 확률은 상식적으로 너무 낮다. 그런 사람이 있다 하더라도 나와 만날 확률은 더욱 낮다. 아마 다른 사람들은 완벽하진 않더라도 만남을 시작하고 그 사람을 나의 사람으로 알아가는 과정, 즉 '연애'를 하는 것 같다. 하지만 나는 완벽한 사람을 만나 영화 같은 좋은 시간만을 보냈으면 하는 것 같다. 그러니 조금만 맘에 들지 않는 구석이 발견되면 그것을 인정하지 않고 다른 사람을 새롭게 맞이할 준비를 하는 것이다.

또 하나는 내가 연애에 있어 너무 수동적이고 목적이 없었다는 것이다. 관계를 시작할 때 나는 항상 너무 수동적이었다. 끌리지 않는 사람에게 거절조차 제대로 못했다. 그렇게 관계가 시작되다 보니 분위기에 휩쓸려 남들이 하는 대로 따라서 했을 뿐 특별한 감흥을 느낄 수 없었다. 또한 연애는 '그냥 하면 되는 것'이란 생각으로 하다 보니 여자친구와 관계에서 특별한 목적을 찾으려고 하지도 않았다. '이 사람과 이번에는 좀 더 가까워지고 싶다', '이 사람을 좀 더 알고 싶다' 등 연애를 하면서 한 번쯤 세울 수 있는 목표조차 없이 그냥 연애를 했던 것이다.

지금은 다시 솔로의 생활을 하고 있고 많은 여성들이 눈에 띈다. 심지어 이 수업에서조차도 자주 다른 여학우들을 쳐다보고 이런저런 상상을 해본다. 연애가 다시 하고 싶은 것이다. 이번에는 정말 '연애'란 것을 잘 해보고 싶다. 완벽한 사람을 기다리지 않고 수동적인 연애를 하지도 않을 것이다. 이번만큼은 지난 실수를 반복하고 싶지 않다. 정말 잘 만들어나가고 싶다. 그러기 위해 두 가지 실수들을 잘 기억하려 한다. 과연 나의 다섯 번째 연애는 어떻게 될까?

## 징검다리가 된 세 가지 색깔의 짝사랑

고등학교 시절 예수 그리스도의 '아가페'는 나의 이상향이었으며, 이를 실현하는 길은 오로지 열심히 공부하는 것이었다. 남녀 간의 사랑은 여기에 장애물이라 생각되어 그런 감정은 억누르기에 바빴다. 그러나 대학생이 되어 자유를 얻었을 때, 다양한 경험을 하고 다양한 사람을 만나는 것도 인생에 중요하다는 생각이 들었고, 동시에 이성 간 사랑에 대한 열망도 커져만 갔다. 비록 불발로 끝난 짝사랑들이었지만 지금의 나를 있게 한 세 가지 색깔의 사랑은 1년 반이라는 대학생활의 진귀한 추억들이다.

대학에서의 첫사랑은 수업을 함께 듣는 누나였다. 대형 강의였는데 이름은 거창했지만 실속이 별로 없어 주의집중을 못 하고 항상 옆자리에 앉게 된 우리는 수다를 많이 떨었다. 그러던 중 누나와 나는 성당에 다니면서 '봉사하는 삶'을 인생의 큰 보람으로 느낀다는 공감대를 형성하면서 빠른 시간 안에 가까워질 수 있었다. 날이 갈수록 나는 누나에게 이성으로서의 호감을 느꼈고, 난생 처음으로 여자에게 내 마음을 표현하기에 이르렀다.

우선 친구들의 충고를 받아들여 누나에게 문자를 보내기 시작했다. 평소 친구와 문자를 보낼 때와는 분위기가 달랐다. 최대한 말을 멋있고 재미있게 하고자 한 통의 문자를 보내는 데도 신중을 기했고 답장이 언제 오나 하고 휴대전화에서 손을 떼지 못하고 조마조마해하며 기다렸다. 설렘, 기다림, 두려움이 교차하는 숨 막히는 시간들이었다. 동시에 나는 이런 감정의 기복으로 정상적인 생활을 이어갈 수가 없었다. 가족의 일원, 학생, 친구로서의 책임은 뒷전이고 그저 그녀를 생각할 뿐이었다. 가히 이것을 병적인 증세라고 보아도 무리가 없을 것이다. 이러한 나의 행동에 누나는 부담을 느꼈는지 아예 답장을 주지 않았다. 그렇게 나의 첫사랑은 끝나고 말았다.

상대방에게 부담을 주지 않으면서 다가가는 기술이 나에겐 없었지만 더욱 큰 과오는 나 자신을 잃었던 것이다. 내 감정을 주체하지 못하고 이성을 잠식하도록 내버려두었던 것이다. 이러한 사랑의 마력은 아직도 제어하지 못하고 있지만 어쨌든 사랑의 마력이란 걸 알게 되었고 그 위험성을 뼈저리게 느끼게 한 첫사랑이었다.

두 번째로 내가 빠진 사랑은 가장 사이비적인 사랑이었다. 한 모임에서 우연히 만난 그녀는 비틀즈의 팬이었고 나 역시 비틀즈의 광팬이었기에 첫 만남에서부터 순식간에 가까워졌다. 우리 또래 중에서 비틀 즈를 좋아하는 친구를 만나는 것은 흔한 일이 아니다. 우리는 만나서 이야기를 나누면서 엄청난 공감대를 형성했으며 난 부부의 연을 맺고 싶을 정도로 친밀감과 사랑의 열정을 느꼈다. 그러나 그녀는 나에게 친구 이상의 반응을 보이지 않았으며, 그녀의 이런 반응에 나는 열등 의식을 키워나갔다.

나는 그녀가 사회에서 인정하는 매력 점수가 나보다 높다고 느꼈다. 우선 그녀의 전공학과가 커트라인이 더 높은 학과였으며 매우 귀엽고 청년으로서의 용기도 지닌 친구였다. 나는 나 자신을 그녀와, 그리고 그녀 주위의 남자들과 비교하기 시작했다. 나는 미니홈피를 통해 그녀 친구들의 미니홈피를 방문하여 그들의 프로필을 관찰했다. 그들의 외 모, 학벌, 인품을 평가하고 나를 그들보다 더 멋지게 부각시킬 수 있도 록 나의 미니홈피를 꾸미는 데 열중했다. 그러나 겉을 꾸미는 것으로 이 문제를 해결할 수는 없었다. 객관적으로 나는 뒤떨어졌고, 그래서 좌절했다. 나는 나 자신을 미워하면서 무기력함에 빠져들었다. 나 자 신을 사랑할 수 있는 마음의 여유, 그리고 마음속에 간직했던 '아가 페'에 대한 목적의식도 모두 사라져버렸다. 열등의식으로 인한 슬픔은 오래 지속되었다.

이것에 종지부를 찍은 것은 성당 연수를 다녀와서였다. 인간의 잣대 로 인간을 보는 것이 아니라 신이 만드신 하나의 피조물로서 모두 아 름답고 사랑스러운 존재로 인간을 바라볼 때 진정한 마음의 평화를 얻 을 수 있다는 것을 깨달았다. 나는 비로소 열등의식에서 벗어날 수 있었다. 그리고 그녀에게 다가갈 때의 마음가짐이 달라졌다. 그녀는 더 이상 동경의 대상이 아니었으며 나와 동등한, 관심사를 공유한 친구였다. 나는 친밀한 친구로서 그녀에게 다가갈 수 있었으며 자신 있게 내 감정을 표현할 수 있었다. 비록 사랑은 이루지 못했지만 나를 향한 그녀의 마음이 친구 이상이 아니었음을 알고 우리는 여전히 좋은 친구로 남아 있다.

세 번째 사랑은 내 생활을 잃지 않고 동시에 나 자신도 사랑하고 이성 친구도 사랑하고 존경할 수 있는 이상적인 사랑 '아가페'였다. 성당 연수에서 만난 그 친구와 나는 신의 말씀 안에서 따뜻한 사랑과 평화를 경험했고, 이것은 다른 어느 관심사를 공유하는 것보다 더 큰 공감대를 형성했다. 우리는 전공 또한 같아서 매우 가까워질 수 있었다. 그러나 내 오만으로 인해 우리의 사랑은 이루어질 수 없었다. 먼저 관심을 표현한 쪽은 그녀였는데, 이런 경우는 난생 처음이라 난 무척 설레었고, 주도권을 쥔 것이라고 자만했다. 그래서 바쁠 때는 '내가 신경을 안 써도 날 좋아해주겠지'라는 오만함에 연락을 하지 않았다. 게다가 이전에 내가 짝사랑했던 여자들에게 당한 앙갚음을 하겠다는 불순한 생각이 무의식중에 발동하여 일부러 답장을 늦게 주기도 하였다.

시간이 흐른 후, 나에게 여유가 생겼을 때 그녀에게 고백을 했다. 그러나 그녀는 의외로 거절했다. 그녀는 자신이 짝사랑을 하고 있는 줄 알고 나를 향한 열정을 차츰 거두어들였던 것이다. 거절은 했지만 서로에 대한 마음은 너무도 아름다웠다. 우린 지금까지 느낀 감정과 생각을 솔직하게 털어놓고 서로의 마음을 이해해 주려고 애썼다. 서로에 대한 분노와 실망, 그리고 아쉬움이 전혀 남지 않은 만남의 종지부였다. 서로 헤어질 때 따뜻한 포옹을 하며 "사랑합니다"라고 외칠 수 있었던 '아가페'의 아름다운 모습이었다.

'짝사랑'이라는 꽃향기에 도취한 나머지 나의 역할을 망각했던 첫사랑, 열등의식에 가득 차 스스로를 자학했던 두 번째 사랑, 그리고 비록 이루어지지 않았지만 서로를 존경하고 걱정해 주었던 세 번째 사랑. 그 색깔은 다르지만 이 세 가지 사랑은 나를 청소년에서 청년으로 부쩍 성숙하게 해주었다. 단지 이성관계를 더욱 친밀하게 할 수 있는 기술, '밀고 당기기'를 배운 것이라 생각하지는 않는다. 나 자신의 이성을 감성에 매몰당하지 않도록 하기 위한 마인드 컨트롤, 그리고 사회적 조건에 관계없이 동등한 위치에서 한 인간을 아름다운 존재로 알고 사랑하는 법을 배웠다. 그리고 서로에 대한 아쉬운 감정이 있어도 이를 이해하고 끝까지 사랑할 수 있는 아가페적 사랑의 중요성을 일깨워 주었다. 이제 난 식견이 더 넓어졌고 보다 현명한 판단을 할 수 있는 지혜가 생긴 것 같다.

비록 그 당시에는 나에게 뼈저린 고통을 안겨주었지만 모든 과정이 지금의 나를 있게 하신 신의 계획임에 감사드린다. 앞으로 이어질 또 다른 색깔의 사랑이 간절히 기다려진다. 이번에는 짝사랑이 아니기를 진심으로 기도하며.

# 2. 사랑의 색깔들

## ▍1 우정에서 사랑으로

### 남자와 여자는 절대 친구가 될 수 없다?

아직은 길다고 말할 수 없는 스물한 살의 내 인생. 여느 아이들과 같이 귀여운 꼬마에서 성실한 학생으로 성장해 온 나는 풋풋한 싱그러움이 절로 묻어나는 1학년 새내기로 작년 봄 입학을 하게 되었고 그때부터 나의 청년기가 본격적으로 꽃피기 시작했다. 낯선 환경에 대한 약간의 두려움과 설렘, 새로운 사람들과의 만남에 대한 기대감 속에 하루하루가 순식간에 지나갔다. 처음 가져보는 술자리, 이제까지와는 다른 수업방식, 중학교 이후로 처음 만나보는 남자 동기들, 이 모든 것이 신기하고 나의 호기심을 끌기에는 충분했다.

학과의 특성상 여자들보다 남자들이 압도적으로 많은 가운데 나는 자연스레 여자친구들보다는 남자친구들과 어울려 놀았고 친해지게 되었다. 대학교에 들어오기 전에는 막연히 '당연히 애인이 생기겠지!' 라는 기대감에 부풀어 있었지만 막상 내가 대학생이 되어보니 그것도 아니라는 생각이 들었다. 시간이 지나면서 이런 식으로 남자친구들과 어울리고 친해지다 보면 애인으로 발전하기는커녕 여자친구보다 더 진한 우정을 자랑할 수 있는 사이가 될 거라는 강한 믿음이 생겼기 때문이다.

우리는 매일 수업을 같이 듣고 함께 밥을 먹고 숙제를 같이 하고 술도 같이 먹고 하루하루 그렇게 같이 지내며 우정을 쌓아갔다. 그때는 그것이 우정이라는 것에 대해서 추호의 의심도 생기지 않았다. 그중에서도 기숙사에 사는 아이들과는 특별히 깊은 사이가 되어갔다. 기숙사에 사는 네 명 정도가 몰려다니며 우리는 잠자는 시간 빼고는 온종일 같이 있는 것 아니냐는 우스갯소리를 할 정도였다. 학교를 마치면 기숙사에 와서 다 같이 모여 수다를 떨다가 문 닫을 시간이 되면 각자 방으로 들어가서 자고, 다시 아침에 일어나 밥을 먹고 같이 수업을 듣는 그런 생활이 한 학기 동안 계속 이어졌다.

나에게 남자와 여자는 친구가 될 수 있다는 말은 이제 더 이상 생각해 볼 문제가 아니라 당연한 말로 여겨졌다. 간혹 몇몇 친구들이 그러다가 사귀게 되는 것 아니냐고 말할 때면 우리는 손사래까지 치며 강력하게 부인했다. 우리는 이제 친구가 아니라 가족과도 같은 존재라고, 그런 생각이 드는 것은 우리 사이를 잘 몰라서 그런 것이라고 말하며 말이다. 자연스레 어깨동무도 하고 손도 잡는 사이까지 되었지만 전혀 이상한 감정은 생기지 않았다. 아니, 어쩌면 스스로 주문을 걸고

혼돈의 20대, 자신을 말하다

있었는지도 모르겠지만 아무튼 우리는 진한 '우정'을 자랑하는 당당한 친구들이었다.

그렇게 시간이 지나 어느덧 기말고사가 끝나고 여름방학이 시작되었다. 나는 방학 동안 지방에 내려가게 되어 기숙사에는 나를 제외한 다른 아이들만 남게 되었다. 나는 방학 동안 잠시 떨어져 있으면서 친구들과의 관계에 대해 곰곰이 생각해 보게 되었다. 같이 있을 때는 몰랐는데 집에 내려오니 그중 유난히, 너무 유난히 친하게 지냈던 친구 한 명이 보고 싶어진 것이다. 그 친구도 나에게 전화를 걸어 하루에 몇 시간씩 통화를 하고 컴퓨터로 채팅을 하고 그렇게 둘 사이에 '있을 수 없는(?)' 감정을 키워나가게 되었다.

그러나 나는 애써 아니라며 이 오묘한 감정을 부정했다. 갑자기 떨어져 있게 되어 생기는 순간의 감정일 거라며 주문을 걸었다. 그리고 아무렇지도 않은 듯 다시 평소처럼 잘 지냈다. 이렇게 잘 성숙된 친구 관계가 흐트러지는 것이 싫었다. 우리는 친구 이상도 그 이하도 아니었다. 그렇다. 그러니 진짜 '친구'인 우리가 이렇게 여름방학을 보내버릴 수 있겠는가. 우리는 방학에 바다로 놀러갈 계획을 세우고 8월 초, 당장 그 계획을 실현시켜 강릉으로 여행을 떠났다.

문제는 그때 시작되었다. 오랜 시간 떨어져 있다가 서로 만나서 여행을 하며 같이 지내다 보니 그제야 우리 사이의 감정이 사랑이라는 것을 비로소 느끼게 된 것이다. 우리는 단 하루, 아니 몇 시간 만에 친구에서 연인으로 발전하게 되었다. 어제의 친구가 오늘의 애인으로 눈 깜짝할 새에 모든 것이 한꺼번에 바뀌었다. 꼭꼭 숨어 있던 사랑의 불씨가 타오르게 되었다. 이제는 눈치 보는 사랑이 아닌, 우정으로 포장된 사랑이 아닌, 친구가 아닌 연인으로서의 사랑의 불씨가.

1년이 지난 지금까지도 우리의 애정 전선에는 문제가 없다. 그때 함께 어울려 다니던 친구들과의 우정도 변함이 없다. 우리가 끝까지 마음을 속여 지금까지도 친구로 지냈다면, 세상에 둘도 없는 소중한 인연을 바로 눈앞에서 허무하게 놓쳐버렸다면 어쩔 뻔했나 하는 생각을 하면 얼마나 다행인지 모른다. 우리의 용기에 고마움을 표하고 싶다. 그리고 남자와 여자 사이에 친구가 될 수 있다던 철석같은 나의 믿음은 순식간에 와르르 무너져 내렸다. 이제 나는 당당히 말하고 다닌다. 남자와 여자는 '절대' 친구가 될 수 없다고. 왜냐고? 그 명제의 산 증인은 바로 나니까 말이다.

청년기의 시작에 겪은 이 에피소드는 나에게 많은 교훈과 변화를 가져다주었다. 소중한 인연을 절대 놓치지 않을 것이라는 다짐, 세상을 더 아름답게 바라볼 수 있는 눈, 그리고 내 인생의 황금기를 그와 함께할 수 있는 행운을 가져다준 나의 운명에 대한 무한한 고마움을.


## 우린 무슨 사이일까요?

나만큼 사랑이냐 우정이냐 하는 문제로 고민해 본 25세 청년은 없을 것 같다. 왜냐하면 열네 살부터 스물다섯 살인 지금까지 친구인지 연인인지 구별이 안 되는 아이가 하나 있기 때문이다. 지금까지라는 건 이 아이가 아직도 내 곁에 있다는 말이다. 정말 답답하다. 10년 넘게 이런 관계가 유지된다는 것은 당사자들에게 너무나 힘든 일이다.

내가 그 아이(S라고 하겠다)를 처음 만난 때는 중학교 1학년 때였다. 그 당시 나에게 여자라는 존재는 단지 놀릴 수 있고 괴롭힐 수 있는 하나의 객체일 뿐이었다. 어느 날 친한 친구 한 명과 나는 S에게 장난전화를 했다. S는 학교에서 직접 괴롭힐 때는 당하기만 했는데 전화로 하니까 무척 말을 잘했다. 그래서 어쩐지 내가 진 기분으로 전화를 끊었다. 그때부터 한번 이겨보려고 매일 S에게 전화를 했다. 그러고는 곧 친해졌다. 우리의 전화 통화는 그때부터 지금까지 10년 넘게 거의 매일 이어졌다. 전화도 매일 하고 학교생활도 같이 하고 우리는 정말 친해졌다.

문제는 고등학교에 가고부터 내가 이성에 눈을 뜬 것 때문에 발생했다. S는 중학교 다닐 때도 이성에 관심이 많았다. 형들에게 '오빠 오빠'하며 혼자 짝사랑하고 러브레터도 몰래 보내고 했다. 늦게 배운 도둑질이 무섭다고 난 정말 많은 여자한테 집적거리고 다녔고 밤마다 S에게 보고했다. 그리고 곧 여자친구가 생겼고 여자친구랑 있었던 얘기도 밤마다 S에게 해줬다. 통화 시간은 언제나 S와의 시간이 더 길었다. S와 통화를 하지 않으면 아침식사를 하지 않은 날처럼 온종일 허전했다. 그때 여자친구와 나는 헤어지게 되었다. S 때문에 신경전을 벌이다가 말이다. 여자친구와 싸우다가 깨달았다. 내가 S를 우정이라기보다는 사랑에 가까운 시선으로 보고 있었고 여자친구보다 S를 더 사랑한다는 사실을 말이다. 그래서 곧장 여자친구에게 헤어지자고 말하고 S에게 사귀자고 고백했다. 그런데 거절당했다. 정말 의외였다.

S는 내가 친구였으면 더 좋겠다고 말했다. 나는 S도 역시 나를 사랑하고 있다고 생각했었다. '나를 거절하다니 함께한 4년이 그 아이한테는 아무 의미 없는 시간이었나 보다'라고 생각했다. 나도 실망하고, 그때는 몰랐지만 S도 실망해서 자연스레 우리는 밤마다 전화를 하지 않게 되었다. 그 기간이 생각보다 길어져 1년 동안이나 우리는 연락조차 하지 않았다. 정말 힘든 시간이었다. 힘든 건 힘든 거고 시간이 조금 흐르자 다른 여자친구가 생겼다. 그 아이는 지금껏 내가 사귄 여자 중에 제일 예쁜 아이였다. 친구들도 다들 부러워했다. 난 헤어나올 수 없을 정도로 빠져버렸다. 그리고 그때 나도 처음 느껴봤다. 가족이 아닌 다른 사람이 나를 사랑해 준다는 게 어떤 것인지를. 정말 행복했다.

　　그러던 중에 S에게서 갑자기 전화가 왔다. 우리는 1년이나 연락조차 없었지만 그 전화 한 번에 예전의 관계가 복원되었다. 매일 통화하고 주말이면 만났다. 그리고 결국 맨 처음 여자친구 때와 똑같은 이유로 여자친구와 헤어졌다. 헤어지자마자 나는 또 S에게 고백했고 예전처럼 S는 나를 거절했다. S는 또 나는 친구였으면 더 좋겠다고 말했다. 나는 상황을 받아들일 수가 없었다. S는 도대체 나한테 무슨 감정을 느끼는지 알 수가 없었다. 그리고 또 자연스레 연락이 끊겼고 우리는 대학에 진학했다. 거기서 난 선배와 사귀게 되었다. 대학생이 되어서 하는 연애라 나는 무척 진지했다. 그 선배의 한마디 한마디에 일희일비하며 최선을 다해 연애했다.

　　그러던 중 토익 시험을 보기 위해 영어 학원을 다니게 되었다. 학원에서 정말 우연히 S를 만났다. 우리는 아무런 망설임 없이 말을 걸었고 같이 식사도 하고 또 이도저도 아닌 사이가 되어 예전의 관계가 또 시작되었다. 난 정말 이번에는 S 때문에 사귀고 있는 선배와 헤어지고 싶지 않았다. 그래서 S를 멀리하려 노력했다. 나랑 사귀던 선배는 원래 다른 학교에 남자친구가 있었는데 나 때문에 헤어지고 나와 사귄 것이었다. 그래서인지 항상 나에게 자기를 얼마나 사랑하는지 듣고 싶어 했다. 매일 "나 사랑해? 나 사랑해?" 하고 물었다. 그때마다 나는 "응, 당연하지. 사랑해" 하고 답해줬다. 그런데 어느 날은 그 선배가 나에게 이렇게 물었다. "내가 네 마음속에서 1등이야?" 하고 말이다. 그러나 나는 그 질문에 대답하지 못했다. 그냥 "응" 하고 대답하면 되는데 갑자기 나 혼자 진지해져서 S라고 대답했고 그날로 헤어졌다. 그 선배는 기다렸다는 듯이 예전 남자친구에게 돌아갔고 나는 그날 밤 S에게 대뜸 고백했고, 역시나 또 거절당했다. S는 또 내가 단지 친구라고만 말했다.

그리고 나는 재수를 했고 또 재수를 해서 지금 학교에 다니게 되었다. 중간에 잠깐 만난 여자친구도 있었고 S와도 잠시 연락했었지만 나는 그 누구에게도 진지하지 않았다. 지금의 학교에 와서 다시 1학년이 되어 미팅이다 소개팅이다 즐거운 한때를 보내고 있는데 1년 만에 갑자기 S에게서 연락이 왔다. 그때는 진짜 S가 친구로만 보였다. 아무런 감정이 느껴지지 않았다. S도 나의 마음을 느꼈는지 나에게 우정을 보여주었다. 나는 그 상태가 너무 좋았다. 이제 다시는 S 때문에 힘들고 싶지 않았고 밤에 절대 서로 통화하지 않기로 했다. 그런데 그때부터 S는 나에게 기대오기 시작했고 나는 친구로서 잘해줬다. 그러면서 또

통화를 하기 시작했고 난 또 S를 친구로 보지 않게 되었다. 그래서 또 고백했다. 그런데 이번에는 S도 나를 사랑한다고 말했다. 그리고 우리는 연인이 되었다.

우리는 정말 좋은 연인이 되었다. 매일 만나서 데이트도 하고 쇼핑도 하고 여행도 가면서 연애에 충실했다. 그런데 문제는 우리가 하는 모든 것들이 친구 사이일 때와 같다는 점이다. 정말 똑같았다. 우리가 서로를 사랑하는 것인지 정말 친한 친구인지 모르겠다. 우린 지금도 헤어지진 않았다. 하지만 S는 내가 또 어떤 여자를 좋아하는지, 어떤 여자를 또 만나는지 알고 있다. 나도 마찬가지로 S가 요새 만나는 사람을 알고 있다. 우린 아직 헤어지지 않았고 만나면 손도 꼭 잡고 다니지만 말이다. 도대체 우리가 무슨 사이인지 물어보면 S도, 나도 대답하지 못한다. 이제는 우리가 잘못된 것인지 잘된 것인지도 모르겠다. 우리가 친구인지 연인인지도 모르겠다. 사랑인지 우정인지 정말 모르겠다. 사랑인지 우정인지 하는 문제는 나에게는, 아니 우리에게는 너무나 어려운 문제이다. 교수님, 우린 무슨 사이일까요?


## 서로 성장을 도우며

학창시절 나는 내가 추녀라고 생각했다. 예쁜 애들은 뭘 해도 예쁘고 못생긴 애들은 뭘 해도 밉상이라는 대중적인 인식에 못생긴 내가 남에게 말을 걸면 그 사람들이 나를 보고 "못생긴 게 나대네"라고 할 것 같아 말도 걸기 전에 지레 겁을 먹었다. 그래서인지 나는 다른 사람을 대하는 데 있어 굉장히 조심성이 강하다. 모르는 사람에게 먼저 다가서지 못하고 매우 친한 사람이 아니면 먼저 말을 거는 일도 없다. '저 사람이 나를 어떻게 봤을까, 내가 말을 걸면 싫어하지 않을까' 하는 피해망상적 생각까지 하며 다른 사람에게 먼저 다가가는 것을 매우 꺼렸다. 외모 콤플렉스가 심해진 만큼 자신감은 점점 떨어지고 성격은 더욱 소극적이 되어갔다.

나는 정말로 내가 연애를 할 수 있을 거라고는 생각지 못했다. 그러던 어느날, 남자친구를 만나 정말 우연한 계기로 사귀게 되었다. 나에겐 그 남자친구가 처음이었지만 그에겐 내가 네 번째 여자친구이다. 지금 그와 사귄 지 8개월 좀 넘었지만 한 번도 큰 싸움 없이 사이좋게 잘 지내고 있다. 이렇게 우리가 트러블 없이 잘 지내는 데는 그동안 내가 남몰래 연마해 온 사람 대하는 태도가 작용한 것 같다. '상대가 하고 싶어 하는 일에 반대하지 않고 같이 즐기고 이해하는 것' 이 그 비법이라고 할 수 있다. 간단히 말해서 상대방의 자유를 존중하고 상대의 입장에서 이해하고 진실한 나의 마음을 솔직히 표현한다면 서로 불편한 감정이 생길 리 없고 상대의 마음을 몰라 혼자 애태우거나 속상해하는 일도 없을 것이다.

보통 연인들의 갈등의 시작은 집착, 불신, 질투, 억압에서 비롯되는 것 같다. 서로 믿지 못하는 데서 질투와 간섭이 이루어지고 그로 인한 스트레스로 결국 서로 싸우게 되는 것이다. 나는 남자친구가 밤늦게까지 친구들과 술을 마시고 당구를 치며 논다고 해서 삐지거나 화내지 않는다. 연락이 잘 안 된다고 울지도 않는다. '피곤해서 곯아 떨어졌나보다', '집중해서 공부하나 보다. 나도 열심히 해야지' 하는 생각을 할 뿐이다. 우리는 서로를 깊이 신뢰하며 서로의 감정도 항상 숨김없이 표현하는 소위 승승적 관계를 가진 커플이다.

또한 우리는 '밀고 당기기' 라는 연애기술을 전혀 쓰지 않는다. 언제나 감정에 솔직하고 진심어린 마음으로 대한다면 괜한 술수를 쓸 필요는 없을 것이다. 우리는 적어도 하루에 한 시간 이상씩 서로의 생각과 가치관, 학창시절, 가족, 학업, 시사 등에 대해 두루 이야기한다. 대화를 하면서 서로를 더 많이 알아가고 함께 내면을 성장시키고 있는 것 같다. 내 남자친구는 나보다 더 내성적이고 소극적이다. 모르는 사람과 있을 때면 아예 입을 열지 않아 사람들이 화났냐고 물어볼 정도다. 자신의 내면을 숨기고 자신의 모습을 부끄러워했다. 우리 둘 다 부정적 자아개념을 가지고 있는 사람들이었다.

하지만 지금은 우리 둘 다 열등감을 표현하기보다 스스로를 거울삼아 상대방만큼은 나와 같은 고민으로 주눅 들게 하지 말자고 생각하고 있다. 그래서 오히려 상대방의 단점은 눈감아주고 상대방의 행동을 응원했다. 그러다 보니 우리 둘은 어느새 자신의 모습에, 자신의 행동에 용기를 얻었고 점차 자신감을 찾아갔다. 남자친구를 만나면서 내가 점점 외모 콤플렉스로 인해 생긴 피해의식이 없어지는 것을 느꼈다. 자신감도 생기고 피해망상에 억눌려 소극적으로 사람을 대하는 태도도 줄어들었다. 남자친구도 나의 격려와 밝은 성격에 자신도 자신감이 많이 생겼다고 말한다. 그러면서 '서로의 발전을 촉진하는 시너지 커플'이라고 좋아했다. 우리는 아무래도 에리히 프롬E. Fromm이 말한 능동적 사랑을 하고 있는 것 같다.

나는 연애를 하면서 사랑의 행복을 누리고 자신감도 되찾았으며 얻은 것이 많다. 하지만 아쉬운 점도 있다. 친구들과 만날 약속을 잡기가 점차 힘들어지고 나만의 시간도 거의 없어졌다. 요즘은 가장 고심하는 것이 남자친구와 잘 지내면서 친구들과 소원해지지 않는 것과 혼자 생각할 시간을 확보하는 것이다. 남자친구와 대화를 통해 해결방법을 생각해 보려고 한다. 함께 고뇌하다 보면 언제나처럼 현명한 방법을 찾을 수 있을 거라 믿는다.

## 2 에로스? 루더스[1]

### 고슴도치들의 사랑

새내기 시절, 다른 사람과의 만남에 관심이 없는 소심한 성격의 나는 한 여자아이를 만나게 되었다. 주변 사람들을 즐겁게 만드는 능력을 가진 그녀는 어리고 순수한 얼굴을 가지고 있었고 눈부시게 아름답다기보다는 곱고 참한 매력을 지닌 여자였다. 나중에 안 것이지만, 그녀는 나이가 나보다 많았으며 소위 음악계의 최고 엘리트 코스만을 밟아온 음대생이었으나 음악에 환멸을 느끼고 다시 우리 학교에 들어온 것이었다. 그녀는 두뇌와 예술가적 기질, 미모를 겸비한, 그야말로 드라

--------------------------------------------------

1) 『청년기 갈등과 자기이해』 김애순 저, (주)시그마프레스, 2005.

마에나 나오는 상류층이었다.

　이런 그녀가 도대체 왜 나를 만났을까? 이해가 되지 않았지만 그녀는 명쾌하게 대답해 주었다. "나와 너무 다르지만 같은 사람 같아서." 말 그대로 난 비판적인 시각으로 가득 찼으며 사람들을 두루 만나기보다 아는 사람 위주로 만남을 추구하는 아웃사이더 기질을 가지고 있었다. 재미있었던 건 그런 나보다 훨씬 활기차고 재미있어 보이는 그녀가 오히려 더 큰 마음의 벽을 가지고 있다는 점이었다. 그것이 우리의 공통점이었다. 그녀를 사귀기 시작한 과정은 '밀고 당기기'가 아니라 내가 그녀의 아픔을 치유해 줄 수 있다는 생각에서였다.

　어느 날 그녀는 수면제 수백 알이 든 필통을 들켜서 나를 놀라게 했고, 또 어떤 날은 자기 주변 사람들에 대해 가학적인 환멸을 드러내 나를 아프게 했다. 사귄 지 1년쯤 된 아주 추운 겨울날, 짐을 바리바리 싸들고 나타난 그녀를 아직 잊을 수 없다. 가출한 지 3일째라고 했다. 그 가방 속은 평생 써온 일기장, 편지, 사진 등으로 가득 차 있는, 말 그대로 그녀의 보물상자였다. 그녀는 높은 산으로 올라가서 말했다. "태워 줘!" 이해가 가지 않았지만 "그럼 내가 태울까?"라는 차가운 태도에 달리 방법이 없었다. 그녀의 대답은 그날 내 일기장에 고스란히 적혀 있다. '어차피 내가 사라진 후 남은 사람들이 갖는 모든 감정과 행동은 결국 그들 자신의 것이야. 남을 위해 우는 것이 아니고 자신의 슬픔을 주체 못 해 우는 것이니까. 우리 부모님도 마찬가지고. 지옥 같은 이곳에 내 흔적을 남기고 떠나면 영혼조차 자유롭지 못할 것 같아. 그냥 이 세상에 존재하지 않은 것처럼 사라지고 싶을 뿐….'

그녀는 철저하게 파괴된 상태에서 내게 왔다. 그리고 나의 가장 큰 오만은 내가 그녀를 치료해 줄 수 있다는 생각이었다. 그녀는 너무 깊게 상처받은 상태였다. 특히 그녀는 가학적인 면에 자학적인 면까지 있어서 나를 두 배로 힘들게 했다. 그녀는 집착과 소유욕이 강했고 보통의 여자들과 너무나 달랐다. 그것은 마치 모든 걸 상실한 사람이 누군가를 만나 의지하는 것과 같았다. 이것은 서로를 파괴하는 길이라는 것을 알아채는 데는 오랜 시간이 걸렸다.

　처음에는 그녀만의 문제라고 생각했다. 하지만 결국 내게도 큰 문제가 있음을 알았다. 그녀는 나를 사귀는 이유를 내가 자신과 너무 비슷해서라고 했지만 난 동의할 수 없었다. 내가 그녀처럼 모든 것이 갖춰진 여자를 만나는 것은 불가능한 일이고 다만 파괴되어 하자 있는 그녀만이 내 곁에 있을 뿐이라는 열등감에 사로잡혀 있었다. 그녀의 파괴 상태는 내겐 기회이면서 동시에 괴로움의 원천이었다. 결국 나도 서서히 열등감 속에서 그녀에게 집착해 갔고 그녀로부터 상처를 받을 경우 더 공격적으로 그녀를 대했다. 서로에게 집착하고 언제나 상대방을 자신의 옆에 두길 바랐다. 하지만 우리 둘 모두 구속당하기엔 너무 독립적이고 자의식이 강했던 것이다. 마치 고슴도치들의 사랑이라고 할까.

　하지만 만남 자체는 중독성이 강했고 함께 있는 순간엔 모든 것을 가진 것처럼 행복했다. 아직도 난 그녀와 나 사이를 '중독'이란 말 이상으로 정의내릴 수 없다. 모든 것을 버린 사람들이 서로와 함께하는 순간만큼은 모든 것을 가진 것처럼 느끼게 되는 것 같았다. 서로 섹스에 탐닉하게 된 것은 시간 문제였으며 그것도 역시 중독의 경지였다.

우리는 일주일에 6일을 함께했으며 3년 동안 대부분의 시간을 함께했다. 하지만 그와 동시에 우린 서로의 삶을 파괴했다. 교우생활이나 학업은 파탄으로 치달았고 결국 서로에 대한 태도도 변하기 시작했다.

처음에 서로를 끌어들였던 공통점은 상처를 주는 도구로 변했다. 서로 가학적이고 시니컬한 말투로 공격했으며, 그것에 익숙해지자 정도가 점점 심해졌고 만나는 시간의 대부분을 싸우는 데 쓰게 되었다. 결국 우린 지쳐갔고 나중에는 우리가 섹스를 위해 만나는 건 아닐까 하는 생각이 들 정도였다. 몇 번의 이별과 재회를 반복하면서 그런 것마저 익숙해져 갔다. 지금 생각해 보면 가장 큰 변화는 섹스에서 시작됐던 것 같다. 처음에는 배려와 따스함으로 가득 찼던 성적 행동은 언젠가부터 공격적이고 거친 스타일로 변해 있었다. 나뿐만이 아니라 그녀 역시 피학적 스타일을 즐기는 방식으로 변했던 것 같다.

결국 3년 동안 그녀를 짝사랑하던 남자와 그녀가 걷는 모습을 길거리에서 목격한 후 우리는 헤어졌다. 이렇게 아무렇지 않은 듯 간단하게 쓰자면 쓰겠지만, 그때 내가 느낀 감정을 어떻게 설명할 수 있을까? 중독의 여파는 컸다. 일주일에 6일을 차지하던 그녀는 나에게 그 이상의 정신적 영역을 차지하고 있었다. 사실 몇 년이 지난 지금까지도 아직 완전히 회복했다고 자신 있게 말하진 못한다. 배신감이 날 괴롭혔다. 인생의 가장 황금기인 3년을 모조리 그녀와 같이 보내버린 내게 그 3년을 지워버려야 한다는 것은 너무 잔인한 일이었다. 날 괴롭힌 것은 이렇게 괴로운 나를 두고 그녀는 자유롭게 갈 수 있는 상황이라는 것이었다. 미모를 비롯한 모든 것을 갖춘 그녀는 자유로웠다. 하

지만 무엇보다 날 가장 괴롭힌 것은 '이룬 것 하나도 없이 나이만 먹어
버린' 내가 자유로운 그녀에게서 느낀 상대적 박탈감이었다.

그녀의 소식은 아주 가끔 정말 우연하게 듣게 되었다. 언젠가 그녀
의 남자친구가 내게 전화를 해서 혹시 같이 있냐고 물어온 적도 있었
다. 그걸 왜 나한테 묻느냐, 내 전화번호, 내 이름은 어떻게 알았느냐
고 신경질적으로 묻는 내게 그는 대답했다. "술을 먹으면 늘 그쪽 이름
을 말하거든요." 이런 과정이 내 박탈감이나 배신감을 조금씩 덜어주
긴 했던 것 같다. 가장 결정적으로 내가 그 기억들을 지우지 않고 담
아두리라 마음먹었던 계기는 우리를 3년 동안 줄곧 지켜봐왔던 친구
가 내게 해준 말이었다. "그래도 그런 지독한 연애라도 해본 게 축복
아니니? 평생 그런 지독한 사랑 한 번 못 해보고 결혼하는 사람들도
많잖아."

무려 5년이 지난 지금 이제 그녀와 나는 조금 어색한 친구처럼 되었
다. 내 인생에서 가장 중요한 사건을 뽑으라면 그녀와의 만남이라고
주저 없이 말하겠다. 내 삶의 방식을 바꿨고 내 사고방식을 바꿨으며
내가 보고 듣지 못한 세상이 그녀로 인해 열렸다. 반면 극한의 절망도
맛보았다. 긍정적인 면이 큰지, 부정적인 면이 큰지 모르겠다.

중요한 건 내 인생은 아직 많은 부분이 남았으며, 그 나머지 결과에
따라 그 지독한 과거 또한 완전히 다른 방식으로 저장될 수 있다는 점
이다. 그래서 난 하루하루를 그 기억을 아름답게 저장하기 위해, 그리
고 미래에 그녀와 웃으면서 애기할 수 있기 위해 최선을 다하며 보내
고 있다.

## 두 여인에 대한 미안한 마음으로

이성 친구와의 교제는 꿈도 꾸지 못했던 암울한 고등학교 시절의 터널을 지나 비록 여학생이 적다는 공대에 입학했지만, 이성에 대한 호기심과 열정 앞에서 전공이라는 제약은 그다지 큰 영향을 미치지 못했다. 동아리와 학회, 그리고 옆 학교에 진학한 고등학교 시절 친구를 이용해서 여러 가지 합법적, 편법적인 여자친구 사귀기가 진행되었다. 이런 나의 노력 덕분이었는지 입학 2개월 만에 첫 여자친구, 첫 키스, 첫사랑의 행운을 맛보게 되었다.

한 번도 여자친구를 사귀어본 경험은 없었지만 처음 사귀게 된 여자친구에게 열정적이고 적극적으로 행동하는 내 모습에 스스로도 놀랄 정도였고, 결국 얼마 지나지 않아서 잠자리까지 하게 될 정도로 발전하게 되었다. 가족, 친척 모두 기독교 집안에서 어릴 때부터 기독교적 가치에 따라 생각하고 행동해 왔지만 이성에 대한 열정과 호기심은 혼전 순결이라는 가치를 까맣게 잊을 정도로 강렬하게 작용했다.

하지만 꺼지지 않을 듯 강했던 첫사랑은 1년이 지나면서 차츰 식어가기 시작했고 잦은 다툼과 서로의 성격 차이로 인해 결국 헤어지게 되었다. 사랑과 열정이 깊었던 만큼 그 상처도 쓰라렸다. 하지만 그때까지도 '내가 무엇을 잘못했을까', '우리에게 어떤 문제가 있었을까'라는 생각과 반성만이 있었을 뿐, 혼전 순결을 지키지 못했다는 죄책감이나 후회는 이상할 정도로 없었다. 이성관계나 교우관계에 있어서는 나 스스로도 다소 보수적이라고 평가했지만 유독 나 자신의 행동에 대해서만은 아주 관대하게 합리화해 버리는 경향이 있었던 것 같다.

혼돈의 20대, 자신을 말하다

군대에서의 인간관계는 마치 고등학교 시절 동성 친구들과의 관계와 비슷했다. 물론 상명하복이나 부조리, 비합리적인 명령과 지시가 존재했지만 말이다. 20대 초반의 혈기왕성한 젊은이들이 2년 동안 함께 먹고 자고 훈련하는 동안에 여자친구도 없이 입대한 나에겐 이성 문제는 아무런 상관이 없어 보였다. 하지만 입대한 지 1년쯤 지나서 찾아온 고등학교 시절 동아리 여자친구를 만나면서 군생활의 어려움과 제대 후 진로선택이라는 고민에 또 다른 고민을 얹게 되었다. 정말 오랜만에 그것도 물어물어 찾아서 면회 온 그녀는 고등학교 시절부터 날 좋아했다고 고백했다. 고등학교 시절에는 몇 달에 한 번 만나는 게 전부였기에 대학 진학 후 고백하리라 마음먹었지만 나에게 이미 여자친구(그것도 서로 열정적으로 사랑하는)가 있다는 사실을 알고 무척 힘들었다고 했다. 나는 날 좋아한다고 찾아온 그녀에게 차마 좋아하지 않는다고 말할 자신이 없었다. 그보다 이성에 대한 막연한 호기심과 열정이 아직 가시지 않았던 군대생활 중에 찾아온 친구는 오히려 내 마음을 떨리게 했다.

　옳지 않았던 관계라고 말해야 할까? 두 번째 여자친구는 나에게서 고등학교 때 모습을 찾으려 했고 나는 단지 호기심과 열정을 채워줄 이성이 필요했던 것 같다. 군인이었던 당시부터 제대 후 얼마까지 우리는 서로 변한 모습을 이해하려고 노력했다기보다는 만나면 성관계만을 일삼았고, 역시 그런 관계는 그리 오래가지 못했다. 그녀와 헤어지던 날, 서로에 대한 관심과 이해는 부족했지만 한없이 서럽게 울던 그녀를 보면서 나는 비로소 나의 잘못과 책임감 없는 행동에 대해 반성하기 시작했다. 그때까지 나에게 성관계는 단순히 나의 욕구를 충족시키는 수단이면서 호기심과 열정을 해소할 도구였을 뿐이었다. 사랑과 신뢰 없이 열정만 불탔던 미숙한 나의 이성관계를 반성하고 후회했다. 나의 여자친구였던 두 여인에 대한 미안한 마음과 함께 나 자신에 대한 분노가 북받쳐 올라왔다. 이성관계의 쾌락과 즐거움에 빠져서 나 자신에게 소홀했던 되돌릴 수 없는 시간들. 그 후회와 반성은 나를 화나게 하고 부끄럽게 하지만 지금은 나에게 소중한 자산이 된 것도 사실이다.

　이제 얼마 지나지 않으면 학생이라는 두꺼운 보호막을 벗고 사회로 첫발을 내딛게 된다. 지금보다 훨씬 더 많은 이성들과의 만남, 다양한 관계 속에서 서로 이해하고 충돌하고 동업하고 사랑을 해야 할 것이다. 지난날 나의 무절제하고 어수룩했던 이성관계의 실패가 오히려 약이 될 수 있으리라 생각한다. 서로를 배려하고 이해하고 존경하는 것만이 원초적인 합일의 욕구인 사랑을 완성시키고 부족한 나를 채워주리라는 것을 확신한다. 그것은 순간의 육체적 쾌락으론 절대 충족시킬 수 없다는 것을 나는 알고 있다. 그래서 앞으로 나의 이성 친구는 육체적인 의미를 초월한 진정한 동반자가 될 것이다.

## **3** 소유-의존적 사랑[2]

## 우리는 사랑의 색깔이 달랐다

나는 스무 살이 될 때까지 이성 간의 교제나 사랑에 대해서는 무지한 상태였다. 대학생이 되어 첫 연애를 시작하기 전까지 내가 알고 있던 사랑은 예수가 가르친 자기희생적인 사랑, '아가페'가 전부였다. 그래서 나는 부모-자식 간 사랑, 형제애, 우정은 물론 이성 간의 사랑마저도 모든 사랑은 희생적이고 헌신적이며 무조건적이어야 한다고 생각했다. 이런 천연기념물 같은 사랑관념을 가지고 '연애를 권하는' 사회적 분위기에 편승하여 경솔하게 시작한 연애는 처음부터 마치 면허 없이 곡예운전을 하는 것과 다를 바 없었다.

작년 여름 한 대학연합 동아리에서 알게 된 한 여성과 사귀게 되었다. 우리는 서로에 대해 거의 무지했으나, 그녀와 나를 엮으려는 동아리 사람들의 장난 아닌 장난에 자연스럽게 서로가 이끌리게 되었다. 갈등을 최소화하고 사랑을 건강하게 오래 가꿔나가기 위해서는 서로의 성격과 가치관이 잘 맞는지를 알아보는 소위 '탐색 과정'이 필요한데 우리는 이 과정을 건너뛰어 버렸다. 분위기에 휘말려 연애부터 시작한 것이다. 애초부터 그녀와 나의 사랑은 사랑의 3요소 중 열정만 있을 뿐 친밀감도, 사랑을 유지시킬 의지와 결심도 없는 '눈먼 사랑'이었다.

---

2) 『청년기 갈등과 자기이해』 김애순 저, (주)시그마프레스, 2005.

이렇게 경솔하게 시작된 연애에서 서로 상반된 가치관을 지닌 그녀와 나 사이의 갈등은 불을 보듯 환한 일이었다. 우리는 일상의 자질구레한 일부터 사랑의 본질까지 어느 것 하나 충돌하지 않은 것이 없었다. 가장 잦은 갈등 중 하나는 다른 이성들과의 관계에 관한 것이었는데 나는 그녀의 질투심과 소유욕을 이해할 수가 없었다. 반면에 그녀는 나의 관용과 무관심을 이해하지 못했다. 그녀는 내가 다른 이성과 만나는 것은 물론 가상 친한 동성 친구를 만나는 것에도 심한 질투심을 보였다. 반면에 나는 그녀를 진심으로 믿었기에 그녀가 다른 이성 친구를 만나는 데 무덤덤했는데 오히려 이런 나의 태도를 사랑이 없는 것으로 그녀는 오해했다. 사랑이란 상대방을 소유하는 것이라던 그녀의 생각과 희생과 헌신을 사랑의 본질이라 여겼던 나의 생각은 완전히 상반된 것이었다.

우리는 사랑의 본질에 대해 서로 생각이 다르면서도 사랑은 오직 하나라고 생각했을 뿐, 그 색깔이 대단히 다채롭다는 사실은 미처 깨닫지 못했다. 그래서 상대방의 사랑하는 방식이 자신과 다르다는 생각은 하지 못하고 자신을 사랑하지 않는다고만 생각했다. 나는 그녀와 연인이면서 가장 친한 친구이기를 원했는데 그녀는 사랑과 우정은 양립할 수 없다고 생각했다. 나는 사랑과 우정은 섹슈얼 스킨십의 유무만 차이 날 뿐이라고 생각했는데 그녀는 우정은 영원히 지속되지만 사랑은 그 지속 가능성이 불확실해서 본질적으로 다르다고 했다. 그녀는 내가 자기를 그저 평범한 친구 정도로 생각한다고 오해했고 나는 그녀가 내 사랑을 전혀 신뢰하지 않는다고 생각했다. 이러한 생각의 차이와 불편한 관계로 인해 난 내 앞에 주어진 일들에 집중할 수 없었고 학업과 동아리 활동은 완전히 엉망이 되어버렸다.

갈등과 오해, 그리고 서로에 대한 불신이 깊어지면서 결국 우리는 교제한 지 반년 만에 서로에게 상처만 남긴 채 헤어졌다. 그녀의 마음은 어떠했는지 모르지만 그녀에 대한 내 마음은 서로의 가치관 차이를 겪으면서 이별하기 훨씬 전에 식어버렸다. 그럼에도 불구하고 난 사랑을 헌신적인 것, 영원한 것이라 생각했기 때문에 불편한 관계를 억지로 이어갔다.

첫사랑에 실패한 후 나는 한동안 혼란에 빠져 있었다. 사랑의 본질은 무엇이며, 내가 한 사랑, 또 그녀가 한 사랑이 진실한 것이었는지 알 수 없었다. 오랜 시간 믿어왔던 사랑에 대한 관념이 깨지면서 혼란이 지속되었고 난 사랑에 대해 매우 비관적으로 생각하게 되었다. 사랑은 단지 동물적인 생식 본능을 인간이라는 특권적 위치에서 미화시킨 껍데기라고 여겼고, 문학이나 예술에서 볼 수 있는 아름답고 감동적인 사랑은 다 허구와 가식이라고 생각했다.

이러한 혼란과 비관적 생각 속에서 정처 없이 부유하던 나에게 한 선배가 〈청년기 갈등과 자기이해〉라는 교양강좌를 추천해 주었다. 이 수업에서 나는 사랑의 본질에 대해 많은 것을 알게 되었고 심리학적 분석과 이론 등을 통해 내가 갖고 있던 혼란과 비관적 생각에 대해 답을 얻을 수 있었다. 휴학까지 고려할 정도로 방황 속에서 크게 흔들리고 있던 나는 조금씩 마음의 평온을 되찾아 갔다.

비온 뒤에 땅이 더 굳는다고 하던가! 나는 사랑이 무엇인지, 어떻게 하는 것인지 몰랐으나 뼈저린 실패 후에 사랑에 대해 많은 것을 배웠다. 진정으로 성숙한 사랑이란 존재의 사랑이며, 친밀감, 열정, 결심/책임의 3요소가 갖추어질 때 완전한 사랑이라는 것도 알게 되었다. 지금 생각하면 내 사랑의 색깔은 헌신적 사랑에 가까웠는데 그녀의 사랑은 소유-의존적인, 소위 매슬로Maslow가 말하는 결핍 사랑에 가까웠던 것 같다.

어떤 심리학자는 성인 초기의 발달 과업은 사랑하는 법을 배우는 것이라 했다. 과거를 돌이켜보면 머릿속에서 영원히 지워버리고 싶을 만큼 수치스럽고 후회스런 기억들이지만 그러한 실패를 통해 내가 한 단계 더 성숙할 수 있으리라 생각한다. 이제는 분위기에 휩쓸리는 사랑이 아닌, 주관과 의지를 가지고 나와 유사한 가치관을 지닌 사람을 찾아 온전한 사랑을 해볼 것이다. 언젠가 서로를 성장시키고 지지해 줄 수 있는 그런 좋은 사람을 만나서 참사랑을 느끼며 행복한 인생을 가꾸어나간다면 그것은 이 첫사랑의 실패가 있었기에 가능한 것이리라.


## 나는 사랑에 빠져 있었다

대학에 입학한 지 채 한 달도 되지 않아 그동안 꿈꾸어왔던 연애를 시작하게 되었다. 스트레스로부터 해방되고 성인이 되었다는 자유를 만끽하며 기대감에 부푼 마음으로 동갑내기 남자친구를 사귀게 되었다. 서로에 대해 잘 알기도 전에 호감에 이끌려 시작한 연애였다. 쉽게 시작한 연애임에도 우리는 서로를 너무 좋아하고 아꼈으며 모든 사람들이 부러워하는 단과대 공식 커플로 입에 오르내렸다. 거의 매일 하루의 대부분을 함께했다. 과 커플이었기에 대부분의 수업을 같이 듣고 수업이 끝나면 도서관에서 공부를 했다. 당시 내 하루의 대부분은 그 아이가 차지하고 있었으며 나는 대학생활의 1년 반을 요란한 연애로 채우게 되었다.

 그렇게 마냥 행복하게 지내던 우리에게도 사귄 지 반년이 지나면서 갈등이 생기기 시작했다. 지금 생각하면 그 갈등의 원인은 대부분 나에게 있었다. 사실 그때도 나는 문제가 무엇인지를 알고 있었지만 그것을 고치지 못했던 것이다. 나는 그 당시 에리히 프롬이 말한 '수동적 사랑'에 빠져 있었기 때문이다. 언제나 받기를 원했던 나는 심지어 서로에게 주는 것과 받는 것을 재어보고 따져보기까지 했다. 거기에 사랑이라는 열정이 너무 강한 나머지 그 아이를 구속하려고 했다. 나는 그 아이에게 이성의 친구가 생기는 것을 용납하지 못했고 내가 아닌 다른 사람들과 종종 즐거운 시간을 보내는 그 아이가 섭섭했다. 남자 친구를 나만의 소유물로 묶어두려 했던 것이다.

 나는 그 아이가 같은 반의 이성 친구들과 친해지는 것에 대해 계속 화를 냈고 심지어 동아리나 친목 모임에 활발하게 참여하는 것조차도 나에 대한 무관심으로 여겼다. 그래서 우리의 싸움은 잦아지게 되었다. 나는 끊임없이 사랑을 갈구하고 확인하려 했고 불안과 시기, 질투의 화신이 되어버린 것 같았다. 시기와 질투는 집착으로 변했고 이제 그 아이를 의심하고 추궁하기에 이르렀다. 그 아이의 휴대전화 기록을 확인하는 등 나의 집착은 그는 물론 나까지도 지치게 만들었다. 매일을 불안과 의심으로 보내는 것은 나 스스로 내 목을 조이는 행동이었다. 결국 그 아이는 그런 내 모습에 지쳐버렸고 나 역시 그러한 사랑이 너무 힘들어 지속할 수가 없었다.

게다가 지극히 비효율적인 나의 대화법은 우리의 갈등을 더욱 증폭시켰다. 평소 자존심이 강하고 다혈질인 나는 You-massage, Be 언어, Id 언어 등 최악의 언어만을 주로 사용했던 것 같다. 남자친구가 가장 싫어했던 점 역시 내가 대화로 풀어가지 못하고 화를 내거나 싸움을 도발한다는 것이었다. 화가 나면 그것을 참지 못하고 "너 정말 이기적이구나", "너 왜 자꾸 화나게 만들어?", "너 왜 그 따위로밖에 행동 못 해?" 등 상처가 되는 말을 자주 하곤 했다. 심지어는 "이런 식으로 할 거면 끝내"라며 이별을 운운하는 경우도 상당히 많았다.

이런 언어폭력으로 말다툼을 하면서 그 아이에게 많은 상처를 주게 되었고 이는 결국 작은 갈등을 큰 싸움으로 증폭시키곤 했다. 갈등이 있을 때마다 버릇처럼 반복된 이런 언어폭력은 서로에게 상처를 주고받으며 더욱 심화되었던 것 같다. 사소한 일에도 화를 내고 심한 말을 하며 갈등을 악화시키는 아주 나쁜 습성이 생겨버린 것이다. 심한 말을 들으면 서로가 더욱 심한 말을 하면서 모든 상황을 나쁘게만 이끌어 갔다. 서로가 섭섭한 점들을 대화로 풀어갈 수 있었을 텐데 왜 그렇게 화를 내고 상처가 되는 말을 했는지 나 자신이 원망스럽다. 똑같이 반복되는 싸움에 지쳐 헤어지게 되었을 때, 정말 진심으로 사랑했는데 나쁜 기억들을 남긴 채 남이 되어야 한다는 사실이 나를 너무나도 힘들게 했다.

혼돈의 20대, 자신을 말하다

성숙하지 못한 사랑 방식으로 인한 갈등과 더불어 또 다른 해결할 수 없는 문제가 있었다. 미래를 생각하며 진지하게 나를 인생의 동반자로 여겨주길 바랐던 나는 스킨십만을 요구하는 그 아이에 대해 불만이 쌓였다. 즉, 남자친구는 열정이라는 사랑의 요소가 중요했던 반면에 나는 시간이 지날수록 결심/책임이 중요해졌다. 스킨십을 사랑의 선행조건으로 여겼던 그는 보수적인 내 태도를 답답해했으며 우리는 서로에게 실망하는 일이 많아졌다. 서로의 욕구를 채워주지 못한 채 각자 요구하는 것이 달랐던 것이다.

　결국 애틋했던 나의 첫사랑은 나의 미숙한 사랑 방식과 대화법, 서로의 이상적 사랑에 대한 지각 차이로 끝이 나버렸다. 그 아이와 헤어진 후, 매일 연락하고 챙겨주던 사람이 없어진 데서 오는 허전함과 공허감으로 나는 거의 정상적인 일상생활을 유지할 수가 없었다. 거의 한 달을 울며 후회도 많이 했지만 돌이킬 수 없는 현실이었다. 첫사랑인 만큼 이별도 처음이었기에 나는 표현할 수 없을 만큼 힘들었다.

　싸움과 헤어짐, 그리고 다시 만남을 반복하면서 1년 반을 지속해 온 나의 격동의 연애사는 내 청년기를 채우는 가장 큰 부분이며 나에게 많은 깨달음을 주었고 내적으로 성장시켰다. 사랑은 소유하고 가지는 것이 아니다. 주는 것, 주고 싶은 것이 사랑이며 상대방 자체를 이해하고 수용하는 것이 진정한 사랑인 것이다. 그 사람을 소유하려는 것은 곧 집착을 낳고 이것은 사랑을 왜곡되게 만들어버린다. 지금 다시 사랑하는 사람이 생긴다 해도 그때와 같은 열정으로 내 모든 것을 한 사람을 위해 쏟을 수는 없을 것 같다. 하지만 사랑에 눈이 멀어 집착으로 인해 사랑을 잃는 실수는 두 번 다시 하고 싶지 않다. 이해하고 수용하는 자세로 오래도록 사랑을 지켜나가는 것이 아름다운 사랑의 방식일 것이다.

혼돈의 20대, 자신을 말하다

# 3. 아픔을 딛고

### 그럼에도 난 사랑을 믿는다

스무 살, 잊을 수 없는 첫사랑을 만났다. 절친한 친구의 소개로 만나 우린 처음에 친구로 시작했다. 소개팅으로 만나 친구가 될 수 있냐고 하겠지만 우린 처음부터 가치관이 잘 맞았던 모양이다. 1년 넘게 연락하며 지내면서 서로 많이 외로워하고 있음을 알고 자연스럽게 교제로 이어졌다. 나도 그랬지만 남자친구도 처음 이성을 사귀는 것이었기에 우린 아주 조심스럽게 연애를 시작했다. 그동안 만나오면서 서로를 꽤 많이 알고 있었기에 열정과 함께 친밀감과 책임감도 있었던 것 같다.

우린 항상 이해하고 배려하려는 열린 마음으로 서로를 포용하려 했고 우리 사이엔 대화가 끊이지 않았다. 나는 생활 전반에 걸쳐 느끼는 감정들과 생각들을 공유하길 좋아했고 남자친구는 그런 나를 잘 이해해 주어 우린 늘 풍성한 대화를 나누었다. 남자친구는 책임감이 강했고 관계를 이끌어가는 리더십이 있었으며 난 따라가고 의지하는 성격이어서 우린 큰 트러블이 없었다. 주위 친구들에게 부러움을 살 만큼 사이좋은 커플이었다. 첫사랑은 대개 열병을 앓듯 바람처럼 왔다가 사라진다고 하지만, 우리는 노력하는 자세로 임했기 때문에 꽤 오랜 기간 행복한 연애를 할 수 있었다.

처음 하는 사랑이었고 두터운 신뢰가 쌓였던 만큼 나는 우리 사이에 금이 갈 거라고는 생각해 본 적이 없었다. 남들과는 다를 거라고, 나에겐 최고의 사람이었기에 시간이 좀 걸리더라도 긴 연애 끝에 결혼까지도 할 거라고 생각했다. 내 미래의 계획은 온통 우리 둘을 고려해서 짜였다. 남자친구를 위해서라면 어느 정도 희생도 감수할 수 있었다. 그러나 동상이몽이라고 했던가, 남자친구는 다른 생각을 했었던 모양이다. 둘 다 신중한 성격이라 미래에 대해 구체적으로 이야기해 본 적은 없지만 나는 그도 나와 같은 생각을 하고 있을 거라고 생각했었다. 하지만 그것은 나의 큰 착각이었다.

난 아직 4학년일 때 남자친구는 먼저 대학원에 진학했고 환경이 급격히 변하면서 우리 관계에 대해 회의가 들기 시작했나 보다. 성공에 대한 욕심이 많았던 만큼 석사뿐 아니라 박사까지 할 계획이었고 공대생이라 대학원 생활이 출퇴근 개념이었다. 학부 과정과는 확연히 다른 생활에 마음의 여유를 잃었고 오로지 학업에만 전념하고 싶다고 했다. 또 여자라곤 나밖에 만나본 사람이 없으니 다른 여자도 한번 만나보고 싶다고 했다. 청천벽력 같은 소리에 나는 한순간에 지옥으로 떨어지고 말았다. 남자친구 없는 나를 상상해 본 적도 없었기에 난 끝까지 그를 붙잡고 마음을 돌려놓으려고 했다. 하지만 그의 마음은 점점 더 내게서 멀어졌다.

　그렇게 내 연애는 거기서 끝나버렸다. 내 의지와는 상관없이 일방적으로. 정말이지 그 순간엔 내가 앞으로 어떻게 살아야 할지 막막하기만 했다. 세상이 다 끝난 것만 같았고 그토록 헌신적으로 사랑하던 사람에게 버림을 받았다는 생각에 그 상처는 형언하기 어려웠다. 자존심이 모조리 다 무너져버려서 아무것도 할 수 없었다. 그러나 세상은 평소와 다름없이 굴러가고 있었다. 그걸 깨달았을 때의 허무함이란…. 사랑이라는 것이 아무것도 아닐 수 있음을 받아들이고 상처를 극복하기까지 참 많은 노력이 필요했다.

　가족과 친구들의 보살핌으로 난 조금씩 회복할 수 있었다. 나 자신보다 그를 더 사랑하는 과오를 저지르고 있는 동안, 나를 사랑하는 많은 사람들은 눈에 보이지 않았다. 그러나 변함없이 날 아껴주고 사랑해 주는 사람들이 옆에 있어 큰 위안을 얻었다. 난 무기력한 상태에서 벗어나야 되겠다는 의지로 눈물겨운 노력을 시작했다. 그래서 내 생애 가장 행복한 시간들을 만들 수 있었다. 학교 상담센터에서 상담을 받으면서 무너진 자존심을 회복하고 진정으로 나 자신과 만나는 시간을 가졌다. 그동안 사랑하지 못했던 나 자신에게 미안하다고 말하고 이젠 세상 누구보다 나 자신을 사랑하겠노라 다짐을 했다.

　소극적인 성격을 극복하기 위해 스피치 어학 과정을 이수하고, 그동안 하고 싶었던 심리학으로 전공을 바꾸었다. 그리고 마지막으로 하느님을 만났다. 왜 내겐 힘든 일만 일어나는지 한탄했었는데 하느님을 만난 뒤론 나를 보는 시각이 차츰 바뀌었다. 즐거운 것, 감사할 것들에 집중하기 시작했고 힘든 시련 속에서도 절대자가 날 지켜준다는 믿음에 용기를 낼 수 있었다. 또 내가 얼마나 나약하고 의존적이었던가를 깨달았다. 누구보다 나 자신을 믿어야 한다는 것을, 그리고 상대방에게 지나치게 의존하고 기대는 것은 서로를 피곤하게 할 뿐이란 걸 깨달으면서 사람과 사람 사이에 적당한 거리를 유지하는 법도 배웠다.

이별로 인한 상처도 컸지만 그 시련 속에서 지금의 내가 다시 태어난 것을 안다. 그래서 지금은 나를 버린 친구에게 원망과 미움보다 미안함과 감사하는 마음이 남아 있다. 내 첫사랑이 그 친구라는 것이 참 감사하다. 처음이라 너무 서툴러서 나 역시 그에게 상처를 주었던 것 같다. 헤어지고 나서야 '그때 무심코 던진 말 한마디와 행동들이 그에겐 상처가 될 수 있었겠구나' 하는 것들이 보이기 시작했다. 우린 헤어지고 한 번도 연락한 적이 없다. 가끔 친구를 통해 소식을 듣긴 하지만, 아마 그도 같은 마음일 거라고 생각한다. 끝에 맴도는 여운이 있기에 서로를 더 애틋하게 기억할 수 있고 고마움과 미안함만이 남아 있다.

지금 난 두 번째 사랑을 하고 있다. 기나긴 기다림 끝에 만난 사람이다. 첫사랑의 아픔을 극복한 뒤에도 사람을 만나는 일이 쉽지가 않았다. 행여 또 상처를 받을까 봐 나도 모르게 두려움이 앞섰고 더 이상 관계를 발전시킬 수가 없었다. 노래 가사처럼 다시 또 누군가를 만나 사랑하고 에너지를 쏟는다는 것이 허무하게 느껴지기도 했다. 그런데 이 사람을 만나서 다시 사랑을 할 수 있었다. 비슷한 아픔도 있었고 자라온 환경이나 가치관, 성격 등 모든 면에서 신기할 정도로 잘 맞았다. 과거의 경험 때문에 행여 마찰이 일어날까 봐 지레 움찔하는 모습을 보고 우린 서로를 이해하고 받아주었다. 그런 경험들을 쌓아가면서, 노력을 한다기보다는 아주 자연스럽게 우린 서로의 모습을 있는 그대로 드러내고 받아주게 되었다. 긴 시련을 통해 사람에 대한 이해심이 깊어진 결과였다.

우리는 노력을 주저하지 않는다. 지금 느끼는 감정을 좋으면 좋은 대로, 서운하면 서운한 대로 솔직하게 표현하고 그에 대한 생각을 공유함으로써 우린 더욱 성숙해 가고 있다. 이제야 주는 사랑이 무엇인지를 알아가는 것 같다. 기대보다는 신뢰와 존중하는 마음으로, 그 사람이 진정으로 잘되기를 바라는 것만으로 지금 나는 너무 행복하다. 서툴고 부족했던 첫사랑을 뒤로하고 이렇게 좋은 사랑으로 나를 채울 수 있는 것만으로도 한때 '난 사랑할 수 없는 사람인가' 하는 패배감으로 괴로워했던 나에겐 큰 선물이다.

사랑을 함으로써 공부도 더 즐겁게 할 수 있게 되었다. 인생의 가장 중요한 두 가지, 사랑과 일을 모두 잘할 수 있게 된 것이다. 두 마리 토끼를 모두 잡을 수 있다는 사실이 삶의 활력이 되고 나를 더 긍정적인 사람으로 변화시키고 있다. 믿음, 소망, 사랑, 그중 제일은 사랑이다.

입시라는 긴 터널을 빠져나온 청년들은 대학에 입성할 때면 너 나 할 것 없이 이제야말로 '아름답고 낭만적인 사랑을 해봐야지' 하는 야무진 꿈을 갖고 들어온다. 이들은 어떻게든 이성 친구를 사귀고 연애를 해야 한다는 강박적인 생각을 갖고 있는 것 같다. 마치 공부를 하러 온 게 아니고 연애를 하러 대학에 들어온 사람들 같다. 이들에게는 누군가를 '사랑하는 것' 보다는 그냥 '사귀는 것' 이 중요하다. 커플들은 주류가 되어 당당하고 솔로는 상대적으로 불안, 소외감을 느끼기에 모두들 필사적으로 커플이 되려고 노력한다. 그래서인지 이들의 만남과 헤어짐은 비교적 쉽고 짧으며 여러 대상을 전전하기도 한다.

이들이 하는 사랑의 색깔은 매우 다채롭다. 그중에서도 가장 많은 것이 J. Lee가 말한 스토리지Storage이다. 즉, 우정이 서서히 사랑으로 변한 경우인데 친구로 사귀는 동안 서로를 알아가면서 친밀감이 생기기 때문에 잘 이끌어간다면 상당히 안정적이고 낭만적인 사랑을 할 수 있을 것이다. 젊은이들에게 이런 사랑이 많다는 것은 상당히 바람직한 일이다. 서로 성장을 도우며 사랑과 학업이라는 두 마리 토끼를 잡을 수 있기 때문이다. 그러나 뜨뜻미지근해서 '이것이 사랑인지 우정인지, 좀 더 짜릿한 사랑을 해볼 수 없을까' 하는 생각을 할 때가 있을 것이다.

그러나 항상 사랑에 걸림돌이 되는 것이 성sex인 것 같다. 누가 에로스Eros를 아름답다고 했던가? 이 사랑의 마력에 한번 빠졌다 나온 사람의 탄식일 것이다. 사랑의 열정으로 눈이 멀어 자신의 정체를 잃었던 순간들을 후회하면서…. 물론 청춘의 사랑이 아름다운 것은 이 열정이 있기 때문이기도 하다. 그러나 아직 사랑과 성이 무엇인지 가치도 확신도 없이 '사랑하면 당연한 게 아닌가' 하는 어설픈 생각에서 아주 쉽게 성적 관계로 돌입하는 청춘들을 볼 수 있다. 일부는 호기심에서, 일부는 사랑이라는 미명하에 한순간을 즐긴다. 하지만 이런 성적 관계는 중독성이 있어서 서로를 파괴하고 결국 열정이 식으면 엄청난 상처를 안고 깨지는 모습을 볼 수 있다. 헤어짐에 있어도 성적인 만남은 원망과 비난이 남지만 순수한 만남은 아름다운 추억으로 간직되는 것을 볼 수 있다.

또 하나 사랑에 걸림돌이 되는 것이 소유욕과 집착이다. 에리히 프롬은 사랑을 '빠지는 것'이 아니라 '참여하는 것', '받는 것'이 아니라 '주는 것'이라 했다.[3] 사랑에 빠지게 되면 자연히 선망, 질투, 욕정 등 격렬한 정서감정이 생기게 마련이다. 그래서 소유욕과 집착으로 상대방의 행동을 제약하고 끊임없이 사랑을 확인하면서 행여 사랑을 잃어버리지 않을까 불안해한다. 소유욕과 집착은 흔히 자신감 없음, 열등감에서 비롯될 수 있다. 이런 감정들은 자신도 어찌해 볼 도리가 없이

----

3) 『사랑의 기술』 에리히 프롬 저, 황문수 역, 1994.

휘말려드는 수동적 감정이다. 이는 결국 서로를 지치게 할 뿐이다. 대부분의 청년들이 연인과 달콤한 사랑도 하면서 동시에 다양한 친구, 동아리 활동, 학업, 취업 준비 등 자기성장을 도모하고자 한다. 그래서 이성관계를 가지는 청년들이 가장 고심하는 것이 친구 사귈 시간이 줄어들고 자신만의 시간이 없어진다는 것이다. 자신 이외의 모든 것에 배타성을 보이며 상대방을 구속할 경우, 이는 상대방의 자유와 성장욕구를 가로막는 셈이다. 이것이 결국 헤어짐의 원인이 되는 경우를 볼 수 있다. 헤어짐의 아픔을 겪은 후 이들은 뒤늦게 집착은 결코 사랑이 아니었다는 것을 깨달으면서 후회하고 있다.

그러나 사랑에 '참여하는 것'은 자신의 관심과 이해, 애정을 아낌없이 표현하는 능동적 사랑이다. 이런 사랑은 받기보다 주는 데서 행복감을 느낀다. 주는 것은 포기하고 희생하는 것이 아니라 자신의 힘과 능력을 표현하고 상대방에 대한 나의 기쁨, 관심, 이해, 지식을 표현하는 것이다. 여기서 지식이란 사랑하는 사람의 독특한 개성과 능력을 알고 상대방의 화, 불안, 외로움, 괴로움의 정서에 민감하며 그를 좀 더 깊이 아는 것이다. 즉, 능동적 사랑이란 사랑하는 사람의 생명과 성장에 대한 적극적 관심이며 여기에는 상대방에 대한 존경, 보호와 책임의식이 있다. 그래서 에리히 프롬은 '사랑은 강렬한 감정이라기보다는 의지와 결단이며 상대방의 성장과 행복을 도모하는 행동양식'이라고 했다.

그러면 이러한 사랑의 능력은 어떻게 얻을 수 있을까? 우선 그것은 '자신을 사랑하는 데서' 비롯될 수 있다. 자신을 사랑하지 않는 사람

혼돈의 20대, 자신을 말하다

은 결코 남을 사랑할 수가 없다. 그래서 사랑의 능력은 자아개념과 밀접한 관련이 있다. 자아개념이 긍정적인 사람은 자신의 장·단점을 겸허히 수용할 줄 알면서도 자신을 가치 있게 생각하고 자아존중감이 높은 사람들이다. 이들은 자신의 생각이나 감정을 표현하는 데 매우 솔직하고 개방적일 뿐 아니라, 타인의 감정과 욕구도 민감하게 배려할 줄 알고 타인을 수용할 수 있는 여유가 있다. 그러나 자아개념이 부정적인 사람들은 자기혐오나 열등감 때문에 자아존중감이 낮으며 행여 자신의 결함이나 단점이 드러날까 봐 방어적이고 자기노출을 기피한다. 이들은 자신의 감정이나 생각을 솔직하게 표현하지 못할 뿐 아니라 타인을 수용하고 배려할 여유도 없다. 이들은 사랑을 주고받을 여유가 없는 닫힌 마음의 소유자들이다.

자신의 정체에 대한 확신이 있고 자신을 긍정적으로 생각하는 사람, 그런 사람이 남을 사랑할 수 있는 여유가 있다. 이들은 서로 마음을 주고받을 공간이 있는 열린 마음의 소유자들이다. 이들에게서는 여유와 자신감이 넘쳐흐른다. 아마도 사람과 사람 사이에서 가장 큰 매력은 외모보다는 내면에서 우러나오는 이런 자신감일 것이다. 따라서 성숙한 사랑을 하기 위해서는 우리는 우선 나의 정체를 먼저 바로 세우고 자신감을 갖고 나 자신을 사랑해야 할 것이다. 행여 '자신을 사랑하는 사람은 남을 배려할 줄 모르고 자기밖에 모르는 것 아니야?' 하고 생각하는 사람이 있을지 모른다. 하지만 자기애는 이기심, 자아중심성, 자아도취와는 구별된다. 이기심은 자신의 욕구나 유익에만 집착하는 것이며 자아중심성은 남을 배려하지 못하고 자신의 입장에서만 보려는 것이다. 그리고 자아도취는 자신의 모습, 재능을 과장해서 환상에 취해 남의 주목을 받으려는 것이다.

또한 사랑의 실패 경험 역시 사랑의 능력을 키우는 데 한몫을 한다. 대부분 사랑하는 사람과 헤어진 직후에는 배신감, 분노로 몸을 떨기도 하고 자신감 저하, 죄책감, 상실감으로 무력증에 빠져들기도 하지만 시간이 지나면 차츰 보다 성숙한 모습으로 회복되는 것을 볼 수 있다. 이제 이성을 보는 시각이 달라지고 사신에 대한 통찰력도 생기며 무엇보다 집착에서 벗어나 정서적 안정과 자유로움을 누릴 수 있다. 다행히도 많은 청년들이 사랑의 아픔을 딛고 사랑의 오묘한 이치를 깨달아가고 있다. 처음 실연을 했을 때는 세상 모두가 자신을 버린 것처럼 절망의 늪에서 헤매지만 그것은 착각이라는 것을 곧 깨닫는다. 그 사람과 헤어졌을 뿐, 아직 많은 사람들이 자신을 사랑하고 있다는 것을 발견하고 서서히 자신을 사랑하는 법을 배운다. 이들은 기특하게도 사랑이란 '밀고 당기는 것' 이 아니라 '함께 가꾸어나가는 것' 이라는 것을 터득하고 있다. 그래서 '사랑을 해보지 않은 사람하고는 말하고 싶지 않다' 고 하는 사람도 있다. 결국 젊은이들이 만나고 헤어짐을 반복하면서 상처도 받고 휘청거리는 것은 사랑을 배워나가는 과정인 것이다. 좀 더 아름답고 성숙한 사랑으로 자신의 삶을 채우기 위해서.

혼돈의 20대, 자신을 말하다

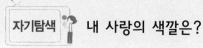 **자기탐색** **내 사랑의 색깔은?**

**1. 내가 지각하는 사랑의 삼각형은?**

현재 자기가 하고 있는 사랑 관계를 생각해 보세요. 친밀감, 열정, 결심/책임[4]
의 양은 어느 정도입니까? 아래에 삼각형으로 그려보세요. 어떤 모양일까요?

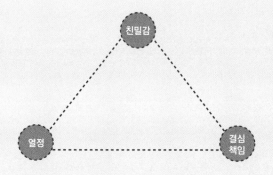

**2. 상대방이 지각하는 사랑의 삼각형은?**

현재 사귀고 있는 파트너는 서로의 사랑 관계를 어떻게 지각하고 있을까요?
친밀감, 열정, 결심/책임의 양을 아래에 삼각형으로 그려보도록 권해보세요.

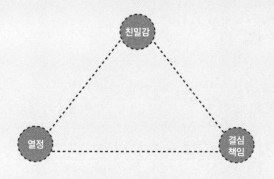

........................................................................
4) 친밀감은 따뜻한 정서적 유대감과 지지, 이해와 관심이며, 열정은 결합하고 싶은 뜨거운 열
　망과 성적 추동이며, 결심/책임은 사랑하겠다는 결심과 의지, 책임이다.

# 성에 걸려 넘어지다

성 해방의 시대에 살고 있는 만큼 젊은이들의 성에 대한 가치관, 태도와 행동 역시 다양하다. 비록 성을 '사랑을 표현하는 궁극적 수단' 이라고 생각하는 데는 일치하지만 혼전 순결을 지향하는 청년이 있는 반면, 성을 사랑의 선행조건으로 생각하는 청년들도 있다. 또한 사랑이란 너울 아래 혼전 성경험 후 배신의 쓰라린 상처를 딛고 성숙해 가는 모습이 있는 반면, 개방적으로 성을 즐기는 모습도 보인다. 하지만 이들은 아직 성이 무엇인지, 어떻게 사용할 것인지를 배워가는 진행형들이다. 아직 성 모럴이 확고하지 않고 자신의 성을 다루는 데 미숙하기에 이성과 본능 사이에서 치열한 고투를 하고 있는 모습들도 보인다. 이것은 보다 성숙한 성 모럴과 가치관을 발달시켜 나가기 위한 몸부림일 것이다.

# 1. 원치 않은 성행동이 정당화될 수 있을까?

## 우린 섹슈얼리티가 달랐다

성은 사랑을 확인하는 방법 중 하나이지만 때로는 단지 욕구를 충족하는 방법으로 성을 이용하는 사람도 있다. 나는 성에 대해 솔직히 표현하는 것을 부끄러워하고 창피해했다. 하지만 한 가까운 친구의 성욕구에 대한 솔직한 이야기들로 내 기존의 성 가치관이 잠시 혼란스러웠던 적이 있다. 그 후 난 성에 대해 다시 생각하게 되었고 내 관점만이 아닌 다른 관점에서도 성을 이해하려고 노력하기 시작했다. 그 친구와의 연애 경험은 지금 생각해도 조금 충격적인 것이었고 그는 나의 미래를 바꾸어놓았다.

초등학교 때 이민을 간 나는 외국인 선생님들을 통해 처음으로 성이란 것을 배운 이후, 친구들, 미디어, 교회 등을 통해 성에 대한 많은 관점을 배우고 믿으며 자라왔다. 어릴 적부터 모태신앙을 가진 나는 항상 성관계는 결혼을 해야만 할 수 있다고 믿었다. 그리고 어머니께서는 내 스무 번째 생일날 성경 말씀이 쓰인 순결 반지를 사주시며 처음으로 성에 대한 말씀을 하셨다. 어머니는 '성경에 나오는 성은 절대적으로 부부만이 할 수 있는 것'이라고 하셨다. 난 남자친구는 한 번도 사귄 적이 없기에 그 말씀을 아주 당연한 것으로 받아들였고 설마 내가 성관계로 혼란스러울 거라고는 상상도 못 했다.

그 해 난 처음으로 나보다 여섯 살 위인 남자친구를 사귀게 되었고 그는 나의 굳어져 있던 성 가치관을 뒤흔들어놓았다. 우리는 처음부터 만나선 안 될 사람들이었다. 같은 교회에 다니던 우리는 처음엔 그저 오빠–동생 사이로 지내고 있었으나 어느 순간 그에게서 연락이 자주 오기 시작했다. 그는 이미 3년 동안 사귀던 여자친구가 있었는데도 우리는 비밀스럽게 서로를 좋아하고 있었다. 그런 만남에 난 불만이 많았고 결국 그는 그 여자친구와 헤어졌다. 그 후 우리의 만남은 더욱 적극적이 되었고 난 그동안 꿈꾸어왔던 TV 속 드라마 같은 사랑을 할 줄 알았다.

처음부터 우린 매우 친밀했고 서로를 향한 열정이 넘쳤다. 우린 서로의 외향적인 면에 끌렸고 그래서 스킨십을 자주 하곤 했다. 한 달 정도 사귀었을 때, 그는 점점 자신의 성적 욕구를 보이기 시작했다. 그는 3년 동안 성관계가 습관이 되어 있어서 이제 그렇게 못 하면 자신도 어떻게 될지 모른다고 말했다. 이 말은 '성관계란 결혼한 사람들만 할 수 있는 것'이라고 생각한 나에겐 너무 충격적이었다. 나에게 성관계를 강요하는 그가 이상하다 못해 변태처럼 느껴졌다. 하지만 계속 만나다 보니 어느새 우리는 성관계를 제외한 다른 성적인 행동은 모두

하고 있었다. 차츰 그의 성욕구는 강해졌고 나의 성에 대한 가치관도 변하고 있었다. 부모님께서 준 반지를 보고 성경을 읽어보면 그런 감정이 사라졌다가도 그와 함께 있으면 다시 마음이 흔들리곤 했다.

그도 답답했던지, 어느 날 그는 이런 관계를 정리해야겠다고 제안을 했다. 성관계를 하지 않을 거면 서로 손끝도 대지 말자고. 나는 어쩔 수 없이 이 조건에 따라야 했다. 내가 거절하고 있었으니까. 하지만 이것 때문에 내가 힘들어질 줄은 미처 몰랐다. 그 후 우린 밥 먹을 때도, 영화를 볼 때도, 데이트할 때도 정말 손조차 잡지 않았다. 차츰 우리 사이는 친구 같아졌고 나를 향한 그의 태도는 점점 달라졌다. 가끔 그는 욕구를 참지 못해 격한 키스를 요구했고 그러다가 또 친구 같은 사이로 돌아갔다. 난 차츰 이런 관계가 싫어지고 또 그가 나를 싫어하는 것처럼 느껴졌다.

그러던 중 나에게 성관계에 대한 의미를 다시 생각하게 한 충격적인 사건이 있었다. 그 사건은 바로 미국의 할로윈데이에 일어났다. 그날 따라 그에게서 한 번도 연락이 오지 않았다. 좀 더 생각해 보니 얼마 전부터 연락이 점점 뜸해지는 것 같았고 왠지 이상한 느낌이 들었다. 그날 저녁 오랜만에 친구들과 만나 이야기하는 도중 충격적인 말을 들었다. 우리 사이를 모르는 친구의 입에서 그가 다른 여자와 만난다는 소문을 들은 것이다. 그 말을 듣자 난 많은 생각을 하게 되었다. '내가 자기와 성관계를 갖지 않는 것 때문에 다른 곳에서 그 욕구를 채워왔던 것일까? 아니면 애초에 이런 사람이었나? 만약 성관계를 가졌다면 이런 일이 일어나지 않았을까?'

혼돈의 20대, 자신을 말하다

밤새 생각한 끝에 난 다음 날 그를 찾아가 모든 것을 물어보았다. 그는 처음엔 모든 것을 부인했지만 나중에는 사실이라고 밝히며 미안하다고 사과했다. 너무 큰 충격에 난 그와 헤어졌다. 그 후, 난 몇 개월 동안 힘들어하며 사랑과 성의 관계를 진지하게 생각해 보았다. 아직도 난 부모님과 교회가 말씀하신 성에 대한 가치관을 믿는다. 처음 헤어졌을 때는 혼란스러웠지만 이 경험을 통해 난 성관계란 서로가 정말로 사랑하고 존중하며 서로에 대한 믿음이 있을 때 해야 한다는 것을 확실히 느꼈다. 아픈 경험이었지만 이를 통해 난 나 자신의 소중함을 배웠고 나의 연애에 대한 생각과 신념, 성에 대한 가치관을 다시 생각해 볼 수 있었다. 친밀감과 열정만이 있었던 우리의 만남은 거기에서 끝이 났지만 난 이 경험을 통해 결심/책임의 중요성을 깨달았고 이 3요소가 갖추어져야만 완전한 사랑이라는 것을 확신하게 되었다.

## 그의 행동은 성희롱 수준이었던 것을

나는 고등학교 시절 두 명의 남자친구를 사귄 적이 있다. 대학에 들어와서 새로 만난 남자친구는 같은 과 1년 선배였다. 우리는 우연히 같은 동아리에 들어가게 되었는데 방학 때 어쩌다 보니 사귀게 되었다. 오빠는 나에게 매우 잘해주었고 나한테 맞춰주었기 때문에 별다른 트러블 없이 잘 지낼 수 있었다. 그런데 사귄 지 한 달 정도 되었을 때, 오빠는 서슴없이 "원래 한 달 정도 사귀면 키스는 필수야" 하는 것이었다. 그리고 그걸 거부하는 나를 이해하지 못했다.

고등학교 시절 사귀던 남자친구들과는 이런 일이 전혀 없었기 때문에 나는 당황할 수밖에 없었다. 나는 제대로 된 성교육을 받아본 적이 없어서 성에 대해 아는 것이 거의 없었기에 오빠는 선배니까 대학생활에 대해 더 잘 알 것이라는 생각이 들자 혼란스러웠다. '나중에 더 친해지고 나면 자연스럽게 하고 싶다고 생각하는 내가 이상한 걸까? 한 달을 사귀었는데 키스를 안 하는 것은 정말 이상한 일일까? 그러면 이렇게 억지로라도 해야 하는 건가?' 난 한참 고민했다. 답답한 것은 이런 것을 함께 고민할 만한 사람도 없었다는 것이다. 친구나 선생님한테 이런 말을 한다는 것 자체가 부끄럽고 수치스럽게 느껴졌다.

이런 일이 생기고 난 후 우리는 굉장히 자주 싸웠다. 원인은 다양했지만 난 이런 다툼들이 내가 일정 수준 이상의 스킨십을 허용하지 않는 데서 생긴 것이 아닌가 하는 생각이 들었다. 그리고 차츰 오빠가 '나 자체'를 좋아하는 게 아니고 '내 몸'을 좋아하는 것이 아닌지 의심스러웠다. 시간이 지날수록 오빠와 있는 시간이 힘들어졌다. 오빠는 자취를 했는데 나보고 자꾸 자고 가라고 했고 내가 싫다고 하면 삐지거나 심지어 화까지 내곤 했다. 그리고 내가 술에 취했을 때면 마음대로 스킨십을 했다. 이러면서 당당한 오빠를 보고 난 더욱 혼란스럽고 수치스러웠지만 정확히 뭐가 잘못된 것인지 알지 못했다. 지금 돌이켜보면 이것이 가장 안타깝다. 왜 난 오빠의 행동들이 잘못된 것이란 걸 몰랐을까? 지금 보면 너무나도 명확한데 말이다. 하다못해 누군가에게 털어놓을 생각조차 못 했다는 것이 답답하다. 고민 상담이라도 했더라면 내 잘못이 아니란 것을 깨달았을 테고 이렇게 상처를 받지는

혼돈의 20대, 자신을 말하다

않았을 텐데 말이다.

오빠와 나는 반도 같고 동아리도 같아서 내가 아는 거의 모든 사람들은 그를 알았는데 오빠의 이미지는 꽤 깨끗한 편이었다. 다들 그를 냉정하지만 재미있는 선배라고 생각했고(물론 나도 전에는 그렇게 생각했었지만) 그 때문에 더욱더 내가 상담할 수 있는 사람이 없었다. 누군가에게 말하고 기댈 수가 없었다. 부모님께는 더더욱 말씀드리기가 힘들었다. 안 그래도 집을 나와서 살기 때문에 일주일에 몇 번 못 뵙는데 항상 하던 걱정에 더 큰 걱정을 얹어드리게 될 테니까 말이다. 그래서 힘들지만 혼자서 그 기억들을 다 지우려고 노력했다.

그러다가 이번 학기에 '아름다운 성'이란 주제로 강의를 듣게 되었다. 이 수업을 들으면서 나는 진작 듣지 않았던 것이 매우 후회스러웠다. 성에 대한 여러 가지 사실을 알 수 있었기 때문이다. 즉, 현대사회는 성 혁명의 시대이고 많은 사람들이 '사랑하면 혼전 성관계를 허용하겠다'고 한다는 사실을 알게 되었다. 그리고 많은 사람들(특히 남자들)이 성에 대해 개방적인 것을 보니 오빠의 행동이 어느 정도는 이해가 갔다. 하지만 오빠의 생각이 미숙했다는 것도 알게 되었다. 누구나 다 그런 관계를 원하는 것은 아니고 사람에 따라 생각이 다를 수 있는데 오빠는 그저 내 생각이 시대에 뒤떨어진 것이라고 치부했던 것이다. 나는 오빠의 그런 생각이 잘못된 것이란 걸 알게 되었고 그의 행동은 '성희롱 수준'이었다는 것을 깨닫게 되었다. 상대방이 원하지 않는데 그런 행위를 강요하는 것은 결코 정당화될 수 없기 때문이다.

'사랑은 성적 만족의 결과가 아니며 성적 행복은 성적 기교가 아닌 사랑의 결과이다'라는 에리히 프롬의 명언을 들으면서 난 그동안의 마음의 상처가 많이 정화된 느낌을 받았다. 오빠는 내게 "원래 한 달 정도 사귀면 키스는 필수야"라고 했지만 그것이 절대 사실일 수 없음이 밝혀진 것이다. 정말 감동적이었다. 수업을 듣고 조별 토론을 하며 이런 사실들을 알게 되면서 이제 내 고민과 상처는 많이 아물어서 이렇게 나를 돌아볼 수 있게 되었다.

지금 생각해 보면 오빠나 나나 미숙했기 때문에 일이난 일인지도 모른다. 하지만 나에게 그 경험은 인생 최대의 위기였고 고통이었으며 큰 상처였다. 오빠가 좀 더 배려와 이해심이 있었더라면, 혹은 내가 이성에 대해 좀 더 알았더라면, 아니 좀 더 일찍 이 강의를 들었더라면 이런 상처는 없었을 텐데 하는 아쉬움이 있다. 사실 오빠와 헤어진 후 남자만 봐도 끔찍해서 다시 누군가를 사귀리라고 생각도 못했는데 이젠 나도 누군가를 사랑하고 사랑받고 서로를 배려하면서 지내고 싶다. 이 경험은 나의 청년기 최대의 위기이자 전환점이었던 것 같다.

## 성은 사랑 표현의 수단이지만 함부로 다룰 수는 없어

내 나이 이제 스물한 살, 머릿속은 이런저런 생각들로 복잡하지만 무엇보다 요즘 가장 많이 고민하는 것은 성에 대한 문제이다. 나는 어렸을 때부터 이성 친구가 많았다. 이성 친구들과 자연스럽게 어울려 놀면서 불편함이 없었고 이성에 대한 호기심은 많았으나 구체적인 성에 대한 개념이나 생각은 없었던 것 같다. 내가 성 문제에 대해 처음 눈을 뜨기 시작한 것은 고등학교 시절 겪은 충격적인 사건 때문이었다. 컴퓨터 채팅을 하던 도중 한 친구가 내게 임신 사실을 고백한 것이었다. 그친구는 한 살 위인 오빠와 사귀고 있었는데 벌써 두 달째 생리를 안 한다면서 아무한테도 얘기하지 못하고 나에게 처음 말한다고 호소했다.

나는 나도 모르게 동정심과 도와주어야겠다는 정의감에 불탔던 생각이 난다. 우리는 당장 약국에서 임신 테스트기를 사서 시험을 해보았다. 혹시나 했지만 결과는 절망스러웠고 열일곱 그 어린 나이에 우리 둘은 보호자 없이 수술해 주는 산부인과를 찾을 수밖에 없었다. 난 그 아이의 유일한 보호자였고 수술 시간은 허무할 만큼 그리 길지 않았다. 수술 후 병실에서 힘없이 누워 있는 그 아이의 모습을 보며, 다시는 그런 짓을 하지 않겠다는 그 아이의 눈물을 보며, 그 아이를 외면해 버린 남자에 대한 분노와 함께 나도 잠시나마 성에 대한 생각을 했던 것 같다.

당시 그 사건은 나에게 많은 감정을 불러일으켰는데, 성의식과 관련해서 나를 보수적으로 만들기에 충분했다. 한편으론 동정심이 들기도 했지만 사리분별도 못 하고 어린 나이에 성관계를 맺고 그 결과로 고통스러워하는 친구가 한심스럽기도 했으며 임신한 여자친구를 외면해 버린 남자를 보며 남자들에 대한 불신감을 갖게 되었다. '나는 절대 저렇게 되지 말아야지' 라는 생각에 혼전 순결을 지키겠다고 다짐했었다. 그러나 지금 생각해 보면 당시 나는 성에 대한 진지한 고찰보다는 그저 내가 특별한 경험을 하고 있다는 생각에 약간 들떠 있었던 것 같다. 혼전 순결도 그저 막연한 생각일 뿐, 나와는 별로 상관없는 듯해서 머릿속 저만치 밀어 덮어놓았다.

어느덧 그 일은 잊어지고 난 대학에 진학하게 되었고 얼마 안 가서 같은 반 선배와 사귀게 되었다. 10대 때와는 180도 달라진 모든 환경은 나에게 새로움과 함께 놀라움을 선사하였는데 남자친구의 입에서 같이 자자는 소리가 나온 것 또한 나를 놀라게 하기에 충분했다. 10대 때 사귀었던 남자친구들은 그런 요구를 하지 않았기에 난 이런 일로 고민할 필요가 전혀 없었는데 스무 실이 되자미지 이런 경험을 하게 된 것이다. 물론 처음에 나의 반응은 단호했다. 끊임없는 요구와 '왜 안 되느냐'는 물음에 "당연히 안 되는 거니까 안 되지"라고 대답하곤 했는데 말 그대로 이유가 있었던 것이 아니라 머릿속에서 '그저 안 되는 거'라고 생각했을 뿐이었다. 특별히 자고 싶다고 느끼지도 않았고 굳이 같이 자서 나를 변화시키고 싶지도 않았기 때문이다.

대학생활이 차츰 안정기에 접어들자 친구들과도 성에 관한 이야기를 자유롭게 터놓고 할 기회가 늘어났다. 그 와중에는 성경험이 있는 친구들도 더러 있었고 경험은 없지만 개방적인 친구들도 있었고 완전히 보수적인 친구들도 있었다. 이런저런 생각들을 접하고 그에 대한 내 생각을 나누면서 지금 현재의 내 성의식이 형성된 것 같다. 과거에는 그냥 막연히 '안 되지 않을까' 하고 생각했었는데 이젠 좀 더 개방적이고 열린 쪽으로 생각이 기울게 되었다. 우리 사회가 너무 보수적으로 경직되어 있는 것은 아닌지, 성관계는 사랑의 일부일 뿐인데 거기에 너무 윤리적인 잣대를 들이대 여성들을 억압하고 있는 것은 아닌지, 오로지 결혼만이 성관계를 아름답고 정상적으로 만드는 기준인지

혼돈의 20대, 자신을 말하다

등등. 이런저런 생각들을 많이 하면서 그저 맹목적으로 다른 사람의 생각을 좇는 것이 아닌 나 스스로의 성의식이 생겨나고 있다.

물론 성이란 소중한 것이며 함부로 다루어서는 안 되는 것이지만 동시에 성이란 사랑을 표현하는 수단이다. 서로 진실하게 사랑하고 있으며 서로에 대해 책임질 수 있다면 결혼 전이라도 성관계를 할 수 있으며 그 또한 아름다운 성이 아닐까 하는 생각을 한다. 남녀가 서로 사랑하게 되면 안고 싶고 함께 자고 싶은 욕구도 생기는 것이 자연스러운 것인데 사회 관습에 얽매여 이를 억누르거나 혹은 서로 사랑하고 원해서 잤음에도 불구하고 사회관습으로 인해 죄지은 것처럼 되어버린다면 이것이 바람직한 성문화는 아니지 않은가.

남자친구와 사귄 기간이 오래되어 갈수록 계속되는 그의 요구에 난 나의 성의식에 비추어 차근차근 생각해 보았다. 결론은 역시나 'NO'였다. 그를 그만큼 사랑한다는 확신이 없었고 자고 난 뒤에 분명히 후회할 것 같았기 때문이다. 또한 아직 내가 성관계에 대해 올바른 판단을 할 만큼 성숙하지 못하다고 생각했다. 그 남자와는 약 1년여 간의 연애 끝에 올해 초에 헤어졌는데 헤어진 지금, 그때의 내 판단이 옳았다는 생각이 든다. 그를 깊이 사랑하지도 않았으며 무엇보다도 그때의 나는 아직 성관계에 대해 준비가 되어 있지 않았다. 자발적으로 원해서 하는 것이 아닌, 단순히 파트너의 요구에 마지못해 응해서 하는 성관계는 후회만 남길 것이 뻔하다.

현재 나는 동갑내기 남자친구와 교제를 하고 있다. 아직 사귀기 시작한 지 얼마 안 되었으며 앞으로 우리 관계가 얼마나 깊어질지, 얼마나 지속될지는 아무도 모른다. 며칠 전 성에 대해 함께 이야기할 시간을 가졌는데 그때 난 나의 생각을 솔직하게 털어놓았고 그도 내 생각에 동의했다. 물론 나의 성의식이라는 것이 아직 미숙해서 또 언제 어떤 계기로 바뀌게 될지는 모를 일이다. 하지만 스물한 살인 지금 현재 내가 바라는 것은 정말로 가슴 깊이 사랑하는 사람과, 후회하지 않을 확신이 들 때, 서로가 서로를 원해서 이루어지는 아름다운 성이며 사랑이다.

# 2. 혼전 성경험, 그 결과

## 첫사랑에 대한 아찔한 추억, 그 상처와 치유

눈 깜짝할 사이에 커버린 것 같다. 어느새 대학 2학년이다. 남자에 대해 아무것도 몰랐던 중학교 2학년 때, 너무도 가슴 설레고 풋풋한 첫사랑을 했다. 그 아이도 그렇고 나도 서로를 너무 좋아하고 사랑했는데 내가 서울로 오게 되면서 헤어지게 되었다. 사실 기다린다는 약속은 했지만 그게 이별이 될 줄은 몰랐다. 내가 떠난 후 그 애가 새로운 여자친구를 만난다는 소식을 듣고 가슴이 아팠다. 헤어지자는 말 한마디 없이 나를 배신하다니…. 반발심에서, 그리고 입시 스트레스와 외로움에서 나 역시 다른 남자친구를 사귀었지만 그 첫사랑의 그늘에서 벗어나지 못했다. 그 아이를 그리워한 건지, 그 아이와의 풋풋했던 추억을 그리워한 건지는 잘 모르겠다.

좀 더 자유로워진 대학에서는 더욱 멋진 사람과 사랑을 하고 아름다운 추억을 만들 수 있을 거라는 기대감에 난 대학에 들어오자마자 일명 'CC'가 되었다. 하지만 새로운 남자친구와의 연애도 몇 달간은 좋았는데 그가 군대에 가면서 점점 힘들어졌다. 군대 가면 성격이 변한다더니 의심과 구속이 심해지고 권위적이 되었으며 게다가 외롭다며 성관계까지 요구했다. 너무 싫었다. 더 이상 참을 수가 없었다.

그 즈음 한 동기회에 나갔는데 뜻밖에도 6년 만에 내 첫사랑을 다시 보게 되었다. 심장이 떨려 미치는 줄 알았다. 인정하기 싫었지만 더욱 멋있어졌고 말투, 행동, 모든 게 예진과 똑같아서 가슴이 아프기까지 했다. 지금까지 안 보고도 잘 살아왔는데 막상 그 애를 직접 보니까 아무렇지 않은 척하기가 너무 힘들었다. 다음 날 그 애한테서 만나자고 연락이 왔다. 그 애는 내게 대뜸 미안하다고 사과를 했다. 말없이 다른 사람하고 사귄 것에 대해서 말이다. 그 다음 날은 위로한다고 불러내더니 다시 사귀자고 고백했다. 난 진짜 100억 로또 맞은 기분이었다. 믿을 수가 없었다. 정말 그리워하면 다시 만나게 되는구나. 이야기를 하다 보니 옛날 감정도 다시 생겼다. 난 제2의 삶의 기회를 얻은 듯 너무 행복했다. 영화에서 두 번 만나면 영원한 사랑이 되듯 내 사랑도 그렇게 될 줄 알았다. 매일 문자 보내고 매일 데이트하며 멋진 나날을 보냈다.

사귀다 보면 남자들은 어느 정도의 스킨십을 유도한다. 보통의 경우 적절한 선에서 거부할 수 있지만 내 첫사랑의 경우는 달랐다. 나는 모든 것을 줄 수 있다고 생각했다. 그때 난 '사랑하면 할 수도 있는 거지' 하는 어설픈 가치관을 갖고 있었다. 사귄 지 얼마 안 되었을 때 그는 자제하지 못했고 나는 원하지 않은 상황에 처하게 되었다. 싫다고 했지만 자꾸 보채는 그를 계속 거절하면 민망할 것 같고 상황적으로 어쩔 수 없는 상황이어서 결국 선을 넘고 말았다. 남자들은 대부분 '정말 싫었으면 거부할 수 있지 않냐, 동의했으니 억울해할 것도 아니지 않냐' 라고 말한다. 하지만 여자로서 항의하고 싶다. 정말 어쩔 수가 없었다. 신체구조나 힘으로나 도저히 빠져나갈 상황이 아니었다. 그리고 무엇보다 '나에게 소중한 사람이 내게 실망을 하면 어떻게 하지?' 라는 생각에, 거절하면 나를 더 이상 사랑하지 않을까 봐 두려워서 동의를 한 것이다.

너무나도 갑작스러웠고 무슨 일이 생길까 봐 두려웠다. 하지만 그는 성관계 후, 나를 더욱 사랑하게 되었다는 말로 나를 안심시켰다. 난 그의 사랑을 믿었다. '나도 사랑하니까' 라는 말로 무섭고도 아찔했던 기억을 덮어버렸다. 그 후에도 그는 내게 간접적으로 성관계를 원한다고 말했고 난 안 들어줄 수가 없었다. 성관계 이후 나를 더 좋아하게 되었다는데…. 당장 이 사람이 떠나면 그 후에 무너질 나를 상상하기도 싫었기에 계속 받아주었다. 하지만 우리의 관계는 변질되고 있었다. 나는 그를 더 알고 싶고 더 사랑하고 싶었는데 그는 성적인 데만 관심을 가지는 듯했다. 내가 원한 건 그의 사랑과 관심이었는데 점점 나를 보는 눈빛이 달라지는 듯했다. 겉으로는 잘 지내는 것처럼 보였지만 난 이미 그에게 끌려 다니고 있었다. 비록 끌려 다녔지만 나는 첫사랑과 다시 잘되었다는 것에 의미를 두고 성관계도 그의 사랑 표현이라 생각하며 행복하게 지냈다. 왜였을까….

그러나 나는 얼마 안 가서 잔인한 이별 통보를 받았다. 그것도 문자로. "너에 대한 감정이 죽어버렸어." 그 전날까지도 잘 지내던 우리였는데…. 이 문자가 내 삶의 가치관을 완전히 바꿔놓았다. 처음엔 멍하고 아무 느낌도, 아무 생각도 안 났다. 그에게 헤어지려는 이유를 물었더니 이유는 없고 그냥 아침에 일어났더니 감정이 식었다고 말했다. 그가 돌아오지 않을 걸 알았지만 "내가 더 잘할게"라는 문자를 보냈다. 답장이 없었다.

전혀 예상할 수 없었고 게다가 내 사랑이 가장 커졌을 때 내 인생에서 가장 사랑했던 사람에게 버려졌다는 게 너무 힘들었다. 나는 모든 것을 다 주었는데 어떻게 떠날 수 있는지 궁금했다. '내가 뭐가 싫었을까? 내가 무슨 잘못을 했나? 내가 매력이 없나?' 온갖 생각과 자책감이 들었다. 그 아이가 너무 미웠다. 난 이렇게도 아픈데 걘 너무나도 잘 살고 있다는 게 짜증이 났다. 방황도 많이 하고 정말 많이 울었다. 헤어져서 이렇게 가슴 아파했던 건 처음이었다. 상처 자국에 다시 깊게 벤 것 같은 느낌이랄까. 무엇보다도 좋은 추억으로 남았던 첫사랑이었는데 그 추억마저도 버려야 한다는 것이, 그 애의 마음이 떠나버렸다는 사실이 더욱 아팠다. 그리고 두 번째 만남은 순수하지도 못한 만남이었다는 것이 참을 수 없는 고통이었다.

친구들 얘기를 들어보니 내 첫사랑은 전형적인 바람둥이였고 그 전까지 만난 여자는 셀 수도 없고 사랑에 대한 약속과 노력은 옛날에 나와 사귈 때 빼고는 한 적이 없다고 했다. 난 결국 사랑하는 법 자체를 몰랐던 아이에게 나의 전부를 걸고 사랑을 주었던 것이고 그 애는 날 깊게 생각해 본 적이 없었던 것이다. 난 달콤한 말에 속았을 뿐이다.

난 폐인이 되어 아무것도 안 하고 생각만 했다. '감정이 뭐기에 그 사람을 위해 모든 걸 다 해줄 수 있다가도 순식간에 그렇게 차갑게 떠나갈 수 있는 것일까? 사랑이 영원하지 않고 곧 식어버리는 것이라면 과연 사랑하는 게 무슨 의미가 있단 말인가? 아무리 달콤한 순간들이었어도 결국 그 시간들이 나에게 상처를 남기는 가시가 된다면 차라리 혼자 자기발전하며 살아가는 게 낫지 않을까? 결혼은 미친 짓일까? 지금까지 나는 누군가와 사랑해 왔는데 왜 행복하지 않지? 왜 남은 게 없을까?'

시간이 지나고 서서히 이성을 되찾으면서 문제들이 보이기 시작했다. 나는 지금까지 너무 남자친구 의존적이었다. 항상 누군가가 옆에 있어야 행복하다고 생각했다. 첫사랑을 했을 때의 행복을 잊을 수가 없어서 사랑을 해야만 행복한 줄로만 알았다. 그래서 헤어지기 두려웠다. 행복은 내가 스스로 만들어야 하는데 외부에서 찾으려고 했던 것이다. 누군가가 나를 행복하게 만들어주기를 원했다. 또한 지금까지는 사랑하는 대상에게 잘해주고 나보다는 상대방이 기뻐하는 걸 보고 행복해했다. 그래서 항상 다른 사람에게 초점을 맞추다 보니까 자신을 사랑하는 법을 몰랐다. 나보다 그 아이를 소중하게 생각해서 모든 걸 그 아이에게 맞추려고 했던 순간부터 잘못된 것이다. 모든 일에 있어서 내가 항상 뒤였고 남자친구가 우선이었는데 이제 나부터 사랑하는 법을 배워야겠다고 생각한다. 사랑하면서도 나를 지킬 줄 아는 사람이어야 하는데 나를 지키지 못해 이제 돌이킬 수 없는 상태가 된 것 같다. 이미 늦은 것일까?

수업 중 혼전 순결에 대해 토론할 때 남자 조원들은 이구동성으로 '사랑한다면 혼전 성교는 괜찮지만 내 아내가 혼전 성경험이 있으면 불쾌할 것 같다'고 말했다. 교수님 말대로 이중 잣대를 가지고 있으면 안 되는데 실상은 그렇지 않은 것 같다. 나중에 미래의 내 남편은 날 이해하지 못하고 불쾌해할까? 이전까지는 정말 사랑하면 혼전 성교도 가능하다고 생각했는데 경험하고 나니까 여자가 왜 몸을 소중하게 여겨야 하는지 알겠다. 한순간의 쾌락 때문에 몸을 잃기에는 너무나 공평하지 못한 구조를 이제야 알았다. 혼전 성관계의 의미보다 사회적인 분위기와 통념이 여성에게 너무 불리하다. 남성은 성행위를 즐겨도 되는 것이라고 생각하고 성경험이 있는 여성은 불결하다고 생각하는 것이다.

성관계는 쌍방향인데 한쪽은 정당화되고 한쪽은 강요받고 불결하게 낙인까지 찍힌다는 것은 분명 잘못된 사회통념이다. 분명히 잘못됐음을 아는데도 사회적인 분위기가 여성을 불리한 입지로 몰고 가고 있다. 잘못된 것에 반기를 들고 따져야 하는데 따지는 순간 성경험 있는 사람이 된다는 것이, 사람들에게 비난받는 것이 나부터도 두려운 것이다. 아무리 사랑하는 사이였어도 헤어지면 사랑은 과거일 뿐이다. 피해는 전적으로 여성에게 있다. 너무나 쉽게 '사랑하면 허락할 수 있다'고 말했던 나의 과거가 너무 어리석게 느껴진다. 너무 멀리 온 기분이다. 이미 엎질러진 물이지만 다음에는 좀 더 신중하게 고려하고 나를 소중하게 여길 것이다.

헤어진 후 엄청난 가치관의 혼란을 겪고 돌아보니 이별을 통해 얻은 것도 많다. 우리는 각각 다른 존재이고 그 차이를 이해하고 서로 노력하지 않는 한 사랑은 지속될 수 없다는 것을 깨달았다. 그리고 사랑도 기술과 노력이 필요하다는 것도, 혼자만 하는 사랑은 영원할 수 없다는 것도 알게 되었다. 첫사랑이라는 위치를 이용해 나를 쾌락적으로 이용하고 나의 사랑과 정성을 다 받고 잔인하게 버린 그를 정말 죽이고 싶을 정도로 미워했지만 '언젠가는 자기 잘못에 걸려들어 뼈저리게 후회할 날이 오겠지' 하며 화를 삭인다. 사랑할 줄 모르는 그가 오히려 불쌍하다. 그렇게 많은 여자를 만나다 보면 언젠가는 깨닫지 않을까? 나도 아직 사랑에 대한 배신감이 커서 누구를 다시는 사랑할 수 없을 것만 같다. 하지만 시간이 약이 될 것을 믿으며 다시 한 번 누군가의 옆에서 행복하게 웃을 수 있게 될 그날을 기대한다. 사랑하고 헤어지고, 헤어져도 사랑하는 게 삶이라니까.

## 거부하면 사랑을 잃을까 봐

자신감이 낮았던 나에게 사람들의 사랑 고백은 그저 진실하지 못한 하나의 치장으로만 보일 뿐이었다. 누가 나를 좋아한다면 제일 먼저 스친 생각이 이것이었다. '이 애가 날 정말로 좋아하는 걸까? 애처럼 잘난 애가 어떻게 고작 나 같은 애를 좋아해? 거짓말일 거야.' 어린 시절 부모님과의 관계가 나빴던 것도 아니고 아주 평범하고 행복하게 자랐는데 언제부턴가 유독 외모나 애정 문제에서는 부정적 작동 모델을 가동시키고 있었다.

대학 입학 후 분위기에 휩쓸려 연애에 대한 환상을 갖게 되었고 그 것에 대해 절대적 가치를 부여하게 되었다. 그야말로 만화책에서나 볼 수 있을 것 같은 우연한 만남의 연속으로 한 남자가 다가왔고 난 점점 그에게 호감을 갖게 되었다. 그리고 마냥 순수하고 착해 보이기만 했 던 그의 고백을 선뜻 받아들였다. 처음으로 '이 애가 날 정말 좋아할 까' 하는 의심을 하지 않았다. 워낙 친구 같은 사이에서 갑자기 연인 사이로 발전했기 때문인시 그냥 편하고 믿음직스러웠다.

하지만 내 혼란과 방황은 여기서부터 시작되었다. 우린 처음부터 달 랐다. 취미도, 사상도, 성격도, 심지어 사랑을 시작한 동기도 달랐다. 그는 입대를 5개월 정도 앞둔 휴학생이었는데 한마디로 학창시절 껨 좀 씹었다는 막 나가는 아이였다. 그에 반해 나는 연애 경험이 전혀 없 고 그저 부모님 말씀 잘 듣는 얌전한 모범생이었다. 나에겐 오로지 친 밀감만 있었고 그에겐 열정만이 있었다. 친구로 지냈던 어제와 연인이 된 오늘의 그의 모습은 정반대였다. 갑자기 키스 세례를 퍼붓고 아무 렇지도 않게 야한 농담을 하고 스킨십의 강도가 급속히 증가했다. 더 군다나 그가 나에게 사랑 고백을 한 것은 이전 여자친구와 헤어진 지 5일도 안 되는 날이었다. 그 순간 나의 부정적 작동 모델이 가동하기 시작했다. '날 좋아해서가 아니라 스킨십을 위해서구나.' 나는 그의 사랑을 의심하기 시작했고 그가 나에게 얼마나 잘해주는지가 그의 사 랑을 재는 척도가 되어버렸다.

그러던 어느 날, 그가 나에게 성관계를 요구해 왔다. 나는 스무 살이 라는 나이에 그동안 상상해 보지도 못한 문제로 고민하기 시작했다.

그는 나에게 이렇게 말했다. "좋아하고 사랑하면 다 그런 거야." 물론 맞는 논리인 것 같기는 했지만 날 정말로 좋아한다면 좀 더 아껴주고 소중히 다뤄줘야 한다는 것, 혼전 순결은 무조건 지켜야 한다는 것이 나만의 철학이었다. 나는 그의 요구를 거부했고 내 요구를 흔쾌히 받아들인 그에게 그저 고마울 뿐이었다. 그 후로 그는 전보다 더욱 나에게 잘해주었고 깜짝 이벤트를 해주는 등 나에 대한 사랑을 보여주었다. 아니, 나는 그런 겉으로 드러난 행위들만으로 감히 사랑이라는 단어를 유추하여 잠정적 결론을 내려버린 것이다.

나는 점점 더 그를 믿게 되었고 의지할 수 있는 듬직한 남자라 생각했다. 이제는 그에게 받기만 하는 것이 아니라 그에게 사랑을 주고 싶어졌다. 그런데 나는 사랑을 준다는 것의 의미를 그에게 복종하는 것과 등치시켜 생각하는 바보 같은 짓을 하고 말았다. 잘못 해석된 존재의 사랑, 왜곡된 헌신적 사랑을 시작한 것이다. 요구를 거부한다면 그의 사랑을 잃을 것만 같았고 그가 전 여자친구에게 돌아갈 것만 같은 두려움이 몰려와 결국 그를 받아들일 수밖에 없었다.

이때 그는 온갖 미사여구로 나의 첫 경험에 대한 두려움을 떨쳐주려 했고 자신의 욕구를 채우려 했다. 하지만 관계 후의 나는 '혼전 순결을 지켜야만 했다'는 생각과 끊임없이 갈등해야 했고 결국 나 스스로를 욕하며 사회에서 외면당하는 낙인찍힌 부류의 한 개체로 인식하기 시작했다. 내가 너무 부끄러웠고 모욕감을 느꼈으며 자아정체성의 혼란을 경험했다. 내 몸을 내주었다는 것을 내 모든 것을 바친 것이라 생각하였고 점차 그를 구속하고 그를 가지려 했다. 몰래 그의 휴대전화를 확인하는 습관이 생겨나고 다른 여자친구들과의 만남을 반대하게 되었다. '그는 나만을 생각하고 사랑해야 한다'고 생각하며 소유-의존적 사랑을 하게 된 것이다. 그렇게 그와 나는 많은 갈등과 어려움을 겪으며 사랑을 이어갔고 결국 그는 군 입대를 하게 되었다.

그러던 어느 날, 나에게 청천벽력 같은 소식이 전해졌다. 더욱 날 소스라치게 만든 것은 모든 진실을 말해준 것이 그의 전 여자친구였다는 사실이었다. 그랬다. 그는 나 몰래 그녀와 연락을 취하고 있었으며 심지어는 몇 차례 잠자리도 가졌고 그녀에게 사랑도 고백했다는 것이다. 거짓말이라고 믿고 싶었지만 논리와 확증이 너무 뚜렷했다. 나는 믿었던 사람에 대한 배신감과 모멸감에 떨었고 엄청난 후회가 뼈를 저미는 듯했다. 이 상황을 어떻게 받아들여야 할지 막막했고 그에 의지해 유지되고 있었던 내 정체성은 한순간에 와르르 무너져버렸다. 그는 단순히 내 몸이 필요해서 나를 원했을 뿐 결코 날 사랑하지 않았으며 난 순전히 그의 유희의 대상이었다는 생각에 미치자 사랑이라는 추상적인 무언가에 대한 환멸이 느껴졌다. 사람을 쉽게 믿어버린 나를 탓하며 이별을 고하고 싶었지만 나를 준 첫 남자였기에 쉽게 그럴 수는 없었다. 내 잠재의식 속에는 '책임'이라는 단어가 각인되어 있었다.

한동안 매일같이 그를 욕하며 모든 것을 그의 잘못으로 돌렸지만 어쩌면 근본적인 잘못은 나에게 있었는지 모른다는 생각이 들었다. 우선 나는 진정한 사랑의 의미를 알지 못했다. 낮은 자존감을 가지고 있었던 나에겐 사랑이란 단순히 '나에게 얼마나 잘해주느냐'였고 그것으로 그의 진실함과 애정을 측정했다. 소유욕에 얽매여 항상 사랑을 잃

혼돈의 20대, 자신을 말하다

을까 두려워했고 시기심, 질투심으로 그를 지치게 하는 '이기적인 사랑'이 참사랑인 줄로만 알았다. 바로 비이기적인 사랑, 존재의 사랑의 의미를 왜곡하여 문제를 어긋난 방법으로 해결해 온 나 자신에게도 잘못이 있었던 것이다. 이 모든 것이 애초에 나의 부정적 자아정체감에서 기인한 것일 수 있다는 생각이 들었다.

이제 나는 긍정적 자아상을 갖기 위해 부단히 애쓰고 있다. 막연히 영원한 사랑, 진정한 믿음, 무한한 열정을 기대하는 것은 어리석은 짓이다. 나는 이 경험을 통해 비록 100% 완벽한 나를 만끽할 수 없을지라도 나의 부족한 부분들을 스스로 끊임없이 채워보겠다는 강한 의지를 갖게 되었다. 사랑이란 맹목적 감정과 충동으로 지속되는 쾌락이 아닌 부단한 연마와 자기수양을 통해 키워지는 하나의 능력이라는 것을 뼈저리게 느낀 첫사랑의 경험이었다. 그리고 지금도 나는 심장이라는 실린더 안에 나만의 참사랑을 향한 소중한 용액을 조금씩 채워나가고 있는 중이다.

그동안 정말 많이 힘들어했고 더 이상 사람을, 사랑을 믿으려 하지 않았다. 내가 세상에서 가장 불행한 사람 같았다. 이제 나 자신을 돌이켜보게 되었고 아직은 많이 부족하겠지만 진정한 사랑이 무엇인지 알아가고 있는 중이다.

## 진실로 사랑했지만 열정은 사라지고

난 대학생이 되면 연애를 하는 건 줄 알았다. 지금 생각하면 말도 안 되는 이유지만 일부러 '대학생활에서 나에게 다가올 새로운 남자를 위해서'라는 이유로 고등학교 시절 내내 나를 아껴주고 함께 공부했던 남자친구를 참 매몰차게 보냈던 것 같다. 그리고 대학교 1학년의 첫 학기, 피상적인 인간관계에 적응하지 못하고 생각보다 세상은 넓은데 난 너무 좁게 산다는 생각이 번뜩 들었다. 그래서 누가 되었든 간에 사람을 만나야겠다는 생각으로 만난 것이 평소 친분이 있었던 카메라맨 오빠와 그 오빠의 친구였다.

처음부터 나의 낯가리는 모습과 약간 어수룩한 말투를 따라 하면서 장난스럽게 말을 걸던 그 오빠의 친구는 얼마 지나지 않아 나의 남자친구가 되었다. 처음부터 불타오르는 열정과 정열의 사랑을 했던 것은 아닌 것 같다. 참으로 성실한 모습과 나의 투정과 짜증을 애정 어린 눈으로 바라봐주던 그의 태도가 나한테는 참 어른스럽고 듬직하게 느껴졌다. 그때쯤 나는 그를 알아갈수록, 그를 모른 채로 살았던 나의 20년과 나와는 다른 세계를 살았던 것 같은 그 사람의 25년 사이의 간극이 멀게만 느껴졌고 이를 메우기 위해 참으로 많은 정성을 쏟았다. 학교가 서로 달랐지만 거의 매일같이 만나서 이야기하고 밥 먹고 놀다가 집에 들어갔다. 또 주말이면 어김없이 교외로 드라이브를 나가거나 멀리 바다를 보러 가기도 했고 그것도 안 되면 서울 안에 연인들이 자주 간다는 데이트 코스를 돌아다녔다. 그렇게 몇 달간, 만날 수 없는 날은 만날 수 없어서 아쉬워하고 만난 날은 헤어지기 싫어서 아쉬워하던 나날이 반복되었다.

이렇게 서로의 아쉬움은 점점 커져 갔고 우리는 결국 '헤어지기 싫으면 집에 안 가면 되잖아' 라는 뻔하고도 위험한 결론에 도달하고 말았다. 나는 눈에 보이는 것이라고는 불타오르는 열정밖에 없었던 그에게 나의 몸을 허락했다. 나는 처음에 느꼈던 당혹스러움과 아픔, 그때의 분위기, 열정과 사랑으로 가득 찬 그의 눈, 그리고 나의 고통을 걱정스러워하던 그의 표정까지 그날 밤의 모든 것을 잊지 않고 있다. 그때는 그의 품에 안기는 것이 서로의 사랑을 확인할 수 있는 마지막이자 최선의 방법이라고 여겼던 것 같다. 그리고 사실 지금도 그렇게 생각한다. 단지 서로 몸을 나누는 그 순간에만 느낄 수 있는 감정이겠지만. 진실로 사랑했고 그와 하나가 되어서 기뻤다.

하지만 우리의 문제는 그 이후 다가오는 열정의 상실, 그에 따른 권태를 극복할 방법을 찾지 못했다는 데 있었다. 여느 연인들이 그렇듯 우리의 사랑과 열정도 하강곡선을 그렸고 그때쯤 나는 집안에서 벌어지고 있는 좋지 않은 일과 그의 섹스에 대한 집착, 그리고 그에 따른 우울증 증세로 심한 가슴앓이를 했다. 나의 정신적 스트레스가 정도를 넘어섰다고 생각했는지 그가 나에게 함께 신경정신과를 가보자고 권유했다. 하지만 보수적인 나는 그의 진심어린 걱정을 이해하지 못한 채 무슨 정신병 환자 취급을 하냐면서 화를 내며 거부했고 점점 우울의 늪에 빠져가고 있었다.

여러 가지 이유로 마음이 복잡하고 힘들고 우울했던 나는 더 이상 그와의 관계를 유지해 나가지 못할 정도가 되었다. 결국 어느 추운 겨울날, 따뜻한 커피를 앞에 두고 뜨거운 눈물과 차가워진 가슴을 안은 채 우리는 그렇게 이별했다.

누군가 커피를 악마의 유혹이라고 했다면 나는 사랑을 사탄의 장난이라고 말하고 싶다. 나는 재미삼아 던진 사랑을 덥석 물어버린 한 인간이었고 사랑이라는 유혹에 빠진 그 순간 누렸던 기쁨은 형용할 수 없는 최고의 것이었으며 유혹에 빠진 대가로 맛본 이별과 슬픔은 여태까지의 삶에서 단 한 번도 겪어본 적이 없는 큰 고통이었다.

그래도 사랑은 왜 수세기를 거듭하면서 계속되는 걸까? 내가 내린 결론은 사랑이 이중적 속성을 가진다는 것이다. 사랑, 그 이후에 오는 고통을 인내할 만큼, 아니 상상할 수 없을 만큼 그것은 달콤하다. 핫초코보다 불에 구운 마시멜로보다 진하고 달콤하다. 마시고 먹으면 없어지지만 입안에서 맴도는 달콤함에 다시 한 번 떠오르는…. 사랑은 그런 게 아닐까?

혼돈의 20대, 자신을 말하다

# 3. 성 모럴, 그 이중적 갈등

## 충격적 성경험 그리고 혼란

대학에 들어온 지 2년 됐다. 처음 1년은 아무 생각 없이 그저 놀기에 바빴고 다음 한 학기는 군대 걱정으로 머릿속이 꽉 차서 헛되이 보내 버렸다. 이런 나에게 이 강좌는 사랑, 성, 직업 등 미래의 삶과 뗄 수 없는 부분들을 진지하게 생각해 보고 내 청년기를 반추해 볼 수 있는 좋은 기회를 제공해 준 것 같다.

나는 이성에 대해 비교적 빨리 눈을 떴던 것 같다. 초등학교 시절 첫 여자친구가 생겼지만 그건 일종의 호감이었던 것 같고 이성에 대한 관심이 급증했던 시기는 사춘기부터였던 것 같다. 고등학교 시절에는 이성에 대한 욕구는 물론 식욕, 수면 등 다른 본능적인 욕구도 자제하고 학업에 전념해야 했다. 이 어두운 억제 속에서 나에게 한 줄기 탈출구가 바로 음란물이었다. 안타깝게도 이런 탐닉은 신체적, 정신적으로 나에게 악영향을 준 것 같아 지금은 가장 후회스러운 것 중의 하나이다.

대학에 들어오면서 나는 예쁜 여자친구들과 손을 잡고 우리의 창창한 미래에 대해 대화를 나누면서 그림 같은 캠퍼스를 한가로이 거니는 상상을 했다. 정말 꿈만 같아서 부푼 기대감으로 대학에 입학했지만 수도권 변두리에서 스님의 고행과도 같은 사춘기를 보낸 나에게 서울 도심의 대학생활은 의식적, 문화적 충격과 변화를 안겨주었다. 여느 대학생들과 마찬가지로 나는 미팅과 소개팅의 구링딩이에 빠졌고 여러 여자들을 만나는 것에 쏠쏠한 재미를 느끼며 거기서 헤어날 수 없었다. 아마도 유희적 사랑Ludus의 대상을 찾아 전전했던 것 같은데 사랑이라고 할 것도 없이 그저 희희낙락 인생을 즐겼던 것 같다.

그러고 다니던 중 어느 미팅에서 한 여학생을 만나게 되었는데 이 만남은 내 의식에 엄청난 변화를 가져다주었다. 그녀 친구들과의 미팅에서 여느 때와 다름없이 처음 만나 인사하고 이야기하고 술자리로 넘어갔다. 이런저런 얘기로 몇 시간 재밌게 놀고 난 후 전화번호 교환과 함께 헤어지려던 참에 그녀가 나를 붙잡았다. 그녀는 내가 맘에 드는 듯했고 우린 2차로 단둘이 조그만 술집으로 향했다. 그곳에서 그 친구와 다시 이야기꽃을 피우고 술잔을 기울이며 서로에 대해 조금씩 더 알아가다가 지하철이 끊겨버렸다.

당시 나에게 막차 놓치는 일은 별일도 아니었기에 그러려니 하며 오늘도 어디서 잘까 고민을 하고 있었다. 그때 마침 그 친구가 같이 있어주겠다는 말을 했다. 난 늦게까지 같이 놀아주겠다는 의미로 알아들었고 그녀의 제안을 흔쾌히 받아들였다. 그렇게 술을 더 마시자 몇 시간

혼돈의 20대, 자신을 말하다

이 지나버렸고 나는 시간이 너무 늦어서 그 친구를 이제 그만 집으로 보내주려 했다. 하지만 그녀는 거부했고 나와 더 있겠다며 나를 끌고 근처 DVD방으로 갔다. 어떨결에 끌려간 나는 그곳에서 그녀와 하룻 밤을 보내게 되었다.

나에게 이 경험은 매우 충격적인 경험이었다. 처음엔 서로 사랑하느냐 하지 않느냐를 떠나서 처음 만난 사람과 자연스럽게 관계를 맺는 그녀가 무서웠다. 너무 자연스럽기에 그녀가 혹시 병에 걸린 여자가 아닌가 하는 무서움도 없진 않았다. 그러나 가장 큰 것은 이렇게 한순간에 20년간 내 머릿속을 차지했던 성에 대한 관념이 와르르 무너졌다는 사실이었다. 이는 정말 충격적이었고 지나치게 자유분방한 대학생들 사이의 성문화가 무섭기조차 하였다. 이 충격은 내 머리를 짓눌러 떠나지를 않았다.

하지만 이런 얘기를 누군가에게 쉽게 할 수는 없었기 때문에 몇 날 며칠을 전전긍긍하다가 내 마음을 터놓을 수 있는 몇몇 친구들에게 조심스럽게 이 이야기를 꺼내리라 마음먹었다. 그러자 친구들 역시 자신들의 경험담을 봇물같이 터놓으며 진지한 대화가 계속되었는데 친구들의 이야기는 더욱 가관이었다. 연인끼리의 경험은 물론이고 흔히 집창촌이라 불리는 곳에서의 경험뿐 아니라 친구로서 만나 성관계를 자주 갖다가 연인으로 발전한 경우, 성관계를 지속적으로 가지면서 친구관계로 지내는 경우(상대방을 섹스 파트너라고 불렀다)도 있었다. 내 마음의 짐을 덜고자 시작했던 대화는 나에게 더 큰 충격을 안겨주며 나를 공황상태에 빠뜨리고야 말았다.

그저 남의 나라 이야기로만 알았고 TV나 영화에서나 보는 줄로만 알았던 문란한 성문화가 내 앞에 놓여 있는 현실이라는 것이 너무나 충격적이었다. 이러한 성문화는 감당하기 힘들었고 적응하기도 힘들었다. 그러나 서서히 '같이 놀기만 하고 즐겁기만 하면 그만'이라는 무책임한 생각이 들기 시작하면서 이러한 모습들이 싫지만은 않았고 서울의 밤 문화를 즐겼다. 시간이 흐른 지금, 나에게 다가왔던 충격은 이제 조금 덜해졌지만 아직도 이에 대한 명확한 해답(?)을 잊지는 못했다. 얼마 전 수업에서 친구와의 관계를 발표했던(사랑 없는 성관계가 가능하다는) 선배님의 이야기를 들으며 나와 비슷한 면이 있다고 공감은 했지만 역시 명확한 해답은 얻을 수 없었다.

　　나는 현재 한 여자친구와 교제 중인데 지금까지 건전하게 교제했고 앞으로도 건전한 사랑을 나누고 싶다고 마음먹고 있다. 이 친구를 만나면서 불건전한 만남이나 밤 문화는 근절했다. 하지만 열 길 물속은 알아도 한 길 사람 속은 모르는 것처럼 나란 인간 역시 또 언제, 어떻게 마음이 변할지 나조차도 모르겠다. 그래서 두렵기도 하다. '나는 왜 이러한 충격에 빠져 있는 것일까? 청년기 때 찾아야 할 정체성을 아직 확립하지 못했나? 나는 남들보다 순수한 삶을 살아온 것일까? 아니면 남들보다 더 타락한 생활을 했나? 몇 사람의 이야기를 전체 사회의 모습이라 지나친 일반화를 하고 있는 것은 아닐까? 사랑과 성이란 떼어 놓을 수 없는 불가분의 관계인가? 내가 얻어야 할 명확한 해답은 무엇이며 난 왜 아직도 혼란 중인가?' 남은 청년기 동안, 아니 남은 인생 동안 풀어야 할 과제가 아닐까 싶다.

# 본능과 이성 사이에서 나의 전투는 계속되고

나는 지금 성에 대한 가치관 정립의 과정 한가운데서 홀로 신음하고 있는 중이다. 내 내면의 잔잔한 바다를 항해하던 중 예상치 못하게 배가 암초에 걸려 정체되어 있는 것이다. 얼마를 지나야 이 난관을 극복하고 다시 평화로운 바다를 만날 수 있을지….

'성'이란 것에 대해 처음 강한 자극을 받은 것은 초등학교 시절이었다. 친구들이 어디서 주워왔다며 에로 비디오, 일명 빨간 비디오를 가지고 왔을 때였다. 그땐 '몰래 보다 들키면 어떡하지?' 보다는 '이게 뭐지?' 하는 생각이 더 들었다. 그만큼 충격이 컸다. 성에 대한 관심이 증폭되기 시작한 것은 사춘기인데 동시에 성에 대한 두 가지 가치관의 대립도 시작되었다. 일단 부모님에 의해 먼저 형성된 성 개념은 지극히 모범적인 것이었다. 나는 부모님과 대화가 많고 매우 친밀한 가정 환경에서 자랐는데 아버지는 항상 성에 대해 거의 교과서 같은 지도를 해주셨다. "성이란 본래 아름다운 거야. 부부의 사랑을 나눌 수 있는 방법이고 소중한 생명을 잉태하게 해주는 수단이지. 하지만 자칫 잘못하면 오로지 쾌락만을 나누고 생명을 소중히 여기지 않게 되기 쉬운데 그래서 항상 조심해야 해!" 그러면서도 성적인 욕구가 드는 것은 본능적인 것이기 때문에 부끄러운 것이 아니고 자연스러운 것이라 하시면서 종종 아버지는 남잔데 좀 끼워달라며 같이 인터넷으로 야한 사진(그냥 비키니 입은 여자 사진)을 찾아서 보기도 했다. 우리 부자에겐 같이 웃을 수 있는 하나의 즐길 거리 그 이상도 이하도 아니었다. 이러한 아버지의 특이한(?) 교육법으로 인해 성적인 환상에 빠지고 밤에 이상한 꿈을 꾸는 것에 대한 수치심도 자연스럽게 잊어버릴 수 있었다. 성은 정말 자연스러운 것이었다.

그런데 문제는 멀지 않은 곳에서 찾아왔다. 순진하고 착하기만 하던 내 친구들이 변해가고 있었다. 그들은 무언가에 홀린 것처럼 나쁜 짓인 줄 알면서도 금지구역을 차츰차츰 침범해 나갔다. 처음엔 그들도 분명 '하면 안 된다'는 금지구역의 경계선을 넘어가는 것을 두려워하며 머뭇거렸다. 하지만 학교 선배들의 섬은 손짓은 '밌있게 보이고 싶은', '잘 노는 것으로 보이고 싶은' 친구들의 영웅심을 폭발시키기에 충분했다. 더 이상 친구들은 머뭇거리지 않았고 그들의 잘못된 영웅심의 표출은 성적 충동과 결합하여 걷잡을 수 없는 상태에 이르고 말았다. 바늘도둑이 소도둑 된다고 했던가. 내가 친구들을 버리기 전 그들과 같이 놀 때는 고작해야 가벼운 키스 정도였다. 게임으로 남자 쪽에서 한 명, 여자 쪽에서 한 명을 추려내 뽀뽀를 시키곤 했었는데 그 정도로 끝났다면 아마 사춘기 남녀의 귀여운 장난 정도로 추억할 수 있었을 것이다. 하지만 친구들이 고삐 풀린 망아지가 되어 나를 떠났을 때는 낙태 비용을 구하기 위해 학교도 안 나오고 돈 벌러 나가는 그들의 모습을 지켜봐야 했다.

나는 내 유년 시절을 함께했던 친구들을 잃은 동시에 또 하나 중요한 것을 잃었다. 그것은 아버지로부터 교육받은 건전한 성 개념이었다. 나의 성 개념은 왜곡되었다. 섹스를 하는 것은 마치 죄악을 행하는 것과 같고 어떤 경우라도 결혼하기 전엔 용납되지 않는다는 생각이 들었다. 그때부터 남자들끼리 있는 자리에서 늘 음담패설이 오갈 때도 겉으로는 동조하는 척하며 같이 즐겼지만 속으로는 마치 범죄자들의 무용담을 듣는 것 같은 혐오감을 삼키곤 했다. 성을 죄악시하며 자위행위조차 용납하지 못하면서 소외되기 싫은 거부감과 잘 알지 못하는 새로운 세계를 알아갈 때의 즐거움을 핑계로 친구들의 대화에선 빠지지 않는 이중적인 내가 되어가고 있었다.

이 이중성은 아직까지도 나를 괴롭히고 있는데 그동안 몇 명의 여자친구를 만나면서 오히려 그 정도가 심해질 뿐이었다. 고등학교 2학년 때 새로운 여자친구가 생겼다. 너무 튀는 패션이 문제라면 문제랄까 키도 늘씬하고 외모도 괜찮아 만난 지 하루 만에 연애를 하게 되었다. 학업은 뒷전에 두고 매일 여자친구를 만났고 어느 날 밤 그녀의 집 앞에서 달콤한 키스를 나누었다. 그 이후 우리는 스킨십에 더욱 익숙해졌고 더 과감해졌다. 그러나 역시 뇌리 속에 박혀 있던 성의 죄의식은 나를 가만히 두지 않았다. 때문에 맘껏 성적 표현을 하고 싶은 본능과 그런 나의 본능을 붙잡는 이성 사이에서 나는 나와의 전투를 거듭했다. 그때까지만 해도 늘 이성의 승리로 끝이 나긴 했지만…. 그러던 중 한 친구로부터 그녀의 소문을 듣게 되었다. 내가 그녀와 교제 중인 것을 모르고 거침없이 쏟아낸 그 친구의 말은 나에게 큰 충격을 안겨주었다. 그녀는 '쉬운 여자'였다. 행실이 몹시 좋지 않아 보였다. 그걸 알고도 이전과 똑같은 시선으로 그녀를 바라보기가 힘들었다. 인정하긴 싫지만 난 그것밖에 안 되는 남자이기도 했고 그녀를 진정으로 사랑하지도 않았기에 그 이야기를 듣는 순간 나의 그녀에 대한 감정은 불길에 물 붓듯이 식어버렸다. 사랑의 3요소 중 열정으로만 가득 차 있던 우리의 관계는 한 달여 만에 그렇게 끝나버렸다.

그런데 문제는 헤어진 후에 드는 생각이다. 나는 자위행위를 별로 즐기지 않았기에 주로 성적인 상상을 하는 것으로 성욕을 해소하곤 했는데 이따금씩 '그녀와 계속 사귀었다면 나도 그 애랑 잘 수 있었을 텐데' 하며 그녀와의 정사 장면을 떠올렸다. 거부하려 해도 자꾸만 떠오르는 이 생각은 안 그래도 나 자신의 이중성에 대해 분개하던 나에게 엄청난 심적 고통을 주었다. 힘겨운 선투를 계속하다 보니 먼저 항복을 외치고 싶어졌다. 과연 내가 끝까지 내 성을 지킬 수 있을까 의문이 들기 시작했다. 모퉁이가 부서지고 무너질 때마다 애써 보수하며 지켜왔던 부실한 나의 성이 마침내 크게 흔들리고 있었다.

결론을 내리지 못하고 갈등 속에서 시간은 흘러갔다. 그 후 몇 명의 여자를 만나고 헤어지고 하다가 우여곡절 끝에 대학에 들어왔다. 양다리를 걸쳤던 여자와 술김 반 욕구 반으로 성관계를 가졌다. 관계를 가졌던 그녀가 했던 말처럼 결국 나도 똑같은 남자가 되어버렸다. 사람은 동물과 다르기에 본능도 통제할 수 있어야 한다고 다짐했던 나, 남자도 혼전 순결을 지킬 수 있다는 걸 보여주고 싶었던 나는 이제 과거 속에서만 존재하게 된 것이다. 옛말 중 틀린 말이 없다 하는데 무엇이든 처음이 어렵다는 말이 있다. 그때부터 현재까지 몇 번의 성관계를 더 경험했고 그중 가장 최근이 어제였다. 예전의 전투 양상과 다르게 자꾸만 이성이 본능에게 무릎을 꿇는 것이다. 사실 횟수는 주변의 친구들과 비교하면 매우 적지만 첫 경험 때 쩔쩔맸던 것과 비교하면 횟수가 늘어날수록 나도 점점 잠자리에서 능수능란해진다는 사실은 인

혼돈의 20대, 자신을 말하다

정할 수밖에 없을 것 같다.

　어제의 파장, 성관계 뒤에 오는 공허감으로 지금 나는 생각이 쉽게 정리되지 않는다. 그래서 끝을 어떻게 내야 할지 잘 모르겠다. 하지만 이 보고서를 계기로 스스로 지금 내가 어느 위치에 있는지 알 수 있게 되었다. 하지만 글을 시작할 때의 직감대로 앞으로 어떻게 해야 할지 답이 보이지는 않는다. 어제도 했는데 오늘 또 못 할 것이 뭐가 있겠는가? 그냥 성적 열망을 느낄 때마다 자유롭게 즐기기엔 그렇게 하는 것은 옳지 않다는 도덕적 잣대에 걸리고 만다. 또 그동안의 나의 신념이 너무 확고했기에 이제 와서 그렇게 하도록 자존심이 허락하지도 않는다. 그렇다면 원형만 간신히 남은 채 다 허물어져 버린 나의 성(城)을 각고의 노력을 기울여 다시 복구해야 할까? 그 또한 이미 성적 유희를 맛보았기 때문에 자신이 없다. 이 순간 나와 같은 과정을 이미 거쳐 간 인생 선배들이 있다면 나에게 무엇이라 말해줄까? 나는 그냥 그들이 부럽다. 나에겐 헤쳐 나가야 할 바다가 너무 넓다.


## 욕구를 인정하는 것과 욕구대로 행동하는 것

이제 내 나이 스물여덟 살, 대학에 입학한 지도 어언 8년이 되었고 이제 졸업을 앞두고 있다. 청년기의 끝자락에 서서 돌이켜보니 나는 청년기 내내 자아정체의 형성이나 진로에 대한 고민보다는 다른 문제로 더 오랫동안 고민해 온 것 같다. 그것은 나의 성적 욕구에 대한 몰이해와 성관계에 대한 잘못된 인식이 가져다준 일종의 자기혐오였다고 할 수 있다. 나는 왜 이런 갈등에 빠지게 되었으며 그것을 어떻게 극복할 수 있었을까?

고등학교 2학년 시절 나는 처음으로 같은 반 여자친구와 사귀게 되었다. 사귄 지 석 달 정도 되자 우린 신체적 접촉을 하기 시작했는데 처음에는 키스나 포옹 정도였다. 그러나 이내 나는 그 정도로 만족할 수 없었고 욕구는 점점 심해져 갔다. 중·고등학교 시절 많은 남자아이들이 그러하듯 나는 포르노나 에로 영화 같은 음란물에 탐닉하면서 일종의 성적 환상을 갖고 있었다. 결국 나는 여자친구와 상당히 깊은 수준의 애무, 즉 '삽입'의 전 단계까지 가게 되었다. 하지만 고등학생이라는 불확실하고 자유롭지 못한 우리의 신분 때문이었는지, 아니면 부모님에 대한 죄송한 마음에서였는지 모르겠지만 서로가 그 이상의 단계로 나가는 것은 원치 않았다. 이때 나를 막았던 것은 나 자신의 의지라기보다는 이런 외적 환경요인들이 강했던 것 같고 삽입을 하지 않았다는 것이 나에게 특별한 의미는 주지 않았던 것 같다.

우리는 함께 대학에 들어왔으나 얼마 지나지 않아 헤어졌다. 그리고 난 새로운 여자친구를 사귀게 되었는데 이 친구는 내가 첫 남성이었기 때문에 성적 접촉이나 성에 대한 지식 자체가 전무한 상태였다. 그래서 우리는 스킨십 때문에 많이 다투기도 했지만 시간이 지나면서 차츰 의견 차이를 좁힐 수 있었다. 그러던 중 한번은 여자친구도 분위기를 타서였는지 삽입을 할 뻔한 적도 있었다. 그러나 피차 여자친구의 처녀성을 잃게 한다는 것에 대한 부담감이 있었고 게다가 삽입을 시도하는 과정에서 여자친구가 많이 아파했기 때문에 결국 삽입은 하지 않았다. 그 다음 날 여자친구는 "그래도 안 하길 정말 잘한 것 같아. 오빠는 참기 힘들었을 텐데 날 위해 참아줘서 고마워. 오빠는 정말 날 아껴주는 것 같아"라고 말했다. 난 "네가 원하지 않는다면 굳이 설득해서 하고 싶은 마음은 없어. 네 의사를 존중해 주고 싶어" 하고 말했다. 사실 설득해서 관계를 맺고 싶은 마음도 있었지만 나는 그녀에게 '착한 남자친구'이길 원했고 그래서 결국 끝까지 관계를 맺지 않았다. 아마도 내가 성관계를 맺지 않은 이유는 주로 나의 '착한 남자친구', '신뢰받는 남자친구' 콤플렉스 때문이었던 것 같다. 진정으로 여자친구를 위해서라기보다는 일종의 자기만족이었다고나 할까? 아무튼 그 당시에는 우습게도 이런 나의 '절제심'에 대해 은근히 자랑스러워하기도 했다.

그러나 이런 나의 심리상태는 군대에 간 후 완전히 달라져버렸다. 군대에서 만난 사람들은 이전에 내가 알던 사람들과는 가치관과 사고방식, 대화의 소재 자체가 완전히 달랐다. 여자들로부터 격리되어 생활하는 군대라는 조직의 특성상 어쩔 수 없는지 모르겠지만 휴식시간에 하는 이야기는 거의 여자와의 성관계에 대한 것이었으며 그 이야기들은 내 성에 대한 의식을 완전히 바꾸어버렸다. 물론 과장도 있겠지만 일단 그들 중 총각은 나 혼자밖에 없었으며 고참들의 연애 이야기, 휴가 때 놀다온 이야기들을 들을 때면 내 귀를 의심하기도 했다. 여자친구가 임신해서 낙태, 혹은 입양을 시켰다는 이야기도 들었고 채팅이나 나이트에서 만난 여자들과 바로 모텔로 직행하는 것은 기본이라는 말도 들었다.

이런 이야기들을 처음 들었을 때 그 충격은 너무나 컸다. 아무리 성

문화가 문란해지고 있지만 여자들이 이렇게 개방적, 아니 헤픈 줄은 몰랐다. 나 혼자만 바보같이 살고 있다는 생각이 들었다. 내가 '여자친구의 의사를 존중해서 하지 않았다'고 말하자 고참들은 '네가 리드를 못 해서 여자가 넘어오지를 않았다'고 비웃는 통에 정말 자존심이 상했다. 차츰 나도 여자친구와 성관계를 맺고 싶다는 생각이 고개를 들었고 삽입을 원하지 않은 여자친구가 원망스럽기도 했다. 지금 여자친구와 헤어지고 차라리 '프리섹스'를 즐기고 싶은 생각까지 들었다. 이렇듯 차츰 나는 여성을 '사랑'의 대상이 아니라 '성행위'의 대상으로 생각하게 되었다. 하지만 이것은 생각으로만 그쳤을 뿐, 현실에선 나는 여전히 여자친구의 의사를 존중해 주는 '착한 남자친구'일 뿐이었다. 이러한 욕망과 현실의 불일치를 나는 군대 탓으로 돌렸다. 아무래도 여자와 격리된 생활을 하다 보니 쌓이는 욕구불만일 거라고, 전역하면 자연스레 나아질 거라고 생각하며 조용히 전역을 기다렸다.

그러나 전역 후에도 이런 문제는 해결되지 않았다. 여전히 내 마음속에는 어떻게든 여자와 성관계를 맺고 싶다는 생각이 차 있었다. 전역 후 새로 사귄 여자친구도 역시 애무는 괜찮지만 삽입만은 완강하게 거절했기 때문에 이런 욕구들이 해소될 수는 없었다. 게다가 2년 후에 만난 옛 친구들은 예전과 너무도 달라져 있었다. 마치 군대 고참들처럼 아무나 만나서 하룻밤을 즐기는 친구들, 여자친구와 성관계를 맺어 보았거나 맺고 있는 친구들이 태반이었다. 술자리의 마지막은 항상 음담패설로 흘러갔고 친구들은 자신의 성경험을 마치 영웅담처럼 늘어 놓곤 했다. 그런 이야기들은 나의 성적 욕구를 더욱 자극하고 곤혹스럽게 했다. 심지어는 내가 여자친구가 뻔히 있는 줄 알면서 '개방적'인 아이를 소개해 준다거나 나이트에 가서 부킹으로 그런 여자애를 만나보라고까지 했다.

그런데 문제는 내가 마음속으로 이런 제안들에 솔깃했다는 것이다. 그렇지만 여자친구에 대한 미안한 마음도 있었고 여태껏 내가 쌓아왔던 '성실한 남자친구'(친구들은 날 이렇게 생각하고 있었다) 이미지를 무너뜨리는 것이 두려웠다. 그래서 아무렇지도 않은 척 이런 제의들을 거절하며 한술 더 떠 친구들의 성생활에 대해 도덕적인 문제를 제기하기까지 했었다. 그리고 여자친구들에게는 이런 나의 욕구를 숨기고 아무렇지도 않은 듯 '믿을 수 있는 남자친구' 연기를 계속했다. 하지만 억압된 나의 욕구는 길거리를 지나가는 여자들이나 주위의 여자들조차 성적 대상으로 상상하게 될 만큼 커져만 갔고 결국 그 해소책은 포르노에의 탐닉과 빈번한 자위행위라는 최악의 선택이었다. 점점 마음속에서 이런 나 자신에 대한 분노가 싹트기 시작했다. 마음속으로는 성적인 쾌락을 탐하면서 겉으로는 순수한 척하는 나 자신에 구역질이 나기 시작했다. 나 자신이 더러운 위선자라고 생각되었다. 차라리 군대 고참들이나 몇몇 친구들처럼 자신의 욕망에 충실한 사람들이 훨씬 더 순수한 사람이라는 생각마저 들었다. 또한 그동안 사귀었던 여자들도 다르게 보이기 시작했다. 즉, 애무로 즐길 건 즐기면서 삽입만 하지 않으면 처녀성도, 혼전 순결도 지킬 수 있다고 생각하는 그녀들을 경멸했고 마음껏 비웃어주고 싶었다.

나의 이런 방황은 제대 후 2~3년간 지속되었다. 이런 나의 방황에 종지부를 찍을 계기가 생긴 것은 연말의 어느 술자리였다. 그날도 여느 때와 다를 바 없는 고등학교 동기들 간의 술자리였고 술이 거나하게 취해가자 역시 화제는 자연스럽게 '섹스'로 넘어오게 되었다. 처음 고시 공부를 시작하고 오랫동안 친구들과 술자리를 못해서였을까? 긴장되었던 마음이 일순간에 풀어지면서 나도 모르게 친구들에게 그간 내 안에 억눌려 있던 욕구, 그리고 그로 인해 내가 느꼈던 기분들에 대해 늘어놓게 된 것이다. 말을 하면서도 '아, 이러면 진짜 안 되는데, 얘들이 나에 대해서 어떻게 생각할까' 이런 생각이 들긴 했지만 한번 터진 물꼬는 멈출 줄을 몰랐다. 그런데 의외로 친구들의 반응은 매우 따뜻했다. 친구들은 나의 그런 욕구는 누구나 느끼는 자연스러운 욕구라고 이야기해 주었고 오히려 내가 그런 것에 대해 너무 결벽증이 있는 것 같아서 걱정들을 했다는 것이었다.

그리고 한 친구는 '그런 욕구를 인정하는 것과 욕구대로 행동하는 것은 다른 것'이라고 지적하면서 그동안 내가 이 두 가지를 같은 것으로 혼동한 것 같다고 이야기 했다. 그리고 뜻밖에도 동기들 중 가장 성생활이 개방적이고 약간은 문란하기로 유명한 한 친구는 나에게 이유야 어찌되었든 그동안 내가 그런 욕구를 참아온 것은 정말 잘한 일이라고 이야기해 주었다. 특히 그 친구는 최근에 정말로 사랑하는 여자친구를 만나서 그간 자기가 했던 '사랑 없는 섹스', '섹스를 위한 섹스'가 얼마나 공허한 것인지를 깨달았고 그런 일들을 마음속 깊이 후회하고 있다고 말하면서 나에게 도움이 될 만한 이야기들을 많이 해주었다.

이런 일이 있은 후 내 마음은 한결 가벼워졌고 그간 나를 괴롭혀왔던 원인들이 무엇인가에 대해서 차분하게 생각해 볼 수 있었다. 우선 나는 인간이기 이전에 하나의 동물로서 종족 번식을 위해 대상에 상관없이 본능적인 성적 욕구를 가졌다는 점을 인정하지 못한 것 같다. 이런 욕구가 있음에도 그것을 절제할 수 있는 것이 인간임에도 불구하고 나는 이런 욕구 자체가 비윤리적이고 바람직하지 못하다고 생각했던 것이다. 나는 마치 공자가 말한 '종심소욕 불유구(從心所欲 不踰矩)'의 경지에 나 자신이 도달해야 한다고 생각했던 것은 아닐까?

또 다른 문제는 난 너무 남들의 말만 듣고 '삽입'이라는 것이 마치 성관계의 전부인 양 착각해 버린 것이다. 그래서 삽입을 하지 않으면 성관계를 하지 않은 것이라고 착각하고 나에겐 사랑을 확인하는 중요한 방법 중의 하나가 결핍되어 있다고 오인해 버렸던 것이다. 돌이켜보면 나의 여자친구들은 애무만으로도 충분히 만족했고 이를 통해 우리의 사랑을 확인할 수 있었기 때문에 굳이 임신의 위험도 있는, 그리고 아직 부정적으로 인식되는 '삽입'이라는 행위를 할 필요성을 못 느꼈던 것 같다. 나의 왜곡된 생각이 여자친구들에 대한 몰이해와 원망으로 표출되었던 것 같다.

성관계가 사랑을 표현하는 중요한 방식임에는 틀림이 없으나 올바른 인식이 없으면 쾌락의 도구로 전락할 수 있다. 비록 오랫동안 성문제로 고통스러워했지만 나름대로 성에 대한 가치관을 정립할 수 있어서 그 시간들이 아깝지가 않다. 나에겐 현재 결혼을 생각하고 있는, 정말로 함께 있는 것만으로도 행복한 여자친구가 있다. 만약 내가 이런 고민들을 하지 않고 도에 넘치는 성관계를 맺어왔다면 나는 아마도 지금의 여자친구 앞에서 떳떳하지 못했을 것이다. 사랑하는 그녀와 서두르지 않고 사랑으로 충만한 성관계를 맺어갈 수 있는 현재의 나 자신을 만들어준 나의 방황기가 너무 사랑스럽게 느껴지는 요즘이다.

## 격하게 스스로를 위로(自慰)하다

과연 나만 그랬을까? 그 어린 날 나 자신에게 다가온 강력한 충동으로 인해 인생이 바뀔 만큼 내 스스로를 위로하는 소위 '자위행위'에 몰입해 있었다. 'sex', 어쩌면 'gender'란 말을 먼저 익혔다면 내 인생이 조금 달라지지 않았을까? 초등학교 시절 영어학원에서 있었던 일이었다. 자신의 성별을 기록하는 난에 'sex'라고 표기되어 있었다. 그런데 영어를 처음 배우는 아이들은 그것을 자신들이 받아들이고 싶은 방향으로 해석해 버린 것이다. 그래서 호기심이 왕성하고 체격이 발달한 어린 것들이 모여서 'sex'를 논하기에 그것이 무엇인가를 찾아본 것이 나에게 격한 자위행위의 시발점이 되어버린 것이다. 포털 사이트에 그 궁금증을 해결하기 위해 나는 과감하게 sex를 검색했다. 그 한 번의 검색으로 나타난 것들은 꽤나 조숙하다고 자만하고 있었던 나 자신을 온통 뒤바꿔놓았다. 그것들은 나에게 습득해야 할 매력적인 지식이었고 나는 본능적으로 그 정보들에 노출되어 갔다. 1990년대 후반인 그 시절만 해도 음란물에 대한 법적 규제가 별로 없었던 것 같다. 나는 우연히 지나가는 10초짜리 동영상을 보며 자위하는 방법을 배우게 되었다.

　처음에는 그것이 어떤 것인지 알지 못했다. 내가 배출하는 그 위로의 산물이 남성의 유전형질을 품고 있는 중요한 자원이라는 것도, 우리 몸속에서 작용할 수 있는 영양소라는 것도, 그리고 그것이 여성의 몸속에 들어가면 새로운 탄생을 알리는 축복이 된다는 것도 알지 못했다. 주위의 모든 것에 호기심이 발동했던 나였지만 유독 이 문제만은 내가 몰랐고, 알고 싶지도 않았던 문제였다. 단순히 즐거웠다. 웃고 떠들 때 생기는 그런 즐거움이 아니라 내면 어디서 간질거리는, 말로는 형용할 수 없는 쾌락이었다. 마냥 즐겁게 뛰놀고 다니는 아이에게 무슨 자위가 필요할까 싶었지만 한 번 하기 시작하니 계속 자위할 거리가 생겨났다. 아직도 풀리지 않은 의문이지만 내가 처음 나의 유전형질이 담긴 소중한 액체를 본 이후로 내 몸에는 변화가 일어나기 시작했다. 그때 나는 이렇게 생각했다. '이것이 몸 밖으로 나오는 순간 나는 어른이 되어가는 것이구나.' 나의 친형도 그 즈음에 자다가 깨어 자신의 유전형질을 만나게 되었다. 그것이 부모님께 알려지고 이것은 축복의 대상이 되었다. 형은 나와 다른 방식으로 어른이 되어가는 것을 축하받았다. 나는 어떨결에 어른이 되었다. 아무도 알지 못하는 상태에서 내 몸이 성장을 시작한 것이다.

　그렇게 초등학교 5학년에서 중학교 3학년까지 매일 1~2회 자위행위를 했다. 하지만 내가 그 작업에 그렇게 열중하고 있는 줄은 아무도 몰랐을 것이다. 다양한 자극제를 접하고 때론 몇 시간씩 자극을 찾아다니며 내 몸에서 이끌어져 나오는 본능을 탐닉했다. 때론 이로 인해 학업을 게을리하기도 했다. 그것이 습관화되다 보니 점점 나이가 들수록 그 횟수가 잦아졌다. 결국 반복된 자위행위는 내 몸에 이상이 생기게 했다. 우선 늦은 밤에 은밀하게 작업을 해야 했기에 수면시간은 늦어지고 짧아질 수밖에 없었다. 늦게 자고 늦게 일어나다 보니 낮에는 뛰놀면서 체력을 보충해서 키가 클 시기에 신체활동이 그다지 많지 않아 제대로 성장할 수가 없었다.

문제는 몸뿐이 아니었다. 정신적인 문제가 더 크게 작용했다. 매일 생활처럼 하는 자위행위는 나에게 다른 콤플렉스를 가지게 했다. 자위행위를 하면 할수록 내 몸에 관심이 커졌는데 그것은 내 몸을 아끼고 사랑한다는 뜻이 아니라 단순히 남성의 상징에 대해 관심이 집중되었다. 사실상 몸은 지쳐가고 성장이 잘 이루어지지 않은 상태였기 때문에 내 몸을 사랑하는 데 관심을 집중하지는 못했다. 매일 영상물이나 사진에 등장하는 주인공과 나 스스로를 비교하면서 난 아직 성장이 끝나지도 않았는데도 나보다 키가 더 큰 그들의 상징을 부러워했다. 어렸을 때부터 누구에게 지는 것을 무척 싫어했던 나는 갖가지 궁리를 해가며 상징을 성장시키는 방법을 찾기 시작했다. 그렇다고 내 상징이 작았던 것은 아니고 평균치를 웃돌았지만 그보다 더 상징을 돋보이게 하고 싶었다. 그러다 보니 생각보다 많은 시간을 자위행위에 사용하였는데 그 횟수가 많을수록 상징이 더 커질 수 있다는 속설 때문이었다.

단순히 즐거움을 쫓아서 행한 이런 행동들은 사춘기가 지나고 조금 누그러지는 듯했다. 처음에는 공부를 좀 해봐야겠다는 결심으로 자위 횟수를 줄이려고 부단히 노력했다. 절대적인 횟수를 줄이는 데 큰 성

혼돈의 20대, 자신을 말하다

과를 보았고 이땐 정말 스스로 성숙해졌다는 생각도 들었다. 그러나 몇 년 동안 습관처럼 해오던 일을 한순간에 중단하기는 힘들었다. 자주 금욕을 선언하고 공부를 하려고 노력했지만 그 결심은 오래가지 못했다. 만약 그 행위를 예전처럼 즐거움을 찾는 것이라고 긍정적으로 생각했더라면 그다지 큰 비중을 두지 않았을 텐데 그 당시 이 행위는 나에게 커다란 죄책감으로 다가왔다. 당시 나는 교회에서 다양한 활동을 하는 신실한 리더로 비추어지고 있었다. 공부도 꽤나 잘하고 언제나 활발하고 리더십이 있는 모습으로 활동하고 있었기에 아무도 나의 이런 은밀한 사생활을 상상조차 하지 못했을 것이다. 교회란 곳이 이런 문제에 매우 민감해서 나 역시 다른 사람이 이런 생활을 하리라곤 생각하지 않았다. 그래서 나는 나 자신을 감추려고 무척이나 노력했고 이것이 들통날까 봐 두려워 조심스럽게 행동했다.

그 나이가 되면 통상 누구나 고민할 만한 문제였건만 이 문제는 나를 스스로 비밀이 많은 아이로 만들어버렸다. '나를 가장 잘 아는 사람은 바로 나 자신'이라는 말이 있듯이 자위행위를 하는 시간 이외에는 착한 아들, 교회의 리더, 쿨한 친구였다. 남들이 보기에는 나무랄 데 없는 아이였지만 혼자 있게 되면 '지킬과 하이드' 같다고 스스로 비하하기 시작했다. 그 자체로 난 위선적이라는 생각이 들었고 이것은 일종의 죄라는 생각까지 들었다. 하지만 아무에게도 털어놓지 못할 나만의 치부였기에 이 문제를 해결하기 위한 어떤 조언이나 충고도 받을 수 없었다. 나 스스로 어쩔 수가 없었고 중독성이 강한 그 행동들은 내 정신과 신체를 점점 더 피폐하게 만들고 있었다.

고1 때 이 문제는 마침내 공부하기조차 힘들 정도로 날 괴롭혔다. 인간적으로 내 스스로가 너무 천해 보였다. 이중적인 생활을 중단할 수 없는 내 모습을 어떻게 조절할 수가 없었다. 어느 순간 본능에서 우러나오는 기쁨을 탐닉하고 있었고 그로 인해 죄책감을 가지고 살아가야 했다. 그렇게 1년이 지나고 2학년이 되어서 나의 이중생활은 전환기를 맞았다. 그 전에는 아무도 나처럼 살지는 않을 거라고 생각했기에 구태여 내 사생활을 이야기할 필요는 없었다. 그러나 어느 순간 나도 모르게 이야기가 튀어나와 버렸고 난 엄청난 후회를 했다. 그런데 이것이 전환점이 될 줄이야. 그 친구는 나보다 더 심한 증상이 있었다. 나는 횟수를 줄이려고 노력하는 과정에서 자괴하는 증상이었지만 이 친구는 하루에도 몇 번씩 자위행위를 하면서 심한 자기비하를 하고 있었다. 그 친구도 그것이 자신만의 증세라고 생각하고 있었다.

다행히 이런 문제를 어떻게 해결할지 몰라 고민하던 친구들이 하나둘씩 모여들어 총 네 명이 함께 고민하게 되었다. 우리들은 다른 방식으로 욕구를 해소하는 방안에 대해 이야기를 나누고 좀 더 심한 친구에게는 서로가 조언자 역할을 했다. 우선 서로 밤늦게까지 자위행위를 하지 말자는 것이었다. 고등학교 2학년 때는 밤늦도록 공부를 해야 했는데 그러다가 잠시 컴퓨터로 손이 가면 다시 자위를 하고 또 자괴감에 빠지는 우를 범하지 말자는 다짐이었다. 처음에 나를 포함한 두 명은 좀 나아지는 경향이 있었으나 다른 친구들은 약속을 지키지 못해 죄책감과 더 큰 실의에 빠졌다. 우리는 그럴 때마다 서로를 독려하고 용기를 북돋아주었다. 그 결과 우리는 고등학교 졸업 때까지 끈끈한

혼돈의 20대, 자신을 말하다

우정을 다질 수 있었고 서로 자신들의 치부를 알고 그것을 치부가 아닌 아름다운 젊음을 누리는 방향으로 이끌도록 서로 노력했다. 때문에 우린 공부에 더욱 매진할 수 있었다. 두 친구는 대학에 실패했지만 나는 성공적으로 합격의 영광을 누리게 되었다.

　지금 대학 첫 학기를 마무리하는 시점에서 작년 이맘때 이 문제로 고민하던 내 모습이 떠오른다. 자위행위에 급급해 정작 내가 해야 할 일은 소홀히 했던 나를 돌아보며 많은 것을 느낀다. 스스로 의사결정을 하고 거기에 책임감이 부여되는 대학생활에서 요즘 나에게 새로운 고민거리가 생겼다. 지금은 내 또래 친구들보다 나이 차이가 많이 나는 사람들과 만나는 일이 더 많다. 그리고 모든 시간을 내 스스로 관리해야 해서 나 스스로 나를 다잡지 않으면 안 된다. 이런 자율성과 자유 때문에 입학 전 다시 자위행위로 쾌락을 찾는 데 잠시 주력했었다. 그러나 이제는 나 혼자 자위하는 것이 아닌 다른 사람들과 교감을 할 기회에 맞닥뜨리게 될 것이다. 이것 역시 중독성이 강해서 잘못 사용하면 옛날의 내 모습처럼 다시 자괴에 빠질 수 있고 다양한 섹스 스캔들에 휘말리는 유명인사처럼 사회에서 질타를 받을 수도 있다. 이런 문제를 어떻게 해결해 나갈지 고민된다. 과거의 경험을 바탕으로 성에 대한 인식을 바로 새우고 건전한 방향으로 즐긴다면 좀 더 지혜롭게 해결해 나갈 수 있을 것이다.

**에필로그**      **성은 사랑의 선행조건인가?**

최근 대학생들의 혼전 성행동에 대한 태도와 성경험 실태를 조사한 바에 의하면, 과연 '성해방의 시대'라고 힐 만큼 젊은이들이 성에 대한 태도와 행동이 개방적이다(부록1). 전반적으로 여성보다 남성들이 혼전 성교에 대한 태도가 개방적이고 실제로 혼전 성경험도 더 많다. 그러나 이러한 성 차이는 대학 1, 2학년 때 가장 크게 나타나며, 학년이 올라갈수록 남녀의 성에 대한 태도는 수렴되고 있다. 즉, 남녀 공히 학년이 올라갈수록 혼전 성경험이 증가하고 있는 것은 확실하다(그림 3.4). 하지만 혼전 성교 허용성이나 혼전 성경험에 대한 관용성은 남자는 2학년 때 가장 개방적이다가 차츰 보수로 기우는 반면에, 여자는 3, 4학년으로 올라갈수록 더욱 개방적이 되고 있다(그림 3.2, 그림 3.3). 이러한 성 차이는 과연 무엇을 의미할까? 나이가 들수록 남녀의 성경험에 대한 이중기준이 작용하고 있는 것일까?

실제로 여기에 보고된 사례들을 보면, 일부 청년들은 이성과 사귄지 얼마 되지 않아 스킨십을 하고 그 정도가 급속도로 깊어져 결국에는 소위 사랑이라는 미명하에 깊은 성관계를 맺곤 한다. 물론 두 사람이 한순간 사랑의 열정에 불타올라 관계를 맺은 경우도 있겠지만 대체로 음주 후 분위기에 휘말려들어, 그리고 한쪽의 요구에 어쩔 수 없이 원치 않은 성행위에 노출된 경우가 많다. 그 이유는 우선 '사랑하니까', '사랑하는 사람이 원하니까', 그리고 '거부하면 사랑을 잃어버리지 않을까' 하는 두려움에서이다.

그런데 여자나 남자나 어떤 이유에서건 일단 첫 성경험을 하고 나면 마치 자신의 정체를 상실한 듯 알지 못할 두려움과 혼란에 빠져드는 것을 볼 수 있다. 왜일까? 그것은 사회적 윤리와 도덕률을 이탈한 데서 오는 불안감 때문일 것이다. 하지만 무엇보다 이들은 자신이 지금까지 고수해 온 성이 무너진 듯한 허전함을 느끼며, 심한 경우 수치심, 죄책감, 자기비하감에 시달리고 있다. 결국 '사랑하면 혼전 성교를 허용하겠다'는 가치관은 확신이 아닌 매우 막연하고 어설픈 것이었던가? 아무리 성행위가 사랑이라는 미명하에 자발적으로 일어났다고 할지라도 불안, 자존심 저하, 자기비하감이 뒤따른다면 그것은 정상적인 성행동이라고 할 수는 없을 것이다. 그래서 비교적 성에 대한 가치관이 확실하게 형성된 청년들은 비슷한 상황에서도 자신을 지키는 모습을 볼 수 있다.

그렇다면 과연 성행위 이후 두 사람의 관계가 더욱 친밀해지고 서로의 사랑을 확인하게 된 것일까? 그것은 "no"이다. 아주 성숙한 사랑인 경우를 제외하곤 대부분 헤어짐의 쓴 잔을 마시는 것을 볼 수 있다. 그 이유는 사랑의 열정이 식어버려서이다. 왜 그렇게 뜨겁던 사랑이 식어버릴까? 아무리 낭만적 관계로 시작되었을지라도 일단 성경험을 하고 나면 이전의 낭만적인 감정은 사라지고 두 사람은 오로지 성적인 대상sexual partner으로 남아 있게 된다. 마치 중독된 사람들처럼 만나면 성행위만을 일삼는. 그러다 보니 자연스레 물릴 수밖에 없다. 그래서 상대방에게 집요하게 사랑을 확인하는 작업을 하게 되고 이것은 오히려 상대방을 구속하고 부담감을 주게 되어 갈등을 증폭시킬 수 있다. 이럴 경우 통상 상처를 받는 쪽은 남자보다 여자가 더 많은데, 그것은 성동기의 차이에 기인한 비극일 것이다. 즉, 남자의 성행동은 자신의 성욕을 충족하려는 차원에서 비롯된 경우가 많지만, 여성의 성행동은 사랑과 친밀감에서 비롯되는 경우가 더욱 많기 때문이다.

여기서 우리는 인간의 성동기와 성행동의 다양성[1]을 분별해 볼 필요가 있다. 우선 인간은 사랑이 없어도 성행동을 할 수 있다. 즉, 성적 욕구를 해소하고 쾌락을 추구하려는 차원에서 성행동이 일어난다. 이런 성행동은 동물들의 그것과 다를 바 없어서 마치 배설과 같다. 일부 청년들의 원나이트 스탠드, 대상을 가리지 않은 무절제한 성행위는 바로 이런 차원의 성행동일 것이다. 이것은 일시적인 욕구 해소와 쾌락을 선사하지만, 결국 공허감과 자괴감만 남겨주는 것을 볼 수 있다.

또한 정복욕, 외로움, 허영심, 호기심, 혹은 호감에서 성행동이 유발될 수 있다. 멋있고 만만치 않은 대상을 꺾어보고 싶은 심정에서, 혹은 무척 외로운데 누군가 자신을 알아주고 원하기에 성적 욕구가 일어날 수 있다. 이럴 경우 자신의 욕구를 충족시키는 데 급급해서 성행위는 매우 격렬하고 난폭해지며 마치 중독 현상과 같아 만족감은 일시적이어서 주기적으로 탐닉할 수 있다. 하지만 결코 둘 사이의 친밀감은 증

---

1) 『청년기 갈등과 자기이해』 김애순 저, (주)시그마프레스, 2005.

가하지 않으며 열정은 쉽게 사라진다. 아직 사랑에 미숙한 청년들은 이것을 사랑이라고 오인하는 경우가 많은데, '사랑'이라는 미명하에 끌려 다니다가 결국 심한 상처를 받고 헤어지는 모습들을 볼 수 있다. 특히 자존심이 낮은 사람일수록 이런 상황에 노출될 위험이 높아지는데, 그 이유는 상대방이 자신을 원한다는 사실만으로도 낮은 자존심이 보상되기 때문이다.

그러나 사랑에 의해 유발된 성행동은 상대방의 만족을 먼저 배려하기 때문에 부드러움이 있다. 그래서 상호간에 합일감, 충만감을 느낄 수 있으며, 성경험 후 자존심이 고양되고 친밀감, 보호의식, 책임감이 발달하게 된다. 따라서 만약에 '사랑하면 혼전 성교를 허용하겠다'는 가치관을 고수한다면, 적어도 자신이 하고 있는 사랑의 색깔이 어떤 것인지는 분별할 수 있어야 할 것이다. 상대방에 대한 배려, 보호와 책임의식이 없다면 어떻게 그것을 성숙한 사랑이라 할 수 있겠는가?

하지만 남성은 물론 여성들도 만남과 헤어짐을 반복하다가 진정으로 사랑하는 대상이 나타나면 이전의 무모한 성행위를 후회하고 그 관계만은 순수하게 이끌어가고 싶어 하는 것을 볼 수 있다. 또한 불합리하다는 것을 알면서도, 남성은 물론 여성 자신 안에도 아직 혼전 성교에 대한 이중 기준이 있음은 부정할 수 없을 것이다. 이런 모습들은 왜 우리가 혼전 순결을 지켜야 하는지를 다시 한 번 생각해 보게 한다. 일부 청년들은 '혼전 순결이라는 고리타분한 가치관을 우리에게 강요하지 말라'고 할 것이다. 추호도 강요할 생각은 없다. 일생 성을 어떻게 누리는가는 자신의 선택에 달려 있으니까!

다만 혼전 성경험으로 상처를 받았다고 할지라고 무너지지 말라는 것이다. 성은 사랑을 표현하는 수단일 뿐 사랑의 전부는 아니다. 성경험으로 인한 상처로 자신까지 버릴 필요는 없다. 자칫 자존심 저하, 자기비하감에서 동일한 상황에 자신을 계속 노출시키는, 소위 '쉬운 여자', '쉬운 남자'로 전락해 버리는 우를 범할 수 있기 때문이다. 모퉁이가 부서진 성곽은 보수를 통해 더욱 튼튼해질 수 있다. 청년들이 사랑의 아픔을 딛고 성에 대한 가치관을 보다 건선하세 형성해 가는 모습은 매우 다행스럽다. 결국 성적 순결을 지킨다는 것은 자신의 정체를, 자존심을, 그리고 자신을 사랑하는 일이 아닐까?

그러면 성적 환상이나 백일몽, 자위행위는 비정상적인가? 누구나 사랑하는 대상이 생기면 안고 싶고 자고 싶은 성적 갈망이 일어나는 것은 매우 자연스러운 현상이다. 그러나 현실이 이를 용납하지 않을 때, 이런 성적 갈망은 흔히 꿈, 상상, 백일몽, 혹은 자위행위로 나타날 수 있다. 이런 것들이 환상에 그칠 경우 그것은 지극히 정상적이고 자연스런 현상이다. 문제는 죄의식 속에서 이를 부인하거나 지나치게 억압할 경우에 발생한다. 특히 한창 성욕이 왕성한 청년기에 이런 환상이나 욕구를 지나치게 부인하고 억압할 경우, 실제 유사한 상황에 접하게 되면 자신을 통제하기가 어려워질 수 있다.

앞의 사례에서 자신의 성적 가치관과 본능적 욕망 사이에서 갈등하며 오랫동안 고통을 받아온 경우가 있었는데, 문제는 죄의식과 자기혐오였던 것 같다. 솔직히 자신의 욕구를 인정하고 긍정적으로 생각했다면 갈등은 비교적 적었을 것이다. 다행히 '욕구를 인정하는 것'과 '욕구대로 행동하는 것' 사이의 차이를 깨달으면서 그 오랜 고통에서 벗어나는 모습을 볼 수 있었다. 즉, 인간의 성적 욕구는 동물과 같은 본능적인 측면이 있다. 그런 의미에서 우리는 '성적인 존재sexual being'이다. 하지만 동물과 다른 점은 이런 성적 욕구를 이성으로 통제할 수 있다는 것이다. 이런 의미에서 우리는 성적 존재를 넘어서 '인간적인 존재human being'임을 자처한다.

대학생의 혼전 성행동에 대한 태도와 성경험 실태2)

〈부록 1 참조〉

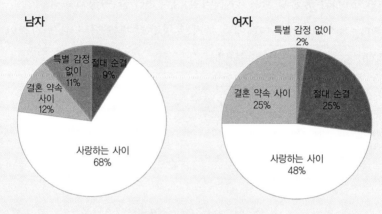

남자

특별 감정 없이 11%

결혼 약속 사이 12%

절대 순결 9%

사랑하는 사이 68%

여자

특별 감정 없이 2%

결혼 약속 사이 25%

절대 순결 25%

사랑하는 사이 48%

| 그림 3.1 | 혼전 성교에 대한 태도

'만약에 파트너가 혼전 성교를 요구한다면 어떻게 하겠는가?' 라는 질문에 '사랑하는 사이라면 허용하겠다' 라는 응답이 가장 많으며, 그 비율은 여자보다 남자가 더 많다. 반면에 '절대 순결을 지키겠다' 는 응답은 여자 25%, 남자 9%에 불과하며, 남자들은 '절대 순결' 보다 '특별한 감정 없이도 즐기겠다' 는 비율이 더 높다. 이에 비해, 여자들은 50%가 '절대 순결' 이나 '결혼을 약속한 사이라면 허용하겠다' 고 한다(그림 3.1).

---

2) 2010년 3월, 서울시 내 5개 대학 남녀 대학생 442명(남자 227, 여자 215)을 대상으로 설문 조사한 결과이다.

혼돈의 20대, 자신을 말하다

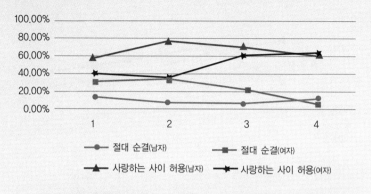

| 그림 3.2 | 혼전 성교에 대한 태도 학년별 추이

범례: 절대 순결(남자), 절대 순결(여자), 사랑하는 사이 허용(남자), 사랑하는 사이 허용(여자)

혼전 성교에 대한 태도는 학년이 올라가면서 남녀가 정반대로 변화하고 있다. 남자는 '사랑하는 사이라면 허용하겠다'가 2학년 때 76.47%에 달하나 4학년 때는 61.84%로 낮아진다. 그리고 '절대 순결을 지키겠다'는 2학년 때 7.35%이나 4학년 때는 9.21%로 증가한다. 그러나 여자는 '사랑하는 사이라면 허용하겠다'가 2학년 때 35.63%이나 4학년 때는 62.96%로 증가한다. 그리고 '절대 순결을 지키겠다'는 2학년 때 33.33%이나 4학년 때는 7.41%로 감소한다. 즉, 3, 4학년으로 올라갈수록 남자는 성에 대한 태도가 보수로 기우는 반면에 여성은 개방적이 되어서 남녀의 성에 대한 태도가 수렴되고 있다(그림 3.2).

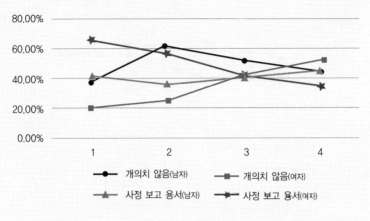

**그림 3.3** 혼전 성경험에 대한 관용성 학년별 추이

　'결혼을 약속한 사람이 혼전 성경험을 털어놓았을 때 어떻게 하겠는 가?'라는 질문에 대해, 남자들은 '개의치 않겠다'가 2학년 때 절정에 달하나 학년이 올라갈수록 낮아지고 있으며(2학년 60.87, 4학년 44.74), 대 신 '사정을 보고 용서하겠다'가 약간 증가한다(2학년 36.23, 4학년 46.05). 반면에 여자들은 '개의치 않겠다'가 4학년 때 절정에 달하며(2학년 33.64, 4학년 51.85), '사정을 보고 허용하겠다'는 학년이 올라갈수록 감 소한다(2학년 56.18, 4학년 35.19). 즉, 학년이 올라갈수록 남자는 보수적, 여자는 개방적이 되면서 성에 대한 태도가 수렴되고 있다(그림 3.3).

혼돈의 20대, 자신을 말하다

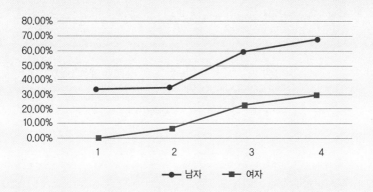

| 그림 3.4 |  혼전 성경험 학년별 추이

혼전 성경험 역시 여자보다 남자가 훨씬 더 많으며(남 52.04%, 여 13.53%), 학년이 올라갈수록 그 비율은 높아진다. 즉 1, 2학년 때 남자는 33~34%, 여자는 0~5.81%이나, 4학년이 되면 남자는 약 70%(3학년 58.82, 4학년 67.53), 여자는 약 30%(3학년 22.86, 4학년 29.4)까지 혼전 성경험이 증가하고 있다(그림 3.4).

# PART
# 4

# 남자와 여자, 어떻게 같고 다른가?

양성화가 대세인 요즘에도 인간이기 이전에 '여자'로 인식되고 여성성이 요구되는
황당함 때문에 스트레스를 받는 여성들이 있다. 여성성, 남성성에 대한 성 고정관념
이 우리의 의식 속에 잠재해 있기 때문일 것이다. 이런 성의 분리의식은 남녀의 결혼
관 속에 잘 드러나 있다. 많은 젊은이들이 '결혼은 선택, 직업은 필수'라고 외치고 있
지만 현실 속에서 결혼이 필수인 것은 대세이다. 그러나 결혼기획 속에서 성의 분리
의식이 약화되고 있으며 남녀가 역할을 공유하고 평등하게 삶을 즐기려는 추세는 확
연히 보인다. 그럼에도 결혼을 선택이라고 다짐하는 남성과 여성의 마음속에는 각기
다른 동기가 있다. 이 남녀의 다른 마음은 무엇일까?

# 1. 여성 속 남성성의 딜레마

**여성성으로 나를 억지 포장하진 않겠다**

지금까지 23년의 인생을 살면서 절대 날 떠나지 않는 말이 있다. 바로 '남자 같다'는 말이다. 조신했던 언니와는 달리 잠시도 가만히 있지 못하고 들쑤시고 다니던 어린 시절, 나는 어디에서건 남자애들이 많은 곳에서도 대장 역할을 맡았다. 가장 친한 단짝친구도 남자애였고 주변에는 항상 여자보다 남자친구들이 더 많았다. 나는 여자중학교를 다녔지만 여자친구보다 남자친구들과 더 친하게 지냈으며 나이 많은 남학생들은 날더러 오빠보다 형이라고 부르라고 했다. 여고 선생님들은 날 '박군'이라고 부르시며 '남자애가 왜 여고에 다니느냐'는 농담을 종종 하셨다.

내가 왜 '남자 같다'는 말을 들었을까? 지금 생각해 보면 목소리도 크고 덜렁대고 자기표현에 거침없는 내 모습이 사람들에게 '남자 같다'는 생각이 들게 했던 것 같다. 내가 그렇게 행동한 것은 편해서였다. 사회가 암암리에 정의해 놓은 구분이지만 난 남자처럼 행동하고 남자친구들과 어울리는 것이 여자처럼 행동하고 여자친구들과 어울리는 것보다 편하고 자연스러웠다. 부모님께서는 '여자애는 ~해야 한다'는 식의 말을 한 번도 하신 적이 없었다. 또한 집단을 이끌거나 어떤 일을 맡았을 때 여자라는 이유로 다른 대우를 받은 적도 없었기에 여태까지 나의 남성성에 대해 고민해 본 적은 전혀 없었다. 그런데 대학에 오면서 상황은 완전히 달라졌다.

중·고등학교를 여자들만 가득한 학교에서 살다가 공과대학에 진학하자 갑자기 내 주변은 남자 천지로 변했다. 남자애들과 어울리는 것이 편한 나였기에 친구 사귀는 데는 문제가 없었고 공대 생활은 순조로운 것처럼 보였다. 그러나 시간이 흘러갈수록 점점 나는 남자애들과 내가 다르다는 사실을 알게 되었다. 아무리 남자애들 집단 속에 섞여 있어도 분명히 나는 여자였다. 술을 먹다가도 시간이 늦어지면 안전상 집에 들어가야 했고 같이 운동을 하려 해도 마음 놓고 몸싸움을 할 수도 없었다. 친한 친구들이 날 빼고 남자들끼리 모이는 것을 더 자유스러워한다는 걸 알고부터 그들과 뭔가를 함께 하자고 말하기가 꺼려졌다. 그래도 그 정도는 순순히 인정하고 이해할 수 있었다. 어린 시절엔 남자와 여자에 대한 개념이 뚜렷하지 않았고 중·고등학교 시절에는 여자들 속에서만 살아서 남녀 차이를 인식하지 못했을 것이라고 말이다.

그런데 대학이나 사회에서 여성을 바라보는 시각이 내 생각처럼 그렇게 단순하지만은 않다는 것을 느끼게 한 사건들이 일어났다. 동아리 선배들은 농담 반 진담 반으로 "너도 이제 화장을 하고 다녀야지 그 나이에 '생얼'로 다니는 것은 예의에 어긋나지 않냐"고 말했다. 큰 맘 먹고 치마를 입고 간 날 동기에게 '코끼리 다리'라는 놀림을 들었고 민소매 티를 입고 가자 건장하다고 놀려댔다. 또 1년쯤 알고 지낸 사람들은 내 앞에서 거리낌 없이 여성 외모에 대한 비하 발언들을 쏟아냈다. '얼굴 못생긴 애들은 공부라도 잘하든지 돈이라도 많아야 한다'는 식의 말들은 장난으로 지나칠 수 없는 것들이었다. 특히 "넌 공부 정말 열심히 해야 한다"고 상습적으로 말하는 동아리 선배에게 화도 내지 못하고 그냥 웃어넘길 때마다 자신감 없는 나 자신이 엄청난 스트레스로 다가왔다. 어째서 저런 농담은 남학우에겐 하지 않고 여학우에게만 하는 것인지, 정말 사회생활에서 여자의 외모가 그렇게 큰 비중을 차지하는 것인지 머릿속이 계속 복잡해졌다. 공대에서 선배나 동기들이 여학우에게 그런 말을 아무렇게나 던지는 것은 마치 군대에서 여자 이야기를 하며 낄낄대는 것과 별 다를 바가 없었다. 남성들이 여성의 외모에 대해 비하 발언을 하는 것은 중앙 동아리, 즉 성비가 어느 정도 맞는 집단에서는 상상도 할 수 없는 일이었다.

이런 일들이 반복되자 나는 스스로 자신감을 잃어갔다. '못생긴 공대 여학우'라는 낙인이 싫었고 주변의 예쁘고 여성스러운 여자애들에게 동경심이 일었다. 그래서 가능하면 나의 남성성(거침없는 행동과 언사, 낯가리지 않음, 주도적인 역할 등)은 감추고 여성스럽게 단장하고 여성스러운 말투와 행동을 하려고 애썼다. 나의 달라진 태도에 처음엔 어색해하던 사람들이 얼마쯤 지나자 긍정적인 반응을 보였다. 예전처럼 편한

혼돈의 20대, 자신을 말하다

옷에 화장하지 않은 얼굴로 학교에 갈 때면 '폐인 같다, 공대 여학우는 어쩔 수 없다'는 말이 어김없이 들려왔고 애써 여성스럽게 옷을 입고 가면 남학우들의 태도가 눈에 띄게 달라졌다. 나는 이런 사실에 씁쓸 해하면서도 그들 반응 하나하나에 동요하며 자신을 바꾸려고 억지를 부렸다. 이런 일이 사회에 진출하면 더욱 심해질 것이고 취업하면 어쩔 수 없이 조신한 정장을 입고 회사에 다녀야 한다는 것을 알기에 적응하려고 애를 썼다.

억지로 여성성을 갖추려고 애쓴 데에는 다른 이유도 있었다. 정신을 차려보니 주변에는 여자친구가 거의 없었다. 남자들 속에서 소외감을 느끼는 고충을 털어놓고 이해받을 여자친구가 없다는 사실은 큰 타격으로 다가왔다. 지방 출신이라 고등학교 시절 친구들을 만나기도 어려웠고 공대에서는 상대적으로 여자가 적어서 노력하지 않으면 새로운 친구를 만들기가 어려웠다. 좀 친해졌다 싶으면 유학을 가거나 휴학을 하는 경우가 많아서 학년이 올라갈수록 혼자 보내는 시간이 늘어났다. 유독 내가 여자친구가 없는 걸 보고 대학에서 만난 나의 베스트 프렌드(남자)는 '내가 사람을 대하는 방식이 남자 같아서 남자들과 더 친해지기 수월한 것 같다'고 한다.

어렸을 때부터 수리 · 과학보다 언어영역의 점수가 더 높았던 내가 하필 공대를 선택하게 된 것은 분명히 이런 나의 남성성이 작용했을 것이다. 나는 분명히 언어와 예술, 감정 방면으로 발달한 뇌의 소유자다. 남들보다 수리 · 과학 분야에 뛰어나지 못했음에도 점수와 상관없이 이과를 선택하고 공대까지 오게 된 것은 나 스스로 여자들보다 남자들 속에서 더욱 편하게 느끼곤 했기 때문이 아닐까 생각한다. 하지만 솔직히 그 선택들을 후회한 적도 있었다. 굳이 말하자면 성격 때문에 적성을 무시하고 진로를 선택해 학습에 많은 어려움을 겪었기 때문이다. 특히 학점 관리에 애를 먹으면서 정말 내가 하고 싶은 일이 무엇이었는지 모르겠다는 생각도 들고 열정도 사라지고 '졸업하고 대충 회사 취직하면 되겠지' 하는 안이한 생각으로 지난 2년을 보내버렸다.

　이제 4학년이 되면서 나는 나의 성격에 대해, 그리고 잘할 수 있는 일에 대해서 적극적으로 생각해 보았다. 어쩌면 나의 이런 남성성이 나쁜 것만은 아닐지도 모른다는 생각이 든다. 오랫동안 내가 품고 있는 꿈은 PA 엔지니어다. PA 엔지니어란 공연장에서 음향기기를 조작하여 최상의 음향을 관객들에게 전달하는 직업인데 이 일은 음악에 관한 감수성과 전기전자적인 지식을 동시에 요구한다. 물론 아직 우리나라에선 여성 PA 엔지니어가 매우 드물지만 난 지금까지처럼 남자들의 세계에 두려움 없이 발을 내밀 생각이다. 물론 내가 접해온 남학생들의 세계보다 성인 남성들의 세계에는 여자가 뛰어들기에 더욱 어려움이 많을 것이다. 하지만 전공을 선택할 때 여자가 없다는 이유로 기계과를 버리고 전기과를 택했다가 내내 후회했던 나로선 역시 내가 좋아하는 일을 하는 것이 최우선이라고 생각한다. 앞으로 나는 내가 소유한 양성성을 무기삼아 내 꿈을 향해 적극적으로 달려 나갈 것이다. 이제는 남들 시선 때문에 나를 그럴싸하게 포장하려는 억지를 부리지 않고 나에 대한 자신감을 가지고 살아가야겠다.

혼돈의 20대, 자신을 말하다

# '여자'라는 수식어의 황당함

지난 20여 년의 생을 살아오면서 내가 '여자'라는 걸 인식해 본 적은 거의 없었다. 3남매의 장녀로 자라면서, 그리고 여중, 여고를 차례로 나오면서 '여자'라는 것을 특별히 느껴본 적은 없었다. 나는 ○○○이라는 사람일 뿐, 그 앞에 '여자'라는 수식어는 불필요했다. 성격 또한 마찬가지였다. 물론 큰 키와 통통한 몸 또한 한몫을 했겠지만 굉장히 교육적이신 어머니의 가르침 아래 "여자이기 때문에 안 돼!" 혹은 "여자이기 때문에 해야 돼!"라는 말은 들어본 적도 없었고 스스로 생각해 본 적도 없었다. 그렇기 때문에 보통 생각하는 소녀, 혹은 여자아이의 이미지와 나는 정말 많이 달랐다.

어린 시절 난 남자아이들과도 잘 어울려 놀았다. 연예인 이야기나 바비 인형보다는 땅따먹기, 신발 멀리 차기, 벨 누르고 도망가기 등의 놀이들이 내겐 더 즐거웠다. 물론 내가 가장 좋아했던 것은 집에서 혼자 노는 것, 특히 책 읽는 것을 세상에서 가장 좋아했다. 여중, 여고 시절은 결코 평범하지 않은 학교생활이었다. 일반인들은 여중, 여고라면 찰랑찰랑한 긴 머리, 다소곳한 자세, 상냥한 말투를 떠올리겠지만 그건 착각이다. 쉬는 시간마다 말뚝 박기를 하고 점심시간이면 흡사 버펄로 떼처럼 우르르 식당을 향해 달려가는 모습이었다. 오히려 남녀공학인 옆 학교의 친구들이 훨씬 얌전하고 여성스러웠다. 여자들만 모인 집단이다 보니 특별히 나를 '여자'로 인식할 필요는 없었으며 모든 것은 성적과 태도로 평가받았고 내가 여자이기에 배척당하거나 차별을 받았던 적은 없었다. 우수한 학생이었고 어쩌면 고지식할 정도로 모범생이었기에 더욱 인정받았다. 나는 '여고생' 보다 '고등학생' 일 뿐이었고 또 그 차이조차 인식하지 못했다. 중·고등학교 시절 학기마다 임원을 하였기에 진취적이고 리더십 있는 나의 성격은 장점으로 부각되어 더욱 계발되었다.

이처럼 특별히 '여자' 라는 인식을 하지 않고도 인정받고 잘 살아온 나의 인생은 진로 선택을 앞에 두고 커다란 벽에 부딪히기 시작했다. 나는 '장차 뭘 하면서 살아야 할까, 내가 좋아하는 것이 무엇일까' 하는 고민을 거듭한 결과 경제학이야말로 한번 해볼 만하다는 생각이 들었다. 나는 경제학자가 되고 싶었다. 하지만 조부모님께서 '여자가 무슨 경제학과냐? 그냥 사대나 가서 선생님 해라. 여자한텐 그게 가장 좋다' 고 하시는 말씀을 듣고 어이가 없었다. 주변 분들도 '여자가 경제학은 좀 그렇지 않나' 라고 말씀하셨다. '나를 그렇게 못 믿나?' 하는 생각과 함께 여자니까 안 된다는 말은 아무리 생각해도 터무니없었다. 그런데 처음에는 '흥' 이라 외쳤던 나 역시 조금씩 흔들리기 시작했다. 하지만 다행히도 항상 내가 하고픈 것을 선택하라고 하시던 어머니의 지지에 힘입어 나는 경제학을 최종적으로 선택할 수 있었다.

그런데 이번에는 대학 선택을 놓고 어머니와 트러블이 생겼다. '남녀공학 학교에서는 여자가 심하게 차별을 받는다. 취직자리가 나면 여학생들에게 제공하는 줄 아느냐? 그 모든 것이 남자에게로 돌아간다. 남자애들이랑 경쟁하는 것이 쉬운 줄 아느냐?' 이것이 우리 어머니의 말씀이었다. 나는 '말도 안 돼' 라는 생각이 들었다. 남녀공학보다는 여자대학교에 원서를 넣으라고 말씀하시는 어머니께 "엄마, 그건 다

옛날이야기라고요. 지금 장난해요? 내가 여자대학 가려고 이런 고생을 하는 줄 알아요?"라고 대들었다. 다행히 썩 괜찮은 성적을 받아 내가 원하는 대로 남녀공학인 ○○대학에 당당히 합격할 수 있었다.

하지만 문제는 이때부터였다. 여중, 여고를 나온 나는 학원에서만 잠깐씩 마주쳤던 남학생들이 부담스러웠고 무엇보다 남자 선배들은 불편하기 짝이 없었다. 외가, 친가에서 모두 첫째인 나는 지금껏 '오빠'라는 호칭을 써본 적이 없어서 그 말 자체가 어색했다. 하지만 상경대학인 만큼 여학우보다는 남학우의 수가 훨씬 많았고 그만큼 내가 오빠라고 불러야 할 사람의 수도 많았다. 이때부터 '여자'라는 표현에 대한 나의 레이더가 가동되기 시작하였다. 소수의 여자들이 존재하기 때문에 더욱 여성스러운 친구들이 각광을 받았고 무언가 나서려고 하면 단순히 '여자'이기 때문에 눈총을 받는 일이 생겨났다.

'반'이라는 공동체 또한 어색하기는 마찬가지였다. 남자들을 중심으로 돌아가고 남자들이 기준이 되고 남성적인 문화가 자리 잡은, 그리고 여자들은 지극히 '여성적'이어야 하며 그렇지 않을 경우 스스로가 불편해지는 '반'이라는 공동체가 나에겐 굉장히 부담스럽고 불편해졌다. 면바지에 폴로 티셔츠를 입고 다니던 평범한 나의 옷차림 역시 유별난 것이었고 대다수의 친구와 언니들은 지극히 여성스러운 스타일, 여성스러운 태도를 갖추고 있었다. 그때부터 나의 스트레스는 시작되었다. 예쁘지 않은 몸매와 얼굴, 참하고 다소곳하기보다 씩씩하고 당찬 성격, 주도적인 일처리, 적극적인 성격, 이 모두가 '여성스러움'과는 거리가 멀었기에 지금껏 쌓아온, 그리고 스스로 자부심을 느꼈던 나 자신이 마음에 들지 않았다. 게다가 능력 있는 아이들이 모인 대학에서는 고등학교 시절만큼 인정받는 것도 쉽지 않아서 여기서 오는 심리적 압박감과 위협은 '여성적이어야 한다'는 스스로 만든 올가미와 함께 나를 더욱 짓눌렀다.

'부적응 신입생'이라는 문구를 볼 때마다 남의 일 같지가 않았고 그동안 매사에 성실하고 최선을 다해 온 나였지만 나사가 하나씩 풀리기 시작했다. 단순히 '여성적이어야 한다'는 압박감에서 시작되었지만 그 스트레스는 내 정체성을 온통 뒤흔들었고 극한 허무주의에 빠져 입학의 기쁨이 채 가시기도 전에 학교를 그만둘까 하는 생각에까지 이르게 했다. 안 되겠다 싶어 나는 스스로 상담실을 찾았다. 개인 상담을 신청하기에는 민망했고 '내가 이상한 애'라는 생각이 들어 용기를 내지 못했다. 하지만 나 스스로를 좀 더 객관적인 시각에서 바라볼 필요가 있다고 생각되어 MBTI 성격검사 등 심리검사를 닥치는 대로 신청하여 결과를 받아보았다.

시간이 지나면서 동기들과 친분이 점점 쌓이고 있고 나 스스로도 그러려니 해야 한다고 생각한 덕분인지 이제는 허무주의에서 많이 벗어날 수 있게 되었다. '여성적이어야 한다'는 학기 초의 생각과는 달리 요즘은 '그냥 그대로의 내 모습을 보여주자'라는 생각이 든다. 성격상 뭐든 잘 해내야 하고 뭐든 좋은 소리를 들어야 한다고 항상 생각해 온 나였지만 지난 몇 달간의 시련을 통해 나는 모든 사람에게서 좋은 소리를 들을 수는 없다는 것을 알았다. 내가 내 방식대로 살아간다면, 그리고 그러한 나의 선택을 후회하지 않고 당당해진다면 그 자체로 만족

혼돈의 20대, 자신을 말하다

할 것이다. 복장도 크게 신경 쓰지 않게 되었다. 처음에는 많이 신경 쓰였지만 지금은 '에잇, 뭐 어때. 그게 그렇게 중요한 건가' 라는 생각이 든다.

하지만 여전히 풀리지 않는 고민이 있다. '과연 나는 여성이라는 나의 수식어를 어느 정도 선까지 인식해야 할까? 정말 남자들은 여성스러운 여자만을 선호할까? 이 사회에서 요구하는 여성상은 정확히 어떤 모습일까? 모순되는 부분이 많지 않을까?' 이런 생각들로 머리가 복잡하다. 그러면서 여성부 혹은 여학생회에 조금이나마 관심을 갖게 된 것 또한 큰 변화라고 나는 생각한다.

난 성공하고 싶다. 내가 성공하게 된 그 시절에는 '최초의 여성 ○○' 라는 수식어가 무의미해졌으면 좋겠다. 이 세상 수많은 여자들이 (내가 중·고등학교 시절 그랬던 것처럼) 자신이 '여자' 라는 사실을 인식하지 않는 그 순간이야말로 진정한 남녀평등이 실현된 것이 아닌가 생각한다.

# 2. 어떤 남성들의 결혼관

**1** 결혼은 필수이다.

### 나의 배우자 선택조건

'세상은 아는 만큼 즐겁다' 는 것이 나의 좌우명이자 인생철학이다. 스물다섯 번째 생일을 맞은 요즈음, 나에 대해, 내가 걸어온 길에 대해, 그리고 앞으로 걸어갈 길에 대해 생각하면서 '결혼이라는 것이 나에게 어떤 긍정적 영향을 미칠까' 하고 생각을 해보면 즐겁다. 결혼에 대해 진지하게 생각해 보는 계기가 된 것은 현재 여자친구와의 만남이다.

현재의 여자친구와 만난 지는 200일이 조금 넘었다. 어떻게 보면 결혼에 대해 진지하게 생각해 보는 것이 우습기도 하지만 그럴 나이도 되었고 우리 관계도 그런 고민을 할 정도로 발전되었다고 생각한다. 꼭 결혼을 전제로 한 만남이 아니더라도 단순히 '우리가 부부가 된다면?' 이라는 질문에 대한 청사진을 그려봄으로써 나의 결혼관과 결혼

후의 삶에 대한 어떤 기준을 마련할 수 있을 것이다.

결혼은 왜 하는가? 그리고 결혼은 반드시 해야 하는가? 많은 사람들이 결혼하는 이유를 사랑에 둔다. 나 역시 결혼은 사랑하는 관계나 감정을 기반으로 이루어져야 한다고 생각한다. 사랑은 배우자 선택기준이 아니라 결혼의 필수조건이다. 결혼은 한평생 함께할 배우자가 정해짐으로써 정서적 안정을 줄 것이다. 그래서 나는 결혼은 당연히 해야 한다는 입장이다. 남녀가 만나 사랑하고 결혼이란 결실을 맺는 것이 구시대적 발상인지는 몰라도 나는 그렇게 생각하는 데 익숙하다.

결혼은 당연히 해야 한다는 내 입장은 아마도 가정환경의 영향인 듯싶다. 나는 다른 가정보다 좀 더 화목한 가정에서 자랐다. 할아버지, 할머니와 함께 살았는데 우리 가족은 항상 온 가족이 다 모여 저녁식사를 했다. 정확히 말하면 온 가족이 다 모여야만 저녁식사를 시작했다. 어렸을 때는 외식이 무척이나 하고 싶었지만 돌이켜보면 온 가족이 모여야만 식사를 하는 우리 집안의 독특한 문화는 핵가족이 대부분인 요즈음 많이 줄어든 가족 간 대화를 늘려주었다. 좋든 싫든 간에 가족끼리의 대화가 늘어나면 좋은 일은 좋은 일대로 나누고 나쁜 일은 그것을 해결하는 데 큰 도움이 될 수 있다. 어쩔 수 없더라도 무조건 참석해야 하는 저녁식사 자리였지만 소소한 것이라도 서로 이야기를 나누게 되었고 특히 부모님이 항상 나누시는 대화는 이상적인 부부관계에서 대화가 얼마나 중요한지를 나에게 알게 해주었다. 어렸을 때 보고 들었던 우리 부모님의 부부간 대화는 결혼이라는 것이 인생의 완성으로 다가가는 데 일조하고 있음을 일깨워주었다. 그래서 난 결혼은 당연히 해야 한다고 생각한다.

결혼을 당연하게 여기는 나에게 '결혼하는 이유'는 무의미하다. 다만 '결혼=화목한 가정'이라는 등식을 완성하기 위해서 배우자를 선택하는 기준이 까다로워질 수 있다. 나의 배우자를 선택하는 기준은 크게 세 가지이다. 그녀가 보여줄 수 있는 어머니로서, 아내로서, 여자로서의 모습이 그것이다. 먼저 '어머니'로서의 기준은 앞으로 세상의 빛을 보게 될 우리 아이들에게 '어머니로서 얼마나 적합하고 적절한 업무수행 능력을 갖추었느냐'이다. 어머니로서 아이들의 올바른 성장에 도움이 되고 적절하게 지도해 줄 수 있으며 아이들과 좋은 관계를 유지하는 것이 매우 중요하다. 또 아이들의 발달과정과 발달과업을 인지하고 자녀들에게 모범이 되고 친구 같은 어머니가 된다면 충분히 어머니로서의 능력과 자질을 갖추었다고 볼 수 있을 것이다.

두 번째는 '아내'로서의 기준이다. 아내로서 남편을 내조해야 한다는 것이 약간의 시대착오적인 발상이라는 것에 동의한다. 아내만이 집안일과 아이들의 교육을 전담해야 한다고는 생각지 않는다. 자기계발과 자아실현을 추구하는 이 시대에 아내라고 해서 가족을 위해 꼭 희생해야 되는 것은 아니다. 아이들의 교육과 집안일의 원활한 해결을 위해서는 부부가 대화를 통해 서로 가사와 양육을 분담해야 할 것이다. 내가 생각하는 아내로서의 최고의 덕목은 '믿음'이다. 부부라면 그 어떤 관계보다 강한 신뢰가 바탕이 되어야 한다. 부부는 영원한 동반자이자 인생을 함께 걷는 친구이다. 사랑도 중요하고 우정도 중요하지만 서로에 대한 믿음이 강하고 변하지 않아야 한다. 또한 믿음 못지

않게 중요한 것이 존중이다. 부부가 믿음으로 다져진 바탕 위에 존중
이란 기둥을 세운다면 그 가정은 쉽게 무너지지 않을 것이며 거기에
약간의 희생정신을 갖추면 더욱 좋을 것이다.

　세 번째는 여자로서의 기준이다. 가장 중요한 기준은 '여성으로서
자주적인가' 이다. 여성으로서 가정 내에서 경제적, 정치적 자주성을
유지하는 것이 중요하다. 즉, 어머니, 아내, 그리고 사회구성원으로서
자기 자신을 유지하기 위해서는 가정 내에서 어느 정도 자주성을 확보
하여 자아실현의 밑거름으로 써야 한다는 것이다. 가정 내에서 이런
자주성을 확보하기 위해서는 적절한 사회활동이 필요할 것이다. 이것
이 직업일 수도 취미활동일 수도 있다. 무엇을 하느냐가 중요한 것이
아니고 무엇을 하더라도 그것이 자신과 가정을 위한 것이고 가족이 이
를 인정하고 존중해 준다면 그것이 바로 자주성이 확립되는 것이고 가
정 내에서의 균형이 이루어지는 것이라 생각한다.

　위의 기준들은 내가 찾는 배우자에게도 해당하지만 나 자신에게도
기준이 된다. 내가 원하는 기준은 나를 비춰보는 거울의 역할도 한다.
한 가정의 아버지로서, 남편으로서, 남자로서 내가 갖춰야 할 자세, 태
도, 마음가짐의 기준이 되어 내가 이룰 가정에서 좋은 아버지, 좋은 남
편, 좋은 남자가 되게 해줄 것이다. 현대사회에선 남녀의 고정된 성역
할이 점점 무너져가고 있다. 남녀의 성적 차이보다는 개인적 차이가
더 의미 있고 중요시된다. 이러한 상황에서 어머니로서, 아내로서의
고정된 성역할보다는 대화를 통한 적절한 역할분담이 더욱 중요해지
고 있다. 그래서 위의 기준들은 남자에게도 똑같이 해당된다.

아이들에게 모범적이고 친구 같은 아버지가 되기 위해서 아이들의 정서발달 과정과 각 시기의 발달과업에 대한 공부가 필요하고 또 부모로서 걸맞는 자신의 과업까지 숙지해야 할 것이다. 세대 간의 간격을 줄이기 위해 부모-자녀 간 상호 존중하고 대화하려는 자세 역시 어머니, 아버지 구분이 없을 것이다. 남편 역시 배우자를 믿고 존중해 주고 어느 부분 희생할 수 있다는 마음가짐을 가져야 할 것이다. '남자'로서의 역할도 마찬가지로 가정 내에서 자신의 자주성을 확보하는 것이며 그 과정 역시 남녀 차이가 없다. 사실 이상의 기준들은 내 스스로 갖추고 싶은 것들이다.

이런 결혼의 기준들은 지금의 여자친구를 만나면서 생각해 본 것들이다. 지금의 내 여자친구가 평생의 반려자로 내 옆에 있어줄 사람일 수도 있고 그렇지 않을 수도 있다. 아직 서로가 장래를 약속하지 않았고 그러기엔 조금 시간이 이른 감이 없진 않다. 다만 그녀 때문에 내가 내 미래에 대해, 내 가정에 대해, 내 아이들에 대해서 고민하고 그 답을 찾으려고 노력하게 되었다는 것이 나에겐 소중하다. 내가 그 답을 찾으려 하는 만큼 내가 원하는 우리의 미래가 더욱 가까워지는 것 같다. 인생에는 답이 없다. 또 완벽한 결혼도 없다. 세상은 내가 아는 만큼만 즐겁다. 내가 그녀를 알고 나를 알고 또 우리가 만드는 현재를 알고, 만들어갈 미래를 아는 것이 중요하다. 그것은 즐겁고 또 즐거울 것이라 생각한다.

## 아이 없이 일과 여행만으로

'과연 나는 어떤 삶을 살아갈 것인가?' 이 질문은 '나는 누구와 결혼할 것인가?'로 바꾸어 말할 수 있을 정도로 결혼은 내 삶의 방향을 결정하는 중요한 일이다. 그런데 주위를 살펴보면 결혼에 대해서 구체적인 목표나 계획을 가진 사람들이 별로 없는 것 같아서 의아스러울 때가 많다.

물론 나도 결혼에 대해 심각하게 생각해 본 것은 얼마 되지 않는다. 내 나이 스물한 살에 처음 여자친구를 만나서 4년 가까이 사귀어왔지만 결혼까지 구체적으로 생각하기 시작한 것은 그리 오래되지 않았다. 중·고등학교 시절 누구나 예쁜 얼굴의 연예인을 동경하고 이상형으로 품고 있을 때 나는 이상하게도 그런 연예인들에게 별로 관심이 없었다. 나는 그저 성격 좋고 나와 말이 통하는 상대를 꿈꾸었다. 그 이유 중 하나는 부모님의 영향이 아닌가 싶다. 지금은 두 분이 큰 다툼 없이 잘 지내시지만 어렸을 때의 부모님은 자주 다투셨던 걸로 기억한다. 그 세세한 이유들은 잘 기억나지 않지만 주로 서로 대화가 잘 통하지 않아서였다. 그 모습을 보면서 나는 막연하게나마 '결혼은 생활이다'를 머리에 새겼던 것이다.

여자친구를 처음 소개팅 자리에서 만나서 이런저런 이야기를 하다가 나는 이 친구가 내가 평소에 그토록 원하던 상대라는 것을 직감적으로 알았다. 아버지를 닮아서 자존심이 세고 자기주장이 강한 나에 비해 여자친구는 남의 말을 잘 들어주는 성격이었고 내게 잘못된 점이 있으면 자존심이 상하지 않게 적절히 조언을 해주었다. 그녀는 나의 단점을 덮어주었고 그녀와 이야기를 하다 보면 마음이 편해졌다. 결국 우리는 3년이 넘는 시간 동안 사귀면서 큰 싸움 없이 지금까지 왔고 자연스럽게 결혼에 대해서도 자주 이야기를 하고 있다.

이렇게 별 위기 없이 지금까지 계속 사귀어온 이유에는 서로의 절대적인 신뢰와 배려가 중요했다고 본다. 주위의 친구들의 이야기를 듣다 보면 이상하게 서로에 대한 믿음이 없는 커플들이 많은 것 같아 안타까울 때가 많다. 서로 쉴 새 없이 문자를 보내고 서로의 휴대전화를 확인하고 매사에 간섭하려 들고…. 만약 그런 상태로 결혼을 하게 된다면 그 결혼은 불 보듯 뻔하다. 서로 사랑하고 결혼한다는 것의 의미는 소유를 의미하는 것이 아니라 서로의 단점을 보완해 주고 상대방을 인정해 주는 것이다. 서로에 대한 믿음을 바탕으로 하여 상대방의 인정할 부분은 인정하고 생각이 일치하지 않는 것이 있다면 대화를 통해 해결해야 할 것이다.

내가 결혼을 하게 된다면 나는 우선 절대적으로 내 아내를 믿을 것이다. 물론 그 기본조건으로 신뢰하는 사람과 결혼을 할 것이다. 아내가 회사에서 무슨 일이 있어서 야근을 하게 된다 하더라도 나는 그것을 받아들일 것이고 오히려 힘내라고 지원을 해줄 것이다. 지금의 여자친구에게도 그렇게 하고 있는데 우리는 서로가 바쁠 때는 거의 만나지 않는다. 하지만 그렇다고 해서 불만이 쌓이거나 하지는 않고 오히려 전화를 통해서 서로에게 힘을 준다. 또 나는 내 아내가 친구 같은 존재이기를 원한다. 물론 믿음과 사랑이 바탕이 될 때만 이러한 관계가 가능하다고 본다. 내게 무슨 일이 있으면 자연스럽게 내 고민을 털어놓을 것이고 아내 또한 그러기를 바란다.

　그리고 삶에서 추구하는 것들 역시 비슷했으면 좋겠다. 결혼을 하더라도 자식을 낳고 싶지 않은데 그 이유는 아이를 좋아하긴 하지만 내가 추구하는 이상적인 삶에 방해가 되기 때문이다. 나는 자유롭게 아내와 함께 여가를 즐기고 인생을 즐기면서 살고 싶다. 지금 꿈꾸고 있는 나의 결혼생활은 아내와 함께 5년 정도 일을 하고 6개월 정도 여행을 다니고 또 일하고 여행 다니는 것을 반복하는 삶이다. 물론 이런 삶을 살기 위해서는 많은 조건들이 맞아떨어져야 하고 현실적인 문제가 있을 것이지만 나는 이 꿈을 포기하고 싶지 않다. 물론 원하는 일을 하면서 자식들이 커가는 것을 보고 경제적 풍요를 누리는 것도 행복한 삶이겠지만 나는 그보다 자유롭게 이 세상을 즐기면서 살아가고 싶다. 몇몇 친구들은 이러한 생각이 막연한 동경일 것이라고들 하는데 나는 내가 생각하고 있는 삶을 살기 위해 준비를 하고 있다. 내가 지금 열심히 전공과 영어 공부를 하는 이유도 이러한 삶을 살기 위해서이다. 내가 능력이 있어야만 여행에서 돌아왔을 때 일을 할 곳이 있을 것이기 때문이다. 이러한 생각은 지금의 여자친구에게도 이야기를 하였고 그녀도 역시 나와 같은 생각을 가지고 있다.

　물론 결혼은 현실이기 때문에 분명히 외부적인 요인들도 생각해야 할 것이다. 그런 요인들 중 중요한 하나가 '부모님 부양'의 문제인데 이것은 결혼 후 우리의 삶의 방향을 결정하는 데 큰 영향을 미칠 것이 확실하다. 몇 년 전만 해도 부모님께서 몸도 편찮으시고 집안의 경제적 사정도 좋지 않았는데 다행히 얼마 전 누나가 좋은 직장에 취직을 했고 부모님의 건강도 좋아지셨다. 하지만 만약 다시 상황이 여의치 않아서 내가 생각하는 이상적인 결혼생활을 하지 못한다고 하더라도 나는 크게 실망하지는 않을 것이다. 내가 '일과 여행'이라는 결혼생활을 꿈꾸는 것은 환상만은 아니며 그 자체가 나의 행복이기 때문이다. 그래서 주위와 조화를 이루어 여건이 갖추어진다면 주저 없이 그 길을 택할 것이다.

## 2 결혼은 선택이다.

### 의무감에서 결혼하지는 않겠다

앞으로 내 삶의 형태를 결정짓게 될 큰 행사인 결혼에 대해 진지하게 생각해 보게 된 것은 최근의 일이다. 네 살 터울인 누나 친구들이 벌써 하나둘 결혼을 하는 것을 보면서 느낀 것도 있지만 결정적으로는 내가 이상적인 여성상으로 여기고 있던 사촌누나의 결혼이 나로 하여금 결혼에 대해 진지한 고민을 하게 한 계기가 되었다.

　길다고 할 수는 없지만 나름의 고민 끝에 내린 결론은 나에게 결혼이란 '꼭 해야 할 필요는 없지만 해야 될 것 같은' 일이라는 것이다. 삶이 행복할 수만 있다면 가정의 형태야 어떻든 상관없다는 것이 나름의 인생관이기에 군이 결혼을 해야 할 필요는 없겠다고 생각한다. 그러나 그런 막연한 신념이나 자신감만으로 극복하기에는 '결혼을 해서 남녀가 한 가정을 이루는 통상적인 삶을 살지 않을 때 넘어야 할 장벽'

이 꽤나 높은 것 같다. 단체생활을 중시하고 전통이라는 관습에 집착하는 한국인들과 함께 살아가려면 특히나 그럴 것이다. '정상적인' 형태의 가정이 아닐 때는 누리기 힘든 사회적 혜택들이 많을뿐더러 독신생활을 하는 사람에 대한 편견도 심하다. 결혼해서 가정을 꾸리지 않은 사람은 기업 임원 승진 대상에서 배제되는 일이 더러 있을 정도다.

무엇보다 가장 큰 장벽은 가족들, 특히 부모님의 기대이다. 얼마 전 종영된 모 드라마의 마지막 방송에서 어머니가 '자식들 키워 시집장가 잘 보냈으니 인생 정말 후회 없이 살았구나' 하는 식의 대사를 눈물을 흘리며 감격스럽게 하는 것을 봤다. 드라마를 같이 보며 어머니에게 어떻게 생각하시냐고 슬쩍 물으려 했는데 감동받으신 표정을 보니 물을 것도 없어보였다. 자식의 결혼에 대한 사회적 기대감이 역시나 굉장히 크리라는 것을 새삼 다시 느꼈다. 아직 철이 없어서 그런지는 몰라도 지금 같아서는 결혼하지 않고 살고 싶기는 하다. 하지만 결혼해서 이따금 사위나 며느리가 놀러오고 부모님 품에 손자손녀들을 안겨주고 하는 것을 못 한다면 이것은 어찌 보면 불효가 아닌가 하는 생각에 좀 찜찜하다. 이런 걱정은 독신생활에 국한된 것이 아니라 통상적이지 않은 가정형태, 소위 '비정상적인' 가정을 이루고 살아가려는 사람들 모두에게 해당될 것이다.

하지만 난 일단 결혼은 선택사항이라는 쪽이다. 자신의 가치관에 부합하고 스스로 혹은 파트너와 함께 행복해질 수 있고 인생을 즐길 수 있는 방향이라면 굳이 결혼이라는 정형화된 하나의 형태에 집착할 이유는 없다고 생각하기 때문이다. 또 타인의 삶의 방식을 강제할 권리는 본인이 아닌 다른 어떤 누구에게도 없기 때문이다. 남녀가 결혼해서 한 가정을 이루고 사는 것이 가장 정상적이고 통상적이라는 데 반대할 생각은 전혀 없지만 결혼이라는 틀 안에서 행복할 수 없는 사람들도 분명 있을 것이고 그런 사람들에게까지 일반적인 틀이라는 이유로 결혼을 직·간접적으로 강요하는 것은 폭력이다.

다만 한 가지 고려해야 할 점은 행복이라는 것이 사회적 통념에 부합하는 데서도 온다는 것이다. 가령 혼자서 자유로운 삶을 누릴 수 있지만 가족들의 실망을 견뎌내는 것, 반면에 탐탁치는 않지만 결혼생활로 자신의 가정을 이루고 다른 가족들의 축복 속에서 사는 것, 이 둘 중 어느 것이 더 행복할지에 대한 고민은 충분히 해봐야 한다는 것이다. 그러니까 나는 그다지 결혼을 하고 싶진 않지만 감정을 조금 죽이고 이성적으로 생각해 보면 (나의 평소 생각과는 다르게도) 어렴풋이 '결혼을 하기는 해야 하지 않겠냐' 는 생각이 마음 한편에 있다는 것이다. 그것은 한국사회에서 살아가야 하고 아직까지도 대를 잇는 것에 목매는 집안의 장손이고 벌써부터 증손자 볼 기대에 가득 차 계신 할아버지, 할머니가 계시고 내가 결혼하는 것을 보고 돌아가시는 게 소원이라는 증조할머니도 계신 내 입장을 고려해서이다.

물론 결혼을 해야겠다는 생각을 한다고 해서 의무감에 싸여 있는 것은 절대 아니다. 나이가 찼음에도 정말 결혼하고 싶은 상대를 만나지 못했을 경우에는 절대 선을 봐서 결혼하는 일은 없을 것이다. 그것은 결혼을 해야 한다는 의무감에서 시작한 상대와 결혼생활을 행복하게 이끌어갈 자신이 없기 때문이다. 결혼을 의무감에서 하고 싶지 않기

혼돈의 20대, 자신을 말하다

때문에 내 배우자가 반드시 부모님의 기대에 부합해야 하는 것도 절대 아니다. 이기적으로 들릴 수도 있겠지만 배우자는 부모님의 의사와는 상관없이 내가 생각하기에 함께 살아서 행복할 수 있겠다 싶은 사람으로 맞이할 것이다. 물론 되도록이면 양가 부모님들의 축복 속에 결혼하는 것이 좋겠지만 만약에 결혼을 결심하게 된 상대를 부모님이 반대하신다면 그래도 나는 내 선택대로 할 것이다. 또한 모든 사회적 기대들을 다 저버리더라도 결혼을 하지 않는 것이 더 행복하겠다는 확신이 서면 굳이 통상적인 형태의 가정을 꾸리려고 애쓰지는 않을 것이다.

이 글을 쓰기 얼마 전에 〈아내가 결혼했다〉라는 영화를 봤다. 일반적인 가정, 결혼생활과 완전히 동떨어진 가정의 이야기이다. 영화에서는 한 여자와 두 남자, 그리고 그중 한 남자의 아이가 함께 가정을 이루는 모습을 보여주는데, 길 가는 사람을 아무나 붙잡고 물으면 거의 대부분은 말도 안 되는 일이라고 하겠지만 이 기묘한 가정의 모습이 이상하게 아름다워 보였다. 물론 현실에서는 영화에서처럼 세 명의 공존이 온전하게 유지되기란 불가능에 가까운 것이 사실이겠지만, 그런 느낌에도 불구하고 네 사람이 모두 행복한 것이 부러웠기 때문이다. 비록 그 영화가 현실과 동떨어져 있다고는 하나 영화를 보며 내가 느낀 것이 있다. 그것은 역시 사회적 통념이니 일반적이니 하는 것들은 그저 고려 대상일 뿐, 자신이 진짜 행복해질 수 있는 길을 택하는 것이 나는 물론 내가 이룰 가정의 구성원들을 위해 옳은 길이라는 생각이다. 앞으로 그런 길을 걸을 수 있게 되었으면 한다.

# 3. 어떤 여성들의 결혼관

**1** 결혼은 필수이다.

### 일보다 가정이 우선

대학 새내기 시절만 해도 나는 남자친구는 대학 입학과 함께 따라오는 하나의 당연한 '옵션'으로 생각했고 연애상대를 만나는 데 대한 어려움, 그리고 나아가 결혼상대를 만나기가 쉽지 않으리라는 것은 꿈에도 생각하지 못했었다. 그러나 대학 3학년이 된 지금, 한 사람과 한 사람이 만나서 특별한 관계가 되고 그 관계가 발전해서 결혼으로 이어지기까지는 여러 힘든 관문들이 기다리고 있다는 것을 점점 깨닫고 있는 중이다.

아직 젊다고 하기엔 미숙한 스물세 살이지만 난 여러 가지 사건을 겪으면서 연애와 결혼에 대해 진지하게 생각해 볼 기회가 있었다. 그 동안 어머니와의 갈등이 참 많았는데 어머니께서 나의 연애사업에 대

혼돈의 20대, 자신을 말하다

해 엄청난 간섭을 하시기 때문이었다. 이 갈등은 연애에 대한 어머니와 나의 가치관 대립에서 비롯된 것이었다. 어머니는 항상 "결혼을 안할 거면 애초에 왜 사귀니? 결혼할 사람만 사귀어야지"라고 주장하셨다. 나는 "사람을 많이 만나볼수록 남자 보는 눈이 키워지고 또 내가 지금 나이가 몇인데…. 연애와 결혼은 별개의 것이라 생각해요" 하고 반론을 펴면서 어머니를 이해하지 못했다.

첫 번째 남자친구를 사귄 지 얼마 안 되었을 때 어머니께 말씀드렸더니 상당히 못마땅해하셨다. 그 이유는 바로 남자친구의 전공이 공대였기 때문이었다. 어머니께선 "공대는 해외에서 석·박사 학위 따오지 않고 취직하면 평생 지방근무를 해야 하는데 넌 계속 서울 살던 애가 평생 지방에 살면서 애를 키울 거냐?" 하셨다. 나는 너무 충격을 받았다. 그는 내가 대학 1학년 때 만난 첫 남자친구였고 당연히 결혼을 꿈꾸어본 적도 없다. 또한 나는 공대에 대해 어떤 이미지도 갖고 있지 않은데 어머니가 현실적인 잣대에 비추어 내가 좋아하는 사람을 그렇게 폄하하는 것이 너무나 불쾌했다. 남자친구와 사귀는 동안 어머니와 나의 갈등은 계속되었고 그와 헤어짐으로써 갈등은 해소된 것 같았으나 이것은 전초전에 불과했다는 것을 다음 남자친구를 만나면서 깨달았다.

두 번째 남자친구는 수업에서 만난 동갑내기였는데 지방에서 올라온 아이였다. 우리는 수업을 들으면서 자연스럽게 가까워졌고 나중에는 결국 사귀게 되었다. 사실 이번에는 비밀로 할까 생각도 했지만 무남독녀 외동딸로서 어머니 몰래 누굴 만난다는 것은 아주 큰 배신이라고 생각했기에 나는 또 어머니께 교제 사실을 알려드렸다. 어머니께선 또 못마땅해하셨다. 이번에는 지방 출신이라는 것이 문제가 되었다. 어머니는 지방 대도시도 아닌, 도시와는 많이 떨어진 시골 출신의 사람과는 잘 공감대 형성이 안 될 것이라며 사귀는 내내 마음에 들지 않는다는 암시를 주시곤 했다. 게다가 장남이라는 사실도 큰 마이너스로 작용했는데 나는 어머니가 자꾸 연애와 결혼을 결부시키는 것이 정말 이해가 가지 않았고 그것 때문에 또다시 자주 다투게 되었다.

세 번째 남자는 의대생이었다. 그 당시 나는 어머니가 합격점을 주시지 않을까 하는 기대를 안고 어머니께 말씀드렸다. 그러나 어머니께서는 남자친구가 재수를 많이 하면서 방황했던 사실을 들으시고는 소위 '놀아본 애' 같다며 유례를 찾아보기 힘든 심한 반대를 하시는 것이었다. 없던 통금이 갑자기 11시로 정해졌고, 간혹 밤중의 전화통화도 제재를 하시는 등 마음에 들지 않는다는 것을 그렇게 간접적으로 혹은 직접적으로 표현하셨다. 결국 그 남자친구와는 다른 이유로 헤어지긴 했지만 나는 그런 어머니의 행동에 큰 스트레스를 받았고 어머니가 굉장히 속물적으로 느껴져 많은 실망을 했다. 그렇게 어머니와 나는 꼭 남자친구의 조건과 배경 때문만이 아닌 '연애와 결혼'에 대한 근본적인 가치관 차이 때문에 빈번하게 대립하곤 했다.

그렇게 어머니와의 갈등은 심화되었고 나는 매번 남자친구를 사귈 때마다 반복되는 어머니의 행동으로 인해 상당한 스트레스를 받게 되었다. 가장 화가 났던 점은 아직 내가 원하는 배우자에 대해 생각해 보지 않은 상태에서 어머니께서는 거의 세뇌교육을 시키다시피 자신이 원하는 나의 배우자 조건을 강요하신 것이었다. 그동안 나는 부모님의 말 잘 듣는 착한 딸로서 20년을 넘게 살아왔고 항상 부모님께 기쁨을 드리는 존재였기 때문에 계속 어머니의 마음에 들지 않는 남자친구를 만나는 것이 내심 괴로웠다. 과연 내가 잘못된 선택을 하고 있는 것일까, 아니면 까다로운 기준이 문제일까 하는 생각으로 2학년 겨울 내내 고민하고 또 고민하게 되었다.

많은 고민 끝에 내린 어머니의 간섭에 대한 나의 결론은 어머니께서 만족할 만한 나의 신랑감은 존재하지 않는다는 것이었다. 어머니께서는 조건을 따지시는 것이 아니라 단지 딸이 잘못될까 봐 과잉보호를 하신 것이고 나에게 어울리는 배우자의 조건뿐 아니라 사돈으로서의 체면 등등 남들 이목에 더 신경을 쓰시기 때문에 조건이 까다로울 수밖에 없다는 것을 알게 되었다. 그렇게 차차 어머니를 이해하게 되었지만 언제까지 어머니의 영향에서 벗어나지 못할 것인가에 대한 문제는 여전히 해결되지 않은 채로 남아 있었다. 나는 배우자 선택에 있어서 어머니의 개입을 어디까지 허용 또는 존중해야 할 것인가에 대해 또 한 번 심각한 고민에 빠지기 시작했다. 어머니가 원하는 딸의 배우자감과 내가 원하는 나의 배우자감을 구별해야겠다는 생각과 함께.

그러던 중, 나는 정말 운명의 상대라고밖에 표현할 수 없는 K씨를 만나게 되었다. 나는 그의 적극적이고 긍정적인 사고, 따뜻한 성품, 그리고 지적인 모습에 반하게 되었고 좋아하면 결혼까지 생각한다는 말의 의미를 처음으로 알게 되었다. 그와 나는 자라온 환경이 비슷해서 그런지 가치관이 유사했고 공통화제도 많았다. 비록 이러저러한 사연이 겹쳐서 우리 둘은 이루어지지 않았지만 K씨와의 만남으로 인해 어머니가 그토록 주장하신 '연애와 결혼이 별개가 아닐 수도 있다'는 것을 몸소 실감하게 되었고 결혼과 배우자에 대해 진지하게 생각하게 되었다.

과거에 나는 어머니가 항상 '결혼할 사람만 만나라'라고 말씀하실 때마다 정말 전근대적인 사고방식이라 생각하며 무시하려고만 했었다. 하지만 몇 차례 이별을 겪으면서 나는 그로 인한 감정적 에너지 소모가 만만치 않다는 것을 느꼈고 어머니의 말씀을 점점 이해하게 되었다. 그러나 진심으로 그 말의 의미를 깨닫게 된 결정적인 원인은 바로 K씨였다. 그렇게 어느 한 사람을 나의 일생을 걸 수 있을 만큼 좋아하고 나니 연애와 결혼은 별개가 아니며 애초에 좋은 사람을 만나 서로 준비가 될 때까지 기다렸다가 결혼하는 것이 더 행복한 것이라고 느끼게 되었다. 게다가 어머니가 하신 말씀은 단지 속물적인 의미가 아니라 연애를 하다가 정들어서 결혼하게 되는 경우가 다반사이므로 그때를 대비해서 이대로 사귀다가 결혼해도 될 것 같은 남자를 만났으면 좋겠다는 뜻이라는 것을 깨달았다. 즉, 결혼 상대와 연애 상대를 구별해서 만나는 것은 현실적으로 불가능하다는 것을 그제야 알게 되었다.

그러나 현재 나의 가장 큰 고민은 고시 준비 중이라는 데 있다. 나는 예전부터 한 번에 한 가지밖에 못하는 스타일이라서 고시 준비를 하면서 남자친구를 사귀면 공부하는 데 큰 지장을 받을 건 불을 보듯 뻔한 일이다. 그러나 모순적이게도 나는 반드시 연애결혼을 했으면 하는 소망이 있다. 왜냐하면 나는 맞선에 대한 두려움이 있고 나이가 들면 쉽게 사람을 좋아할 수 없다고들 말하고 무엇보다 남녀관계는 자연스럽게 친밀감이 형성되어야 좋은 관계라고 생각하기 때문이다. 그러려면 고시에 합격한 후에 연애를 해서 결혼에 골인을 해야 하는데 고시에 언제 합격할지는 상당히 불투명하고 결과가 좋으면 27~28세 정도에 될지 모른다. 그렇다면 그 나이에 연애결혼을 한다는 것은 상당히 어려울 것이고 중매결혼을 할 수밖에 없을 것 같아 벌써부터 초조해지기도 한다.

　나는 커리어보다 가정을 잘 유지하는 것이 더욱 가치 있는 일이라고 생각하는 사람 중 하나이다. 사법고시도 물론 최우선적인 목표가 될 수 있겠지만 인생을 길게 보았을 때, 변호사 자격증을 따고 판사, 검사가 되는 것보다 궁극적으로 가정이 뒷받침되어야 모든 것이 의미가 있다고 생각한다. 즉, 적당한 시기에 가정을 이루고 행복하게 사는 것이 일보다 훨씬 중요하다는 것이다. 따라서 현재 나에겐 사법고시와 연애결혼이 대립하고 있는 실정이지만 어느 쪽도 소홀히 할 수 없다는 것이 지금 내가 직면하고 있는 큰 갈등 중 하나이다.


## 엄마처럼 살진 않겠다고 다짐했건만

어려서부터 가부장적 분위기에서 자랐던 나는 '엄마처럼 살지 말아야지' 하고 다짐했던 적이 있다. 아빠는 지금도 집 안에서 담배를 아무렇지 않게 피우시고 눈앞에 보이는 TV 리모콘을 부엌에 계신 엄마에게 가져오라고 하신다. 물론 우리 아빠가 이렇게 권위적이라고 해서 엄마를 사랑하지 않는다는 것은 아니다. 아빠는 엄마를 혜경공주라고 부를 정도로 아끼시며 우리 앞에서 스스럼없이 애정표현을 하실 만큼 금슬 좋은 부부이다.

하지만 어린 내 눈에 비추어진 엄마의 모습은 작고 약한 힘없는 존재였으며 난 이 모든 것이 엄마가 전업주부여서 경제권이 없기 때문이라고 생각했다. 나는 엄마에게 엄마는 왜 직업을 갖지 않느냐고, 엄마도 아빠처럼 일하고 아빠에게 떵떵거리면서 살면 되지 않느냐고 물었다. 엄마는 나의 물음에 미소를 지으시며 엄마는 오히려 아빠를 쥐고살고 있는 거라고 하셨다. 엄마는 그저 힘들고 피곤한 아빠를 위해 조금 더 잘해주고 싶어서 봉사하는 것뿐이라는 것이었다.

난 그 말뜻을 이해하지 못했다. 나는 나중에 커서 결혼을 하더라도꼭 직장을 가져서 남편에게 목소리 크고 당당한 아내가 되리라 결심했다. 설령 남편이 전업주부가 되는 한이 있어도 나는 내 일을 할 것이라다짐했다. 어쩌면 내가 곱게 자라서 집안일을 잘 할 줄 모르기 때문에오히려 남편이 집안일을 맡는 게 더 합리적일지 모른다는 생각까지 했다. 나는 친구들에게 종종 이런 말을 했었다. "나는 나 대신 집안일을해줄 조리사 자격증을 가진 남자가 아니면 결혼하지 않을 거야!" 친구들은 세상에 그런 남자는 없을 것이라고 나를 만류했다.

시대를 살짝 앞서갔던 나의 이런 결혼관이 깨진 건 지금의 남자친구를 만나고 나서부터이다. 우리는 첫 눈에 반한 사랑은 아니었지만 만남이 거듭될수록 그는 나에게 조금씩 소중한 존재가 되어갔다. 그렇게 5개월이 지난 어느 날, 그가 군대를 간다는 소식에 난 한 시간 내내 눈

혼돈의 20대, 자신을 말하다

물만 흘렸다. 항상 내 곁에 있던 그가 사라진 뒤에 난 참을 수 없는 허전함과 외로움을 느꼈고 그가 보고 싶어서 견딜 수가 없었다. 지금 생각해 보면 이것이 바로 제대로 된 '부재검사'였던 것 같다. 이 부재검사로 난 나의 마음의 정체를 확실하게 알 수 있었다. 과외선생님과 학생, 고등학교 3학년 학생과 군인, 이런 우리의 신분 때문에 날 여자로 보지 않을 것 같아서 혼자 마음을 감춘 채 끙끙 앓았던 시간도 흘러가고 마침내 수능이 끝났다. 내 마음을 어찌해야 할지 생각할 겨를도 없이 나는 이 군인에게서 먼저 고백을 받았다. 그때의 기분은 심장이 터질 것만 같다고 표현하는 것이 맞을 것이다.

모든 것을 다 주어도 아깝지 않을, 그리고 사랑한다는 것이 어떤 것인지를 알게 해준 사람이지만 우리에게도 위기(?)는 있었다. 언젠가 우리 둘은 밤늦도록 애정행각을 하다가 막차 시간을 놓쳐서 집에 돌아갈 수 없게 되자 근처 DVD방에 들어가 새벽까지 함께 있었던 적이 있다. 처음 가본 그곳은 좁고 폐쇄적이어서 남녀가 이상한 짓 하기에 딱 좋은 곳이라는 느낌이 왔다. 그런 이야기는 진즉부터 듣고 있었지만 내가 건전하면 된다고 생각했기에 어색함을 감추고 영화를 봤다. 새벽 내내 피곤하기도 해서 살짝 잠들다 비몽사몽 중에 일어났더니 그가 더 자라고 하며 입을 맞췄는데 어느 순간부터 입맞춤이 격렬해지고 그의 손이 올라오는 게 느껴졌다. 난 당황하긴 했지만 남자의 본능에 대해 들었던 게 있어서 침착하게 그를 타이르고 상처받지 않게 말해주었다. 진심으로 미안해하며 본능을 이겨내려고 어쩔 줄 몰라 하는 그의 모습을 보며 나 역시 한숨 쉬며 걱정하다 결국은 웃으며 손잡고 잠들어버렸다.

이 해프닝은 지금도 내가 옳은 선택을 했다고 믿는 사건 중 하나다. 아무리 모든 것을 주고 싶은 사람이라도 지금 지키지 않으면 안 될 것이 있고 그걸 지키지 못하면 언젠가 더 큰 것을 잃게 될지도 모른다는 것이 나의 생각이다. 난 지금 남자친구만큼 좋아했던 사람이 없었고 앞으로도 이렇게 좋은 사람은 만나기 힘들 것이란 생각이 든다. 아직 내가 철이 없어 그런지는 모르지만 지금 이 순간만큼은 다른 생각은 하고 싶지 않을 만큼 그는 나에게 소중한 사람이다. 그럼에도, 아니 그렇기에 더욱 나는 '혼전 순결'을 지키고 싶다. 그렇다고 혼전 순결을 부정하는 태도를 말리지는 않는다. 다만 다른 사람들이 다 그렇다고 해도 난 안 된다는 것이다.

나는 이 사람과 오래 만나게 되면 언젠가 결혼을 하지 않을까 하는 생각도 갖고 있다. 그래서 우리는 서로 결혼관에 대해서도 이야기한다. 그의 결혼관은 아내는 힘들게 일하지 않고 취미 정도로 다닐 수 있는 직장이 있거나 아예 직장이 없는 현모양처였으면 좋겠고, 돈은 자신이 벌어서 아내를 공주처럼 모시고 싶다고 한다. 그의 결혼관을 듣다 보니 '저 마음이 진심이라면 저렇게 사는 것도 괜찮을 것 같다'는 생각이 자꾸 들곤 했다.

원래 난 아이를 참 좋아하는 데다 아이 교육에 무척 관심이 많다. 그래서 지금도 교회의 주일학교 유치부 교사를 맡고 있다. 나는 아이를 꼭 갖고 싶다. 만약에 나에게 아이가 생긴다면 난 직장에 계속 다니기보단 집에서 아이를 돌보고 교육시키는 데 더 많은 힘을 쏟고 싶을 것 같다. 남편이 우리 식구가 사는 데 부족하지 않을 만큼 돈을 번다면 굳이 일하지 않고 아이를 키우는 데 힘을 쏟고 살아도 괜찮지 않을까? 아직 평생을 바쳐 하고 싶은 일이 정해지지 않아서 그런지 지금 생각엔 그렇게 살아도 더할 나위 없이 이상적일 것처럼 보인다. 하지만 언젠가 나에게 정말로 하고 싶은 일이 생긴다면 난 아이와 일 사이에서 갈등할 것 같다. 또 한 가지 걱정스러운 것은 남편이 나와 아이를 위해 열심히 일하고 집에 와서 피곤해한다면 나도  우리 엄마처럼 남편을 위해 봉사하고 싶어질 것 같다는 것이다. 절대 우리 엄마처럼은 살지 않겠다고 다짐했었는데….

물론 내가 지금 이 사람을 너무 좋아하기 때문에 콩깍지도 씌었고 해서 오랜 시간 굳어진 나의 가치관이 제멋대로 흔들리고 있는 것 같기는 하다. 하지만 사랑에 빠져 있는 순간 이성이 제대로 기능을 발휘하지 못하는 것은 어쩔 수 없는 일이 아닐까! 물론 이 모든 것이 아직은 멀고 많은 것을 헤쳐나간 뒤의 일이란 것을 안다. 지금부터 걱정해봐야 답이 나오지는 않을 것이다. 아직 우리 관계를 부모님께 알리지도 못했는데 알렸을 때 부모님들의 반응과 부모님들끼리의 관계, 꿈을 이루기 위해 고시 준비를 하게 될 남자친구, 그리고 아직은 멀기만 한 우리의 결혼 적령기…. 앞으로 헤쳐 나갈 일들이 너무 많다.

우리가 선을 본 것도 아니고 꼭 서로 결혼을 해야겠다는 생각으로 만난 것도 아니라서 아직 우리에게 결혼은 현실성 있는 이야기가 아닐 것이다. 하지만 언젠가 내가 결혼을 하게 된다면 내 옆에 바로 이 사람이 있었으면 좋겠다는 생각이 드는 것은 어쩔 수 없는 일이다.

## ☑ 결혼은 선택이다.

### 사랑하는 사람 아니면 결혼하지 않겠다

나의 결혼관을 설명하자면 나의 인생부터 이야기해야 한다. 나는 배고 픔이나 정치 투쟁과 별 상관이 없는 시대적 환경 속에서 성장한 세대 다. 우리 어머니는 몸이 허약하신 편이었고 언니는 칠삭둥이로 태어난 미숙아였다. 어머니께서 나를 가지신 것은 그 해에 아이를 가져야 아 들이 태어난다는 누군가의 귀띔 때문이었다고 한다.

처음 나를 본 식구들의 반응은 한마디로 "못생겼다"였다고 한다. '생긴 것은 사내애 같은데 정작 알맹이는 계집애'라고 외할머니는 나 를 싫어하셨다고 한다. 그래서 내가 울고 있어도 본체만체하고 가만히 잘 놀고 있는 언니를 데리고 놀러나가셨다는 말을 나는 어릴 적부터 농담처럼 들었다. 하지만 내가 기억하기론 나는 외할머니랑 무척 사이 가 좋았다. 아마 그래서 어른들도 아무 거리낌 없이 그런 농담을 하셨 을 것이다. 그러나 청소년기까지 그 말은 나를 괴롭혔다. 언니와는 달 리 나는 애정을 받지 못하면서 자랐다는 생각을 갖게 했다.

돌이켜보면 나는 딸이라는 이유로 차별받은 적도 없고 둘째라는 이 유로 차별받은 적도 없었다. 그런데도 그 농담은 나를 괴롭혔고 열 살 터울의 늦둥이 남동생이 생기면서 더욱 그랬다. 언니는 장녀에, 모두 들 애태웠던 생명이었고 동생은 막내인 데다가 비록 티는 안 냈지만 두 할머니께서 그토록 바라던 사내아이였다. 나는 나를 무언가 특별한 존재로 표현할 수 없었고 그 때문에 나에게 특별한 애정을 쏟아줄 존재를 깊이 바라게 되었다.

연년생인 언니와는 나면서부터 경쟁관계에 있었다. 우리 둘은 서로 너무 달랐고 그로 인해 사람들의 비교에 휘둘렸다. 나는 언니에게만 늘 예쁜 옷을 입혀주는 어머니가 미웠다. 어머니께서는 늘 언니에게는 원피스나 치마를 입히시고 머리를 길게 늘어뜨리게 했으며, 나에게는 바지를 입히시고 머리를 짧게 자르게 하셨다. 어릴 적의 내 사진을 지금 보면 그것도 매우 귀엽다는 걸 안다. 하지만 어릴 적에 나는 바지가 너무 싫어서 어머니가 내어주신 바지를 입지 않겠다고 버티다 혼난 적도 있었다. 사람들의 반응도 싫었다. 늘 언니에게는 예쁘다는 표현, 나에게는 똑똑하게 생겼다는 표현이 돌아왔다. 게다가 언니는 매우 여성적인 성격이었다. 어린 시절부터 언니는 청소와 정리정돈이 취미였고, 남에게 화를 내기보다 울어버리는 타입이었으며 장래 희망이 현모양처였다. 그에 비하면 나는 게으르고 자기주장이 강하고 이기적인 아이였다. 내가 애정을 갈구하며 했던 과한 어리광, 감싸주기를 기대하며 했던 행동들, 언니에게 조금이라도 더 주어지는 것을 견디지 못해 했던 행동들은 자기중심적이라는 꼬리표로 나에게 돌아왔다.

그 어린 시절부터 나는 스쳐가는 모든 이들이 오직 나만을 사랑해주기를 바랐다. 그러나 나와 가깝지 않은 이들은 나의 그런 행동을 이상하게 보았고 나와 가까운 사람들의 애정은 나누어 가져야만 했다. 그래서 나는 사람들에게 많은 기대를 하지 않게 되었다. 특히 정서적인 문제에 있어서 인간은 누구나 자신을 우선시하고 또 그렇게 해야 된다고 생각했다. 남에게서 받은 사랑은 한계가 있으며 나를 가장 사랑하는 것은 나였다. 그러나 타인에게 무엇을 바라겠는가? 나는 남에게 어느 정도 이상으로 기대하지 않는다.

자라면서 나는 소설에 취미를 붙였다. 고전의 절반은 연애소설이라 불려도 손색이 없어서 괴테, 셰익스피어, 브론테 자매, 제인 오스틴 등의 작품을 읽으며 나는 사랑에 대한 환상을 갖게 되었다. 가슴이 두근거리고 연인의 존재만으로 행복해지고 순수한 이타심으로 모든 것을 조건 없이 주고 함께 있는 것만으로 환희를 느끼는 것이 사랑이라고 생각했다. 그러나 내가 본 현실의 사랑은 소설의 사랑보다 나약하고 부질없었다. 연애결혼을 하신 부모님께서는 이미 서로에게 사랑은 없으며 남은 것은 정뿐이라고 공공연하게 말씀하셨다. 애인과 7년을 연애하던 사촌오빠는 그녀와 헤어지고 선을 본 상대와 두 달 만에 결혼했다. 주변을 둘러보아도 적당히 재어가며 적당히 연애하는 사람들만 보였다. 사랑은 현실과 시간의 벽 앞에 무력한 듯 보였다.

30년 가까이 다르게 살아온 두 사람이 인생을 겹친다는 것은 결코 쉬운 일이 아닐 것이다. 둘 모두 자신의 즐거움을 어느 정도 희생해야 한다. 게다가 우리나라에서는 결혼이 집안과 집안의 결합이어서 양 당사자뿐 아니라 서로의 집안에 융화되어야 한다. 그런데 그것을 보상해 줄 만한 사랑이 없다면 나는 굳이 결혼하고 싶지는 않다. 내가 결혼한다면 내가 좋아하는 다른 많은 것들을 포기할 수 있을 만큼의 반대급부가 필요하다. 나에게 그 반대급부는 '가슴 두근거리는' 사랑이다.

덧붙여 내 배우자는 나의 인생 목표를 지지해 줄 수 있는 사람이어야 한다. 우리 부모님께서는 늘 자신의 존재가 세상에 더해진 만큼 세

혼돈의 20대, 자신을 말하다

상에 보답할 방법을 인생의 목표로 삼고 살아가라고 말씀하셨다. 부모님께서는 지원과 화목을 목표로 삼으셨고 내가 어릴 적부터 열 개 정도의 단체를 후원하셨다. 중학교 2학년 때 〈학대받는 아이들〉이라는 TV프로그램을 보면서 나는 내 인생의 목표 중 하나를 입양으로 결정하였다. 나는 어릴 적에 외국에서 살아서 혈연이라는 개념에 대한 집착이 보통의 한국 사람보다 덜하다. 아이를 많이 낳으라고 강요하다시피 하는 사회지만 그럼에도 사랑받지 못하고 방치되는 아이들이 존재한다. 해외로 입양 보내는 아이들도 여전히 많다. 무조건 출산율만 높이기보다는 일단 태어난 아이들을 잘 돌보는 것이 급선무라고 생각한다.

입양에 대한 내 생각은 확고하기 때문에 내가 결혼한다면 나의 인생 목표를 공유할 수 있는 배우자를 찾겠다. 하지만 핏줄에 대한 욕심이 남다른 우리나라에서 그런 남성을 찾기 쉬울까? 자신의 애를 낳지 못하는 게 아니라 낳을 수 있는데도 입양하겠다는 며느리를 받아들일 수 있는 대한민국 가정은 얼마나 존재할까? 나는 그에 대해 비관적이다. 내 말을 들은 친구들은 자신의 아이도 낳고 입양도 하면 되지 않느냐고 반문한다. 그러나 비교하지 않을 자신이 없고, 만약 비교하게 된다면 친형제와 비교되는 것과는 차원이 다른 아픔을 아이에게 주게 될 것이기 때문에 지금으로서는 회의적이다.

결론을 내리자면, 나는 타인에게 애정을 크게 기대하지 않는다. 기대가 깨졌을 때 상처가 감당이 되지 않기 때문이다. 상대에게 매우 조금씩 다가가기 때문에 사랑이라는 깊은 감정을 갖게 되는 데 시간이 걸릴 것이고 기대치를 높이기에 불안한 상대에게서는 가차 없이 기대를 회수할 것이므로 내가 사랑에 빠질 가능성은 낮다고 생각한다. 하지만 사랑 없는 결혼은 하지 않겠다. 사랑이라는 반대급부 없이 적당히 한 결혼에서 나 자신이 만족을 느낄 수 있을 것 같지 않다. 오히려 인생이 조금만 어긋나도 잘못된 결혼 탓으로 돌려버릴 것이다. 더욱이 입양이라는 내 인생목표를 공유하고 받아들일 남성은 많지 않을 것이다. 그러한 시댁은 더더욱 드물 것이고. 아무래도 이런 결혼관을 가진 내가 결혼하기는 힘들 것 같다.

나에겐 친구들이 있다. 혼자서 즐기는 취미생활도 있다. 나는 사람들과 왁자지껄 어울리는 것도 좋아하지만 이따금씩은 사람의 숨소리 하나 들리지 않은 곳에서 몇 시간이고 침묵을 즐기며 책 읽는 것을 좋아한다. 고독을 견디지 못하는 사람이 있는데 나는 그런 타입은 아닌 것 같다. 사랑하는 가족들도 있다. 열심히 노력하여 원하는 직장을 가질 것이고 만약 일이 잘 되지 않는다 해도 나 자신을 감당할 만큼은 벌 수 있을 것이다. 독신자 입양법이 추진된다고 하니 인생이 끝나기 전에 목표도 이룰 수 있을 것 같다. 사랑하는 사람과 결혼할 수 있다면 더없이 좋겠지만 결혼하지 못한다 해도 즐거운 인생을 살아나갈 수 있을 것이다. 결혼하게 된다면 최선을 다하겠지만 결혼하기 위해 최선을 다하지는 않겠다. 사랑하는 사람을 만난다면 결혼하겠지만 그저 적당한 사람을 찾아 결혼하지는 않겠다. 이상이 나의 결혼관이다.

# 결혼이 족쇄가 될까 봐 두렵다

친구들과 심심풀이로 사주 카페에 들어갔던 적이 있다. 내 사주를 봐 주셨던 역술가는 나더러 겉은 여자인데 속은 남자 같은 성격을 타고 났다고 하셨다. 그때는 "맞아"라고만 생각했는데 이제 와 생각하니 '요즘처럼 남녀 성역할의 구분이 적어지고 있는 시대에 과연 남자 같은 성격은 무엇이고 여자 같은 성격은 무엇일까' 하는 의문이 든다. 우리의 무의식 속에 존재하는 남자와 여자의 역할 구분, 이것이 여성들을 가두고 있는 벽이 아닐까 생각한다.

많이 낮아졌지만 여전히 존재하고 있는 벽이며, 나도 넘어야 할 벽이다. 재미있는 건 이 벽을 여성들 스스로가 만들고 있다는 사실이다. 사회적 불평등의 벽을 넘기를 원하는 여성들조차 이미 무의식중에 남녀 차별적 사고를 하는 경우가 많다. '여자니까', '여자는 시집만 잘 가면 되지' 하는 생각들…. 그런 생각은 추호도 하지 말라고 강조해 오신 아버지 덕에 나는 그런 생각과는 거리가 먼, 자의식이 강한 여자로 자부해 왔다. 그런데 어느 날엔가 나 역시 그런 안이한 생각에 젖어 있는 것을 발견했다. 아마도 가부장적이고 남성우월주의적인 사고방식을 갖고 있던 전 남자친구와 오랫동안 교제하면서 그의 생각에 길들여진 것 같다.

남자친구와는 고등학교 2학년 때 같은 반이 되면서 서로 감정을 키워왔다. 1년 후 정식으로 사귀게 되었으나 막상 교제를 시작하자 그저 서로를 좋아할 때는 잘 몰랐던 것들이 눈에 들어오기 시작했다. 그와 나는 자라온 환경이 너무 달랐고 사랑하는 방법이나 애착 유형도 달랐다. 사랑의 색깔을 분석해 보면 나는 '에로스Eros'였으나 그는 '마니아Mania'였다. 그 또한 에로스적인 면이 없진 않았으나 그의 소유-의존적 사랑 행태는 점차 내 숨통을 조여왔다.

활동적이지 않고 집안일만 돌보는 전형적인 가정주부이신 어머니를 보며 자랐던 그는 내게서 그런 모습만을 원했다. 참하고 남자에게 대들지 않는 그야말로 현모양처가 그의 이상형이었다. 호기심 많고 노는 자리에 끼기 좋아하고 분위기 좋으면 끝까지 남고 싶어 하는 나는 그런 그의 이상형과는 거리가 멀었기에 우리는 자주 부딪힐 수밖에 없었다. 어렸던 터라 서로를 좀 더 배려하는 방법을 몰랐던 것도 싸움의 원인이었다. 우리는 많이 싸웠고 헤어지고 만나기를 반복했다.

그와 만날 때 나는 온순한 여자를 좋아하는 그의 성향에 나를 조금씩 맞춰나갔던 것 같다. 나중에 가서는 내가 그에게 휘둘렸다는 표현이 맞을 것이다. 그야말로 꼭 붙잡혀 있었다. 헤어지고 나서 지난날을 생각해 보니 당시에도 문득문득 깨닫긴 했지만 내가 그땐 참 한심했다는 생각이 든다. 드라마 속에 나오는, 남자를 위해 모든 걸 포기하고 사는 여성들을 보며 나는 얼마나 바보 같다고 욕했던가! 그런데 나도 어느새 그런 나날을 살고 있었던 것이다.

20여 년을 서로 다른 환경에서 살아온 두 사람이 만나 사랑을 하며 맞춰나가는 것은 참 어려운 일이고, 그런 만큼 상호간에 희생해야 할 부분이 많다. 그러나 내가 그랬듯, 대체로 여성이 남성을 위해 희생하고 맞추는 일이 많지 않나 싶다. 우리 사회에서 오랫동안 여성은 남성을 보조하는 역할을 수행했기 때문이다. 그런데 여성들도 그러한 사실

혼돈의 20대, 자신을 말하다

을 일면 당연하게 생각하는 경향이 있는 것 같다. 나도 내 친구들에게 남자친구의 구속에 대해 고민을 털어놓으면 "그 정도는 네가 좀 이해 해야지 어쩌겠어" 하는 식의 답변을 종종 들었다. 머리로는 내가 부당한 대우를 받고 있으며 불평등한 관계 속에 있다는 것을 알면서도 막상 어떤 조치를 취하기가 어려웠다. 무의식중에 습득된 전통적인 여성의 역할에 대한 인식 때문인지, 아니면 여성성에 내재된 모성애나 희생정신 같은 것들 때문이었는지는 모르겠다. 많은 여성들이 왜 그렇게 쉽사리 남성에게 종속된 삶을 살게 되는 것인지 어렴풋이 느낌으로 알 수 있었다.

헤어지고 나니 사귀는 동안에는 눈이 멀어 보지 못했던, 아니 보면서도 못 본 척 지나쳤던 수많은 다른 가치들이 눈에 들어오는 걸 느낀다. 그리고 내게 주어진 모든 가치와 기회들을 상대적으로 더 소중히 여기게 되었다. 하고 싶은 걸 하는 자유, 내 미래를 꿈꿀 수 있는 자유…. 내게 자유가 얼마나 큰 의미를 주는지 새삼 깨닫게 해준 그에게 이젠 약간의 고마움마저도 생긴다. 또 그와 만난 후로 사람을 보는 안목을 더 키울 수 있었고 내 미래와 결혼에 대해서도 다시 생각해 보게 되었다.

그와의 교제에서 얻은 가르침 중 하나는 남녀관계가 언제나 로맨틱하지만은 않다는 것이다. 그는 나에게는 첫사랑이었다. 그러나 연애가 늘 달콤하기만 한 것은 아니었다. 때론 전에는 상상하지도 못했던 이유로 싸움이 시작되기도 했고, 둘 사이에 현실적인 문제가 끼어들면서 골치 아팠던 적도 있었다. 연애로 제대로 한번 앓고 나니 주변의 사랑들을 전과 다른 시각으로 관찰할 수 있었다.

대부분의 남자들은 연애 상대로 활동적이고 발 넓은 여자를 달가워하지 않는다. 심지어 어떤 잡지의 인터뷰 내용을 보면 '하룻밤 상대로는 잘 노는 여자가 좋지만 자기 여자친구는 얌전했으면 좋겠다'는 남자도 있다. 또는 여자도 남자처럼, 혹은 남자보다 더 유능할 수 있다는 사실이 일부 남자들에게는 자존심 상하는 일로 받아들여지는 것 같다. 아내가 남편보다 연봉이 높다는 이유로 갈등이 생기기도 한다는 신문기사를 본 적도 있다. 내 남자친구도 나의 학벌에 못 미치는 자신의 학벌 때문에 콤플렉스를 느끼고 있었다. 나는 전혀 신경조차 쓰지 않았는데 헤어질 때 '학벌로 인해 자격지심이 있었다'는 그의 고백을 듣고 나는 기겁했다.

현실이 이렇다 보니 결혼에 대해서도 다시금 회의가 들기 시작한다. 그를 만나기 전에도 그랬지만 나는 결혼이 필수라고 생각하지는 않는다. 물론 긴 세월을 혼자 살아야 한다면 정말 외롭고 쓸쓸하겠지만 아직까지 우리 사회에서 결혼은 여성에게 족쇄가 되는 경향이 많기에 조금 두렵다. 또한 결혼은 당사자들만의 일이 아니라 집안과 집안이 만나는 중대사인 만큼, 준비 과정에서 집안 간에 갈등이 일어나 헤어지는 경우도 있다고 들었다. 어쩌면 결혼이라는 자체가 여성에게 더 불리할 수 있는 제도가 아닐까 하는 생각도 든다. 배우자가 먼저 세상을 뜬 경우, 홀로 남은 여성의 평균수명이 홀로 남은 남성의 평균수명보다 길다는 조사결과를 본 적이 있다. 이런 것만 봐도 역시 결혼은 여성에게 불합리한 것이 아닌가 싶다.

요즈음 들어, 남자와 여자는 생물학적으로도 그렇고 참 여러 가지 면에서 다르다는 생각이 든다. 남자와 여자는 대화법도 다르고 사고방식도 다른 점이 많다. 정말로 여성은 금성에서, 남성은 화성에서 왔기 때문일까? 남성과 여성 사이에는 정말로 좁혀지지 않는 차이가 존재할까? 아주 오랜 세월 동안 여성과 남성의 성역할이 다르게 습득되어 왔기 때문에 애초부터 아예 다른 존재로 굳어진 것은 아닐까? 알 수 없다. 하지만 요즈음은 그러한 차이가 아주 크지만은 않다는 것을 보여주는 많은 여성과 남성들이 존재한다. 소위 '양성적' 성격을 가진 사람들이다. 먼 훗날 언젠가는 남성적, 여성적 성격이 구분되지 않는 날이 올지도 모르겠다.

그동안 여권운동가들의 치열한 삶, 그 땀과 노력으로 이제 우리는 남녀 차별을 넘어서 남성과 여성이 공존하는 사회 속에서 살고 있다고 생각한 것은 착각이었던가? 성gender에 대해 가장 평등하고 자유스럽다는 대학사회에서 '성 편견'에 걸려 비틀거린다는 것은 놀라운 일이다. 이것은 아직 사회 도처에, 그리고 남성은 물론 여성들의 마음속에도 '성의 분리' 의식이 상당히 잔재하고 있음을 보여준다.

대학생활에서 성 편견은 남녀의 성비가 극단적으로 편향된 상황에서 주로 일어나고 있다. 즉, 많은 남성들 가운데 극소수의 여성이 끼어 있어 두드러지는 경우, '남자'와 '여자'라는 범주화가 뚜렷해지면서 내집단은 선호, 외집단은 비하하는 현상이 나타날 수 있다. 하지만 어떤 편견이든, 편견을 심하게 보이는 사람들은 주로 자신의 자아정체가 뚜렷하지 못하거나 손상된 사람들, 그리고 자존감이 낮은 사람들이다. 예를 들면, 자아정체가 모호한 사람들이 '남성'이라는 집단에 소속감을 느끼고 거기서 자아정체를 찾고 우월감을 느끼기 위해서 상대적으로 '여성'을 구분하고 비하하는 발언을 할 수 있다. 무엇보다 '좁고 닫힌 마음'의 소유자는 인지적 단순성 때문에 '남자는 이렇고 여자는 이렇다'는 흑백논리에 의존한다. 이에 비해 '넓고 열린 마음'의 소유자는 인지적 복잡성이 있어서 새로운 정보를 매우 유연하게 처리하기 때문에 성 고정관념이나 성 편견에서 상당히 자유로울 수 있다.

그러나 타인들의 반응에 따라 자신의 정체가 휘청거릴 정도라면 아직 자신의 정체가 확고하지 않기 때문이며, 차츰 자아정체성이 확고해지면 외부의 평가에 그렇게 흔들리지는 않을 것이다. 또한 여성성의 진수는 외모보다는 내면에서 우러나오는 수용성, 포용성, 친교성, 표현성이다. 그리고 남성성의 진수는 거친 말투와 공격적 행동이 아니라 독립성, 적극성, 진취성, 행위주체성 등이다. 현대사회에서 탁월한 적응력을 보이는 사람들은 양쪽의 긍정적인 속성만을 소유한 양성성 androgyny을 가진 사람들이다. 우리는 자신 안에 있는 여성성과 남성성은 어떤 것들인지 한번 분석해 볼 필요가 있다. 개인의 매력은 외모, 성격, 능력 등 다양한 차원에서 발산될 뿐 아니라 타인이 소유한 어떤 특별한 중심특성에 가중치를 부여하여 인상이 형성되는 것이다. 따라서 자신의 매력 포인트를 어디에 둘 것인지, 그리고 가중치를 받을 수 있는 중심특성은 무엇인지를 발견하여 이를 집중적으로 가꾸어나가면서 자신감을 가져야 할 것이다.

남녀의 관계가 변해가는 모습은 젊은이들의 결혼관 속에 잘 나타나 있다. 요즈음 젊은이 사이엔 '결혼은 선택, 직업은 필수'라는 말이 있다. 그러나 아직 대부분의 젊은이들이 결혼을 '필수'로 생각하고 있다. 지금까지 가족 속에서 성장하고 살아왔기 때문에 다시 가족 속으로 들어가는 것이 당연하게 여겨지는 것이다. 즉, 적당한 시기에 결혼을 해서 가족을 이루고 정서적 안정을 찾는 것은 아주 당연한 일이라고 생각하고 있다. 여기에는 남자나 여자나 별로 다를 게 없는 것 같다. 그러나 결혼생활 속에서 남편과 아내에 대한 역할기대가 변하고 있다. 즉, 서로에게 전통적인 성역할을 기대하기보다는 각자 자율성과 자주성을 인정해 주고 둘이 함께 인생을 즐기는 데 초점을 두고 있다. 심지어는 아이도 거부한 채 부부만의 삶을 즐기는 데 초점을 두는 젊은이들도 있다. 사랑에 빠진 어떤 여성들은 남편에 대한 헌신을 예감하고 있으며 일보다는 가정을 우선시하려고 한다. 그런 모습을 보면 예나 지금이나 사랑에 목을 매는 것은 대개 남성보다 여성 쪽인 것처럼 보인다. 하지만 사랑의 '열정'이 잦아들었을 때도 이런 생각이 고수될지는 알 수 없다.

결혼을 '선택'이라고 하는 사람들도 결혼하지 않겠다는 것이 아니라 관습에 의해 어쩔 수 없이 결혼하지는 않겠다는 것이다. 진정으로 사랑하는 사람이 생기면 결혼하겠지만 그렇지 않다면 차라리 독신생활도 마다하지 않겠다는 것이다. 이 생각에 있어서는 남성과 여성이 좀 다른데, 특히 여성들이 결혼을 두려워하는 이유는 지나친 여성 역할에 대한 기대 때문에 결혼이 족쇄가 되지 않을까 하는 데 있다. 이들은 자아를 실현하고 인생의 목표를 달성하는 데 결혼이 걸림돌이 되지 않을까 두려워하는 것이다. 그래서 이들이 결혼하는 데는 조건이 있다. 즉, 사랑하는 사람이어야 하고 자신의 자율성을 인정하고 인생의 목표를 지지해 줄 수 있는 사람이어야 한다는 것이다. 소위 레빈슨D. Levinson이 말한 '특별한 남성special man[1]'을 찾고 있다. 이들은 삶에서 결혼보다는 일을 핵심에 두고자 하며 가족 안에서의 정서적 안정보다는 자유

혼돈의 20대, 자신을 말하다

스러움과 자아실현을 추구하려 하고 있다.

이처럼 요즈음 청년들은 자신의 삶에 대한 주관이 뚜렷하고 외부의 힘에 의해 질질 끌려가기보다는 자신의 인생을 주도하려는 모습을 보인다. 여기서 남녀를 이어주는 징검다리는 역시 사랑이다. 사랑이 있을 때, 자신이 추구하는 것들 중 일부를 양보하면서까지 함께하려는 의지가 보인다. 그러나 사랑이란 결혼의 조건이라기보다 결혼생활 속에서 만들어가는 것이다. 그리고 사랑이란 대상의 문제가 아니라 능력의 문제이다. 결혼생활을 어떻게 이끌어가느냐에 따라 타오르던 사랑의 불씨가 꺼져버릴 수도 있고, 반대로 없던 불씨도 은근히 지펴 오를 수가 있다.

따라서 남녀가 공존하는 길은 변화하는 성gender 의식에 적응하는 것이다. 우선 남성과 여성이 전통적인 성역할 기대에서 벗어날 필요가 있다. 여성이 전업주부인 경우는 어쩔 수 없다 하더라도 맞벌이 부부인 경우는 부부가 가정에서의 모든 역할을 공유해야 할 것이다. 이 역할분담과 공유의 정도는 가족 주기가 진행됨에 따라 조절할 수 있는 융통성이 있어야 한다. 또한 많은 남성과 여성들이 자율성과 자아를 추구하고자 하므로 부부는 서로 개인의 주체성을 존중해 주고 자아실현을 북돋아줄 필요가 있다. 부부간에 보다 많은 역할을 공유하고 정신적 공동(空洞)이 없이 진솔하게 대화할 수 있고 함께 발전해 나갈 수 있다면 남자와 여자는 평화스럽게 공존할 수 있을 것이다.

........................................

1) 『남자가 겪는 인생의 사계절』 D. Levinson 저, 김애순 역, 1996.

**자기탐색** 나의 여성성, 남성성은?

자신의 내면을 들여다보십시오. 자신 안에 있는 '여성적인 자질'과 '남성적인 자질'은
어떤 것들이 있습니까? 생각나는 대로 적어보세요. 그중 더욱 키우고 싶은 자질은 남기
고, 줄이고 싶은 자질은 지워보세요.

| 나의 여성성은? | 나의 남성성은? |
|---|---|
|  |  |

양성성[2]이 되기를 원하십니까? 그렇다면 나에게서 어떤 자질들을 더욱 키울 필요가
있다고 생각하십니까?

2) 양성성androgyny은 여성성과 남성성의 긍정적인 속성만 소유한 사람으로 현대사회에서 적
   응력이 뛰어나다.

혼돈의 20대, 자신을 말하다

# PART
# 5

# 부모는 버팀목? 걸림돌?

부모와 자녀의 인연은 선택의 여지가 없는 운명적인 만남이지만 그 관계를 어떻게 이끌어가는가 하는 것은 자유의지에 달려 있는 것 같다. 자식이 청년이 되면 부모의 둥지를 박차고 날아가기 위해 퍼덕이는 것은 자연스런 현상일 것이다. 문제는 이 분리의 과정이 '얼마나 순조롭고 아름답게 이루어지는가' 이다. 어떤 부모-자녀는 서로를 존중해 주고 성장과 독립을 촉진하는 버팀목이 되어주면서 따뜻한 정감을 나누는가 하면 어떤 부모는 자식의 발목을 잡는 족쇄가 되고 자녀는 그 그늘에서 벗어나기 위해 몸부림치고 있다. 또한 너무 오랫동안 갈등 속에서 마음의 골이 깊게 파인 부모-자녀가 있는가 하면 대화를 통해 묵은 갈등을 해결해 나가는 지혜로운 부모-자녀도 있다. 이들 거울에 비추어 본 나의 부모-자녀 관계는 어떤 모습일까?

# 1. 부모는 나의 버팀목

## 아버지처럼 친구처럼

나와 아버지의 관계는 매우 특별하다. 많은 친구들이 '아버지' 하면 조금은 어렵고 자식에게 그다지 관심이 없는 분으로 인식하는 것 같다. 하지만 우리 아버진 그런 아버지와는 거리가 한참 멀다. 우리 아버지는 나에게 친구 같은, 그리고 항상 나에게 힘이 되어주는 아버지이다. 이런 아버지의 모습은 당신의 어린 시절에 기초하고 있는 것 같다.

아버지가 어린 시절, 할아버지께서는 집에 들어오시는 일이 거의 없으셨다고 한다. 아버지께서는 막둥이여서 집에서 귀여움을 독차지하였지만 할아버지로부터 사랑은 충분히 받지 못했다고 한다. 그래서 '나중에 커서 어른이 되면 내 자식한테는 잘해줘야지' 하고 마음먹곤 하셨다고 한다. 또한 아버지는 그런 사랑을 더 많은 아이들에게 나누어주고 싶어서 선생님이 되셨다고 한다. 가끔 졸업한 형, 누나들이 집에 놀러 올 때면 우리 아버지에 대해 이렇게 말한다. "굉장히 무서운 선생님이신데 의외로 다정다감한 면이 많으신 분이죠." 집에서 아버지는 무서움이란 찾아볼 수 없고 다정다감함을 온몸으로 느낄 수 있게 하시는 분이다.

아버지와 내가 친구가 될 수 있었던 데에는 아버지의 노력이 절대적이었다. 지금 생각해 보면 어렸을 때 아버지께선 어디를 가실 때 나를 빼놓고 간 적이 한 번도 없었던 것 같다. 동네에서 친구 분들과 운동을 하러 가실 때도 항상 나를 데리고 다니면서 내가 그 운동을 배우도록 도와주셨다. 어린 시절, 난 아버지를 따라다니면서 야구, 축구, 농구 등 기초적 구기운동은 물론, 배드민턴, 테니스, 골프 등 내 또래 아이들이 잘 배우지 않는 운동도 많이 배웠다. 이렇게 함께 할 수 있는 운동이 많다 보니 주말이면 시간이 날 때마다 가볍게라도 둘이서 활동을 할 수 있었다. 아버지와 함께하는 시간이 많다 보니 자연스럽게 공유하는 부분이 많아졌던 것 같다.

내가 어렸을 때 아버지는 늘 고등학교 3학년 담임을 하셨다. 그래서 평일에는 아버지 얼굴을 보기가 굉장히 힘들었다. 주말에는 푹 휴식을 취하고 싶으셨을 텐데 내가 놀아달라고 하면 언제나 환한 얼굴로 놀아주신 아버지의 모습이 지금도 눈에 선하다. 그래서 난 어렸을 때 주말이 오기만을 기다리고 기다렸다. 주말이면 나와 내 친구들이 아버지와 함께 어울려 초등학교 운동장에서 공을 차는 모습은 흔히 볼 수 있는 광경이었다. 운동을 함께 하고 나면 운동 후에 이런저런 얘기들로 꽃을 피우는 경우가 많았다. 어렸을 때는 그날그날의 재미있는 이야기로 그쳤지만 내가 한 살, 두 살 나이 들면서 차츰 내 미래, 나의 꿈, 아버지의 어린 시절, 아버지의 생각을 나눌 기회로 발전했다. 이렇게 아버지와 함께 나눈 이야기들은 내가 성장하는 데 커다란 밑거름이 되었다. 어린 시절 배운 운동은 아직도 잘 써먹고 있다. 특별히 잘 하는 운동은 없지만 거의 모든 운동을 할 줄 알아서 친구들 사이에서 만능 스포츠맨으로 통하고 있으니 말이다. 난 정말 운동을 여유 있게 즐기는 것 같다.

아버지와 나를 친밀하게 묶어준 주요 매체는 운동이었지만 가족여행 역시 빼놓을 수가 없다. 어린 시절 우리 가족은 가족여행을 참 많이 다녔다. 아버지가 학교 선생님이어서 방학이 있는 게 굉장히 좋았다. 방학 때만 되면 나는 방에서 뒹구는 게으름뱅이 학생과는 거리가 멀었다. 항상 여행을 다니느라 바빴다. 정말 대한민국의 구석구석 안 가본 곳이 없을 정도다. 그리고 어디를 가든 그냥 구경으로 끝나는 것이 아니라 아버지는 거기에 관한 역사적 유래나 재미있는 이야기를 들려주셨다. 그때 내 눈엔 아버지가 만물박사셨다. 덕분에 나도 친구들 사이에서 걸어 다니는 지식창고로 통하곤 했다. 그 시절 우린 호남 지역에 살았는데 그때만 해도 지역감정과 편견이 매우 심했던 것 같다. 그래서 아버지는 늘 세상을 넓게 보라고 전라도 지역을 벗어나 다른 지역으로 두루 데리고 다니셨다. 그 덕택에 지역 특산물이나 명소를 잘 알게 되어 요즈음 다른 지역 친구들을 만나도 더 쉽게 친해질 수 있다. 이것은 내 인간관계를 형성하는 데 큰 도움이 되고 있다. 그리고 다른 친구들에 비해 세상을 바라보는 시야도 조금은 넓은 것 같다.

내가 성장하면서 나와 아버지와의 관계도 조금씩 달라졌다. 다른 친

혼돈의 20대, 자신을 말하다

구들을 보면 어렸을 땐 아버지와 친구처럼 지내다가도 사춘기를 지나 대학생이 되면 아버지와의 관계가 틀어지는 경우가 허다하다. 다행히도 난 아버지와 갈등이 일어날 수 있는 시기를 무척 잘 넘긴 것 같은데 이 역시 아버지의 역할이 컸던 것 같다. 아무래도 아버지께서 고등학교 선생님을 하시다 보니 청소년인 내 생각을 더 잘 이해해 주시지 않았나 생각된다. 무엇보다 아버지는 나를 굳게 믿어주셨고 항상 나의 중요한 선택은 나에게 맡기셨다. 내 인생의 선택은 내가 해야 한다고 늘 말씀하셨다. 그렇다고 항상 내 편이 되어주신 것은 아니다. 설령 내 생각에 반대하실지라도 합당한 근거를 제시하셨으며 단 한 번도 내 생각이 잘못되었다고 말씀하신 적은 없다. 아마도 자녀의 생각을 이처럼 존중해 주는 아버지는 매우 드물 것이다. 이러다 보니 나도 자연스럽게 아버지를 믿을 수 있었고 말하기 힘든 것들도 쉽게 털어놓았던 것 같다. 아버지는 항상 내 생각과 다른 측면을, 다른 생각을 가진 경우를 염두에 두라고 말씀하시곤 했다. 세상은 자기 생각만 가지고 살아가는 게 아니니 개방적이고 자주적인 사고를 가지라는 것이었다.

아버지와 나 사이에 이렇게 상호 신뢰가 구축되고 나니 아버지와 나눌 수 있는 대화의 폭도 굉장히 늘어났다. 지금 내가 스물세 살인데 이 연령대에 가장 관심이 가는 문제는 바로 학업과 여자 문제이다. 물론 다른 친구들도 아버지와 학업이나 진로 문제를 이야기하겠지만 나와 아버지는 이런 이야기를 매우 자주 하고 함께 걱정을 한다. 하지만 주변 친구들을 보면 우리 또래가 가장 힘들어하는 것은 학업이나 취업이 아니라 주로 여자 문제이다. 그렇다고 여자 문제를 아버지와 이야기하는 것은 상당히 난처한 일이다. 그럼에도 문제가 있을 때마다 아버지께 털어놓으면 아버지는 마치 내가 처해 있는 상황을 이미 다 알고 계신 것 같다. 대개 이성 문제는 친구들과 이야기를 나누지만 내 경우는 아버지와 대화해서 해결한 경우가 적지 않다. 아버지는 대학생활의 즐거움은 연애에서 나온다면서 늘 연애를 장려하신다. 당신은 대학 다닐 때 엄청 잘나갔다고 하시면서…. 가끔 여자친구가 있을 때면 어머니 몰래 용돈도 더 챙겨주시고 어떤 때는 어디서 알아 오셨는지 좋은 데이트 코스를 추천해 주시기도 한다. 이런 아버지는 정말 세상에 없을 것이다.

옛말에 부전자전이라는 말이 있다. 나는 정말 이 말이 나에게도 100% 맞았으면 좋겠다. 난 우리 아버지의 아들로 태어난 것이 정말 행복하다. 아버지도 나와 같은 아들을 얻으셔서 좋다고 말씀하신다. 내가 나중에 결혼을 하고 자식을 낳아서 그 자녀가 지금 내가 하는 생각과 똑같은 생각을 한다면 정말로 행복할 것이다. 세상의 수많은 자식들 중에서 아버지와 이렇게 긍정적인 관계를 맺고 사는 자식은 그렇게 많지 않을 것이다. 나도 아버지 같은 아버지가 되고 싶다.

## 꿈은 가까이, 사랑하는 사람은 멀리

곤하게 낮잠을 자고 나서 컴퓨터를 켠 뒤 이름과 접수번호를 누르고 합격자 조회를 했다. '합격' 잠시 묘한 기분이 들었다. 지난 3년간 누구보다 열심히 공부했고 그만큼의 결과를 예상치 못한 것은 아닌데 마음속에서 올라오는 벅찬 감동이란? 하지만 나보다 더 좋아하시는 부모님을 보면서 새로운 걱정이 생겼다. '또 떨어져 살아야 하나?' 고등학교 3학년 시절, 등하교 시간이 아까워 1년 정도 기숙사 생활을 하는 통에 부모님과 떨어져 지내는 것이 내겐 무척 힘들었다. 부모님께 무조건 순종하고 어리광을 피우는 열여덟 살의 내 모습은 내가 생각해도 마마보이라고 할 수밖에…. 그도 그럴 것이 형과는 여덟 살, 누나랑은 여섯 살 터울인 늦둥이에게 부모님은 각별한 사랑과 관심을 쏟으셨다. 그런 만큼 부모님에 대한 애착도 강했고 그 기대에 어긋나지 말아야 한다는 생각에 공부도 누구보다 열심히 했다. 그런데 그 노력의 결과로 또다시 부모님과 헤어져야 하다니, 이내 착잡한 생각이 들었다.

서울로 가는 터미널에서 인사하고 돌아서는 순간 나도 모르게 눈물이 났다. 또다시 돌아보고 손을 흔들어야 하는데 눈물을 보이기 싫어 돌아보지 않고 곧장 버스에 올랐다. '앞으로 평생을 이렇게 떨어져 지내야 하나?' 아버지는 내가 서울에서 자리를 잡기 원하셨다. 수험생활이 힘들어질 때 종종 아버지와 밤늦게 동네 운동장을 찾아 축구를 하면서 수많은 이야기를 나누었다. 내가 큰 꿈을 가지고 살길 바라시는 아버지는 그때마다 버릇처럼 이렇게 말씀하시곤 하셨다. "남자는 놀아도 큰물에서 놀아야 한다." 서울로 가는 버스의 차창 밖을 바라보면서 내 꿈이 가까워지고 있다는 사실과 사랑하는 부모님과 멀어지고 있다는 사실에 머리가 점점 복잡해지기 시작했다.

새로운 보금자리　대학은 고등학교 시절과는 무척 다른 모습이었다. 모든 면에서 규율이 아닌 자율이, 전체보다는 개인이 더 존중되었다. 어떤 이는 이러한 개방적인 환경을 처음 접하면서 기쁨을 느꼈겠지만 나는 오로지 외롭고 두려운 생각만 들었다. 자기의 행동에 스스로 책임져야 한다는 말을 귀로 들을 때와 몸으로 느낄 때는 너무나 다른 것이었다. 누구 하나 의지할 사람이 없던 내게 그러한 현실은 더 큰 고통이었다. 밤마다 부모님께 전화했고 통화가 끝나면 어김없이 눈물을 흘렸다. 온실을 벗어난 화초가 차가운 공기 속에서 두려워하는 것은 당연했다.

그러던 중 친구를 따라 간 교회에서 나는 새로운 공동체를 체험하게 되었다. 그곳은 내가 그동안 알던 사람들과는 또 다른 사람들이 모인 곳이었다. 서울생활에 신물이 나버린 나에게 세상 사람들은 속물이거나 이기적인 사람으로밖에 보이지 않았던 것이다. 하지만 교회에서 만난 사람들은 상대를 이해할 줄 알고 또 진심으로 서로를 걱정하고 좋아한다는 것을 알 수 있었다. 이들 덕분에 나는 고질적인 외로움과 사회에 대한 냉소적 사고를 조금씩 극복할 수 있게 되었다. 그 이후, 교회에서 만난 친구들과 밤늦도록 수다를 떨거나 전화를 하는 것이 내겐 하나의 즐거움이었다. 대신 부모님과의 전화통화는 뜸해졌고 어쩌다 걸려온 전화는 바쁘다며 급하게 끊기 일쑤였다.

교회를 다니다 보면 서서히 기독교의 교리에 익숙해지게 되고 기존의 사고방식을 바꿔야 할 필요가 생기게 된다. 인간의 삶과 죽음, 타인을 바라보는 시각, 재물에 대한 생각, 야망, 욕심, 정의, 이성 등 그동안 옳다고 생각했던 모든 것을 깨뜨려야 하는 상황에 부딪히게 되는 것이다. 나 역시 예외가 아니었다. 당연하다고 느꼈던 것을 뒤집어 다

혼돈의 20대, 자신을 말하다

시 생각하게 되었고, 그럴 때마다 항상 기존의 세상과 잦은 충돌이 빚어지곤 했다. 내가 열심히 공부해서 성공한 법조인이 되길 바라시는 부모님과 사회의 음지에서 봉사하려는 의지를 가진 아들은 분명 다른 곳을 바라보고 있는 것이다.

"지금 공부하고 있냐?"

"아뇨, 엄마. 교회에 있어요."

"무슨 일로 이 시간까지 교회에 있어?"

"그냥 있고 싶어서 그래요. 나중에 다시 전화할게요."

가뜩이나 뜸한 전화통화는 차츰 차가워지기까지 했다. 그때 어머니는 어떤 생각을 하고 계셨을까?

나는 교회를 떠나고 어머니는 나를 떠나고   12월 3일, 한창 사법고시 막바지 준비에 열을 올리고 있었다. 평소 전화를 거의 하지 않는 형에게서 전화가 왔다. 다혈질의 성격을 가진 형이었지만 그날따라 더욱 흥분한 목소리로 내게 말을 했다. "지금 너 내려와야겠다…. 엄마 얼마 못 사신단다. 길어야 2주래. 아빠가 너한텐 절대 알리지 말라고 했는데 그래도 임종은 지켜야 하잖아."

아무 생각도 할 수 없었다. 추석 때만 해도 웃으면서 전화 받으시던 어머니였는데…. 머리가 복잡해졌다. 더 이상 무슨 생각을 하기보단 일단 집으로 내려가야 했다. 모든 것을 집어치우고 무작정 집으로 향했다. 상황은 내가 생각했던 것보다 훨씬 나빴다. '말기 암 환자' 어머니가 그렇게 불리리라고는 꿈에도 생각하지 못했다. '왜 여태껏 말씀하시지 않았을까?' 말도 없이 내려온 나를 아버지는 망연자실하게 바라보셨다. 내게는 아무 말도 못 하시면서 애꿎은 형만 탓하셨다. 슬퍼도 눈물을 흘릴 수가 없었다. 어머니는 병상에서도 내게 웃음을 보이셨으니까.

그해 12월 28일, 어머니는 돌아가셨다. 3주간 병간호를 하면서 날마다 열심히 기도했지만 병은 그보다 더 심하게 생명을 옭아매었던 것이다. 어머니를 땅에 묻고 돌아오던 날 화장실에 앉아 그동안 참았던 눈물을 한없이 흘렸다. 누가 들을까 봐 소리도 내지 못했다. 불효자라는 생각이 머리에서 떠나지 않았다. 그동안 전화도 많이 못 하고 많이 찾아가보지도 못한 것이 그렇게 후회될 수가 없었다. 3월이 되자 마음을 정리하고 복학을 했고 진정된 마음으로 다시 고시를 준비했다. 모든 것을 잊고 책에만 집중하고자 했다.

부모님께 소홀했던 것은 사실 교회활동을 너무도 열심히 했기 때문이었다. 유난히 일을 많이 하기로 소문난 교회였고, 나 역시 학년이 올라갈수록 맡은 직분이 과중하게 되었던 것이다. 어머니가 돌아가실 때 '내가 교회활동을 조금만 줄였더라면….' 하는 후회가 물밀듯이 밀려왔지만 그 순간에도 그런 생각은 불경스럽다는 생각에 후회조차도 함부로 하지 못했다. 부모님이라는 온실을 벗어나고, 교회의 비리로 새로운 보금자리도 잃어버린 내가 어처구니없기까지 했다. 하이데거가 그랬던가? '인간은 던져진 자' 라고.

2년 동안 용광로에 나를 녹이고  한없이 나 자신이 불쌍해 보이던 무렵 무작정 입대원서를 제출했다. '그래, 기왕 내던져진 거 아주 극한까지 가보자' 하는 심정이었다. 절친한 친구네 집이 마산에 있는데 그 근처의

함안이라는 곳에는 아름다운 호수가 하나 있다. 더위가 막 가시고 한창 산들바람이 불 무렵, 호숫가에 앉아 친구에게 이런 이야기를 한 기억이 있다. "군대에서 밑바닥을 치고 올게."

군대는 그야말로 내가 생각한 것보다 훨씬 힘들고 어려운 곳이었다. 하루에도 수십 번씩 구타와 기합이 주어지고 갖은 명령과 욕설들이 수도 없이 쏟아지곤 했다. 하루 일과를 마치고 눈을 감으면 잠들기까지 1분이 걸리지 않았다. 외박이 잦은 편이라 종종 외박을 나가 인터넷 뉴스를 보면 군인 자살 소식이 심심치 않게 올라오는 것을 볼 수 있었다. 공감이 충분히 감에도 불구하고 입대할 때의 마음가짐이 스스로 그런 생각을 저버리게 만들었다. 매번 죽고 싶을 때마다 '인생의 밑바닥부터 다시 시작할 것이다' 라고 되뇌었다.

아마도 이 시기에 부모님에게 의존하려 하고 따뜻한 공동체 속에서 안락함만을 느끼려 하던 내 자의식은 철저하게 독립적으로 변화되고 있었던 것 같다. 거친 환경이 군대라는 하나의 사회 속에서 내 위치를 자각하고 그 위치에 걸맞는 행동과 책임을 질 줄 아는 능력을 서서히 키워나갈 수 있도록 했던 것이다. 아울러 대인관계에 있어서도 내게 온정적인 사람뿐만 아니라 적대적인 사람까지도 포용할 수 있는 방법을 익혔다. 조잡했던 원석이 용광로에 녹아 단단한 강철로 거듭나고 있었다. 2년 동안 심신이 단련되어 갈수록 사회에 나가 해야 할 일들에 대해 다시 생각하게 되었고 왠지 모를 자신감이 생겼다. '매몰찬 세상아, 이제 진짜 한판 붙어보자!'

아버지에서 친구로   내가 군생활을 했던 곳은 공교롭게도 아버지께서 근무하시던 곳이었다. 비록 아버지는 정년퇴임하시고 안 계셨지만 나를 아는 경찰 아저씨들은 내게 종종 이야기를 걸면서 아버지 칭찬을 아끼지 않으셨다. 그분들에게 '강직하고 인자한 선배'로 기억되는 아버지는 집에서만 보아오던 것과는 또 다른 모습이었다. 하지만 어머니의 병간호로 몸고생뿐만 아니라 마음고생도 너무 많이 하셔서 체중은 15kg이나 줄고 말할 수 없는 속병도 얻으셨다. 아버지도 그런 모습을 후배들에게 보이기 싫으셨던지 내게 면회 오는 것을 극도로 꺼리셨다.

제대 후 지금도 시간이 날 때면 어김없이 아버지와 함께 운동장이나 공원으로 산책을 나간다. 항상 부자지간에 다정하게 손잡고 산책하는 우리를 동네 사람들이라면 다 알아볼 것이다. 학창시절과 다름없이 우리는 정말 많은 대화를 나눈다. 그때와 다른 점이 있다면 이제는 내가 아버지를 보살펴야겠다는 책임감이 더해졌다는 것이다. 마냥 어리기만 할 줄 알았던 내가 든든한 친구가 되어가고 있었기에 아버지도 이제 조금씩 내게 의지하곤 하신다. 경찰서에서 아저씨들이 나를 볼 때면 늘 하던 이야기가 있었다. "너, 진짜 너희 아버지 많이 닮았구나." 그때 들었던 것 중에 가장 기분이 좋은 말이었다.

더 큰 성장을 위하여   나는 지금 사법시험을 준비하고 있다. 마치 7년 전 대학에 들어가기 위해 열심히 공부했던 것처럼 다시 한 번 공부하고자 한다. 물론 쉽지는 않다. 아직도 어리다고 느끼고 있고 공부 외에 하고 싶은 것도 많다. 그러나 고등학교 3학년 시절처럼 단순하게 누군가를 위해 공부하려 하진 않는다. 세상 속에 나 홀로 존재한다는 것을 깨닫고 내 인생을 스스로 개척하겠다는 목적이 있는 공부이기에 쉽사리 지치진 않는 것 같다. 이제 나는 새로운 성장판의 경계 위에 서 있다. 예전의 내가 '받는 사랑'만으로 성장해 왔다면 앞으로의 삶은 타인에 대한 관심과 사랑, 그리고 내 미래에 대한 꿈으로 성장해야 한다고 생각한다. 그게 바로 저 위에서 신이 나를 이 세상에 던져주신 이유라고 믿기 때문이다.


## 부모님, 사랑합니다

"세상에서 가장 존경하는 사람이 누군가요?"라는 질문에 언제나 나는 "부모님입니다"라고 말할 수 있다. 그리고 "세상에서 가장 되고 싶은 사람은 어떤 사람입니까?"라는 질문에 나는 당당히 "저의 부모님이야말로 제 인생을 비추는 거울이자 제가 되어야 할 모습입니다"라고 말할 수 있다. 나에겐 부모님이란 거부감 없이 나의 모든 것을 포용해 주시는 나무와 같으신 분이며 때로는 평생을 같이할 친구, 또는 잘못을 꾸짖고 나를 바람직한 방향으로 인도하는 방향키와 같은 분이시다.

나의 부모님은 학벌이 좋은 것도, 경제적으로 부유한 것도 아니다. 하지만 어떤 어려움에도 서로를 보듬으며 자신보다 가난한 이웃을 도우며 살아가는 부모님의 모습에서 나는 내 미래를 어떻게 가꿔야 할지에 대한 답을 찾곤 한다. 분명 누구에게나 부모님과의 갈등은 존재한다. 나 역시 나에 대한 부모님의 과도한 신뢰와 믿음, 그에 비례하여 커져가는 '부담감'으로 부모님이 원망스러웠던 적도 있었다. 또 어머니의 단 한 번 실수로 집안이 풍비박산 났을 때도 아들이 학업에 전념

할 수 있도록 모든 고민, 괴로움, 슬픔을 묵묵히 안고 계신 모습을 봤을 때 미안함과 함께 부모님에 대한 반항과 분노를 느꼈다. 그럴 때마다 나와 부모님의 관계를 이어준 것은 서로에 대한 신뢰와 믿음을 바탕으로 한 무언의 대화, 혹은 진심어린 대화였다.

부모님은 나를 너무 신뢰하셨다. 수험생 때 친구들과 함께 PC게임에 푹 빠지고 도움 안 되는 판타지 책에 열정을 쏟을 때에도 부모님은 내 모든 행동을 인정해 주시고 내가 원하는 대로 하게끔 하셨다. 그것은 어떤 상황에서도 공부만은 놓지 않는 나에 대한 부모님의 무한한 신뢰였을지도, 혹은 자신의 낮은 학력으로 인해 학업과 관련해 어떠한 도움도 되지 못하는 부모님의 자기방어적인 방법이었을지도 모른다. 아니면 내 행동에 대한 책임을 스스로 지도록 권리와 책임의 관계를 그때부터 확실히 규정지으신 것일지도 모른다.

나는 주변의 어떤 사람에게도 대학과 관련하여 나의 고민을 나눌 수 없었다. 항상 내 옆에서 든든한 힘이 되어주시고 쉴 수 있는 그늘이 되어주셨던 부모님도 나에겐 진로상담, 미래를 준비하기 위한 상담자가 될 수는 없었다. 막노동을 천직으로 살아오신 아버지는 학문과는 관계가 없을 것이라는 오만한 생각과 차마 부모님 앞에서 대학 진학을 걱정하며 눈물을 보일 수 없다는 배려 아닌 배려 때문이었다. 나에 대한 부모님의 믿음이 커지면 커질수록 그 기대에 못 미치는 나 자신에 대한 불만과 나를 이렇게 방임한 채 관심을 보이지 않는 부모님에 대한 원망은 커져만 갔다.

매일같이 부모님, 특히 아버지는 내가 공부하는 방에 오셔서 문틈으로 살짝 나를 바라보시곤 했다. 그리고 공부에 열중하는 나를 미안함, 고마움, 안쓰러움이 교차하는 눈빛으로 바라보신 후 나와 눈이 마주치면 어색한 미소와 함께 "힘내라. 할 수 있는 만큼만 하면 된다" 하시며 조용히 문을 닫고 나가셨다. 그때 힘없이 돌아서는 아버지의 모습은 내게 고통이었다. 아마 중학교 졸업에 막노동 일꾼이라는 아버지의 현실이 짐이 되어 두 어깨를 무겁게 짓눌렀던 것이라 생각한다. 드라마 속에 등장하는 아버지들처럼 아들에게 경제적으로, 정신적으로, 사회적으로 든든한 조력자가 되고 싶지만 그럴 수 없는 현실에 좌절한 중년의 모습, 그것이 아버지의 모습이었다. 그리고 그러한 모습을 바라볼 때마다 능력 없는 아버지에 대한 불신, 항상 '못난 부모라 미안하다' 라는 말을 입에 달고 사시는 부모님에 대한 이유 없는 적개심과 야속함, 그리고 그 기대와 신뢰에 응답하지 못하는 나의 부족한 능력에 대한 자책감도 나날이 커져만 갔다.

그런 나의 감정이 최고조에 달했을 때가 입시를 앞두고 치렀던 6월 모의고사 때였다. '모의 수능' 이라 할 수 있었던 그 시험에서 나는 내 원래 실력의 10분의 1도 발휘하지 못했다. 나의 태만, 방심이 부른 당연한 결과였다. 아무도 없는 빈 집에 돌아와 침대에 누워 천장을 바라보니 무력한 나 자신에 대한 분노로 눈물이 앞을 가렸다. 나를 믿고 신뢰를 보내주신 부모님에 대해 나는 배신으로밖에 보답하지 못했다는 생각이 자책감과 자기비하로 이어졌다. 그리고 그와 동시에 내가 이 정도의 결과밖에 내지 못한 것은 '무능력한 아버지 때문' 이라는 변명 아닌 변명으로 내 현실을 합리화시키려 했다.

얼마쯤 지났을까? 벨이 울렸지만 나는 자는 척 침대에 누워 있었다. 상대가 누구든 볼 면목이 없었기 때문이었다. 그리고 내 방문을 조심히 열고 들어온 한 사람이 조심스런 손길로 나의 이마를 쓸어주었다. 이어서 나의 손을 꼭 잡아주었다. 힘든 노동일에 지쳐 거칠어진 피부, 그리고 마디마디 고된 노동의 흔적들이 고스란히 남아 있는 굵은 손가락, 아버지의 그 손을 타고 전해지는 뜨거운 진심이 나의 가슴에 격한 파문을 일으켰다.

"아들아, 아버지는 네가 자랑스럽다. 아무것도 해준 것 없지만 잘 해내는 너는 나의 보물이다. 할 수 있는 만큼만 해라. 너무 부담스러워하지도 말고, 할 수 있는 만큼…. 그러면 된다."

아버지의 목소리가 젖어 있다고 느낀 것은 나만의 착각일까? 잠시 후 조용히 문을 열고 나간 아버지, 나는 두 손에 전해지던 따스한 아버지의 체온과 영혼으로부터 아버지의 진심을 느꼈다. 그 순간 세상의 모든 언어로도 표현 못 할 아버지의 지극한 사랑에 그간 쌓여 있던 아버지에 대한 불만과 나 자신에 대한 자책감이 눈 녹듯 사라짐을 느낄 수 있었다. 그리고 어느새 꽉 쥐어진 나의 두 손엔 해낼 수 있다는 자신감이 가득했다.

비록 아버지는 내게 공부하는 방법, 대학에 가는 방법, 미래를 계획하는 방법을 일러주신 것은 아니었지만 그보다 더 값진 것, 언제나 아버지는 나의 든든한 조력자이자 친구로서 함께 하신다는 것을 알게 해주었으니 말이다. 그러한 아버지의 말없는 응원과 그때의 한마디는 아직까지 내 가슴속에 살아 숨 쉬고 있다. 일상에 지쳐 나 자신이 무력하다 느낄 때, 아버지에 대한 야속함이 문득 떠오를 때, 난 아버지의 진심이 무엇인지 알기에 진정 웃을 수 있다. 말 한마디보다 값진 행동을 통해서 나와 아버지는 갈등을 해결할 수 있었다.

대학 1학년 때 어머니는 참 많이도 우셨다. 보험회사에 다니시던 어머니가 보험회사로부터 '위증'이란 죄목으로 기소되었기 때문이다. 그 일이 있은 뒤, 매일 눈물 흘리는 어머니, 미안하다는 말만 반복하는 어머니, 그 무게를 감당하지 못해 죽음까지 생각하셨다는 어머니. 나는 그러한 어머니에게 연민과 동정보다는 분노와 답답함이 앞섰다. 그렇게도 큰아들을 믿지 못하셨던 것일까? 그 모든 과정에서 아들을 믿고 의논했더라면 어머니 혼자서 이 모든 짐을 질 필요가 없었을 텐데 왜 모든 일을 독단으로 처리하셨던 것일까?

또한 어머니의 실수로 내가 원하는 것을 하지 못하게 되었다는, 아니 내 힘으로 해결할 수 없는 문제에 봉착했다는 것에 대한 원망이 내 감정을 지배했다. 힘들고 괴로워하시는 어머니께 "이 모든 것이 바보같이 사람을 믿은 엄마의 잘못이잖아요"라고밖에 말하지 못하는 나 자신이 비참했다. 그런 아들에게 '미안하다'는 말만 반복하는 무력한 그 모습에 나는 더 큰 분노를 느낄 수밖에 없었다. 어려움을 드러내 보이지 않으려는 어머니의 가엾은 노력을 보며 나는 이런 나약한 한 인간을 이용하는 세상에 대한 분노가 치솟았고, 배우지 못했기 때문에 당할 수밖에 없는 한 인간에 대한 연민과 안타까움이 일었다. 그리고 그런 감정에 못 이겨 힘들어하는 어머니를 외면하고 집을 나오게 되었다. 아무것도 할 수 없다는 무력감을 피하고 싶고 비참한 현실을 외면

하고 싶었기 때문이었다. 어머니는 나를 잡지 않았다. 단지 미안함, 안타까움, 절망, 슬픔이 교차하는 눈빛으로 나를 바라보실 뿐이었다.

거의 일주일이 다 되어갈 때였다. 내 휴대전화로 문자가 하나 도착했다. '아들아, 미안하고 보고 싶구나. 엄마는 항상 아들을 믿고 의지한단다. 아들은 엄마의 남자친구잖니? 아들아, 보고 싶구나."

길지 않은 문장이었지만 그 속에 녹아 있는 어머니의 마음이 나의 가슴을 적셨다. 그리고 자꾸만 흐르는 눈물에는 어머니에 대한 미안함, 연민, 사랑이 녹아 있었다. 그날 집으로 돌아간 나에게 어머니는 환한 미소와 함께 따끈한 밥상을 차려주셨다. 그 밥을 삼키며 쏟아지려는 눈물을 참았다. 그리고 아들이 먹는 모습을 보는 것만으로도 배가 부른 듯 미소를 지으시는 어머니를 바라보았다. 갈등을 해결하는 방법은 많다. 하지만 작은 몸짓, 행동, 따스한 눈빛만으로도 실타래처럼 엉킨 갈등과 오해가 해결될 수 있음을 느꼈던 시간이다.

지금은 모든 문제가 해결되어 평화를 찾았다. 하지만 그 과정에서 경험했던 부모님과의 갈등, 그리고 해결 과정은 지금도 나의 머릿속 한가운데를 차지하고 있다. 그리고 생각한다. 행동 뒤에 숨겨진 상대방의 진심을 파악할 수 있을 때 갈등이란 한낱 사소한 것에 그칠 뿐이라고 말이다.


## 좀 더 멍청했더라면 좀 더 행복했을지도

우리 주위엔 부모의 기대감 때문에 힘들어하는 사람들이 많다. 이런 기대감은 자기 자식은 다른 아이보다 뛰어나다는 부모의 그릇된 생각에서 비롯되는 것 같다. 그래서 요즘 아이들은 초등학생이 되기 전부터 유치원이다 학원이다 해서 눈코 뜰 새 없이 돌아다닌다. 그 결과 아이들에게 공부란 지루한 것, 하기 싫은 것으로 인식되기 십상이다. 이런 부모의 기대감이 세계에서 찾아보기 힘든 높은 교육열과 입시경쟁을 야기하고 있다. 그리고 그 기대감이 자식에게 얼마나 무거운 짐이 되는지 부모님들은 아시는지, 모르시는지….

초등학교 시절, 나는 반에서 줄곧 1등을 하는 공부 잘하는 학생이었다. 내가 공부를 좋아해서 매진한 결과라기보다 그다지 나쁘지 않은 머리와 운이 좀 따랐던 덕분이다. 부모님은 나에게 공부하라고 강요하거나 여러 학원으로 내몰지는 않으셨다. 두 살 터울인 형은 학원 수업 없이도 공부를 잘했기 때문에 집안의 자율적인 분위기 속에서 형을 모델링해서 큰 어려움 없이 공부를 잘하는 모범생이 될 수 있었다. 그래서 공부에 대한 부담감이나 두려움 없이 늘 자신감에 차 있었고 성적에 집착하는 성격이 아니었다.

어린 시절 나의 우상이었던 형은 부모님의 기대감을 부담스러워했고 그 역기능으로 명문대 진학에 실패한 후, 실력보다 낮은 대학에서 자유를 만끽하며 살았다. 당시 그것은 나에겐 큰 충격이기도 했지만 무엇보다 부모님의 기대감이 나한테 넘어와 부담으로 작용했다. 얼마 지나지 않아 부모님 친구 분들의 자녀들이 나의 비교준거가 되기 시작했다. 나는 뚜렷한 목표나 성취욕구가 있었다기보다는 부모님이 원했기 때문에, 나의 성적이 부모님의 자존심과 결부되어 있었기 때문에 다시 성적을 올리기 위해 분투했고 결국 정상에 올랐다. '언덕 너머 무지개를 찾기 위해 산을 넘었더니 또 다른 산이 있었다' 는 이야기처럼 이후에는 S대 진학이라는 부모님의 기대감이 나를 무겁게 짓누르기 시작했다. 그땐 그 산이 마지막 산이라고 생각하고 있었다.

이러한 기대감으로 난 점수에 민감해지면서 시험기간만 되면 말수가 적어지고 신경이 날카로워졌으며 신경성 신체장애까지 생겼다. 부모님을 실망시켜 드려서는 안 된다는 중압감으로 항상 최고 성적을 추구하게 되었다. 이런 행동특성은 일상화되어 평소에도 화를 잘 내고 짜증을 잘 내는 예민한 성격이 되어버렸다. 어느새 공부를 재미있어하고 자신감에 차 있던 긍정적 성격은 스트레스 받고 성적 유지를 위해 전전긍긍하는 부정적 성격으로 바뀌어버렸다. 수험생활은 나에겐 엄청난 부담이었다.

부모님은 칭찬에 인색하셨지만 나의 자율성을 인정해 주고 편안하게 안정감을 주고 물심양면으로 지지를 아끼지 않으셨다. 공부와 관련해서는 나에게 전적으로 일임하셨던 터라 그런 부모님의 신뢰감이 무언의 기대감과 함께 나에게는 무거운 짐이 되어버린 것이다. 형의 실패로 인해 나는 더욱 부담감을 느낄 수밖에 없었다. 제자리걸음을 하는 성적 앞에서 행복은 성적순이 아니란 말로 합리화하면서 '내가 좀더 멍청했더라면 이런 스트레스는 안 받을 텐데…' 하는 생각도 했다. 성적에 연연하는 내 모습이 너무 싫고 자신감이 없어지면서 난 방황하기 시작했다. 머릿속은 쓸데없는 생각으로 가득 차 있었고 밤늦게까지 게임하고 술, 담배, 이성 친구를 가까이 하면서 몇 개월을 허송세월했다. 하지만 내내 마음은 편치 않았고 나에게 도움과 격려를 아끼지 않은 주변 사람들의 기대를 저버릴 수가 없었다. 그때 절친했던 친구들과의 대화와 질책이 스트레스를 해소하고 위로를 받는 데 큰 도움이 되었다. 결국 마음을 다잡고 다시금 공부에 매진하여 다행히 방황 기간이 길지 않았기에 좋은 결과를 얻을 수 있었다.

돌이켜보면 언제나 내 인생의 중요한 순간마다 어머니는 자식을 위해 산을 오르시고 불상 앞에서 무릎이 닳도록 절을 하곤 하셨다. 수능을 치르던 날도 어머니께서는 절에 가서 새벽부터 밤까지 절을 하셨다. 또한 말수가 적고 성실하신 아버지는 고등학교 3학년 내내 매일 아침 나의 등교를 도와주셨다. 이따금 출장으로 등교를 도와주지 못하실 땐 너무나 미안해하시곤 했다. 이런 부모님 덕분에 나는 행복한 고민과 갈등을 겪는지도 모르겠다. 혹자는 흔히 부모가 자식에게 하는 '이게 다 너 잘되라고 하는 소리다'라는 충고를 뒤집어 보면 '부모님 당신들 잘 되기 위한 것'이라고 우스갯소리로 해석하기도 한다. 하지만 나는 그렇게 생각하지 않는다. 자식을 통해 성취감을 추구하신 것은 당신들이 자녀에게 제공한 정신적, 물질적 지원에 대한 당연한 반대급부라고 생각한다. 부모님의 기대감은 나에겐 부담이었지만 한편으론 '부모님을 실망시켜드릴 수 없다'는 생각이 힘든 수험생활을 잘 보낼 수 있었던 원동력이었던 것 같다.

나처럼 부모의 기대감으로 완벽주의적 성격이 형성되어 고통을 받는 사람들은 비교적 두뇌가 명석하고 교육이나 경제적 수준이 높은 편이다. 그러나 자승자박이라고 했던가? 자신이 성취한 일들을 언제나 과소평가하면서 '더 잘해야 된다'는 강박적인 요구에 자신을 얽어맨다. 그래서 성취에 대한 기쁨과 만족감이 없고 항상 성공을 거두지 못했다고 느낀다. 나는 이런 완벽주의가 부모님의 끊임없는 암묵적인 요구와 기대로 인해 고등학교 시절에 형성된 것 같다. 부모님은 항상 내 자율성을 인정해 주셨음에도 나 스스로 만족할 줄을 몰랐고 대학생인 지금도 여전히 만족감을 누리지 못하고 있다. 대학입시라는 관문을 통과한 후에도 부모님 의도와는 달리 부모님의 기대감은 내게는 여전히 부담이 아닐 수 없었다.

아마도 오늘날의 청년들이 겪고 있는 고독감, 불안감, 갈등은 나처럼 부모님의 기대감에 비추어 생각해 볼 수도 있을 것이다. 대학생이 된 후에도 우리는 '좀 더 나은 직장'에 대한 끊임없는 기대를 받게 된다. 자연스레 우리는 주변의 이목에 신경을 쓰게 되고 자신이 하고 싶은 일보다는 그저 남들이 인정해 주는 그 무언가를 맹목적으로 쫓게 되는 것이다. 특히 부모님이 기대하고 인정해 주는 무언가를. 분수에서 분자는 가만 놔두고 분모를 줄여나가면 숫자가 커진다. 이처럼 욕심을 줄여나가는 것이 완벽주의를 추구하는 사람들에겐 해결책이자 행복의 비결이 아닐까?

그러나 부모님의 기대감은 역기능보다는 순기능이 더 크다. 부모님의 존재가 없었다면 지금의 내가 가진 어느 하나도 내 것이 아니었을 것이다. 군 복무 시절 아버지가 세상을 떠나셔서 지금은 더 이상 아버지의 기대감을 느낄 수 없게 되었다. 이제 그런 기대감이 내게 동기부여를 해주지 못하는 것이 무척 안타까울 뿐이다. 부모님의 존재는 우

혼돈의 20대, 자신을 말하다

리에게 나침반과도 같은 것이다. 그 나침반이 안내하는 길은 언제나 최적의 길을 제시하는 것은 아니다. 나침반은 방향을 알려줄 뿐 선택은 우리의 몫이다. 즉, 부모님이 우리에게 건 기대감은 그 자체가 나쁜 것은 아니다. 그것이 악하고 나쁘게 되는 것은 사람에 따라, 경우에 따라 다르며 해가 될 수도, 득이 될 수도 있는 것이다. 지금의 내 모습을 보면 순기능도, 역기능도 다 있었다.

하지만 부모님이 우리에게 진정으로 원하는 것은 자녀들의 행복이라는 사실을 그 누구도 부정할 수는 없을 것이다. 진정으로 행복하고자 한다면, 또한 진정으로 부모님을 위한다면 우리는 자신이 느낀 어떤 감정도 감추거나 부인하거나 비하하지 말고 그대로 인정하고 수용해야 할 것이다. 그래야만 자신의 감정을 고쳐 나갈 수 있으며 과거를 반추하며 현재와 미래에 대처해 나갈 수 있을 것이다. 주위에서 거는 기대가 무엇이든 그것을 충족시키지 못한다고 해서 그들이 우리를 사랑하는 마음이 변하는 일은 없을 것이다.

# 2. 그 그늘 벗어나고파

## 내 삶은 내가 찾고 싶어

나의 청소년기를 반추해 볼 때, 부모님과의 관계가 내게 가장 큰 영향을 미쳤고 지금도 여전히 나의 삶에 영향을 미치고 있다. 비록 나이가 들면서 그 영향력이 감소하였고 그 방식도 이전과는 많이 달라졌지만 아직까지 정말 무시하기 힘든 영향력이다. 어찌 보면 지금까지 나는 내 삶에서 나보다는 부모님을 더 중요하게 생각해 왔는지 모른다.

어린 시절 내가 아직 세상 물정을 모를 때, 세상의 모습을 알려준 것도 부모님이었다. 친구들과의 관계, 권력이나 돈의 힘, 명문대의 중요성 등 세상의 여러 모습을 아직 체험해 보지 못한 나에게 말로 설명해 주셨다. 물론 처음에는 이러한 것들이 신기하기도 했고 흥미로웠다. 내가 알지 못하는 새로운 세계를 접하는 것 같아 행복하기까지 했다. 하지만 그땐 바로 이런 것들이 나중에 내가 힘들어하고 괴로워하게 되는 핵심요소가 될 줄은 몰랐다. 부모님이 항상 그런 말씀을 어린 내게 하실 때에는 목적이 있었다. 즉, 나는 공부를 열심히 해서 명문대를 가고 거기서 상위 클래스에 속하는 친구들을 만들고 사회적 지위도 높아져야 하며 권력도 가져야 한다는 것이었다. 지나치게 단순도식화한 느낌도 있지만 이것은 내 부모님의 의도를 직설적으로 아주 정확하게 표현한 것이다.

똑같은 이야기를 나는 하루에도 여러 차례 들었다. 내가 듣고 싶든 듣고 싶지 않든 그것은 고려의 대상이 아니었다. 기회가 있을 때마다, 혹은 이런 주제와 관련된 일들이 신문이나 뉴스에 보도될 때마다(명문대생, 사회 상류층 삶의 모습) 똑같은 레퍼토리로, 세부사항은 좀 다를지 몰라도 핵심주제는 항상 같은 이야기를 들어야만 했다. 처음에는 내게 조언을 해주는 부모님이 감사했고 모르는 부분을 깨우쳐주시는 것 같아 감사한 마음도 있었지만 점차 나는 부모님의 얘기가 듣기 싫어졌다. 대화의 결론은 항상 같았으며 거기에는 반론의 여지조차 없었다. 반론을 펼칠 수 없었던 것은 나 자신이 부모님에게 반박할 만큼 삶의 경험도 없었고 용기도 부족했기 때문이다.

물론 부모님은 자식이 잘되길 바라는 마음에서 내게 조언을 하셨을 것이다. 하지만 6년간 들어온 대화의 주제가 항상 같다고 생각해 보면 이것은 대화라기보다는 거의 세뇌에 가깝다. 아직 어렸던 나에게 이러한 세뇌식 대화는 정말 막강한 영향을 끼쳤다. 나의 목표는 오로지 S대 법대였다. 다른 대학 다른 과는 고려하지도 않았다. 나의 적성도 그다지 고려하지 않았다. 어쩌면 고려할 마음의 여유도 없었는지 모른다. 그때 당시 나의 모습은 전혀 능동적이지 못했다. 물론 공부를 열심히 하는 것에서는 어느 정도 능동적이었지만 공부를 하는 동기와 목적은 내가 설정한 게 아니다. 오직 부모님이 정해주신 것에 따라 열심히 했을 뿐이다. 하지만 결국 현실적 여건에 부딪혀서 Y대 ○○대학에 들어왔을 때, 나는 아버지로부터 '너는 결국 실패했다' 라는 이야기까지 들어야 했다.

내가 대학에 들어와서 부모의 보호로부터 벗어나 심리적인 독립을 하려고 했을 때, 난 커다란 어려움을 겪었다. 내 뜻대로 사는 것은 곧 반항이었고 세상 물정 모르는 젊은 청년의 어줍잖은 방황에 불과했다. 내가 나 자신을 삶의 중심에 세우고 내 마음속에서 부모님이 차지하는 범위를 축소시키려고 할 때, 부모님과의 갈등은 커져갔다. 그리고 심리적으로 부모님으로부터 독립해서 이전의 삶의 방식과는 다르게 살아가기가 너무 낯설고 힘들었다. 때로는 부모님의 보호 아래 그대로 순종하고 조용히 지내고 싶었다. 하지만 그럴 경우, 후일의 내 삶이 너무 비참할 것 같아서 그렇게 하지도 못했다. 부모님의 성향은 현실추종형이기에(그것도 꽤나 심한…) 나의 반항은 현실을 망각하고 너무 이상을 쫓는 것처럼 여겨졌다. 심지어 나조차도 그렇게 생각하곤 했다.

여전히 부모님은 나에게 고시의 중요성을 말씀하시고 내가 법조인이 되기를 희망하고 계신다. 내가 언젠가는 방황을 끝내고 부모님의 뜻대로 고시에 매진하기를 원하신다. 하지만 고시는 더 이상 내게 아무런 의미가 없다. 오히려 부모님으로부터 독립하고자 하는 나에게 고시를 포기하는 것은 곧 부모님의 울타리를 벗어나서 나 자신이 삶의 주체로 살아간다는 상징적인 의미가 되었다. 언젠가는 부모님의 그늘에

혼돈의 20대, 자신을 말하다

서 벗어나야 하기에 겪어야 하는 과정을 지금 나는 겪고 있는 것이다.

삶을 살아가는 목적은 결코 부모님이 원하는 것을 대리만족시켜 드리는 것이 아니라 내가 진정 하고 싶은 일을 찾아서 그것을 추구하는 것이다. 이 단순한 사실을 어쩌면 나는 너무 늦게 깨달았는지 모른다. 내가 십대일 때 행했던 모든 것들이 단지 부모님의 만족을 위해서였다는 것을 깨달은 것도 불과 2년 전이다. 비록 현실은 암담하고 내 성적도 잘 나오는 편은 아니지만 수석을 할 때보다 나는 지금의 삶이 훨씬 더 만족스럽다. '이제야 내가 내 자신의 삶을 사는구나' 하는 생각이 종종 든다. 후회는 없다. 아직 명확히 내가 무엇을 해야겠다고 정하지는 못했지만 그래도 내가 진정으로 하고 싶은 일을 찾아내고야 말 것이다. 그리고 그것을 향해 더 치열한 노력을 할 것이다.

## 내 인생의 드라이버는 누구?

나는 청소년기를 매우 평탄하고 고요하게 지내왔다. 부모님과의 사이에 반항이나 불화도 없었고 공부는 능력을 인정받고 싶어서 스스로 열심히 했다. 이러한 나의 모습에 부모님은 매우 흡족해하시고 자랑스러워하셨다. 가난으로 중도에 학업을 포기하셨던 아버지는 내가 당신의 꿈도 함께 이루어가는 것이라고 생각하셨다. 그래서 내가 내리는 모든 결정을 신뢰하고 지지해 주시고 내가 컴퓨터를 하거나 TV를 보더라도 항상 "힘들지?" 하시며 격려해 주셨다. 한마디로 모든 결정권은 나에게 있고 제약이 없었다. 내가 ○○대학에 입학했을 때 가장 기뻐하고 자랑하신 분도 아버지셨다.

하지만 갈등은 대학 입학 후에 시작되었다. 늘 규칙적이고 행로가 일정했던 고등학교 시절과는 달리 대학에서는 선배들과의 뒤풀이, 학회 활동, 조 모임 등으로 귀가시간이 늦어지는 경우가 많아졌다. 처음엔 '입학 초라 그런가보다' 하셨는지 '늘 조심하라'는 충고 이외에는 별 말씀이 없으셨다. 하지만 이런 불규칙한 생활이 계속되자 부모님께서는 밤 8~9시만 되면 일찍 들어오라고 전화를 하셨다. 한번은 '선배 언니와 밥을 먹고 있다'고 했더니 '그런 인간관계 다 필요 없으니 밥은 집에 와서 먹으라'고 하셨다. 귀가시간에 엮어 인간관계까지 부정하시니 정말 속이 상했다. 또 학회 활동 때문에 조금 늦게 들어가면 미래에 도움도 되지 않을 활동에 시간과 에너지를 쏟지 말라고 하셨다. 물론 1학년 때는 학교 행사로 귀가가 늦어진 적이 많았다. 하지만 2학년이 되면서 최대한 일찍 들어가려고 노력하는데도 어쩌다 늦어지면 거기에 초점을 두고 저녁은 집에서 보내는 게 바람직하다는 말씀을 늘 반복하신다. 이런 말씀들이 이젠 나에게 충고가 아닌 잔소리로 들린다.

귀가시간뿐 아니라 교내외 활동 때문에도 언쟁이 벌어진 적이 있다. 공부하기에 바빴던 중 · 고등학교 시절에도 방송부, 선도부, 학생위원회, 봉사활동 등을 할 수 있었던 걸 보면 부모님은 날 공부만 하는 학생으로 키우진 않으셨던 것 같다. 하지만 대학에 온 뒤로 부모님은 이런 과외활동들을 못마땅해하셨다. 내가 △△학회의 회장을 맡았을 때 부모님께서는 "그거 하면 점수 올려주는 거니? 교직 이수 받는 데에 도움 되는 거야?" 하셨다. 나는 정말 크게 실망했다. '모든 활동들이 점수나 취직에 연결되는 것만을 바람직하다고 보시는구나'라는 생각에 부모님에 대한 실망이 컸다. 이제 내 부모님은 '공부 말고도 다양한 경험을 해보라'고 하시던, 내가 알던 부모님이 아니었다. 요즈음도 내가 다른 활동을 한다고 하면 "왜 이렇게 힘들게 사니?"라는 말부터 하신다.

가장 큰 갈등은 바로 나의 이성교제 때문이다. 어머니는 내가 어렸을 때부터 나에게 "너는 남자친구 안 사귀니? 어떤 남자에게 관심 있니?"라는 질문을 꽤 자주 하셨다. 1년 전 내가 이성 친구를 사귄다고 말씀드렸더니 "그래, 한번 사귀어보렴" 하셨다. 그런데 시간이 갈수록 아버지께서 불편한 심기를 드러내셨는데, 이유는 그 친구의 학벌과 외모가 마음에 들지 않는다는 것이었다. 아버지는 지역사회에서 인지도가 꽤 높으신 분인데 내가 그 친구와 사귀면 "○○○의 딸이 왜 저런 애랑 사귀지?" 하고 사람들이 의아해 한다는 것이다. 이제 어머니까지 "그 애는 너보다 열등하잖니!" 하시면서 인상이 좋지 않으니 성품도 볼 것이 없을 것이라 단정해 버리신다.

처음에는 내가 이성교제를 하면 늦게 들어오고 행여 바람직하지 못한 행동을 할까 봐 걱정하시는 줄 알았다. 그래서 그 친구의 성실함과 곧은 성품을 말씀드리고 나도 걱정 끼쳐드리지 않도록 노력했다. 하지만 1년이 지난 지금까지 학벌과 외모만 가지고 일방적으로 그 친구를 매도하는 것이 너무 슬프다. 당장 결혼하겠다는 것도 아니고 다만 좋은 감정으로 만나는 남자친구일 뿐인데…. 요즈음 난 '무엇을 원하고 어떻게 살아야 하는지, 어디까지 부모님의 성향과 기호에 맞추어야 하는지' 몰라 마음이 몹시 혼란스럽다.

종교에도 부모님의 개입으로 힘들 때가 많다. 내가 신앙생활을 시작한 것은 고등학교 시절이다. 늘 높이 올라가고 싶은 욕심 때문에 안간힘을 썼고 그만큼 열등감과 자괴감이 컸는데 하느님을 믿으면서 작은 것에도 감사할 줄 알고 욕심을 못 채워 괴로워하지 않게 되었다. 고등학교 3학년 시절 1시간 30분 정도 예배드리면서 마음의 평화를 얻었기에 수험생활에 매우 큰 힘이 되었다. 처음엔 부모님께서 걱정하셨지만 예배에 할애한 시간만큼 더 열심히 공부했기 때문에 별 문제가 없었다. 하지만 대학에 들어와서 청년부 활동을 하면서 점심때 나갔다가 저녁때 들어오는 생활이 반복되자 부모님은 나더러 종교에 미쳤다고 하신다.

부모님도 교회에 나가시지만 신앙심은 깊지 않으시다. 내가 교회 친구들과 만날 때면 인상을 찌푸리시면서 "네가 다니는 교회에는 SKY 대학 다니는 애들이 몇 명 있니?" 하고 묻거나 불쑥 전화해서 집에 들어오라고 하신다. 어렸을 적 친구들을 만나도 "걔는 지금 어느 대학 다녀?" 하고 묻곤 하신다. 이처럼 부모님이 나의 소중한 친구들을 학벌로 좋은 친구, 나쁜 친구 나누시는 게 정말 싫다. 심지어 '힘들고 어려울 때는 친구를 사귀는 게 아니다'라고 하신다. 나중에 형편이 좋아지면 주위에 형편없는 친구들이 남아 있게 되기 때문이라는 것이다.

이런저런 갈등으로 이제 부모님과 심리적 거리만 점점 멀어지고 있다. 귀가시간은 새내기 때보다 훨씬 앞당겨졌고 교내외 활동도 학업에 지장이 없도록 시간 관리를 하고 있다. 이성교제나 교회활동도 심려를

혼돈의 20대, 자신을 말하다

끼쳐드리지 않으려고 최선의 노력을 하고 있다. 하지만 여전히 못마땅한 부분만 기억하시고 혼을 내신다. 부모님이 궁극적으로 원하시는 건 아예 남자친구와 헤어지고 교회도 예배만 드리고 다른 활동은 일체 하지 말라는 것이다. 하지만 이대로 따른다면 내 삶은 어디로 가는 것일까? 고등학교 시절처럼 수업만 듣고 집에 와서 가족과 함께 식사하고 공부하다가 취침하는 생활? 왜 내가 원하는 생활을 못하게 하시는지? 부모님은 고등학교 시절의 잣대로 나를 평가하시고 지금의 달라진 나를 인정하지 않으신다. 나는 대학생활에 적응하기 위해 달라진 것일 뿐 그것이 그릇되거나 비행이 아닌데 그냥 나를 좀 지켜봐주시면 안 될까?

부모님의 말씀처럼 내가 아직 어리고 세상경험이 부족해서 뭘 모르는 것일 수도 있다. 하지만 내 나이 또래에 뭐든지 다 아는 것이 오히려 불가능한 것이 아닌가? 탈선의 길로 들어서는 것이 아닌 이상, 내 나이에 맞게 사고하고 경험하고 행동하는 것이 정상이라고 생각한다. 스물한 살의 나를 지켜봐주시고 성장 과정의 하나라고 봐주셨으면 좋겠다. 부모님께선 못다 이룬 꿈을 내가 명문대에 입학해서 어느 정도 성취했다고 생각하신다. 날 뱃속에서부터 키우시고 보살펴주신 부모님께 이런 생각을 하는 것이 철부지의 반항으로 비칠 수도 있을 것이다. 서로 이해하고 타협하기 위해서는 상대방이 변하기를 바라는 것보다 나부터 변해야 한다는 것도 알고 있고 그것을 실천하려고 노력 중이다. 이런 노력이 부모님 눈엔 어림없어 보일지 몰라도 작년과는 확실히 내가 달라졌다. 부모님께서도 여태까지 당신들이 굳게 믿어온 잣대를 한 번쯤 되돌아보셨으면 하는 생각이다.

## 엄마의 인형이기를 거부하며

우리 엄마는 학교 선생님이셨다. 꼼꼼하고 엄한 선생님 스타일이어서
학생들이 해서는 안 되는 행동에 대해서는 너무도 잘 알고 계신다. 그
래서 항상 엄마의 말은 '~하면 안 된다', '~하지 마라'로 끝이 났다.
만화책 빌려 보지 마라, 나쁜 친구들이랑 어울리면 안 된다, 친구 집에
서 자고 오면 안 된다 등등. 나는 '안 돼, 안 돼' 소리가 너무 듣기 싫
어서, 그리고 엄마와 싸우는 것이 싫어서 엄마가 하라는 대로 따랐다.
다른 사람들이 '착하다'고 말해주는 게 좋아서 항상 엄마가 하라는 대
로 했으며 그 기대를 저버리지 않았다. 그런 나를 보고 엄마는 항상 흐
뭇해하고 자랑스러워하셨다. 나는 엄마의 인형이었다.

　나는 엄마가 원하는 대로 공부를 열심히 해서 외고에 들어갔다. 그
랬더니 엄마는 거기서 내가 최고가 되기를 바랐다. 하지만 소위 공부
를 잘한다는 애들이 모여든 그곳에서 내가 뛰어날 수는 없었다. 나보
다 유능한 친구들 사이에서 느끼는 열등감으로 내가 얼마나 힘들어하
는지는 관심도 없고 엄마는 끊임없이 기대만 하셨다. 게다가 엄마는
내 생활 전체를 관리하고 사사건건 간섭하셨다. TV 보면 안 된다, 밤
늦게까지 컴퓨터 하지 마라, 몇 시까지 들어와라, 이런 엄마의 간섭에
짜증이 나기도 했지만 대학에 가면 자유스럽게 놀도록 해준다는 말에
난 따를 수밖에 없었다.

고등학교 3학년 때는 대학 진학 문제로 엄마와 큰 갈등을 빚었다. 엄마는 내가 S대에 원서를 쓰기를 원하셨으나 객관적으로 내 성적은 거기에 미치지 못했다. 그럼에도 엄마는 주장을 굽히지 않으셨기에 원서 마감 일주일 전부터 모녀간의 갈등으로 우리 집은 울음바다가 되었다. 내 실력이 어느 정도인지, 내가 어느 학교 어느 학과를 가고 싶어 하는지는 안중에도 없고 S대만 고집하는 엄마를 난 도저히 이해할 수가 없었다. 엄마의 생각은 과도한 욕심에서 비롯된 고집일 뿐이었다. 엄마가 날 남에게 보여주기 위한 과시나 대리만족의 수단으로 여기는 건 아닌가 하는 생각까지 들었다. '난 엄마의 인형일 뿐이구나' 하고 자조했다.

비록 엄마의 기대에 미치진 못했지만 다행히도 난 Y대에 들어가게 되었고 이제 대학생이니 자유롭게 살 수 있을 것이란 기대에 부풀었다. 하지만 그것은 나의 큰 오산이었다. 엄마는 귀가시간을 중심으로 또다시 나의 일상에 간섭하기 시작했다. 엄마는 내가 수업이 끝나고 어디서 무엇을 했는지 알고 싶어 하셨고 적어도 10시까지는 귀가하라고 요구하셨다. 하지만 학교에서 집까지 1시간 30분이나 걸리는 상황에서 그 시간에 집에 도착하기란 쉬운 일이 아니었다. 새내기 시절, 9시만 되면 엄마가 화난 목소리로 전화를 하셨고 나는 친구들과 밥을 먹거나 학교 행사 때문에 일을 하다가도 쭈뼛쭈뼛 일어나야 했다. 그래서 나는 중·고등학교 시절에 그랬듯이 '엄마가 엄하셔서 집에 가야 하는 아이'로 또 낙인찍혀 버렸다.

엄마 때문에 술자리에서 난처한 표정을 지으며 일어나 분위기를 깨야 하는 것이, 모두들 열심히 일하고 있는데 먼저 일어나야 하는 것이 나는 너무 속상했다. 내가 학교생활을 즐기고 인간관계를 넓히는 데 엄마가 걸림돌이 되는 것처럼 느껴졌다. 귀가시간뿐 아니라 MT나 학교 행사로 외박을 해야 할 경우에는 엄마와 갈등은 더 험악해졌다. MT를 가야 할 상황이 되면 나는 말할 적당한 순간을 잡기 위해 전전긍긍하다가 엄마가 기분 좋아 보이면 말을 꺼내곤 했다. 하지만 MT 이야기만 나오면 "또 가냐?" 하시면서 맑았던 하늘이 금세 먹구름으로 변했다. 나는 매번 서러움이 북받쳤고 겨우 허락을 받아 다녀온 후에도 엄마의 마음을 풀어드리려고 애를 썼다.

엄마는 항상 너무 놀러 다니는 것 아니냐고 날 나무라곤 하신다. 나는 이런 소리를 듣지 않기 위해, 그리고 대학에서도 역시 공부가 중요하다고 생각하기 때문에 열심히 했다. 친구들이 '1학년인데 왜 그렇게 열심히 하느냐' 고 핀잔을 주는데도 과제도 꼬박꼬박 제출하고 시험공부도 열심히 해서 장학금도 받았다. 하지만 엄마는 '늦은 귀가시간' 과 '잦은 MT' 만으로 나를 공부 안 하는 아이로 몰아세우셨다. "놀러 다닐 시간에 교환학생 준비도 하고 영어자격증 공부도 좀 하면 어디 덧나!" 이것이 엄마의 생각이었다. 나는 이런 엄마가 이해가 되지 않았다. 난 언제까지 엄마의 요구에 맞추며 살아야 할 것인지, 도대체 엄마의 기대의 끝은 어디인지 진절머리가 날 정도다. 나는 엄마의 인형으로 사는 삶에 점점 지쳐가고 있다.

아직 엄마는 나에게 예전의 착한 딸의 모습을 기대하시지만 이제 난 엄마의 말이 무조건 옳지만은 않으며 꼭 따를 필요는 없다고 생각한다. 엄마의 말을 거역하면서까지 해야 할 가치 있는 일들이 너무 많다. 반 학생회 활동, 밴드의 키보드 연주자 활동, 학회 활동 등 하고 싶은 일들이 많아서 더 이상 엄마의 인형으로 살고 싶지가 않다. 나는 엄마가 정해놓은 '옳은 길' 대로 따라가는 것보다는 조금은 힘들고 수많은 시행착오가 있을지라도 '내가 원하는 길'을 향해 가고 싶다.

그런데 지금까지 난 엄마에게 한 번도 내가 무엇을 원하는지, 무엇을 하고 싶어 하는지 제대로 말해본 적이 없는 것 같다. 나는 항상 "엄마는 왜 늘 안 된다고만 해?"라고 말하며 허락을 받아내기 위해 울기에만 바빴고 웃는 얼굴로 허락하는 다른 친구의 엄마와 인상부터 쓰는 우리 엄마를 비교하면서 짜증내기에 바빴다. 실은 '말해봤자 내 의견을 들어주시지 않을 거야' 하는 삐딱한 마음이 있었기 때문이다. 이로 인한 상호 몰이해가 갈등을 점점 심화시켜 온 것 같다.

이제 전공도 선택했고 서서히 진로를 결정해 나가야 하는 시기이다. 엄마는 행정고시를 봐서 안정적인 공무원이 되기를 원하지만 나는 라디오 PD나 기자 같은 일을 해보고 싶다. 또 한 번 진로 문제로 어마어마한 갈등이 재현되리란 건 불을 보듯 뻔하다. 하지만 또 엄마 말에 고분고분 따르거나 허락을 받기 위해 울지만은 않을 것이다. 이젠 내가 하고 싶은 것은 무엇인지, 왜 그 일을 해야 하며, 왜 그 일이 하고 싶은지 내 감정과 생각을 솔직하고 당당하게 말할 것이다. 그것이 엄마에게도, 나에게도 도움이 되는 현명한 방법임을 알기 때문이다. 더 이상 난 엄마의 인형이고 싶지 않다.

# 3. 깊게 파인 골

## 아버지 = 무서운 존재

어릴 적부터 아버지는 참 엄하신 분이었다. 대학교 1학년 때까지 '아버지=무서운 존재'로 각인되어 있었다. 물론 지금도 그런 의식이 남아 있다. 아버지는 무엇보다 공부를 항상 강조하셨다. 공부를 인생에서 가장 중요한 것으로 생각하고 계셨다. 나는 유치원도 평범한 곳이 아닌 속셈학원에 다녔다. 처음부터 나는 그곳에 다녔기 때문에 아무런 거부감 없이 수업을 따라가고 아이들과 어울리며 잘 지냈다. 하지만 문제는 집안에서 일어났다. 아버지는 퇴근하시면 그날 학원에서 배운 것들을 복습시키려고 하셨다. 그리고 내 대답이 1초라도 늦어지면 곧바로 호통이 이어졌다. 나는 초등학교도 입학하기 전에 억지로 덧셈과 뺄셈 연습을 하고 구구단을 외우며 눈물로 밤을 지새운 적이 많았다.

초등학교에 입학해서도 마찬가지였다. 아버지의 직장일 때문에 온 가족이 일본에 가서 살게 되었는데, 아버지는 한국 학생들이 얼마나

혼돈의 20대, 자신을 말하다

공부를 열심히 하는지, 얼마나 많이 하는지를 늘 강조하시며 매일 학습지를 꼬박꼬박 체크하셨다. 나는 일본 초등학교를 다니며 일본인 친구들과 잘 어울리며 적응하고 있어서 따로 한국말을 공부해야겠다는 생각은 하지 않았다. 그러다 보니 학습지가 밀리고 밀려 어느 날은 할당량을 다 해내기 위해 새벽까지 문제를 푼 적도 있었다.

귀국한 후에도 '한국 학생들은 공부를 열심히 한다' 는 말을 귀에 못이 박이도록 들었기에 열심히 공부했다. 그게 당연한 줄 알았다. 처음엔 언어 문제로 공부하기가 힘들었지만 차츰 상위권으로 성적이 올라갔다. 이제 아버지는 외고의 존재를 알려주셨다. 나도 일본어는 자신이 있었기에 그 뜻에 동의하고 내신 성적을 높게 유지하였다. 하지만 일본어 실력만 믿고 따로 외고시험 준비를 하지 않았던 터라 난 참패를 맛볼 수밖에 없었다. 아버지는 뭘 어떻게 준비해야 하는지 방법은 가르쳐주시지 않고 항상 결과만을 요구하셨다. 그리고 그 기대에 못 미치면 늘 다그치셨다.

아버지는 집안이 가난하여 S대를 포기하고 수석으로 K대에 들어가야 했고 하고 싶었던 한의학을 접고 가정을 위해 회사에 다녀야 했던 것이 한이 되신 것 같다. 내가 고등학생이 되자 나의 목표는 자동적으로 S대 의학계열 약학과로 설정되었다. 하지만 내 성적과 수능 결과는 거기에 미치지 못해 결국 E공대에 진학했는데 이때도 아버지의 구박은 몇 달간 지속되었다. 대학 진학 후에도 학점을 잘 받으라는 말씀이 계속되었지만 난 별로 심각하게 받아들이지 않았다. 그러나 약학전문대학에 대한 구체적 안이 발표되자 아버지의 관심은 또 그쪽으로 쏠렸다. 나는 새로운 대학생활에 잘 적응하고 있었고 식품공학도로서의 미래 계획을 어느 정도 짜고 있었다. 이때 아버지는 "약전대에 도전해 보는 것이 어떻겠니?"가 아니고 "약전대에 가도록 준비를 시작해라" 하고 명령하시는 것이었다. 난 또다시 혼란에 빠져 며칠 동안 주변인들과 연락도 끊고 고민했던 기억이 생생하다. 물론 아버지의 뜻은 내가 놓쳤던 기회에 도전해 보라는 것이었지만 말투가 권위적이고 명령조이다 보니 한 지붕 아래 살고 있는 가족들이 받는 스트레스는 이만저만이 아니다.

아버지의 억압과 호통만 가득한 환경 속에서 난 성격마저도 내성적으로 변해버렸다. 아버지는 가족들의 의견을 끝까지 들어주신 적이 없다. 어머니나 나나 동생이 말을 하려고 하면 중간에서 자르고 아버지 주장만 계속 하신다. 그래서 나는 밖에서도 내 의사를 제대로 피력하지 못하고 설령 내 의견을 말하더라도 비판이 나올까 봐 불안해한다. 두 살 터울인 동생은 시험장에서 시험지의 글씨가 안 보이고 머릿속이 텅 빈 것 같아지면서 아버지 얼굴이 떠오른다고 한다. 그만큼 시험을 잘 봐야 한다는 압박감에 시달리고 있는 것이다. 그러다 보니 시험불안 때문에 성적은 자꾸 떨어지고 스스로 누나와 비교하면서 자신감이 더욱 떨어지는 것 같다. 그래도 나는 대학생활에서 자기를 주장할 수 있는 적극성도 필요하고 사람을 사귀려면 먼저 인사해야 된다는 것쯤은 알고 있다. 시행착오도 많았고 상처도 받았지만 받은 상처만큼 성장한 것 같아 꽤 만족스럽다. 아직도 많이 부족한 나이기에 더 큰 발전을 위해 끊임없이 노력해야겠다고 다짐한다.

혼돈의 20대, 자신을 말하다

그렇다고 아버지와의 관계가 호전된 건 아니다. 아버지는 여전히 내게 무섭고 어려운 존재이다. 다른 사람들은 딸이 애교를 부려야 되는 거 아니냐고 하지만 난 아버지에게 애교 부릴 용기도 없고 애교 부린다고 받아주실 아버지도 아니다. 오랜 시간 동안 단절되어 온 부녀 사이라서 대화를 시도하기가 힘든 것 같다. 실은 서로 마주 앉아 속 깊은 얘기를 털어놓은 적이 없어서 새삼스레 대화할 필요성을 못 느끼기도 한다. 내가 속내를 털어놓으려 해도 아버지는 그 말을 막을 것이고 내 의견은 또 묵살될 테니 아예 입을 다물어버리고 만다. 내가 직장을 다니는 사회인이 되면 그땐 동등한 위치에서 이야기를 나눌 수 있을까? 만약 결혼해서 출가를 하게 되면 더욱 얼굴 마주칠 일도 없어져 더 멀어지지 않을까? 이 관계를 회복시켜야 하는지, 회복시킬 수는 있는 것인지, 아버지가 나의 적군인지 아군인지 나는 아직 모르겠다. 그저 얼굴 붉히는 일 없이 서로의 존재가 불편하지 않게 지낼 수 있기를 바랄 뿐이다.

## 누가 먼저 악수를 청할 것인가?

'아버지가 돈 벌어다 주는 것 빼고 해주는 게 뭐 있어? 경제적으로 부양하는 건 부모의 당연한 의무 아냐? 나는 자식 낳아도 아버지 같은 사람은 되지 말아야지!' 아버지와 갈등이 심할 땐 이런 생각도 해보았다. 혹자는 크면 아버지의 마음을 이해하게 될 것이라고 말한다. 아직은 정신적인 성숙이 덜 되어서일까? 아버지를 이해하는 것이 쉽지만은 않다. 비합리적이고 권위적이며 때론 이기적이기까지 한 아버지의 생각과 태도, 그 모든 것을 이해할 수 없고 이해하고 싶지도 않다.

무한 권위주의—짐이 곧 가정이니라   말로는 온화하고 개방적인 '성군'임을 내세우고 있지만 아버지의 자질은 성군이 되기에는 한참 모자란 듯하다. 아버지의 가치관이 곧 가정의 가치요 법이며, 그 외 가족구성원 전원은 마음에 들지 않아도 지키고 따르는 수밖에 없다. 언로(言路)는 사실상 막혀 있다. 성군은 먹던 음식도 뱉고 간언을 들어야 한다고 했던가. 지금 내가 섬기는 군주는 처음에는 조금 들어주는 것 같다가 뱉은 음식을 신하에게 던지거나, 자비로운 표정으로(주로 술 취한 상태에서) 화끈하게 신하의 청을 들어주지만 다음 날이 되면 무슨 간언을 들었는지 기억조차 하지 못한다. 연산군의 이야기가 아니다. 바로 우리 아버지의 평소 태도를 각색한 것이다.

아버지는 더러운 것을 보면 참지 못한다. 물론 깨끗한 걸 싫어하는 사람은 없지만 아버지의 깨끗함에 대한 집요함은 결벽증 수준이다. 집에서 쉬는 날에는 가만히 쉬면 좋을 텐데 끊임없이 치우고 또 치운다. 어떤 물건은 어디에 두어야 한다는 매뉴얼이라도 있는 모양이다. 그냥 조용히 치우면 상관없겠지만 아버지의 청소는 좀 과장하면 20%는 행동, 80%는 말로 구성되어 있다. '손모가지가 썩어서 청소할 줄도 모르냐, 나이가 몇이나 먹었는데 청소할 줄도 모르냐'는 둥, 온 가족에게 비난을 퍼부어가며 청소를 하다가 나중에는 급기야 화를 낸다. 만약 조금이라도 반발하면 그날은 한바탕 전쟁이 벌어질 각오를 해야 한다. 아버지에게 위계질서는 생명이며 그 최정점에 위치한 아버지에게 항명하는 행위는 권위에 대한 도전으로 간주된다.

가족구성원과의 약속이나 부탁은 잘 들어주지 않거나, 설령 들어준 다는 약속을 했더라도 나중에 재차 약속의 내용을 확인하면 '아버지한 테 따지는 거냐' 는 식으로 약속 자체를 무위로 돌려놓는다. 아예 대답 하기도 귀찮을 때는 '약속은 깨라고 있는 거야, 아버지가 약속 못 지킬 수도 있지' 라는 식의 어이없는 답변으로 어안이 벙벙하게 만들어버린 다. 권위는 대상의 힘에서 비롯되기도 하지만 대상에 대한 주위의 경 외나 존경심에서 우러나오기도 하는데, 우리 가정의 전제정권은 전자 에 의한 강요된 권위주의만을 취하고 있다.

입 안에 돋친 가시−원래 말투가 이런데 어쩔 거야!  '말 한마디가 천 냥 빚을 갚는다' 는 속담이 있다. 조상들이 오랜 경험을 통해 터득한 지혜이다. 그런데 말 한마디로 천 냥의 빚을 지실 분이 계시다. 주인공은 나의 아 버지시다. 물론 모든 사람들에게 막말을 하시는 분은 아니다. 대외적 으로는 사교성이 좋아서 친구도 많고 모임 같은 자리에서는 분위기를 이끌어나가는 역할을 곧잘 담당하곤 한다. 문제는 가족들에게만 유독 말을 험하게 한다는 것이다. 특히 어머니와의 대화를 보면 기가 막힐 노릇이다. 평등한 부부관계가 아닌 거의 주인과 하인 수준의 대화를 지켜보면서 그에 대한 반발심은 커질 수밖에 없었다. 나 역시 수차례 당한 적이 있다. 우리 아버지는 언어에 있어서는 가족에 대한 최소한 의 예의조차 지키지 않는 분이라고 생각한다. 이 때문에 시시때때로 싸우기도 했는데 전혀 개선될 기미가 보이지 않는다.

무한 이기주의−이유야 어떻든 내 마음대로  어머니께서 내가 중학교 2학년 때 우울증에 걸려서 병원에 입원하게 되셨다. 그런데 어머니 병의 원인이 드라마에나 나올 법한 부당한 차별대우와 아버지의 권위주의적인 태도에서 비롯되었음을 알게 되었고 그때부터 단순한 반발심이 아닌 미움이 싹트게 되었다. 환자인 어머니를 이해하고 배려하기보다 주위의 시선을 더 의식하고 자신의 생각대로만 행동하려는 아버지의 변함없는 태도에 아버지와 온 가족 간의 갈등은 그 골이 더욱 깊어졌다. 정말 갈등이 최고조에 달했을 때는 몇 번이나 파경의 위기까지 갈 뻔했다. 지금은 많이 괜찮아졌지만 가족보다는 남의 이목, 대외적인 사교, 자신의 체면을 더욱 중시하는 태도에 화가 날 때가 많았고 그 때문에 설전도 많이 오갔다. 우리 가족의 갈등, 나와 아버지와의 갈등은 지금도 진행 중이다.

누가 먼저 악수를 청할 것인가?  이 글을 읽는 분들이 우리 아버지를 거의 '악마' 수준으로 보지 않을까 하는 우려가 있다. 아버지에 대한 나의 생각은 순전히 나 자신의 가치관 혹은 선입견이라는 색안경에 의해 왜곡된 이미지일지도 모른다. 세상에 대한 경험 부족과 지나친 이상주의가 아버지를 이해하기 어렵게 하는 장애물일지도 모른다.

 아버지와의 갈등을 해결하는 방법 중 '폭넓은 대화'라는 것이 나의 흥미를 끌었다. 우리 부자는 대화는 참 많이 한다. 그 내용이 정치, 역사, 문화 등 다양한 방면에 두루 걸쳐 있는데 정작 가족사나 개인의 고민거리에 대해서는 이야기를 거의 하지 않는 편이다. 뜬구름 잡는 얘기나 하고 심리적 거리를 줄여나갈 만한 이야기는 거의 하지 않는다. 그나마 하는 이야기도 서로의 명확한 견해차만 확인한 채 끝나게 되는 경우가 다반사이다. 나도 역시 마찬가지다. 항상 나만 옳고 아버지는

혼돈의 20대, 자신을 말하다

그르다는 자세로 대화에 임했고, 아버지에 대해서 이해하려고 하진 않았다. 진지하게 듣고 관계 개선을 위해 노력해 보려는 태도는 애초부터 없었다.

아버지의 태도를 변화시키기 위해서는 나 자신의 태도부터 바꿔야 한다는 것을 안다. 물론 이 글에서 그런 결론을 얻었다고 해서 당장 실천할 수 있는 것은 아니다. 당장 오늘 아버지와 설전을 벌이게 될지도 모를 일이다. 단지 해결할 실마리를 알게 되었을 뿐이다. 이 보고서를 작성하면서 다시 한 번 부자관계를 진지하게 돌아보는 계기가 되었지만 앞으로 관계 개선을 위한 험난한 과정이 남아 있다. 아마도 평생을 두고 해결해 가야 할 숙제가 아닐까 생각한다.


## 아버지와 소리 없는 갈등

일요일에 과외수업이 두 개나 잡혀 있다. 일주일 중 하루는 쉬고 싶은 마음이 굴뚝 같지만 이젠 그런 불평 정도는 스스로 잠재울 수 있다. 점심때가 다 되어 일어나면 억지로 점심을 챙겨 먹고 과외가 있는 곳으로 향한다. 두 시간씩 두 번의 수업을 마치고 집에 돌아올 때면 이미 거리는 어둠에 잠겨 있다. 지친 몸을 이끌고 집에 들어오니 어머니는 파트타임 일을 하신 것 같고, 아버지는 골프 채널을 틀어둔 채 소파에 잠들어 있다. 나는 오늘 과외로 10만 원 정도의 수입을 번 셈이다. 그런데 오늘 아버지는 도대체 무얼 했나? 아버지가 무능력하다는 생각이 들어 더 힘이 빠진다. 이런 상황에 대해 누구에게 불평이나 하소연을 할 수 없어 더욱 짜증이 난다. 저녁을 먹고 아버지가 청소기를 돌린다. 왠지 도와드려야 할 것 같지만 너무 피곤해서 못 본 척하고 그냥 방으로 들어가 버린다. 그러면서도 자식으로서 잘못한다는 생각이 들어 마음은 편치 않다. '내가 과외 하러 간 사이에 청소하면 될 것을 왜 하필이면 지금 청소를 시작해 나를 불편하게 할까' 라는 유치한 생각까지 든다. 평소보다 오랜 시간 아버지와 마주쳐야 하는 일요일은 답답해 죽을 지경이다.

아버지는 대기업 섬유회사 생활의 경험을 바탕으로 개인사업을 하시면서 우리 가족이 부족함이 없이 살도록 경제활동을 하셨던 분이다. 우린 주말이면 교회에 다니고 외식도 즐기고 휴가철엔 가족여행도 다녔다. 신혼 초 단칸방에서 시작해서 중산층까지 삶을 일구어내신 분이다. 분명히 쉬운 일은 아니었을 것이며 나 역시 그 노력을 인정하고 찬사를 보낸다. 그러나 내가 군에 입대한 사이, 아버지는 가문 소유의 토지를 기반으로 개발사업을 추진했으나 일이 생각대로 풀리지 않아 진퇴양난에 빠져버린 것이다. 난 복학하자마자 당장 등록금과 용돈을 벌기 위해 과외에 매달려야 하는 상황이 되었다. 그러자 아버지에 대한 존경심은 사라지고 원망이 조금씩 고개를 들기 시작했다. 더 잘사는 가정을 볼 때면 경제적인 문제로 제약을 받아야 하는 내 처지가 수치스럽고 답답했다.

어느 날 귀가하던 중, 집 근처 지하철 역에서 내려 마을버스를 타려고 정류장으로 걸어가다가 아버지를 발견했다. 나는 재빨리 건물 뒤로 숨어버렸다. 아버지가 버스에 오르는 것을 확인한 뒤에 기다렸다가 다

혼돈의 20대, 자신을 말하다

음 버스를 타고 귀가했다. 잠깐이지만 아버지를 만나 버스라는 좁은 공간에 함께 있어야 한다는 사실이 견딜 수 없어 도망치지 않을 수 없었다. 대화를 나누는 것도 싫고, 그렇다고 어색한 침묵을 이어가는 것도 내키지 않았다. 이런 행동이 정상적이라고는 생각지 않지만 나로서는 어쩔 수 없는 선택이다.

최근 어머니는 아버지를 퉁명스러운 태도로 대한다. 질문에도 제대로 대답하지 않고 꼭 필요한 말만 한다. 가끔씩 안방에서 말다툼 소리도 들리곤 한다. 예전에는 상상도 못 했던 모습이라 어떻게 받아들여야 할지 모르겠다. 이러한 변화는 아버지의 사업이 궤도를 이탈하면서 시작되었다. 별 문제 없이 화목한 가정을 이어오다가 한순간에 경제적 문제로 인해 집안 분위기가 이토록 삭막해질 수 있구나 하는 생각에 돈에 대한 가치 설정 문제도 다시 고민해 보게 되었다. 돈이 최고의 가치가 될 수 없다고 믿었던 시절이 있었는데 지금은 무의식중에 돈에 의해 가치판단을 내리고 돈에 의해서만 희로애락을 느끼는 자신을 발견하게 된다.

요즈음은 집에 있는 것 자체가 답답해서 못 견딜 지경이다. 아버지가 안방에 들어가길 기다리거나 정 안 될 경우엔 내가 방으로 숨어버린다. 오히려 아버지이기에, 부채의식을 느껴야만 하는 상대이기 때문에 나는 더 숨이 턱 막혀버리는 답답함을 느낀다. 원망하고 싶은 대상이 있는데 나는 그에게 엄청난 빚을 지고 있다면? 감사한 마음보다는 오히려 어떻게 해서든 그 빚을 갚고 자유로워지고 싶다는 생각이 앞선다.

아버지와의 보이지 않는 갈등은 비단 경제적인 몰락으로 인한 것만은 아니다. 다만 경제력의 상실이 억눌려왔던 갈등의 기폭제가 되었을 뿐이다. 과격한 표현일지 모르지만 사실 난 아버지라고 할 만한 존재를 가져본 적이 없다. 어린 시절 아버지와 공을 차거나 목욕탕에 갔던 기억은 전혀 없다. 드라마에서 흔히 등장하는 것처럼 아버지와 겸상한 채 이런저런 인생조언을 듣는 일은 기대조차 할 수 없었다. 정서적인 교감이 부족한 채 아버지는 부양자로서 경제적 지원을 담당했을 뿐이다. 어쩌면 아버지는 정서적 교류는 자신이 없는 부분이니 다만 경제적인 면에서라도 최선의 역할을 다하자고 다짐했을지도 모른다. 그러나 결국 나에겐 정서적 교류의 대상이자 인생의 멘토로서의 아버지는 부재하게 된 셈이고, 아버지와의 사이는 시간이 지날수록 멀어지고 있다. 최근 일주일 동안 아버지와 나누었던 대화를 떠올려보면 메모지 한 장이라도 채울 수 있을지 장담할 수 없으니 달리 설명할 필요가 없을 듯하다.

나 자신의 감정과 심리상태이지만 무엇이 문제인지 정확히 꼬집어 내기가 어렵다. 다만 나름대로 나의 내면을 분석해 보면 정서적 측면의 아버지 역할을 다 해내지 못한 채 경제적 부양자로서의 임무만 충실히 해나가던 아버지가 최후에 남은 경제력마저 잃어버리게 되자 나로서는 더 이상 아버지가 존재하지 않는 것과 다름없는 상황이 되어버렸다는 설명밖에 할 수가 없다. 게다가 아버지에 대한 부채의식에 깔려 불만이나 원망을 억눌러야 하는 상황은 오히려 보이지 않는 내적 갈등을 키운 꼴이 되어버렸다.

세상에서 가장 무서운 것은 남을 미워하는 일이 아니라 미워하던 사람과 점점 닮아가는 걸 깨닫게 되는 일이다. 의외로 이런 경우는 생각만큼 드물지 않다. 아버지의 성격, 아버지의 인생행로, 모든 면에서 아버지를 닮을까 두렵다. 아버지를 미워하는지는 확실치 않다. 다만 아버지를 닮기 싫은 것만은 분명하다. 어찌되었건 이미 유전자와 가정환경에 의해 일정부분 아버지를 닮은 것은 사실이다. 하지만 어떻게 해서든 그 이상은 막아보고 싶고 의식적으로 닮지 않으려고 매사에 노력을 기울이고 있다.

전문직으로서 경제적 성공을 이루어 안정적인 삶을 누리고 싶다는 생각과 결혼은 하더라도 아이는 되도록 갖지 않았으면 하는 바람은 상당부분 아버지의 영향을 받은 것이라 할 수 있다. 아버지가 이루지 못한 일을 대신 이루고자 하는 것이 아니라 아버지처럼 살지 않기 위해서 발버둥치는 셈이다. 경제적 능력의 상실로 가정에서 소외되어 무기력한 삶을 이어가거나 자식들과 교감을 쌓지 못한 허수아비 아빠가 될까 몹시 두렵다. 아버지와 같은 공간에서 숨 쉬는 것 자체가 상당한 중압감으로 다가오는 탓에 하루빨리 일자리를 구해 독립하고 싶은 마음만 앞선다.

지금의 고민은 시간이 흐르면서 내적 성장에 따라, 혹은 분가로 인한 생활공간의 분리로 자연스럽게 해결될 가능성도 있을 것이다. 하지만 언젠가 이러한 고민이 해결된다고 해도 오랫동안 아버지에 대한 부채의식과 아버지를 원망한 데 대한 죄책감으로 치유하기 힘든 상처를 안고 살아갈 것 같아 마음이 괴롭다.

# 4. 장벽을 허물며

## 무관심은 오해였던 것을

부모님과 나 사이의 갈등은 보통의 갈등과는 달리 '너무 갈등이 없는' 갈등이었다. 나는 비교적 부유한 가정에서 남부러울 것 없이 유년 시절을 보냈지만 IMF 위기와 함께 찾아온 가정경제의 위기는 부모님과 나 사이에 기나긴 갈등의 시발점이 되었다. 부모님 모두 가정의 경제적 위기를 극복하려는 일념에서 동분서주하는 동안 자연스럽게 나는 대부분의 일을 스스로 해야만 했다. 남들보다 생각이 조금 성숙했던지 나는 부모님의 큰 도움 없이도 어린 나이에 나에게 주어진 일들을 잘 해결해 나갔다. 바쁘신 부모님을 대신해 동생 밥을 차려주고 공부도 혼자서 하고 운동과 노래 등 취미생활도 부모님 관여 없이 할 수 있었다.

이렇게 부모님으로부터 일찍 독립하게 된 것은 오히려 부모의 욕심으로 이것저것 강요당하고 스트레스를 받으면서 자란 아이들과는 달리 자유분방하고 자립심이 강한 씩씩한 소녀로 성장하는 데 한몫을 했다. 그러나 사춘기에 접어들면서 혼자 끙끙 앓는 시간이 많아지고 내면적 갈등이 시작되었다. 혼자서 모든 것을 해결하는 데 익숙해져 있었기에 사춘기 시절 그 많은 고민들과 생각을 친구들에게 털어놓을 수가 없었다. 친구와 해결할 수 없는 외로움은 겉으로는 밝고 씩씩하지만 속으로는 우울하고 답답한 이중적인 나를 만들어버렸다.

고등학교 시절 다들 부모님과 상의하여 진로를 설정하는데 나는 혼자서 고민해야 했고 대학 선택도 부모님의 관여 없이 스스로 결정했다. 수능 성적이 좋지 않아 명문대 진학에 실패했을 때 난 공부에 대한 회의와 부모님에 대한 오기로 어릴 때부터 꿈꾸어왔던 뮤지컬 배우가 되겠다고 연극영화과로 진로를 틀어버렸다. 하지만 이 학교를 다니면서 나는 아직 공부를 더 할 수 있음에도 미래가 불투명한 예체능계로 진학했다는 사실에 많은 고민을 거듭하다가 결국 자퇴를 결정했다. 그리고 다시 수능에 도전하여 명문인 ○○대학교에 입학하게 되었다. 물론 이 모든 과정은 부모님과의 상의 없이 나 혼자 내린 결정이었다.

대학생이 되어서도 내 늦은 귀가시간에 아무 반응이 없으시고 학점이나 중요 결정에도 내 결단을 너무 신뢰하신 건지 일체의 조언이 없는 부모님의 태도에 난 증오심까지 생겼다. 지금까지도 부모님 도움 없이 잘 해왔는데 앞으로도 아무런 도움 없이 스스로 보란 듯이 성공해야겠다는 오기가 발동했다. 그래서 용돈 받기를 거부하고 과외를 시작하여 내 용돈을 스스로 벌었다. 또한 중요한 건강 문제, 학과 결정, 이성교제, 진로 설정 등 모든 문제를 '절대로 부모님과 상의하지 않겠다'라고 굳게 결심했고 독하게 마음먹고 혼자 잘 살겠다는 고집이 생겼다.

하지만 시간이 지나면서 여느 여자애처럼 여린 마음을 갖고 있지만 겉으로 강한 척을 하는 것이 벅차기 시작했다. 다른 사람들이 부모님과 함께 나누는 인생의 짐을 나 혼자 떠맡고 있다는 부담감에 괴로웠다. 스물한 살 겨울, 혼자서 세계일주를 떠난 나는 여자 혼자서 두 달간의 힘든 일정을 감행하면서도 힘들고 지친다는 말을 부모님께 하지 못했다. 결국 방콕 시내 한가운데서 정신을 잃고 쓰러져 예정보다 일주일 일찍 귀국하는 사태가 벌어지기도 했다. 제일 친한 친구는 항상 부모님이 걱정해 주시고 같이 놀다가 귀가시간이 늦어지면 부모님의 전화벨 소리에 자리를 뜨지만 나는 들어오라고 전화해 주는 사람도 없이 억울하고 슬픈 감정에 휩싸이곤 했다. 특별히 부모님과 큰 의견 차이가 있어서 갈등이 있는 것도 아닌데 이렇게 나 혼자 모든 것을 짊어지는 것이 너무 자연스럽게 되어버린 사실이 서글펐다. 속으론 여리고 겁이 많은데 '난 강하니까' 라고 합리화하며 계속 강한 척하는 것이 너무 힘들었다. 심지어 부모님과 언성을 높이며 싸우는 친구들이 부럽기까지 했다.

이렇게 혼자 힘들어하며 외로운 청년 시절을 보내던 중, 내가 생각했던 부모님의 '무관심' 이 오해였다는 사실을 깨닫게 된 사건이 발생했다. 어느 날 나는 물건을 가지러 안방에 들어갔다가 우연히 아버지의 수첩을 보게 되었다. 딱히 보고 싶은 마음은 없었지만 호기심에 끌려 그냥 지나치지 못하고 읽어보게 되었는데, 난 깜짝 놀라지 않을 수 없었다. 거기에는 내 대학교 수강시간과 시험시간표, 그리고 현재 내가 하고 있는 과외 요일과 시간 등이 체크되어 있었다. 아버지는 아침

혼돈의 20대, 자신을 말하다

에 잘 못 일어나는 나를 항상 깨워주시곤 했다. 매일 첫 수업시간이 달라서 일어나는 시간이 다른데도 그걸 정확히 알고 깨워주시는 것을 신기하게 생각하긴 했었는데…. 이건 좀 충격적이었다.

또한 그동안 내가 아무 도움 없이 스스로 구했다고 생각했던 과외들이 모두 엄마의 추천으로 엄마의 지인들에 의해 나에게 맡겨진 것이란 걸 우연히 알게 되었다. 내가 어떻게 돈을 버는지, 어떤 생활을 하는지 신경도 쓰지 않는 '무관심한 부모'라는 내 생각은 커다란 오해였던 것이다. 2학년이 되었을 무렵 친구관계와 이성관계 문제로 지쳐 있을 때 난 눈물을 흘리며 엄마에게 대화를 시도했었다. 그때 난 그동안 우리가 너무 대화가 없이 단절된 벽 속에 갇혀서 서로를 오해하고 있었다는 것을 깨달았다. 부모님은 관심 없는 듯하면서도 항상 큰딸인 나를 생각하고 걱정하고 계셨고 미안한 마음에 표현은 안 하셨지만 그 누구보다 날 자랑스러워하셨다. 독립심이 강하고 혼자서 모든 일을 해결해 나가는 내가 흐뭇하다고 말씀하셨다.

그동안 쌓여온 모든 오해와 서러움이 한꺼번에 봄눈 녹듯 녹아내리면서 눈물의 홍수를 이루었다. 나 또한 엄마 아빠께 죄송한 마음을 감출 수가 없었다. 부모님의 허용적인 양육 덕분에 또래 여자애들에 비해 자립심이 강하고 무엇이든 먼저 주도해서 이끌어가는 리더십이 강한 지금의 내가 될 수 있었다. 매사에 책임감이 강하고 겁 없이 도전하는 도전정신 역시 부모님께서 내게 주신 소중한 선물이다. 좀 더 일찍 부모님과 대화라는 소중한 창문을 열고 소통을 시도했더라면 그것이 무관심이 아니라는 것을, 나에 대한 다른 사랑의 방식이라는 것을 알 수 있었을 텐데…. 이제라도 그걸 깨달았으니 다행이다.


## 다시 아버지를 존경하며

스무 살에 들었던 이 수업은 '내 삶의 방식이 있는데…' 라는 아집의 벽에 가려 내게 어떤 영향도 끼칠 수 없는 메아리로 끝이 났다. 복학 후 이번 두 번째 수강에서도 '뭘 얻어가야겠다' 는 생각은 없이 들어왔다. 그런데 처음 접해본 조별 토론이 차츰 활성화되면서 토론 내용을 집에서 혼자 생각해 보는 시간이 늘어났고 서서히 변화되는 내 모습을 발견할 수 있었다. 특히 장마가 한창이던 즈음 부모–자녀 관계에 대한 수업은 내게 많은 생각을 하게 했다.

나의 아버지는 가난한 시골 농가의 5남매 중 장남이시고 전통적·보수적인 성격이시다. 이에 비해 어머님은 유복한 지방유지 집안의 8남매 중 막내로 개방적인 성품을 지닌 분이다. 아버지가 감정표현이 없고 무뚝뚝하셔서 나는 주로 어머니와 대화를 하면서 감정을 공유해 왔으며 이 관계는 지금도 이어지고 있다.

내가 어렸을 적부터 어머니는 교육방침을 자유방임으로 정하신 듯 일상생활에 별 간섭을 안 하셨고 학업에서도 역시 '스스로 하고 싶을 때 해야 공부다' 하는 교육관을 고수하셨다. 그래서 마냥 놀기 좋아하던 초등학교 시절부터 어머니와 나는 큰 갈등 없이 이런저런 얘기도 털어놓으며 마치 친구처럼 지냈다. 다른 친구들 부모님께는 비밀로 해야 하는 이야기라도 우리 어머니에게는 털어놓을 수 있을 정도여서 친구들의 부러움을 사기도 했다.

반면 아버지와는 어렸을 적부터 함께 보낸 시간이 매우 적었고 가끔 대화를 나누긴 했지만 주로 아버지의 입장에서 인생에 대한 충고를 했기에 어린 내겐 잔소리로만 들렸다. 어머니 역시 아버지와 성격이 맞지 않아 갈등이 있었는데 아버지가 내게 뭔가를 말씀하시려고 하면 "당신 생각을 아이에게 주입시켜 애 삶의 방향을 결정하려 들지 말아요"라는 태도를 보이셨다. 그래서 더더욱 나는 아버지의 말씀을 한귀로 듣고 한귀로 흘렸다. '내 삶의 주인은 나다' 라는 생각에 간혹 이루어지는 대화도 일방통행으로 흘렀고 부자관계는 악화일로를 걷게 되었다. 아버지는 꽉 막힌 사고방식을 지닌 옛날 사람이라는 인식, 그리고 아버지의 너무나도 모범적인 모습에 일탈을 동경하던 나는 '아빠처럼은 살지 않을 거야, 아빠 같은 성격은 되지 않을래' 하면서 아버지 마음에 상처자국을 남긴 어록을 줄줄이 탄생시키며 관계를 악화시켰다.

이러한 관계가 지속되면서 알게 모르게 서로간에 보이지 않는 장벽이 생긴 것을 느낀 것은 고등학교 때쯤이었다. 한창 사춘기를 겪고 있을 무렵이라 잔소리를 듣지 않아서 좋았지만 대화의 단절로 벽의 두께는 나날이 두꺼워져만 갔다. 간혹 일어났던 나의 반발 이외에는 겉으로 보기엔 별 트러블이 없었으나 서로간의 교류가 거의 단절된 관계, 그게 우리 부자지간의 모습이었다. 별 충돌이 없었기에 관계 개선을 위한 노력도, 필요성도 느끼지 못했다. 그렇게 내 청소년기의 부자관계는 이어져 갔다.

아마도 내 생각에 변화가 오기 시작한 것은 남자가 철이 든다는 군대를 다녀오면서부터였던 것 같다. 아버지가 퇴근하고 들어오시면 간단한 인사 후에 나는 내 방에서 PC를, 아버지는 안방에서 TV를 보는 모습이 계속되었고 차츰 마음속에 '이건 아닌데…'라는 생각이 자리 잡았다. 할아버지와 아버지의 관계(대화가 단절된)를 익히 알고 있었기에 나와 아버지의 관계를 비교하게 되면서 두 관계가 별다를 것이 없다는 결론에 도달했다. 그간 쌓여왔던 벽의 두께가 너무 엄청나다는 것을 깨닫고 점차 아버지의 입장에서 생각해 보았다. 내 태도에 많은 문제가 있었다는 것을 알 수 있었다.

이러한 마음의 변화는 작년 가을 5개월간의 회사 인턴생활을 하면서 더욱 증폭되었다. 처음 경험하는 사회생활에서 힘들 땐 가족에 의지하고자 하는 내 모습을 보면서 그간 아버지는 가정에서 소외받는다는 느낌을 얼마나 느끼셨을까 하는 생각에 죄송스런 마음을 감출 수가 없었다. 또한 근래 들어 부쩍 아버지께서는 나와의 거리를 좁히기 위해 많은 노력을 하시는 것 같다. 이런 모습을 보면서 나도 의식적으로라도 대화시간을 늘려보려고 노력하고 있다. 생각이 바뀌면서 자연스럽게 대화하는 태도가 달라지고 태도가 변하니 말투마저 달라져 분위기는 한결 부드러워지고 있다. 이제 늦은 저녁, 더 이상 각각의 방이 아닌 거실에서 부자지간에 자연스런 대화가 조금씩이나마 늘어가고 있다. 물론 아직은 많이 부족하지만.

수업시간에 들었던 전통적인 아버지의 모습과 우리 아버지의 모습이 오버랩되면서 다시금 현재의 부자관계를 되돌아보고 반성하는 시간을 갖게 되었다. 강의 초 슬라이드에 올라온 앤 랜더즈Ann Landers의

시에서 아버지에 대한 내 생각의 변화가 거울에 비추듯 반영되는 것을 보고 놀라고 안도하고 죄책감을 느꼈다. 한편으론 왜 좀 더 일찍 변하지 못했을까 하는 생각도 들지만 지금이라도 변할 수 있어서 참 다행이다. 지금까지 변화되어 온 내 사고방식, 그리고 그 변화의 원동력에 대해 곰곰이 생각해 보았다. 결국 아주 어렸을 적 가졌던 아버지에 대한 '존경심'을 나이 들면서 잃었고 지금 그것을 다시 되찾은 것이 아닌가 생각된다.

비록 지금은 대화할 때 느끼는 세대차이나 가치관의 차이는 예전과 별로 다를 것이 없지만 서로 다르기에 더 많은 것을 주고받을 수 있지 않겠는가! 그러다 보면 언젠가는 서로 술잔을 기울여도 어색함이 없는 친구 같은 아버지와 든든한 자식 사이로 발전할 수 있을 것이다.

# 에필로그   자녀를 사랑하는 방식의 차이

부모-자녀 간의 사랑과 갈등에 대한 글을 읽을 때면 때론 흐뭇하기도, 때론 가슴이 저미기도 하면서 만감이 교차하곤 한다. '나는 내 아들, 딸에게 어떤 부모였을까?' 하고 자문해 보기도 한다. 세상에 자식을 사랑하지 않는, 자식이 행복하기를 바라지 않는 부모가 어디 있겠는가? 그럼에도 그 사랑을 표현하는 방식에 따라 부모-자녀 간에 따뜻한 정감이 넘쳐흐르기도 하고 서로 엄청난 상처를 주고받으며 마음의 장벽을 쌓기도 한다. 왜 어떤 자식들은 부모의 노고에 깊이 감사하면서 힘차게 자신의 길을 찾아가는 반면에 어떤 자식들은 부모를 자신의 인생에 걸림돌로 생각하고 벗어나려고 몸부림치거나 혹은 무기력하게 갈 길을 찾지 못하고 혼란 속에 빠져드는 것일까?

부모-자녀 관계란 일생에 걸친 애착과 분리의 과정이다. 자녀가 어린 시절, 어머니는 따뜻함과 수유 그 자체이며 모든 만족과 안전의 근원이다. 대부분의 어머니들은 '내 배로 낳은 내 아이'라는 것 때문에 무조건적으로 사랑하고 보살피며 보호하고 책임을 진다. 이를 통해 어머니는 자신의 본능적인 모성애를 충족시키며 자녀는 어머니에게 의존하고 애착을 형성한다. 하지만 이런 이타적이고 희생적인 거룩한 모성애의 한편에는 '내 자식은 나의 일부분'이라는 생각에서 비롯된 자

혼돈의 20대, 자신을 말하다

녀를 소유하고 지배하고자 하는 욕구가 있다. 물론 자녀가 아주 어려서 연약하고 무력할 때는 이런 욕구를 만족시켜 주는 좋은 대상이지만 자녀가 성장할수록 상황은 차츰 달라진다.

자녀에게서 자아가 서서히 싹트게 되면 이제 아이는 수동적으로 부모의 사랑을 받기보다는 스스로 어떤 행위를 통해서 어머니나 아버지로부터 인정받고 사랑받고 싶은 욕구가 생긴다. 이때 부모가 자녀를 자신의 소유물이 아닌 한 인격체로 인정해 주고 특별한 기대나 조건의 충족여부에 상관없이 자녀를 있는 그대로 수용하고 '무조건적인 사랑'을 베풀었을 때 자녀는 매우 능동적이고 개방적인 사람으로 성장할 수 있다. 그러나 부모가 소유욕과 지배욕에서 자녀를 통제하려고 할 때 부모는 아이가 자신의 기대에 부합한 행동을 했을 때만 사랑을 주는 '조건부적 사랑'을 할 수 있다. 이때 자녀는 항상 부모의 사랑을 잃지 않을까 하는 두려움이 있기 때문에 행동반경이 부모의 기대 안에서 맴도는 폐쇄적이고 수동적인 존재로 성장할 수 있다. 대체로 어머니는 자녀에게 먹이고 입히고 보살피는 것으로 사랑을 베풀고 아버지는 놀이와 훈육을 통해서 사랑을 베풀기 때문에 이런 조건부적인 사랑은 아버지에게서 더 많이 보인다고 하지만, 한국적 상황에서는 보살핌과 훈육 모두를 맡고 있는 어머니들이 태반이다.

청소년기가 되면 자녀들 내면에서 자아의 힘은 더욱 커지고 이제 본격적으로 부모로부터 심리적 독립을 시도한다. 만약에 부모가 아직도 자식이 자신의 일부라고 느끼고 있고 자식에게 소유욕과 지배 욕구를 보인다면 부모는 자신이 못다 한 성취를 자식을 통해 이루고자 하고 자신이 인생에서 놓친 것을 자식이 보상해 주기를 바라며 거기에 존재 의미를 부여하려 할 것이다. 이때 부모가 자식을 자신의 꿈대로 조형하려는 환상과 집착은 매우 전제적일 수 있으며 이것은 곧 자아도취적인 모(부)성애이다.[1] 그러나 성숙한 모(부)성애는 자식이 소유물이 아니며 자식의 성취를 곧 자신의 성취로 여기지 않는다. 부모는 다만 자식의 성장을 지켜보는 청지기일 뿐이며 때가 되면 자식의 분리와 독립을 관용하고 배려한다.

　이러한 두 유형의 모(부)성애는 입시경쟁이라는 긴 터널을 지나면서 그 모습을 확연히 드러내고 있으며 그 영향이 자녀들의 대학생활에까지 이어지고 있다. 한국의 부모들은 누구나 자기 자식이 사회적으로 높은 성취를 해서 풍요로운 삶을 누리기를 열망한다. 그래서 자식이 '저 높은 곳을 향하여' 질주하도록, 자신들의 기대만큼 성취해 주도록 모든 물질적, 심리적 자원을 아낌없이 투자하면서 자식의 뒷바라지를 한다. 이때 부모마다 자식을 통제하는 방식이 다른 것을 볼 수 있다. 어떤 부모들은 자신이 자녀의 모든 학업이나 생활 스케줄을 짜고 자녀가 이에 따르도록 한다. 심지어는 자녀의 인생목표나 계획까지 미리 짜서 강압적으로 부모의 뜻에 따르도록 하는 경우도 있다. 자녀들은 특별히 선택이나 결정을 위한 갈등이나 고민을 할 필요가 없다. 이처럼 자녀에게 자율성이 주어지지 않았을 경우, 자녀는 의존적이고 수동적인 삶에 매우 익숙해져 버릴 수 있다. 이들은 자기 의지나 동기에서

---

1) 『사랑의 기술』 에리히 프롬 저, 황문수 역, 문예출판사. 1994.

혼돈의 20대, 자신을 말하다

라기보다 부모가 원하니까, 그리고 대학에 가면 자유가 있다니까 열심히 순응해 온 것이다. 이럴 경우, 부모의 보호막을 벗어나면 무언가를 스스로 한다는 것이 무척 힘들어진다. 특히 모든 것을 자율적으로 선택하고 책임이 부여되며 자신의 삶을 스스로 관리해야 하는 대학생활에서는 이런 자유가 감당하기 벅찰 것이다.

한편 다른 부모들은 비록 자녀에게 높은 기대를 걸지라도 모든 학업과 생활 스케줄을 자녀 스스로 짜도록 하고 주요한 선택과 결정 역시 자녀의 의견을 존중해 주며 스스로에게 맡기는 것을 볼 수 있다. 부모는 헌신적인 사랑으로 소리 없이 뒷바라지하면서 선택을 위한 대화와 정보를 주고 있을 뿐이다. 혹은 친구처럼 자녀와 함께 스포츠를 즐기고 대화하면서 자녀의 성장을 북돋우고 자녀를 굳게 믿고 지지해 주고 있다. 이처럼 자식을 한 인격체로 존중하고 자율성을 주었을 경우, 자녀들은 매우 긍정적이고 독립적이며 성취지향적인 존재로 성장하는 것을 볼 수 있다. 자녀는 대견스럽게도 부모의 은공에 감사하며 매우 순조롭게 부모로부터 분리되어 자립해 가고 있다.

하지만 어떤 경우이든 부모의 지나친 기대는 가끔 자식에게 엄청난 짐이 되는 것을 볼 수 있다. '부모를 실망시킬 수 없다'는 부담감은 입시라는 역경을 돌파하는 원동력이 되고 미래의 성취를 향한 추진력이 될 수도 있지만 자칫 자식의 삶을 옭아매는 덫이 될 수도 있다. 어떤 청년은 부모의 기대에 부응하기 위해 공부에 매달렸던 집념으로 이제는 성공을 위해 자신을 끊임없이 몰아치면서 결코 만족할 줄 모르는 피곤한 삶을 살지 않을까 우려하고 있다. 그러나 대학 시절 처절한 자아인식을 통해 이제 그 삶이 부모의 기대에 부응하려는 것이 아니라 바로 자신이 원하는 삶이라는 것을 깨닫게 되면 그 추진력은 자아의 내면에서 분출될 것이고 아마도 성취감이 피곤을 능가하지 않을까 생각한다.

자녀가 부모로부터 분리되는 과정에서 오는 갈등은 청년기에 그 절정에 달하는 것 같다. 이 시기 정상적인 부모-자녀 사이에서도 보호와 독립의 갈등은 다소 있게 마련이다. 험한 세상에서 자식을 보호하려는 부모와 둥지를 벗어나 날갯짓을 하려는 자식 사이의 갈등이다. 자식이 부모 품을 벗어나 독립된 인격체로 자립하려는 것은 매우 자연스럽고 긍정적인 현상이다. 그러나 상당수의 부모들이 이 분리의 과정에서 실패하는 모습을 볼 수 있는데 이 과정은 모든 것을 주면서 자녀의 행복 이외에는 바라지 않는 성숙함을 요구하는 어려운 과업이기 때문이다.

물론 어떤 부모-자녀든 갈등이 없을 수는 없다. 항상 문제는 갈등이 지나치고 장기간 지속되는 경우이며 아예 상호작용의 패턴으로 굳어져버린 상황이다. 이런 경우, 대체로 아버지와의 갈등은 아버지의 권위주의적인 강압에서 비롯되며 주로 학업이나 진로 문제로 마찰을 빚고 있다. 이런 마찰은 아버지와 아들 사이에 더 많다. 어머니와의 갈등은 자식에 대한 지나친 집착이나 소유욕, 보호의식에서 비롯되며 주로 일상의 생활습관(귀가, 음주, 흡연, 옷차림)에 대한 지나친 간섭과 제약으로 부딪치고 있다. 이런 갈등은 아들보다는 딸과의 사이에서 더 많이 일어나고 있다. 부모와 갈등이 심한 청년들은 부모의 간섭과 강압에서 벗어나기 위해 몸부림치며 자신의 삶은 자신이 찾겠다고 다짐하는 것

혼돈의 20대, 자신을 말하다

을 볼 수 있다. 더 나아가 자녀들은 부모에 대한 고마움보다는 간섭과 제약에 진저리를 치면서 부모와 심리적 골을 만들어가고 있다. 하지만 이런 부딪침과 부서짐은 이제 사춘기식 반항이 아니라 자식이 부모로부터 독립하려는 성장의 몸짓이어야 할 것이다.

아무리 부모의 인생이 자식의 삶까지 합친 몫이라 해도 자식의 삶을 부모가 대신 살아줄 수는 없는 것이다. 결국 자신의 힘으로 헤쳐 나가야 하는 인생이다. 성장한 자식의 삶에 지나치게 간섭하고 제약을 가하는 것은 오히려 자식의 독립과 자립을 방해하고 분리 과정을 소란스럽게 할 뿐이다. 자식들은 이제 다양한 경험을 통해서 인생의 목표를 설정하고 이성교제를 하면서 배우자 선택능력도 길러야 하고 사람 속에서 부대끼며 살아가는 연습도 해야 한다. 조금 그 행보가 늦어지더라도 스스로 처절하게 깨져보고 다시 새롭게 탈바꿈할 때까지 기다려보는 것은 어떨지? D. 레빈슨은 '부모가 할 수 있는 가장 큰 선물은 자녀들이 그들 나름대로의 시각에서 행복하기를 진심으로 바라는 것'이라고 한다.[2]

그러나 자식은 과연 요즈음의 대학 문화가 썩 바람직한지를 한번 숙고해 봐야 할 것이다. 지나친 음주와 가무, 게임, 무절제한 이성교제, 늦은 귀가시간, 그리고 학업을 도외시한 동아리 활동 등…. 인생에서 가장 황금 같은 시기에 자식이 무절제한 생활로 시간을 낭비하고 있다면 어느 부모가 걱정과 우려를 안 하겠는가? 흐르는 시간은 잡을 수가

---

2) 『남자가 겪는 인생의 사계절』 D. Levinson 저, 김애순 역, 이화여대출판부, 1996.

없는 것이다. 부모의 강압이나 소유욕에 얽매여 있는 것도 좋은 것은 아니지만 지나치게 반발하고 옆길로 나가는 것도 바람직한 일은 아니다. 성숙한 자녀는 부모의 의존에서 벗어나 독립할 능력을 갖추지만 자녀를 분리시킬 때 느끼는 부모의 심정을 이해하고 성숙한 사랑으로 부모를 배려할 줄 알아야 할 것이다.

그러면 어떻게 하면 부모-자녀 간 분리 과정을 성공적으로 수행할 수 있을까? 여기에 대한 해답을 구하기 위해 최근에 대학생들을 대상으로 부모-자녀에 관한 간단한 설문조사를 해보았다(부록 2). 우선 요즈음 청년 자녀와 중년 부모 간 대화시간을 조사한 결과, 전혀 안 하거나 10분 미만이 30% 이상에 달하며 30분 미만은 거의 40%에 육박한다(그림 5.1). 그것도 아들과 딸 모두 주로 어머니와의 대화이며 아버지와의 대화는 매우 적다(그림 5.2). 말하자면 "다녀오겠습니다", "밥 먹었니?", "일찍 들어와라!" 이 정도로 끝나는 날이 많고 아버지와는 아예 그것도 안 한다는 것이다. 한 지붕 아래 딴 가족인 것이다. 대화의 내용도 주로 일상사(71%)나 학업 및 진로 문제이다.

대체로 아들은 아버지와, 딸은 어머니와 갈등이 더 많다. 아버지와의 갈등의 소재는 학업 및 진로 문제가 가장 많고, 어머니와의 갈등은 생활습관(옷차림, 귀가시간, 용돈)에서 가장 많이 비롯되고 있다(그림 5.3, 그림 5.4). 청년들이 부모와 갈등을 심화시키는 원인 중 1위로 꼽는 것이 '가치관의 차이로 인한 상호 몰이해'이며, 그 다음이 '부모의 지나친 간섭과 개입', 그리고 자신의 '무절제한 행동'이다(그림 5.5). 이들은 고민과 갈등이 생기면 주로 친구한테 마음을 털어놓으며, 그 다음이 어머니이다(그림 5.6). 그리고 부모와의 갈등이 있을 때 대화를 통해 응어리를 푼다기보다는 그냥 시간이 지나면 저절로 해결되기를 기다린다.

따라서 우선 부모-자녀 간의 가치관의 차이를 줄이고 상호 이해를 도모하기 위해서는 폭넓고 효율적인 대화를 할 필요가 있다. 대화 없이 어떻게 가치관의 차이를 좁힐 수 있겠는가? 일상사, 학업이나 진로 문제를 넘어서 좀 더 다양한 소재로 마음을 터놓고 대화를 할 필요가 있다. 이때 자신을 주장하기 전에 먼저 상대방의 말을 들으려는 마음가짐으로 대화에 임해야 할 것이다. 효율적인 대화란 자신의 생각과 감정을 솔직하게 표현할 수 있을 뿐 아니라 상대방의 생각과 감정도 수용하고 배려하는 것이다. 부모와 갈등이 심했던 청년들이 부모의 사랑을 재발견하고 깊게 파인 골을 메워나가는 것은 결국 '대화'였던 것을 상기해 보자.

또한 '부모의 지나친 개입과 간섭'을 해결하기 위해서는 부모-자녀 간에 '적절한 심리적 거리'를 유지할 필요가 있다. 이것은 부모나 자녀나 자신들의 삶을 스스로 관리하고 다룰 수 있도록 서로가 간섭하지 않는 '완충지역'을 만들어주는 것이다. 즉, 부모에게도, 자식에게도 자율성과 독립성을 인정해 주고 자신들만의 고유한 삶의 영역을 존중해 주자는 것이다. 이것은 결코 애착의 단절이 아니라 사랑이 성숙한 형태로 발전한 것이다.

**설문조사** 대학생의 부모–자녀 간 대화 및 갈등 실태[3)]

〈부록 2 참조〉

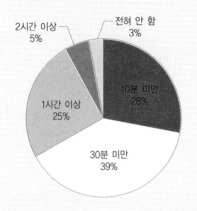

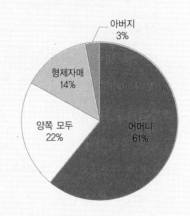

| **그림 5.1** |  하루 중 부모와의 대화시간은?       | **그림 5.2** |  가족 중 주로 누구와 대화하는가?

하루 중 부모와 대화시간은 '전혀 안 하거나 10분 미만'이 31%(남 33.04, 여 28.92)에 달하며, 30분 미만이 39%(남 42.73, 여 35.05), 1시간 이상은 25%(남 21.15, 여 28.97)이다. 아들보다 딸이 부모와의 대화시간이 더 많다(그림 5.1). 대화 상대 역시, 60% 이상이 주로 어머니와 대화하며, 아버지와의 대화는 3%에 불과하다. '양쪽 모두'를 합쳐도 25% 정도이다. 아버지와의 대화는 형제자매보다 더 적다(그림 5.2). 대화내용은 70% 이상이 일상사이며, 그 다음으로 학업 및 진로 문제가 15%이다.

......................................................

3) 2010년 3월, 서울시내 5개 대학 남녀학생 442명(남자 227, 여자 215)을 대상으로 부모–자녀 관계에 대해 설문조사한 결과이다(부록 2).

혼돈의 20대, 자신을 말하다

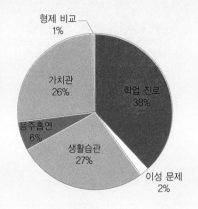
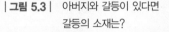
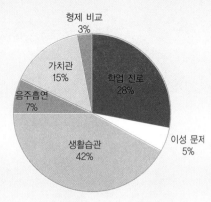

| 그림 5.3 | 아버지와 갈등이 있다면
            갈등의 소재는?

| 그림 5.4 | 어머니와 갈등이 있다면
            갈등의 소재는?

아버지와의 갈등 소재는 주로 학업 및 진로 문제이며(아들 40.91, 딸 34.59), 그 다음이 귀가 시간, 옷차림, 용돈 등의 생활습관(아들 23.30, 딸 30.82), 그리고 사회문제 및 가치관이다(그림 5.3). 아버지와의 갈등은 딸보다 아들이 더 많다(아들 50.25, 딸 46.60).

어머니와의 갈등 소재는 42%가 주로 생활습관(아들 36.52, 딸 49.12 )이며, 그 다음이 학업 및 진로 문제(아들 30.34, 딸 26.59)이다(그림 5.4). 어머니와의 갈등은 아들(39.59)보다 딸(49.21)이 더 많다. 대체로 아버지는 자녀들과 학업 및 진로 문제로, 어머니는 생활습관 때문에 주로 갈등을 겪고 있으나, 역시 학업 및 진로 문제로 인한 갈등은 양부모 모두 아들과, 생활습관으로 인한 갈등은 딸과 많이 겪고 있다.

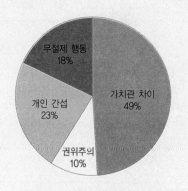

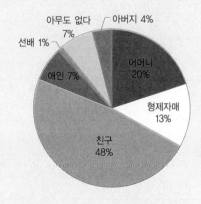

| 그림 5.5 | 갈등을 심화시키는 원인은?     | 그림 5.6 | 고민과 갈등이 있을 때, 누구에게 마음을 터놓는가?

갈등을 심화시키는 주요원인은 49%가 가치관의 차이로 인한 상호 몰이해(아들 43,18, 딸 54.63)로 가장 많으며, 그 다음이 부모의 지나친 간섭과 개입(아들 26.36, 딸 18.98), 그리고 자녀의 무절제한 행동(아들 22.27, 딸 14.35)이다(그림 5.5).

고민과 갈등이 있을 때 마음을 털어놓는 대상은 남녀 모두 약 48%가 주로 친구이며, 그 다음이 어머니(남 18.25, 여 21.40)이다. '아무도 없다' 가 7%(남 10.65, 여 3.69)에 달한다(그림 5.6).

# PART
## 6

# 사람에 걸려 비틀거리다

대학생활에서는 지식세계를 탐색하면서 IQ를 높이는 것도 중요하지만 사람 속에 어울리면서 EQ와 SQ를 발달시키는 것 역시 주요한 과제이기도 하다.[1] 여기에는 청년들이 만남의 두려움을 극복하고 사람들 속에 자신을 던져보고 실험해 보면서 사람들과 어울려 사는 방법을 터득해 나가는 체험담들이 실려 있다. 외모 콤플렉스로 인해 대인관계에서 자신감을 잃고 무모한 다이어트 끝에 외모보다는 내면의 자신감이 더욱 중요하다는 깨달음, 내성적인 소심한 성격, 자격지심, 혹은 자기중심성 때문에 사람 만나는 것이 두려웠던 경험들을 솔직히 말하고 있다. 하지만 많은 청년들이 만남의 두려움을 떨치고 동아리 활동을 통해 사람 사귀는 즐거움을 누리고 그 속에서 갈등을 겪으며 성장해 나가는 것 같다. 이들은 갈등 속에서 서로 다름을 인정할 줄 알게 되고 처절한 소외감 속에서 자신의 문제점을 발견하고 인간관계 패러다임을 전환해 가고 있다.

1) IQ(Intelligence Quotient), EQ(Emotional Quotient), SQ(Social Intelligence)

# 1. 외모＝대인 매력의 난센스

## 내면을 비추는 거울을 찾아서

세상에는 두 가지 종류의 거울이 있다. 나를 포장하고 있는 외모를 비추는 거울과 포장 속에 들어 있는 나의 알맹이를 비추는 거울이다. 사실 진정한 나를 나타내는 것은 내 알맹이인 능력, 열정, 성격인데 많은 사람들은 화려한 껍데기를 더 중요하게 생각한다. 그래서 거울에서 자신의 내면은 보지 못하고 외모만을 보려고 한다.

청소년 시절, 나는 틈만 나면 드라마와 영화, 버라이어티 쇼, 시트콤 등을 인터넷으로 다운받아 보면서 '날씬하고 예쁜' 연예인들을 나랑 비교해 보곤 했다. 그러면서 '날씬하지 못하면 매력이 없어, 내 눈은 너무 작고 콧날도 더 오뚝했으면 좋겠어, 나는 흠 덩어리야…' 하는 생각을 키우고 있었던 것 같다. 그러다 보니 자연스레 자아존중감도 낮아졌고 남들 앞에서 항상 자신이 없었다. 그리고 자신에 대한 부정적 신체 이미지로 인해 '사람을 판단할 때 외모가 가장 중요하다'는 어처구니없는 가치관을 형성하게 되었다. 그래서 대학에 합격하자마자 난 나의 신체적 콤플렉스를 떨쳐버리기 위한 공사에 들어갔다. 먼저 쌍커풀 수술을 받았고 단기간의 무리한 다이어트로 빨리 살을 빼는 어리석은 행동을 했다.

눈은 전보다 커졌고 몸매도 날씬해졌지만 나의 신체 이미지는 여전히 부정적이었고 아직도 난 콤플렉스 덩어리로 남아 있었다. 남들은 예뻐졌다고 했지만 난 '쌍커풀 수술이 더 예쁘게 되었으면…' 하는 미련이 남아 있었고 '코도 이상하게 생긴 것 같았고 엉덩이도 너무 크고 다리도 짧고' 하는 식으로 거울을 볼 때마다 거울에 비친 자신의 모습에서 항상 부정적인 모습을 발견했다. 그래서 대학에 입학해서도 남들은 다 나보다 예쁘고 날씬한 것 같았고 나 혼자만 외모적으로 뒤처져 있는 것처럼 느꼈다. 나 자신에 대해 자신감이 없었기 때문에 새터나 반 선배들과 갖는 술자리에서도 항상 소극적이었고 다른 아이들이 나보다 친구를 잘 사귀는 것은 나보다 잘생겼거나 예쁘기 때문이라고 생각했다. 사실은 나의 소극적이고 자기방어적인 태도가 대인관계에서 가장 치명적인 역할을 했을 것인데도 나는 모든 탓을 나의 외모로 돌렸다.

이렇게 대인관계의 실패로 반 모임에도 참여하지 않았고 친구들이 없으니 대학생활이 즐거울 리가 없었다. 학교에서 무슨 행사를 하든 나와는 상관없는 일이었다. 학교의 큰 행사에만 잠시 얼굴을 비추었을 뿐이다. 남들은 나와는 달리 대학생활을 즐겁게 보내고 있었고 나는 왠지 대학이라는 사회에 적응하지 못하는 뒤떨어진 아이 같은 느낌이

들었다. 학교생활에 재미가 없었던 나는 수업이 끝나면 집에 와서 TV
를 보거나 인터넷으로 해외 드라마를 다운받아 보는 등 혼자 노는 것
을 즐겼다. 그러다 보니 학교 일에서는 더욱 관심이 멀어졌고 컴퓨터
앞에 가만히 앉아 있다 보니 건강은 더욱 나빠졌다. 그것도 모자라 나
는 외로움에서 받는 스트레스를 먹는 것으로 해소했다. 거듭된 폭식은
단기간에 체중을 늘게 했고 폭식 후의 자책으로 스트레스는 더해져만
갔다.

이제 습관이 되어버린 폭식으로 단기간에 체중이 급증하자 더욱 떨
어진 신체적 자신감은 극단적인 다이어트로 나를 몰아넣었다. 살을 빼
야 한다는 중압감으로 여름방학이 시작되자마자 시설이 좋다는 단식
원 두세 곳을 방문해 보았다가 발길을 돌렸다. 하지만 단기간에 살을
빼고 싶다는 욕심은 머릿속을 떠나지 않았고 친구들에게 들은 유명하
다는 한의원을 찾아가 살을 빼는 약을 지었다. 한약을 복용한 후 2주
만에 무려 5kg 정도가 빠졌다. 그러나 운동 없이 단기간에 뺀 살은 약
을 끊음과 동시에 다시 요요현상으로 이전보다 더 과체중으로 돌아왔
다. 약에 집착하게 된 나는 이번에는 미국에서 유명하다는 다이어트
약을 주문해 복용했다. 다이어트 약을 복용한 후 식욕은 감소했지만
부작용으로 메스꺼움, 어지럼증, 두통, 불면증, 식은땀, 가슴 두근거림
등이 나타났다. 그래서 약을 먹는 동안에는 항상 기분이 좋지 않았고
몸이 점점 축나는 것 같았다.

대학에 입학하고 나서 여름방학까지의 미련한 시행착오를 겪은 나
는 2학기에 가까워서야 '대인관계의 열쇠는 예쁘고 날씬함이 아니라

나의 자신감과 성격에 있는 것이 아닐까?' 하는 생각을 했다. 비록 늦었지만 이제부터라도 외모에 대한 집착을 버리고 나의 내면의 아름다움을 믿고 자신감을 찾고 싶었다. 대학에서 친구들도 만들고 집 밖으로 나오고 싶었다. 실패한 반 활동을 뒤로하고 새로운 동아리에서 친구들도 사귀고 새 출발을 하고 싶었다. 그래서 2학기에 고등학교 시절 동창이 소속되어 있던 교내 영자신문사 'ㅇㅇ애널스'에 시험을 쳐서 합격을 했다.

구성원이 많은 반이나 중앙 동아리와는 달리 학교 공식기관인 신문사였기 때문에 소수의 정원을 시험과 면접을 통해서 선발하여 트레이닝을 시키는 시스템을 갖고 있었다. 그래서 내가 속한 기는 열 명이 시험에 합격했으나 일주일의 트레이닝 후 나를 포함한 총 여섯 명이 남게 되었다. 동기 아이들의 수가 적어서 그랬는지 모르지만 나는 1학기 때의 실패와는 다르게 이 그룹에서 인간관계에 성공할 수가 있었다.

애널스는 매주 월요일과 목요일 6시 30분 오피스 시간에 신문사로 모여야 하는 규칙이 있었고 학기 내내 수습기자들에게 과제를 내주었다. 그래서 동기 아이들과 매주 적어도 두 번 이상은 꼭 만나고 함께 힘든 과제를 해냈기 때문에 서로 더 끈끈한 우정을 다질 수 있었다. 낮은 자아존중감과 부정적 신체 이미지를 가지고 있던 난 아이들을 처음 만났을 때 역시 움츠러들 수밖에 없었다. 그렇지만 신문사에서 일 때문에 철야를 할 때 모두 같이 편한 옷으로 입고 진솔한 대화를 나누며 밤을 새기도 하면서 사람을 사귈 때 중요한 것은 그 사람의 겉이 아니라 속이라는 것을 알아갔다. 시간이 지날수록 나는 점차 친구들과 있는 것이 편해졌고 나의 겉이 어떻든 친구들이 나의 속을 좋아한다는 긍정적인 생각을 가지게 되었다.

이렇게 신문사에서 새로운 친구들을 사귐으로써 나는 타인에 대해 닫혀 있던 마음을 열었고 자아존중감도 향상되었다. 외모에 대한 콤플렉스로 항상 자신감이 없고 스스로를 부정적으로 생각하고 행동했던 과거와는 달리 인간관계는 물론 모든 일에 중요한 것은 외모가 아닌 나의 내면이라는 것을 알았다. 신문사에서 활동할 때도 기사 주제를 토의할 때의 나의 창의성과 아이디어, 그리고 일할 때의 능력, 성실함, 책임감 등이 더 중요시된다는 것을 배웠다. 또한 신체적 매력은 첫인상에서만 중요하지 장기간 사귀다 보면 남는 것은 역시 나의 능력이나 성격이라는 것을 깨달았다. 나 자신을 긍정적으로 생각하고 타인들에게 마음의 문을 활짝 연 후로 남자친구까지 사귀게 되었다. 지금은 친구들을 사귀는 것이 이전보다 훨씬 더 수월해졌음을 느낀다.

## 신체적 매력보다는 자신감이

고등학교 2학년 때까지만 해도 나는 학교에서 소위 말하는 '예쁜 아이'에 속했다. 키도 크고 날씬한 아이였던 것이다. 그런데 3학년을 거치면서 급속도로 살이 찌기 시작했고 나는 대학에 가면 살이 빠진다는 말만 믿어왔다. 하지만 대학생활을 하면서 술자리가 잦아지고 외식이 늘어나면서 오히려 살은 더 찌기 시작했고 쉽게 빠질 것 같지 않았다. 내 주위의 친구들이 미니스커트를 입고 다닐 때 나는 청바지만 입고 다니게 됐고 친구들과 나를 비교하는 횟수는 점점 늘어갔다. 예쁜 옷을 입고 다니는 친구들을 보면 한없이 부러웠고 멍하니 '나는 언제쯤 저런 옷을 입어볼 수 있을까' 하는 생각을 했다.

주위에서는 나에게 뚱뚱하지 않다고, 괜찮다고 했지만 내가 보는 나의 모습은 정말 뚱뚱했다. 인터넷에 들어가면 '몸짱 연예인' 이라는 키워드가 유행처럼 번지고 있었고 S라인 연예인들이 몸짱을 대표하고 있었다. 이러한 기류에 영향을 받아서일까? 컴퓨터를 켤 때면 나도 모르게 '다이어트' 라는 검색어를 입력하고 있었다. 나는 나의 신체상이 이상형과 거리가 너무 멀다고 생각했고 이것에서 탈피하고자 많은 시도를 했다. '왜 하필 마른 여성이 각광받는 시대에 태어났을까' 라는 생각을 하기도 하고 '건강하면 됐지 뭐' 라며 위안을 하기도 했다. 하지만 내 주위의 사람들을 보면 또다시 나와 비교하게 되었다.

그래서 첫 번째 방학을 맞고 본격적인 다이어트에 돌입했다. 하루의 시작을 요가와 함께 했고 저녁식사 후에는 집 주변의 공원에서 빨리 걷기를 했다. 간식의 양을 줄여보기도 했다. 그러나 다이어트 시작 전과 비교해서 살이 빠지기는 했지만 아직도 내가 원하는 신체는 아니었다. 어느 날 동네에서 옛 친구를 만났는데 그 친구는 날 보자마자 "살쪘네"라며 말을 건넸다. 그렇지 않아도 외모로 스트레스를 받아오던 나는 그 말에 몹시 상처를 받았다. 나 혼자만 살쪘다고 생각한 것이 아니라 다른 사람도 그렇게 보는 것이 충격으로 다가온 것이다. 이때 난 별말 없이 '운동을 더 열심히 해야 하겠다' 는 생각만 했다.

그렇게 방학은 허망하게 지나가버렸다. 대학생의 자유로움을 특권

삼아 누릴 수 있는 여행, 동아리 활동은 하나도 해보지 못한 채 방학은 끝나버렸고 순간 허무함과 자책감이 밀려왔다. '내가 이러려고 공부해서 대학에 들어온 것은 아닌데' 하는 생각이 들었다. 외모 외에도 내가 평가받을 수 있는 것은 상당히 많을 텐데 나는 오로지 외모 하나에만 신경을 쓰다가 다른 것들(학업, 대인관계, 여행, 부모님과의 관계, 긍정적인 성격 등)을 다 놓쳐버린 것이다. 그런데 더욱 놀라운 것은 이런 경험이 비단 나에게만 국한된 것이 아니었다는 사실이다. 방학이 끝나고 다시 학교로 돌아왔을 때 내 친구들 중에는 눈이나 코를 고친 아이들이 있었고 살을 빼서 모두를 놀라게 한 친구들도 있었다. 남자친구들은 헬스로 다져진 근육을 자랑하고 주위의 친구들은 모두 그 친구를 부러워하는 말들을 하고 있었다.

좀 더 자유로워질 수는 없을까? 다른 것도 아니고 얼굴과 몸매로 평가받는 것이 대학생의 자유로움이란 말인가? 물론 자신의 이상형에 자신을 맞추어가는 노력은 긍정적으로 평가받아 마땅하지만 수많은 청소년들에게 우상처럼 여겨지는 자유로운 대학생의 모습은 이것이 아니었다. 흥미를 잃어버린 대학생활, 나는 그것을 바꾸기 위해서 다른 여러 분야에 관심을 기울이기 시작했다. 나의 내적 성장을 위해 어떤 것을 할 수 있을까 생각하며 여기저기 정보를 얻으러 다녔다. 동아리 활동, 학회, 세미나 등을 하기 위해 선배에게 조언을 구하기도 하고 학교 게시판을 열심히 보고 다녔다. 그러던 중 평소에 내가 관심이 있었던 수화와 그림, 외국어와 관련된 동아리 방을 직접 찾아가 동아리 활동을 시작하게 되었다. 또한 나의 왜곡된 신체 이미지의 이유를 찾다가 그와 관련된 한 학회에서 활동하게 되었다. 동아리 활동과 학회 활동을 하다 보니 자연히 나는 바빠지게 되었고 외모에 대해 신경 쓰는 시간은 점차 줄어들게 되었다.

이로 인해 내가 얻은 가장 큰 것은 자신감이었다. 이것은 그동안 내가 신체 이미지에 억눌려서 표현하지 못했던 나의 잠재능력을 표출할 수 있게 해주었다. '나는 다른 사람들보다 못하다' 는 생각은 차츰 '나도 할 수 있다' 는 긍정적인 생각으로 바뀌어 갔고 그런 마음은 금세 내 얼굴에 나타났다. 예전에는 스스로 못났다고 생각하니 자연히 얼굴이 찡그려져 있었지만 이제는 활짝 웃고 자신감이 넘치는 얼굴이 되었다. 내 주위에서 "무슨 일 있어? 얼굴이 좋아졌는데" 하고 인사말을 건넬 정도이다. 자신감이 붙으니 일을 해도 효율성이 높아졌다. 각종 정보를 예민하게 받아들이며 여러 가지 공모전이나 글쓰기대회, 사진대회에도 응모하게 되었고 신문에 내 글이 실리는 기쁨도 누릴 수 있었다. 또한 전 학기에 비해 성적도 눈에 띄게 올랐다. 그리고 내가 참여했던 단체를 통해 좀 더 다양한 사람들을 만날 수 있었으며 같이 수업을 듣지 않는 사람들과도 친분을 유지할 수 있었다. 이처럼 나의 대인관계 능력은 부쩍 향상되었다.

이제는 누군가 나에게 '살쪘다' 라고 말해도 예전처럼 상처받지 않는다. 나에게는 몸매 이외에도 다양한 매력이 있다고 생각하기 때문이다. 개인의 매력이란 신체적 매력뿐 아니라 능력, 성격 등 다양한 측면에서 뿜어져 나오는 것 같다. 실제로 주위에서 사람들이 많이 따르고 인기 있는 사람들을 보면 얼굴이나 몸매가 눈에 띄는 사람은 그다지 많지 않다. 신체적 매력보다는 긍정적인 사고방식, 항상 웃는 얼굴, 경청하는 자세, 리더십 등이 그 사람을 더 돋보이게 한다.

신체 이미지는 시대적 맥락에 따라 변화한다. 10년 뒤에 모든 사람이 날씬해져 버려서 오히려 뚱뚱한 사람이 더 매력적으로 보일지 모른다. 그럼 이때는 다시 살을 찌워야 하는가? 자신의 신체상을 있는 그대로 수용하고 긍정한다면 자신의 몸을 학대하지 않고도 충분히 행복할 수 있다. 신체 이미지에 얽매이는 것보다는 자신이 가진 진정한 매력을 찾아보고 그것을 발전시키는 것이 훨씬 바람직할 것이다. 이제 나는 스스로 암시를 걸어본다. "넌 참 매력적이야."

# 2. 만남의 두려움을 극복하고

## 내가 먼저 다가서다

나는 대학 입학 초에 대인관계로 인한 어려움을 많이 겪었다. 나의 가장 큰 고민거리는 사람을 처음 만났을 때 원만하게 대화를 이끌어가지 못한다는 것이다. 왠지 사람들과 처음 만났을 때는 나도 모르게 긴장하고 표정이 굳어져 말이 잘 나오지 않는다. 그래서 사람들은 나의 첫인상에 대해 '무뚝뚝하고 냉정해 보였다' 는 말을 많이 한다.

나의 이런 문제는 어린 시절 아토피를 앓은 이후로 생긴 것이다. 나는 초등학교 시절부터 아토피를 앓아왔는데 사춘기가 되자 그 증세가 더욱 심해졌다. 그래서 사람들의 시선이 두려워 학교에 가는 것 자체가 큰 스트레스가 되었고 집 밖에 나가는 것조차 꺼리게 되었다. 수많은 학생들이 내 얼굴을 보고 이상하게 생각할까 봐 너무 두려웠고 남들이 내 뒤에서 얘기를 하지 않을까 항상 신경을 쓰며 살았다. 그래서 길을 걸을 때도 항상 고개를 숙이고 다녔고 표정은 굳어 있었다. 학교에서도 나는 조용한 아이로 남아 있었다. 이처럼 소극적인 생활을 하다 보니 차츰 나는 나 자신이 보잘것없는 존재같이 느껴졌고 심한 자격지심이 생겼다. 성격은 내성적으로 변해 있었고 무엇보다 자신감이 없었다. 누구를 만나더라도 '저 사람이 나를 어떻게 생각할까, 이런 식으로 말하면 싫어하지 않을까' 하는 자격지심에 쉽게 말을 걸 수가 없었다.

그런데 자율적으로 수업을 듣는 대학에서는 자신이 적극적으로 반이나 동아리에 나가서 어필해야만 사람들과 친해질 수 있었다. 술을 마시지 않는 나는 분위기만 깨는 것 같고 술자리에 있는 것이 불편했다. 더욱이 우리 집은 통금이 엄격해서 항상 모임에서 일찍 빠져나와야 했기 때문에 반 사람들과 친해질 기회가 없었다. 나같이 사람 사귀는 데 서툰 사람은 수업을 함께 들으면서 서서히 친해지는 것이 중요한데 그럴 수가 없으니 자연히 반에서 멀어지고 내가 어떤 사람인지 알릴 기회도 많지 않았다. 처음엔 학교와 집만을 오가는 생활이 반복되었다. 밥을 같이 먹는 친구가 간혹 다른 약속이 생기면 누구와 같이 밥을 먹어야 할지 고민해야 했고, 영화, 쇼핑 등 여가활동을 같이 할 친구도 없었다. 정말 이대로 가다간 4년간의 대학생활을 공허하게 보내버릴지도 모른다는 두려움이 엄습했다. 문득 혼자 끙끙 앓을 것이 아니라 뭔가를 해야 한다는 생각이 들었다. 우선 나는 학생상담센터를 찾아가서 온갖 심리검사를 다 받아보았다. 그리고 검사해석을 해준 분의 권유로 상담을 받게 되었다. 처음에는 내가 정신적 문제가 있는 사람도 아닌데 상담을 받는다는 것이 꺼림칙했지만 용기 있는 시도였던 것 같다.

혼돈의 20대, 자신을 말하다

상담을 할 때 뭔가 대단한 이야기를 한 것은 아니었다. 어쨌든 상담선생님도 초면이었고 그런 사람에게 나의 사소한 얘기를 하는 것이 처음에는 매우 힘들었다. 더욱이 상담선생님은 나에게 먼저 말을 걸기보다는 단지 내가 하는 얘기를 듣고 고개를 끄덕이거나 맞장구쳐주는 게다였다. 그래서 그 어색한 침묵이 싫어서라도 내가 얘기를 이어나갈 수밖에 없었다. 처음에는 그저 나의 학교생활에 대해 이것저것 피상적으로 얘기하는 데 그쳤다. 하지만 차츰 만나는 횟수가 늘면서 '이번엔 이런 얘기를 이렇게 하면 되겠구나' 하는 내 나름대로의 방법이 생겼고 점차 내가 화제를 꺼내고 이야기를 주도하는 데 익숙해지기 시작했다. 그땐 그것도 하나의 스트레스였지만 지금 생각하면 상담을 통해 처음 보는 사람과 어떻게 이야기를 이끌어나가야 하는지에 대한 체험을 한 것 같다.

본래 나는 소심한 성격이어서 '상대방이 내 말을 어떻게 생각할까' 하는 데 신경을 쓰다 보니 항상 솔직하지 못했었다. 하지만 상담에서는 내가 어떤 고백을 해도 날 이해해 줄 거라는 생각이 들어서 내 솔직한 감정을 이야기할 수 있었다. 약 두 달간의 상담을 통해 나는 낯선 사람과 자유스럽게 대화할 수 있는 능력을 습득했다. 상담 이외에도 나는 대인관계가 좋은 친구들을 유심히 살펴보았는데 그 친구들의 공통점은 남에게 먼저 다가선다는 것이었다. 그냥 나처럼 타인들이 관심을 보여주기를 기다리는 것이 아니라 먼저 관심을 표현함으로써 상대방에게서 관심을 받을 수 있었다.

그래서 난 반 활동에 열심히 참여하기 시작했다. 처음에는 반 모임에 나갔다가 친한 사람이 없어 무안하기도 하고 소외감으로 왠지 모를 비참함을 느껴 우울했던 적이 한두 번이 아니었다. 그렇다고 이대로 주저앉으면 앞으로 계속 어려움을 겪게 될 것은 뻔하기 때문에 내가 먼저 나서기로 했다. 먼저 말을 걸고 아는 체하고 이런저런 활동에 열심히 참여했다. 그러자 놀랍게도 사람들이 나를 대하는 태도가 달라졌다. 처음에 어색하게 웃고 겉돌던 사람들이 행사가 있을 때는 나를 찾는다든가 같이 밥을 먹자고 연락을 하기도 했다. 이런 것들이 나에게 큰 자신감을 심어주었다.

이런 꾸준한 노력으로 지금은 반 친구들과 매우 친밀한 관계를 유지하고 있고 이들이 내 대학생활의 중요한 부분을 차지하고 있다. 이제 와서 알게 된 것이지만 다른 친구들도 처음에 서로를 잘 몰랐을 때는 모여서 웃고 떠들고 하더라도 마음 한편에는 공감대가 형성되지 않아 그 자리가 부담스럽고 불편했다는 것이다. 물론 아주 쉽고 자연스럽게 사람을 사귀는 사람들도 있지만 많은 사람들이 대인관계에 대한 두려움과 부담을 가지고 있는 것 같다. 아직도 조 모임이나 과 모임에서 새로운 사람들을 만나게 되면 긴장되는 것은 사실이다. 하지만 이제는 내가 먼저 다가가려고 노력하는 것이 달라진 점이다.

## 만나고 싶어 하지만 손을 내밀지 않기에

따뜻한 봄 햇살이 눈부시던 봄날 교정에 첫발을 내딛는 순간, 참으려 해도 자꾸만 새어나오던 입가의 미소, 그 느낌은 아직도 생생하게 내

294

머릿속에 남아 있다. 대학이라는 새로운 생활에 대한 기대와 설렘, 약간의 두려움이 뒤섞인 채 모든 것이 낯설지만 너무나 밝고 희망차 보이던 그 순간, 그렇게 나의 대학생활은 시작되었다.

하지만 지방에서 갓 상경한 나에게 대학이라는 새로운 장소에 적응하는 일은 그리 순탄치만은 않았다. 처음 문제가 된 것은 나의 사투리였다. 약간은 퉁명스러운, 그래서 화가 난 듯 보이는 나의 말투는 종종 친구들에게 오해를 샀고 긴 대화를 이어가는 데 장애가 될 때도 있었다. 지금 생각해 보면 나의 자격지심이 문제를 더욱 심각하게 받아들이게 했고 친구들과의 대화를 회피하게 만들었던 것 같다. 하여튼 나는 말투가 다른 타지방 출신들, 특히 말씨가 부드러운 서울 친구들과는 대화하기를 꺼렸고 이질감을 느끼곤 했다. 게다가 도시적이고 세련된 문화에서도 심한 이질감을 느꼈고 세련된 옷차림을 뽐내는 학우들이 북적대는 교정을 걷기가 쉽지만은 않았다.

고등학교 시절 남들 앞에 나서기를 좋아했고 교내외 각종 활동에 가장 적극적으로 참여했던 내가 스스로 이질감을 느끼고 사람들을 피하는 자체가 무척 당혹스러웠다. 친구 사귀기는커녕 주변 사람들에게 말 한 번 건네기가 쉽지 않은 날들이 이어졌고, 이런 경험은 나를 좀 더 편한 장소를 찾게 만들었다. 나는 고등학교 시절 친구들을 찾아 도피 행각을 시작했다. 저녁이면 고등학교 친구들이 많은 S대 앞으로 놀러 가서 밤새 놀고 아침이면 첫차로 기숙사로 돌아와 자곤 하는 생활이 한 학기 내내 반복되었다.

그러던 어느 날, "이런 식으로 문제를 회피하면 결국 학교에 적응 못

할걸" 하는 한 친구의 충고가 날 심하게 흔들었다. 충격적이었다. 순간 '이래선 안 되겠구나' 하는 생각이 들었다. 새로운 장소에서 새로운 생활을 시작하면서 아무 노력 없이 도피행각만 해서는 안 된다는 생각이 들었고 뭔가 새로운 삶, 새로운 인간관계를 만들어야 했다. 그래서 마침 방학 동안 일주일간 '농활'을 간다는 정보를 듣고 이것저것 생각할 것 없이 무조건 따라나섰다. 그렇게 따라간 농활은 무척 힘들었지만 많은 것들을 느끼게 해준 시간들이었다.

밤과 낮을 거꾸로 살던 내가 친구들이 깨우는 소리에 아침 6시에 일어나서 씻고 일하러 나갈 준비를 하게 되었고 뜨거운 뙤약볕 아래서 온종일 감자를 캐고 사과 봉지를 씌우면서도 친구와 함께 한다는 생각에 마냥 즐거웠다. 특히 새참으로 나온 국수를 먹을 때면 옆에 앉은 친구가 대학에서 새로 만난 사람이 아니라 어린 시절 친구 같은 친밀감이 들곤 했다. 함께 고생하면서 웃고 즐기던 시간 속에서 대학에서의 우정은 피상적일 거라던 나의 편견은 사라져버렸다. 대학 친구들은 생각이 다 무르익은 단계에서 만난 사람들이기 때문에 순진무구하게 어울렸던 어린 시절의 우정과는 다를 것이란 나의 선입견은 함께 흘린 땀과 웃음 속에 씻겨 내려갔다. 오히려 대학 친구들은 서로 이해하고 격려해 줄 수 있는 성숙한 우정이란 생각이 들었다.

방학 동안 그렇게 잊을 수 없는 경험을 한 나는 다음 학기에 학회를 만들게 되었다. 교내에서 친구 사귀는 데 자신감이 붙었을 뿐 아니라 많은 학우들이 나와 비슷하게 첫 학기를 보냈다는 것을 알면서 내 행동은 보다 적극적이 되었다. 처음에 네 명의 마음 맞는 친구들로 시작

혼돈의 20대, 자신을 말하다

했는데 차츰 많은 친구들이 찾아와서 나중엔 친구들 생활의 중심부로 자리 잡게 되었다. 첫 학기를 다소 아쉽게 보낸 우리들은 서로 만나 이야기하고 웃을 수 있는 공간이 만들어지자 너무 쉽게 서로 친해지면서 아쉽게 보내버린 첫 학기를 보상하듯 각종 MT, 뒤풀이, 학회 활동으로 좋은 추억을 만들 수 있었다. 지금까지 좋은 만남을 이어가고 있는 이 친구들은 종종 이런 이야기를 한다. "우리가 조금만 더 빨리 만났더라면 더 많은 일을 할 수 있었을 것이고 더 재미있는 추억을 만들 수 있었을 텐데…."

왜 해마다 많은 새내기들이 인간관계 문제로 고민할까? 고등학교 시절에는 한정된 공간에서 좋든 싫든 매일 서로 얼굴을 마주해야 하지만 대학에서는 마음이 맞지 않으면 서로가 피하면 그만이고 또 함께 오래 머물 수 있는 공간이 적고 심리적으로도 상대방을 알고자 하는 적극성이 부족한 것 같다. 많은 새내기들이 새로운 관계를 형성하는 데 낯설고 두려움을 느낀다. 그래서 타인에게 먼저 손을 내밀기보다는 기다리게 되고 이런 기다림은 '대학에서의 인간관계는 피상적'이라는 실망으로 이어지는 것 같다. 결국 우리는 서로가 서로를 만나고 싶어 하지만 먼저 손을 내밀지 않기에 더욱 외로웠던 것은 아닐까.

'내가 먼저 손을 내밀걸. 내가 먼저 다가서고 내가 먼저 말을 걸었더라면 우리는 더 빨리 친밀해질 수 있었을 텐데' 하는 자책과 믿음으로 나는 오늘도 누군가를 만나는 일이 즐겁다.

# 3. 동아리 : 만남의 즐거움과 넘치는 역할

## '집순이'의 탈을 벗어 던지고

입시지옥을 벗어나 내가 바라던 학교에 입학한 것이 꿈만 같았고 예쁜 옷을 입고 화장을 하며 자유를 누릴 수 있는 시간들이 더할 나위 없이 행복했다. 입학 후 여러 가지 행사들에 참여하고 친구들, 선배들을 사귀느라 정신없이 두 달이 지나가버렸다. 이때까지는 이 시기가 내 인생에서 최악의 시기가 될 줄은 전혀 예상치 못했다.

입학 후 거의 매일 이어지던 술자리는 겉으로 보기엔 항상 즐겁고 유쾌해 보였지만 언젠가부터 '내가 지금 여기서 도대체 뭘 하고 있는 거지?'라는 생각이 들기 시작했다. 어딜 가나 모든 사람들과 어울려서 재밌게 놀긴 했지만 그 즐거움은 그 순간뿐이었다. 체질적으로 술을 잘 마시지도 못하면서 친구를 사귀기 위해 술자리에는 빠짐없이 참석했지만 막상 깊이 사귄 친구는 한 명도 없었다. 중 · 고등학교 시절에는 매일 한 공간에서 부대끼면서 자연스레 친구를 사귀었지만 대학이란 모두 각자의 생활에 바쁘고 스스로가 나서지 않으면 쉽게 가까워질 수 없는 지극히 개인주의 사회였다. 술자리에 어울려 스스럼없이 노는 사람들도 모두 피상적인 관계에 불과했고 심지어는 웃는 표정 뒤에 자신을 감추고 있는 가면을 쓰고 있는 것처럼 느껴졌다.

통학 거리가 멀어서 술자리에 오래 남아 있는 것도 힘들었고 선배들이 따라주는 술을 마시지 못하면 미움을 사고 술 잘 마시는 후배들만 귀여움을 받는 술 문화도 너무나 괴로웠다. 피상적인 대인관계, 술과 선배들이 군림하는 의미 없는 술자리에 상처받은 나는 결국 대학생활에 적응하지 못하고 점차 사람들을 피하게 되었다. 반 모임에도 나가지 않고 동아리에도 가입하지 않았다. 평일에는 '수업-도서관-집', 주말에는 방에만 갇혀 있는 수동적인 생활이 반복되었다. 자연스럽게 나는 반에서 없는 존재가 되어버렸다. 반 친구들한테 연락하는 것도 어색해졌고 마치 주변에 아무도 없는 고립된 섬과 같았다. 이 넓고 큰 학교에서 더 이상 그 어디에도 속하지 못한다는 느낌이 들었고 그 누구도 날 찾아주지 않는다는 생각에 정체감의 위기를 느끼기 시작했다. 놀고 싶어도 연락할 친구마저 없는 것 같아 우울했으며 난 점점 더 조그맣게 움츠러들고 있었다. 수업이 끝나자마자 곧장 집으로 향하는 생활패턴 때문에 '집순이'라는 별명까지 얻을 정도였다.

인생의 꽃이라는 대학 첫 학기를 이렇게 우울하게 마무리할 무렵, 우연한 기회에 반 선배로부터 'BK'라는 동아리를 소개받았다. 여름방학 내내 혹독한 훈련을 한다는 말은 들었지만 '더 이상 이렇게는 살 수 없다'는 생각에 다시 시작한다는 마음가짐으로 면접을 통해 이 동아리에 입단했다. 그러나 한껏 기대했던 동아리에서의 생활은 정말 최악이었다. 일종의 신고식인 대면식에서 선배들은 군기를 잡았고 여태껏 한 번도 경험하지 못한 엄격한 질서체계에 겁부터 났다. 이어진 여름방학 6주간의 훈련은 생지옥이나 다름없었다. 더운 여름날 땡볕 아래서 매일 오후 2시부터 밤 10시까지 온종일 운동장을 이리저리 뛰고 무거운 깃발을 들고 있어야 했다. 공부만 할 줄 알았지 운동에는 취미가 없었던 나는 첫날부터 현기증과 구역질이 나기 시작했다. 친구들은 외국으로 바다로 놀러 가기 바쁜데 나는 방학 내내 고된 훈련 끝에 집에 오면 곯아떨어졌다가 다음 날 쑤시는 몸을 이끌고 학교에 가는 것이 하루의 일과였다. '누가 시킨 일도 아닌데 왜 사서 고생을 할까?' 하는 생각에 후회도 많았고 울기도 많이 울었지만 한 번 시작한 일을 중간에 그만둘 수는 없었다.

고생 끝에 낙이 온다고 했던가? 드디어 6주간의 지옥 같은 훈련을 마치고 ○○전에 섰다. 그때의 기분은 말로 형용할 수 없을 정도였다. 2만 명의 학생들 앞에서 우리가 열심히 연습했던 결과물을 보여줄 때는 뿌듯함을 넘어 나 자신이 너무 자랑스러웠다. 여태껏 한 번도 경험해 보지 못했던 기분에 소름이 돋을 정도였다. 힘든 훈련을 견디지 못하고 중간에 나간 친구들도 많았는데 꿋꿋하게 모든 것을 버티고 그 자리에 섰다는 것이 정말 행복했고 대학 입학 후 처음으로 느끼는 성취감에 한동안 무기력했던 기분이 사라졌다. 또 단순히 ○○전을 관람하는 것이 아니라 '참여'하고 있다는 생각에 나라는 존재에 의미를 부여

혼돈의 20대, 자신을 말하다

할 수 있었다. 또한 한 달이 넘도록 매일 부대끼고 고생한 탓인지 동기들끼리는 남자 여자 할 것 없이 끈끈한 우정을 다지게 되었다. 첫 학기 인간관계로 고통을 받던 나에겐 이것이 가장 큰 수확이었다. 거의 1년이 지난 지금도 이 동아리 동기들은 허물없이 지내는 나의 가장 친한 친구들이다. 거기서 나는 남자친구도 사귀게 되어 나도 누군가에게 사랑받고 있다는 행복감을 느낄 수 있었다.

대학 입학 후 극도의 불안과 혼란을 느꼈던 나는 이 동아리를 통해 소속감을 가짐으로써 어느 정도 정체를 찾을 수 있었으며 이후 학교생활도 능동적으로 하게 되었다. 반 활동에도 능동적으로 참여하기 시작했으며 이번에는 우리 학교 축제인 대동제를 기획하는 일도 맡았다. 또 봉사활동 단체에도 가입하여 앞으로 다양한 봉사활동에도 참여할 계획이다. 아직도 새로운 집단에서 활동하기 전에는 두려움이 좀 있지만 그래도 혹독한 훈련이라는 용광로를 빠져나온 후 '나는 무엇이든지 할 수 있다'는 용기와 노력의 지혜를 터득했다.

## 동아리, 또 동아리

대학 입학 후 나의 인간관계는 반 모임과 동아리 활동으로 나누어 볼 수 있다. 인문대의 특성상 여자가 남자보다 확연히 많았기에 흔히 드라마에서 보는 커플들은 쉽게 될 수 없었다. 여고에 다녔던지라 내심 남학생들과의 어울림을 기대했던 나는 어쩔 수 없이 여자아이들 너덧과 몰려다니게 되었고 적지 않은 실망과 안타까움을 느꼈다. 하지만 내가 진실로 회의감을 느꼈던 것은 반 선배, 동기들과의 관계에서 였다.

반에서의 술자리는 내 기대와는 사뭇 달랐다. 나는 선배, 동기들과 친해지기 위해서 술자리에 많이 참석해 보았지만 내가 생각했던 그런 얘기들은 오가지 않았고 그저 사람들을 취하게 하기 위한 다양한 게임들만이 즐비했다. 물론 처음에는 재미있고 즐거웠시만 서로 이름조차 모른 채 재미만을, 술만을 위한 술자리에 점점 회의감을 느끼기 시작했다. 그러던 중, 반에서 주류를 이루는 선배들, 친하게 지내는 동기들이 몇 명으로 압축된다는 사실을 알게 되었다. 그 동기들은 반방에서 선배들과 얘기를 많이 나누어서 친해진 것이 아니고 선배들과의 술자리에서 빈번히 밤을 샜던 아이들이었다. 보수적인 집안 탓에 나는 술자리가 한창 무르익을 즈음인 10시까지 집에 들어가야만 했고 다른 선배, 친구들과 밤을 새는 것은 전혀 생각해 보지도 못한 일이었다. 하지만 몇몇 친구들은 여러 가지 핑계로 술로 밤을 지새우고 심지어 여자들도 남자 선배의 자취방에서 밤을 새는 등, 일명 '알코올 클럽'으로 자신들 사이를 술로 다졌던 것이다. 그래서 술을 마시지 않거나 술자리에 오지 않은 아이들은 선배들과 어울리지 못했고 그만큼 반에서 활동하는 아이들은 소수에 그쳤다. 나 또한 반 행사에 거의 참여하지 않게 되었다.

친목도모를 위한 술자리가 아닌, 술자리를 위한 친목도모로 돌아가는 반 인간관계 형성에 실망감과 회의를 느꼈고 한편으론 다른 단과대 사람들도 만나보고 싶어서 나는 한 중앙 동아리에 지원을 하게 되었다. 'ㅇㅇ리더스 클럽'이라는 동아리였는데 나는 그중에서도 '글로벌' 팀에 지원을 했다. 서류와 면접을 모두 거쳐 리더스 클럽 MT를 가게 되었고 나는 반에서 여러 술자리를 거친 경험을 바탕으로 술 깨는 약을 두어 개 챙겨갔다. 그런데 동아리 MT는 내가 예상했던 것과는 정반대였다. 60명이 넘게 참석한 MT였음에도 술은 거의 준비되어 있지 않았고 동아리 선배들 역시 익숙하게 이야기를 이끌어나갔다. 술을 입에 대지 않고도 아침 해를 볼 때까지 새로 만난 선배, 친구들과 많은 이야기를 나누었다. 사람들이 모이면 자연스레 술을 입에 대야만 했던 반 분위기와는 달라도 너무 달랐기에 나에게는 신선한 충격으로 다가오기까지 했다.

내가 소속되어 있는 글로벌 팀의 자체 MT에서도 역시 마찬가지였다. 아니 오히려 더 순수했다. 30명 정도 참가한 MT에서 준비해 간 소주 세 병마저도 다 마시지 못했다. 게임 또한 소수의 사람들만 즐겼고 대부분의 사람들은 서로 얘기를 나누는 데 바빴다. 반에서의 인간관계 형성에 질렸던 나는 이러한 새로운 만남이 너무나 즐거웠다. 동아리 모임 후 간 뒤풀이에서도 술은 거의 보이지 않았고 아이스크림 가게나 노래방으로 향했다. '대학에서 꿈꾸던 인간관계가 이런 것이 아닐까' 하는 생각이 들 정도로 나는 매우 즐거운 시간을 보냈다. 그만큼 동아리에서의 실적도 자연스레 좋았다. ㅇㅇ리더스 클럽 전체에서 가장 높은 LP(리더십 포인트–활동성에 따라 부여)를 기록할 만큼 활발한 활동을 했고 구조상 다른 팀과의 교류가 얼마 없음에도 모든 팀의 사람들을 두루 알 정도로 동아리에서의 인맥 구축도 자리가 잡혔다.

동아리에서 사람과의 만남이 안정되었을 즈음 한 선배가 '○○ 국악연구회'라는 동아리를 소개해 주었다. 실제로 국악기를 배우고 연주회를 여는 이 동아리는 행사기획이나 세미나 중심의 이전 동아리와는 그 성격이 달랐기에 자연스럽게 나는 관심이 쏠렸고 바로 입단하게 되었다. 나는 악기 중 해금을 선택했고 한 주간의 여름 합숙에 참가해 '수연장'이라는 악곡을 완벽히 연주힐 수 있을 만큼 열심히 연습했다. 그 합숙 동안 다른 친구들과도 친해졌고 선배들과의 안면도 익힐 수 있었으며 국악기를 가르쳐주는 사부들과도 친해질 수 있었다.

하지만 그런 활동도 잠시, 개학을 하고 나서 상황이 변하게 되었다. 1학기 때 리더스 클럽에서 활동을 많이 한 것 때문인지 1학년임에도 불구하고 나는 팀에서 부장이라는 감투를 쓰게 되었고 부원일 때보다 맡은 일이 급격히 늘어나게 되었다. 지금까지 동아리에서 쌓은 신뢰와 사람들과의 관계를 무너뜨리고 싶지 않았기에 동아리 일에 열중했다. 그만큼 다른 동아리인 '국악연구회'의 활동은 뒤로 밀려날 수밖에 없었다. 연구회 선배들과의 관계도 악화되었다. 집안 사정이나 과제 때문이 아니라 다른 동아리에서의 활동 때문에 국악 연습에 소홀해지고 동방에 자주 들르지 못하는 나를 선배들은 이해하지 못했고 못마땅해했다.

당연한 수순이긴 했지만 많은 아쉬움과 안타까움을 느낀 채 국악연구회에서의 이번 학기 활동은 접을 수밖에 없었다. 같은 동아리이긴 하지만 나에겐 리더스 클럽의 일이 최우선이었고 국악연구회의 일은 뒷전으로 밀려날 수밖에 없었기에 동아리 나름의 큰 연주회를 위한 연습에 계속 불참하게 되고 선배들과도 친해지기 어려웠던 터라 자진해서 활동을 그만둘 수밖에 없었다. 활동 중지를 하겠다는 말을 들은 선배들은 예의상 그래도 동방에 얼굴 많이 비추라고는 했지만 굳은 얼굴은 감추지 않았다. 내가 시간 관리를 잘 못해서 이런 일이 벌어졌기 때문에 미안하고 죄송한 마음뿐이었다. 이러한 일을 통해 처음에 쉽게 생각했던 동아리에서의 인간관계도 쉬운 것만은 아니라는 생각이 들었다. 다른 사람들과 관계를 형성하는 데 있어서도 먼저 나 자신의 시간 관리를 염두에 두고 효율적으로 운영해야 되겠다는 생각이 들었다.

## 섬을 찾아 방황하다

'사람들 사이에 섬이 있다. 그 섬에 가고 싶다.' 정현종의 「섬」이라는 시의 한 구절이다. '섬에 가고 싶다'의 의미는 사람들과의 일상적인 관계를 넘어서 서로 인간미를 느낄 수 있는 것을 동경하는 것이라고 생각한다. 나의 대학 1년은 사람들과 함께할 수 있는 '섬'을 찾아 방황한 기간이었다.

대학에 입학하기 전, 나는 대학의 대인관계는 피상적이라는 말을 듣고 사실 사람을 사귀는 데 큰 기대를 하지 않았다. 하지만 대학에서 고등학교 시절보다 더 깊고 새로운 만남을 경험하게 되었다. 입학 후 처음 '반'이라는 공동체를 맛보았을 때 그런 식의 인간관계는 나에겐 아주 새로웠다. 고등학교 시절을 돌이켜보면 나는 다른 사람들을 별로 필요로 하지 않았으며 같이 할 수 있는 많은 일들을 혼자서 해왔다. 사실 난 '나' 밖에 모르는 자기중심적이고 이기적인 사람이었다. 하지만 대학에 와서 많은 여가시간을 친구들과 보내고 서로 속 깊은 이야기를 나누면서 '과연 내가 혼자 살아갈 수 있을까' 하는 의문이 생겼다. 친구들과 마음을 주고받으며 서로 의지하고 정을 나누는 법을 알게 되면서 차츰 주변 사람들이 소중하게 느껴진 것이다. 이러한 변화는 나 스스로 변해야겠다고 다짐한 것도 있지만 나에게 먼저 다가와준 친구들 덕분이기도 했다. 이유야 어찌되었든 '세상은 혼자 살아가는 거야' 하고 자만했던 내가 주변 사람들을 소중하게 생각하게 된 것은 정말 큰 변화였다.

하지만 얼마 지나지 않아 '반'이라는 공간에서의 인간관계에 대해 회의를 느끼게 되었다. 별 의미가 없다고 느껴졌기 때문이다. 사람들과 친밀해지는 것은 좋았지만 별 목적 없이 술만 마시고 놀러 다니는 생활이 반복되자 난 조금 더 의미 있는 일들이 하고 싶어졌다. 사회 문제에 대해서도 이야기해 보고 싶었고 미래에 대해서도 진지하게 생각해 보고 싶었다. 이러한 욕구를 반에서는 해결할 수가 없었다. 또한 분위기에 적응 못 해 반에서 소외되는 친구들을 보면서 반이라는 공동체에 회의가 생겼다.

그러던 중, 나는 평소 잘 알고 지내던 선배를 도와 단과대학 학생회장 선거운동을 하게 되었다. 물론 큰 목적이나 사명감을 가지고 선거운동에 뛰어든 것은 아니었다. 단지 친한 선배가 입후보했기에 도와주어야겠다는 생각에서였다. 다른 사람들과 어울려 본격적으로 선거운동을 하면서 역시 반에서처럼 친밀감을 느꼈고 무언가 의미 있는 일을 하고 있다는 생각도 들었다. 결국 내가 지지하던 선배가 학생회장으로 당선이 되자 이번에는 선배로부터 학생회 일을 함께 하자는 제안을 받았다. "yes!" 난 그 제안을 받아들였다. 지금 생각해 보면 그것은 실수였다. 뭐 특별히 하고 싶다거나 뚜렷한 목적이 있어서 'yes' 한 것이 아니었다. 막연히 선거운동을 하다 보니 사람들과 정이 들어서 별 생각 없이 응낙했던 것이다. 꼭 하고 싶은 일은 아니었지만 학생회를 꾸려 가는 사람들과 잘 지내면서 꽤 즐거웠다. 특히 새내기들을 받는 OT, 새터를 준비하면서는 정말 행복했었다. 하지만 좋았던 시간도 잠시뿐이었다. 막상 학기가 시작되자 학생회 일을 보던 친구들이 각자의 일에 바빠지고 뿔뿔이 흩어져 과나 반에서 활동하게 되었다. 자연히 학생회는 사람보다는 일이 중심인 공간이 되었고 특별히 하고 싶은 일이 없었던 나는 무슨 일을 해야 할지 모르고 방황하며 학생회 일에 소홀하게 되었다. 지금 생각하면 비록 사람이 좋아서 시작한 일이었지만 어차피 내가 선택한 일이기에 책임감 있게 일을 했어야 하는데 그렇지 못했던 것이 문제였던 것 같다.

그런 와중에 나는 또 새로운 공동체를 찾게 되었다. 이번에는 친구를 통해 알게 된 과 학회에서 활동을 시작했다. 과는 학생회처럼 일 중심도 아니었고 많은 것을 함께 고민하면서 인간적인 만남을 체험할 수 있는 그런 곳이었다. 과 활동을 계기로 학생회 일 때문에 힘들었던 나의 학교생활이 다시 즐겁게 되었다. 하지만 이제 내 능력을 벗어나 너무 많은 일을 하게 된 것이다. 아직 반 활동에도 중요한 행사에는 참여하고 있었으니 학생회 일에 과 활동까지 여러 가지 역할이 겹치게 되었다. 게다가 학업도 소홀히 할 수는 없었다. 생각해야 할 것, 공부해야 할 것들이 너무 많아지면서 나는 무엇을 먼저 해야 할지 정확히 선택할 수가 없고 서서히 지쳐 갔다. 그런 와중에 타인들의 역할 기대에 부응하지 못해 여기저기서 갈등이 생겨났다. 내가 할 수 있는 일의 한계가 어느 정도인지 기늠하지 못하고 너무 일을 크게 벌여놓은 것이다. 결국 학생회 일과 반 활동은 거의 그만둘 지경에 이르렀다. 부끄럽게도 책임을 다하진 못했지만 지금은 내 능력을 벗어난 일은 과감히 정리하고 학업과 과 활동에만 전념하고 있다.

나는 인간관계를 맺는 데 정을 중요하게 여겼다. 그래서 친밀한 사람들과 어울려 좋아하는 일만 하려고 했지 뭔가를 책임감 있게 수행하면서 신뢰를 쌓아가는 일은 소홀히 했던 것 같다. 또 내가 속한 공동체에 문제가 있다면 거기서 문제를 해결하려고 노력했어야 하는데 회피하기만 했던 것이다. 결국 사람들 사이의 정만을 쫓다 보니 일에 대한 의미와 보람, 책임의식, 그리고 그 뒤에 따르는 신뢰감은 얻지 못한 것이다. 인간관계에서는 친밀감도 중요하지만 상호간의 책임의식과 신뢰도 중요한 것 같다.

나는 이번 학기를 마치고 군대를 가기로 결정을 했다. 거기서 사람 사이의 '관계형성'에 대해 더욱 생각해 보고 나의 미래에 대해서도 깊이 생각해 볼 것이다. 그리고 내 선택과 결정에 책임을 질 수 있는 그런 사람이 되고 싶다. 지난 1년 동안 나는 어딘가 '섬'이 있을 것이라고 생각하고 찾아다녔다. 하지만 이제 깨달은 것은 '섬'이란 내가 속

혼돈의 20대, 자신을 말하다

한 자리에서 애정과 신뢰를 쌓으며 만들어야 하는 곳이었다. 그래서 난 사람들 사이의 섬에 살기 위해 계속 배우고 성장할 것이다.

# 4. 갈등, 그리고 패러다임의 전환

## 그저 우리는 달랐을 뿐이었다

나는 늘 혼자였다. 함께 있어도 혼자였다. 주위에는 아주 오래된 친구들과 그럭저럭 친한 친구들이 있었고, 그리고 그 속에 내가 있었다. 하지만 함께 있는 시간은 거짓처럼 느껴졌고 나 혼자 책을 읽고 조용히 산책하는 '남들이 모르는 나'만이 진실한 모습이라고 생각했었다. 적어도 대학 2학년 때까지는 그랬다. 우스갯소리와 장난치는 것을 좋아하는 시원시원하고 직선적인 성격이 남들이 보는 나의 모습이었다. 하지만 내가 아는 나의 모습은 달랐다. 부모님과의 잦은 불화와 다툼에서 오는 스트레스와 친구들과의 관계에서 받은 상처들이(나는 남에게 맞추는 게 오히려 편한 소극적인 사람이라 혼자 끙끙 앓는다) 나를 피곤하게 했고 점점 더 내 안으로 파고들게 했다. 마음을 활짝 열지 않은 나에게 온전히 마음을 열고 다가오는 사람은 없었다. 얇고 투명한 유리벽 안에서 나는 사람들과 소통했다, 아니 소통하고 있다고 생각했다.

혼돈의 20대, 자신을 말하다

대학에 입학하고 아주 특별한 친구 한 명을 만났다. 그 친구는 나와는 전혀 달랐다. 거침없고 매사에 적극적이고 튀는 성격의 친구는 한 눈에 보기에도 나와는 정반대였다. 성격은 달랐지만 우리는 공통점이 많았다. 정반대 성격의 두 사람이 만났을 때 처음에는 서로 다른 점에 이끌리지만 나중에는 유사한 점이 그 관계를 유지시켜 준다고 들었는데 우리의 우정이 그러했다. 패션, 쇼핑, 그리고 비슷한 사고방식들이 우리를 급속히 가까워지게 했고 1년 후에는 같이 자취를 하기로 했다. 하지만 같이 살기 시작하면서 우리 사이는 이전과는 약간 달라졌다. 같이 방을 썼기 때문에 서로의 세세한 습관이나 버릇들까지 알게 되었고 거기에서 오는 스트레스는 어마어마했다.

나는 평소 새벽 2시쯤 자고 자기 전에는 혼자 간단히 맨손체조를 하고 자는데 친구는 12시만 되면 불을 꺼야 했다. 리포트나 시험이 있어서 밤을 새워야 하는 경우는 친구에게 양해를 구하고 스탠드 불빛이 친구의 잠에 방해되지 않도록 조심해서 공부해야 했다. 친구도 스트레스가 상당했겠지만 나도 집에서까지 내 마음대로 못 하자 점점 스트레스가 쌓여갔다. 그 밖에도 사소한 것들(화장실 수챗구멍의 머리카락, 거울에 묻은 지문, 신발 정리 등)은 전부 우리 싸움의 원인이 되었다. 나는 이때 미래의 결혼생활을 미리 살짝 맛보았던 것 같다. 우리는 친구이긴 하지만 사실 결혼도 전혀 다른 환경에서 자란 두 타인이 함께 산다는 점에서는 같지 않은가. 같이 방을 예쁘게 꾸미고 옷도 나누어 입는다는 즐거움으로 룸메이트가 된 우리였건만 정작 생활에서 발생하는 사소한 다툼들, 서로 다른 생활반경과 활동주기들은 치졸한 싸움으로 이어졌다. 작은 싸움은 큰 싸움으로 이어졌고 그 큰 싸움을 몇 차례 반복한 후 나는 결국 편지를 쓰고 집을 나오고 말았다.

우리의 차이점은 생활양식뿐만이 아니었다. 말하는 방법도 달랐다. 나는 웬만하면 내 의견을 굽히고 친구에게 맞추는 편이다. 하지만 내 친구는 주로 휘두르는 편이었다. 친구가 불평을 하면 나는 "그래? 그럼 내가 이렇게 하지 뭐" 하고 고치는 편이었다. 다혈질인 친구는 나에게 Id 언어나 Superego 언어를 자주 썼다. "너는 왜 숙제를 밤중에 하는 거니? 너 정말 게으르다"라든가 "옷 좀 정리해!" 하는 식이었다. 하지만 똑같은 잘못을 친구가 할 경우, 나는 신경이 쓰이더라도 별 말을 하지 않는 경우가 많았다. 친구의 대화법도 문제였지만 불만이 있을 때 그때그때 표출하지 않은 나도 잘못이었다. 친구의 말이 가시가 되어 나에게 상처를 주었다면 내가 억지로 참는 것은 처음에는 나 자신을 괴롭혔고 결과적으론 우리 둘 관계에 악영향을 끼쳤다. 친구는 어릴 때부터 오냐오냐 하고 자랐기에 자기주장이 무척 강했고 나는 엄격하고 유교적인 가정에서 자라나 순종하고 자신을 억누르는 데 익숙했다. 우리는 성장 과정과 강화의 역사에 의해 서로 다른 표현방법을 쓰고 있었다.

우리는 싸우는 법도 달랐다. 친구는 한번 불같이 화를 내고 나중에 빠르게 식는 편이었다. 나는 싸움을 극도로 싫어하고 웬만해선 참는 편이다. 그래서 우리의 싸움은 항상 친구가 화를 먼저 내면 내가 미안해하는 식이었다. 사실 잘잘못을 가리기 힘든 것임에도 나는 그냥 그 상황을 모면하기 위해 사과를 했다. 하지만 친구는 내가 함께 맞받아

혼돈의 20대, 자신을 말하다

치고 그렇게 크게 싸우고 난 후에 해소되길 바랐던 것 같다. 하지만 나와는 싸움이 되지 않자 친구는 벽에다 말하는 것 같은 기분이 되었고 나는 나대로 갈등이 있다는 것 자체에서 스트레스를 받았다.

화해하지 못하고 결국 집을 나오기까지 몇 번이나 깊은 대화가 오갔지만 결국 일상의 스트레스를 극복하지 못했다. 관계의 골이 생겼을 때 서로 잠시 떨어져 있을 시간과 공간이 필요한데 같은 수업을 듣고 같은 방을 썼기 때문에 혼자서 생각할 시간이 부족했고 서로 싸우고 불편한 와중에도 같이 생활을 했기 때문에 작은 싸움이 크게 번지기도 했다. 또 우리는 너무 어렸다.

짧은 시간 동안에 정말 세상에서 가장 소중한 친구가 되었던 우리는 서로에게 너무 가까워진 나머지, 친구 사이에도 '약간의 거리'가 필요하다는 걸 잊었다. 우리는 빠르게 가까워진 것보다 더 빠르게 멀어졌다. 주변의 사람들은 친구끼리 같이 살면 꼭 싸우게 된다며 나를 위로해 주었다. 그때 나는 잠시 인간 불신에 빠져 있었던 것 같다. 하지만 시간이 점점 흐르면서 그때의 화가 식고 천천히 되돌아보게 되자 그 친구가 나빴던 것도, 내가 나빴던 것도 아니었다는 생각이 들었다. 그저 우리는 달랐던 것뿐이었다. 그것도 무척 달랐던 것이다. 하지만 친구는 나의 '다름'을 '틀림'으로 받아들여 나를 바꾸려 했다. 나는 우리가 너무나 잘 맞았기 때문에 '차이'가 있을 수 있다는 걸 인정하지 못하고 무엇 때문에 우리가 이 지경이 된 건지 분석하려고만 했다. 문제는 없었다. 그저 우리는 너무 다른 두 사람이었고 서로의 가시를 피하기 위한 최소한의 공간을 두지 않았기 때문에 찔리고 만 것이었다.

나이를 먹을수록 친구관계에 달관하는 것 같다. 나와 똑같은, 혹은 나와 아주 잘 맞는 그런 친구는 있으면 좋지만 사실 찾기가 힘들다. 사소한 취향에서 정치적 견해에 이르기까지 우리들의 차이점은 무수히 많다. 하물며 가족 간에도 공통점만큼 차이점이 있는데 타인은 말할 것도 없다. 다만 우리에게 필요한 것은 서로의 다름을 인정해야 한다는 것이다. 서로의 사고방식의 차이는 그냥 그렇게 두어야지 억지로 바꾸려 들거나 상대방이 틀렸다고 지적하면 결국은 서로의 존재에 대한 부정으로 이어진다. 나는 큰 파도를 겪은 후 비록 상처는 남았지만 더 크게 보고 넓게 생각할 수 있게 된 것 같다. 얼마 전 아버지와 정치적인 문제로 열띤 공방을 벌인 적이 있었다. 어릴 때 같았으면 감정 문제로 번질 토론이었지만, 지금은 내가 많이 컸기 때문에 "아빠, 우리의 정치적 견해는 다르지만 그래도 그거랑 제가 아빠를 좋아하는 거랑은 다른 거 아시죠?" 하면서 감정싸움으로 번지는 것을 막을 줄도 알게 되었다. 친구들이 잘못된 행동을 하고 있을 때도 그것을 직접적으로 '틀렸다'고 말하지 않게 되었다. 다만 사고방식의 차이가 있기 때문에 친구의 선택을 존중하고 경우에 따라 살짝 나의 의견을 보태는 정도로 끝낸다.

## 사회에선 '싫으면 말고'가 안 통해

20대 후반이 되었지만 나는 아직도 나 자신의 모습에 확신을 갖지 못하고 있다. 술자리를 즐기고 사람들과 어울려 노는 것도 좋아하지만 사실 혼자서 시간을 보내는 것이 더 편하다. 하지만 외로움도 많이 탄다. 내 성격은 어디서부터 시작되었을까? 사춘기 시절 나는 어디에도 속하지 않은 이방인처럼 느낀 적이 있었다. 나는 소외에 대한 막연한 불안감을 키우며 친구들 무리 속에서 내 의견을 강하게 주장하지도, 앞에 나서지도 못했다. 나는 아직도 여럿이 모인 자리에서 불편함을 느끼는데 아마도 그때의 기억이 남아 있는 모양이다.

대학에 입학한 후로 자신감을 크게 되찾았다. 자신감이 넘치다 못해 자만할 정도였다. 그러나 그것은 겉모습이었을 뿐, 나는 대인관계에 문제가 있다는 것을 속으로 깨닫고 있었다. 나는 굳이 학교에서 사람들을 마주할 필요성을 못 느꼈으며 수업만 듣고 빠져나와 예전 친구들과만 어울리곤 했다. 학교에서는 거의 혼자였으나 외로움이란 걸 전혀 느끼지 못했으며 대인관계는 매우 편협했다. 그럼에도 (내가 술, 담배를 좋아해서였는지는 몰라도) 어쨌든 몇몇 친구와 가까워질 수 있어서 미약하나마 학교 사람들과 끈을 유지할 수 있었다. 나는 경계의 바깥에서 이 친구들과 일정한 거리를 유지한 채 내 나름의 생활을 즐길 수 있었다.

하지만 내가 군 복무를 위해 산업체에 들어갔을 때, 얼마 가지 않아 대인관계 문제들이 불거져 나왔다. 대학에서처럼 '싫으면 말고'라는 태도가 회사에서는 허용되지 않았다. 회사에서는 만남에 선택의 여지가 없었다. 나는 그런 상황을 견디기 힘들었다. 겉으로는 활기찼지만 속은 소심하고 내향적인 나는 차츰 말수가 없는 조용한 사람이 되어갔다. 특히 나와 맞지 않은 한 상사와의 관계로 인해 내 성격은 다시 본래대로 돌아가려 했다. 나는 또다시 그 상황에서 도망치려 했다. 회사가 끝나기 무섭게 동네 친구들과 어울려 밖으로 나도는 것이 탈출구였다. 회사 사람들과는 피상적인 관계만 유지하고 밖에 나와 내가 만나고 싶은 사람들과만 어울리면 문제가 해결되리라 믿었다. 3년만 버티면 되니까.

하지만 이런 시도가 애초에 불가능했음을 알기까지 그리 오래 걸리지 않았다. 하루에 8시간 이상을 회사에서 지낸다면 잠자는 시간을 제외한 거의 대부분의 시간을 회사 사람들과 얼굴을 마주치며 보내야 하는데 피상적인 관계만으로 버틸 수는 없는 일이었다. 더욱이 친구들과의 만남은 거의 술이었기 때문에 그런 생활에는 한계가 있었고 또 하나둘씩 군대며 자기 나름의 생활로 바빠지기 시작하면서 예전처럼 시시때때로 만날 수가 없었다. 결국 나는 얼마 안 가서 회사와 집만을 오가는 단조로운 생활을 하게 되었고 이내 외로움에 사무치기 시작했다. 끼어들기엔 너무 늦어버린 회사 사람들로부터 받는 소외감, 그것은 자업자득이었지만 견디기 힘든 것이었다. 뒤늦게 나의 대인관계에 문제가 있다는 것을 깨닫고 고치려 했지만 뭘 어떻게 해야 하는지 모른 채 3년의 시간을 흘려보내고 난 학교로 돌아오고 말았다. 완벽하게 실패한 인간관계였다.

근본적인 문제는 엉성하게 형성된 나의 자아상이었다. 나는 사춘기 내내 의기소침해 있었고 이것이 그런 미흡한 자아형성에 결정적인 영향을 준 것 같다. 겉으로는 오만한 표정을 짓고 있었지만 사실 나는 확고한 자신감이 없었으며 행여 사람들로부터 소외되고 하찮게 여겨질까 봐 항상 두려움이 있었다. 그래서 상처받지 않으려고 사람들로부터

한 발자국 물러서 있곤 했다.

군 복무를 마치는 사람들에게 회사는 환송회를 마련해 주었다. 그때 술에 취한 누군가가 나에게 한마디를 던졌다. "넌 좀 자신감을 갖고 사람을 대해도 괜찮아!" 어디에도 섞이지 못하는 내가 안타까워서 해준 위로였다. 내 귀엔 "다른 사람은 몰라도 너만은 자신감을 가져도 괜찮아"로 들리는 듯했다. 마치 누군가에게 진짜 내 모습을 인정받는 기분이었고 마음속의 무언가가 통째로 풀려나가는 기분이었다. 이후 나는 서서히 자신감을 되찾아가고 있고 사람 사귀는 일이 즐거워지고 있다. 요즈음은 확연히 달라지고 있는 내 모습을 느낄 수 있다. 이제 더 이상 얼굴에 자만심을 내보이며 방어하지 않아도 된다. 수업시간에 큰소리로 질문하는 나를 보고 스스로 놀랐다. '질문이 유치할까, 목소리가 이상하게 나오면 어떡하지, 사람들이 날 이상하게 생각하는 게 아닐까' 이제 이런 불안들이 사라져버렸다.

복학 후 더 이상 학교 밖으로 나돌 필요가 없어졌다. 이젠 학교 사람들과도 충분히 어울릴 수 있고 사람을 대하는 태도가 더 부드러워졌으며 겉치레 인사말의 유용함도 깨닫고 있다. 때때로 필요 이상의 자의식을 느끼는 걸 보면 아직 마음속엔 불안정한 자아가 작지 않은 크기로 자리하고 있지만 나는 흐르는 강물처럼 도도하게 변화하고 있다.

## 에필로그  만남, 그 진정한 촉매제는?

'사람은 타인과의 일정한 관계 속에서만 존재한다' 고 했던가! 많은 청년들이 대학에 들어오면 동아리 활동도 하고 이성 친구도 사귀면서 활발하게 사람들과 어울리기를 소망한다. 그래서 자연히 외모에 신경이 쓰이게 되는데 일부 청년들은 왜곡된 신체 이미지로 인해 자신감을 잃고 만남에 어려움을 겪고 있는 것을 볼 수 있다. 이들은 신체 이미지에 얽매여 성형수술, 지나친 다이어트까지 하며 몸부림치지만 결국 대인매력을 촉진시키는 것은 외모보다는 내면에서 우러나오는 자신감, 긍정적 사고라는 것을 깨닫고 있다.

그렇다면 외모는 대인매력에 어느 정도 영향을 미칠까? 요즈음은 TV, 영화, 인터넷 등 영상매체를 통해 미의 준거가 제시되고 마치 외모가 대인매력의 전부인 것처럼 착각할 정도로 신체적 매력이 강조되고 있다. 그래서 일부 청소년들은 성형수술, 지나친 다이어트 등을 통해 자신의 외모를 리모델링하려고 한다. 과연 쌍커풀 수술을 한 눈, 높아진 코, 가늘어진 허리가 어느 정도 신체적 매력 점수를 올릴 수 있을까? 형태심리학자들은 '전체는 부분의 합 이상' 이라고 주장한다. 이는 곧 우리가 대인지각을 할 때 눈의 크기, 코 높이, 허리 사이즈 각각을 고려해서 매력을 평가하는 것이 아니고 상대방에게서 풍기는 전체적 분위기로

훈돈의 20대, 자신을 말하다

매력을 느낀다는 것이다. 즉, 코를 몇 밀리미터 높이고 눈 크기를 좀 더 키운다고 해도 그 차이를 별로 지각하지 못하기 때문에 기존의 신체적 매력 점수가 크게 상승하리라곤 기대할 수 없다. 따라서 눈이 좀 작고 코가 낮고 허리가 뚱뚱하고 키가 좀 작다고 해서 쓸데없이 자신의 신체 이미지를 부정적으로 형성해 스스로 움츠러들 필요는 없다.

중요한 문제는 어떻게 자신만의 독특한 매력적 분위기를 만들어내는 가이다. 대체로 청춘이 발산할 수 있는 가장 큰 매력적 분위기는 '생동 감vitality'이다. 이 생동감은 젊다고 그냥 생기는 것은 아니다. 많은 젊은이들에게서 이 생동감을 볼 수 없는 것은 안타까운 일이다. 시험, 술, 게임, 나태함에 찌들어서 생동감을 느낄 수 없는 청년들이 많다. 이목구비는 번듯한데 얼굴이 누렇게 뜨고 의기소침해 있다면 무슨 매력을 느낄 수 있겠는가? 우선 생동감은 규칙적인 운동과 식습관 등 철저한 자기관리를 통해 얻은 싱싱한 육체에서 발산될 수 있다. 그러나 무엇보다 생동감은 열심히 일하는 모습에서 발산된다. 화장기 없는 맨얼굴에 S라인이 드러나지 않는 헐렁한 옷차림 속에서도 뭔가에 열정을 쏟고 몰입하는 모습에서 우리는 젊음의 생동감과 활력을 느낄 수 있다.

더욱이 신체적 매력이 대인매력에 미치는 영향은 한계가 있다. 첫 모임, 첫 데이트, 첫 면접에서 낯선 사람을 처음 만났을 때 우리는 타인에 대한 다른 정보가 없기 때문에, 오로지 시각으로 들어오는 외모만이 첫인상 형성에 초두효과로 작용할 수 있다. 그러나 만남이 길어지면 차츰 첫인상은 사라지고 성격, 능력과 같은 내적인 요인들이 대인매력으로 작용하게 된다. 대체로 대학사회에서 사람을 사귀는 데 가장 걸림돌이 되는 것은 소극적이고 방어적인 태도, 그리고 자기중심성이다. 일부 청년들은 소심하고 자신감 없는 성격 때문에 만남 자체를 두려워하고 있다. 혹시 '내가 이런 말을 하면 남들이 어떻게 생각할까' 하는 두려움 때문에 솔직하게 자기표현을 하지 못하고 선뜻 먼저 손을 내밀지 못한다. 이런 경우 타인을 배려하고 수용하지만 자기를 주장하고 표현하지 않기 때문에 항상 지나치게 양보하고 포기하는 데서 오는 자기혐오나 자기비하, 사회에 대한 냉소를 달고 다닐 수가 있다.

반면에 자기중심성egocentrism 때문에 사람 속으로 들어가지 못하고 겉도는 사람들이 있다. 소위 공주병, 왕자병이다. 이런 사람들은 '내가 잘나고 똑똑한데 자존심 상하게 왜 내가 먼저 손을 내밀어?' 하면서 다른 사람들이 자기에게 접근해 오기만을 기다린다. 아무리 기다려도 아무도 오지 않을 텐데 말이다. 사람들이 가장 우습게 생각하는 것은 자신이 '우주의 중심'이라고 생각하는 자아도취적인 성격이다. 이들은 타인을 듣고 배려하기보다는 남들이 자신을 좀 알아주고 모든 것을 자신에게 맞추어주기를 바라기 때문에 자칫 대인관계에서 외톨이가 될 수 있다.

대부분의 사람들은 솔직하고 개방적이고 따뜻한 마음을 가진 사람을 좋아한다. 이들은 자신의 감정과 생각을 솔직하게 표현할 뿐 아니라 타인들의 생각과 감정도 이해하고 수용하는 사람들이다. 또한 이들은 자신을 긍정적으로 생각하기 때문에 자신감이 넘치고 열린 마음을 가지고 있다. 따라서 사람 속으로 들어가기 위해서 우리는 우선 자신을 긍정적으로 생각하고 자신감을 키울 필요가 있다. 얼굴에 자신감이 넘칠 때 그 밝은 미소를 보고 사람들은 이끌리게 될 것이고 그 자신감으로 먼저 손을 내밀고 사람들에게 다가갈 수 있을 것이다. 그리고 자아중심성에서 벗어나서 열린 마음으로 타인들을 수용하고 배려함으로써 우리는 사람 속에서 잘 어울릴 수가 있을 것이다. 항상 변화는 자신의 성격에 대한 파악과 수용, 그리고 변화하려는 의지와 용기에서 비롯된다.

그러나 사람들이 모이면 어떤 만남에든 갈등은 있게 마련이다. 갈등은 흔히 서로가 다를 수 있다는 것을 인정하지 못했을 때 생길 수 있다. 또 역할기대와 수행이 불일치할 때, 그리고 보상과 대가가 공평하지 않을 때도 갈등은 발생한다. 그러나 갈등이 얼마나 많은가보다는 그 갈등을 어떻게 해결하느냐가 더 중요하다. 갈등상황에서 가장 중요한 것은 대화법이다. '말 한마디로 천 냥 빚을 갚는다'는 말이 있듯이 상대방의 성격이나 잘잘못을 지적하는 평가적인 말보다는 상대방의 자존심을 건드리지 않고 자신의 감정이나 생각을 전달하는 것이 효율적인 대화법이다. 갈등상황에서 자신의 대화법을 분석해 보는 것은 화해의 디딤돌이 될 것이다. 그러나 무엇보다 나를 주장하기 전에 먼저 상대방의 이야기를 들으려는 자세가 필요하다.

많은 학생들이 동아리 활동을 통해서 만남을 시도하고 있고 그 안에서 사람 사이의 친밀감을 체험하고 자신감을 되찾고 있는 모습을 볼 수 있다. 이들은 동아리 안에서 소외와 불신을 체험하고 조화와 협력, 화해를 배우고 있으며 사람을 사귀는 데 무엇이 중요한지 등 만남의 기술을 스스로 터득해 가고 있다. 그러나 동아리 활동은 만남의 즐거움만큼 갈등도 역시 있다. 동아리에서의 갈등은 주로 그 특성이 자신의 취향에 맞지 않을 경우나 역할과중에서 발생하고 있다. 특히 한 사람이 여러 개의 동아리에 가입되어 있을 경우 넘치는 역할을 감당하지 못하고 학업도 소홀히 하며 지쳐버리는 경우를 볼 수 있다. 학생의 본분이 동아리인지, 학업인지 구분이 안 될 정도이다. 또 어떤 동아리는 술과 가무로 얼룩져서 멤버들에게 실망을 안겨주기도 한다. 따라서 동아리를 선택할 때는 선배나 친구들을 통해서 정보를 얻은 후, 자신의 취향과 능력에 맞는 동아리를 선택해야 한다. 그리고 역할과중에 시달려 학업에 지장을 받지 않도록 스스로 시간 관리를 할 필요가 있다. 중요한 것은 동아리를 어떻게 지성인답게 합리적으로 이끌어가는가 하는 것인데 동아리마다 멤버들이 들고 나면서 가식이 소멸되고 참이 남는 과정에서 서서히 자체 정화될 줄로 믿는다.

　대학생활은 나를 녹여서 새롭게 재생시키는 일종의 용광로이다. 대학사회란 사회와는 비교가 안될 만큼 관용적이어서 인간관계를 체험하고 연습해 볼 수 있는 절호의 장field이다. 그래서 갈등이 두려워서 사람 속에 들어가기를 피하는 것은 어리석은 일이다. '외로움과 소외보다는 싸움이 낫기' 때문이다.[2] 그러나 자기 주관이 없이 이리저리 끌려다니면서 피상적인 인간관계를 갖는 것은 바람직하지 않다. 그것은 '친밀하지 않은 만남에 휘말려 다니는 것보다는 외로움이 낫기' 때문이다.

---

2) 『유쾌하게 나이 드는 법』 로저 로젠블라트 저, 권진욱 역, 나무생각, 2009.

혼돈의 20대, 자신을 말하다

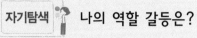

## 자기탐색 나의 역할 갈등은?

현재 자기가 하고 있는 역할을 모두 적어보세요. 각 역할이 자신에게 얼마나 중요한지 그 중요도를 순위를 매겨 적어보세요. 그리고 타인들의 역할기대에 얼마나 부응하고 있는지를 상, 중, 하로 평가해 보세요. 줄여야 할 역할은 어떤 것들인가요? 지워보세요.

| 현재 내가 하고 있는 역할은? | 중요도 순위 | 수행수준 | | |
|---|---|---|---|---|
| | | 상 | 중 | 하 |
| | | 상 | 중 | 하 |
| | | 상 | 중 | 하 |
| | | 상 | 중 | 하 |
| | | 상 | 중 | 하 |
| | | 상 | 중 | 하 |
| | | 상 | 중 | 하 |
| | | 상 | 중 | 하 |
| | | 상 | 중 | 하 |
| | | 상 | 중 | 하 |
| | | 상 | 중 | 하 |
| | | 상 | 중 | 하 |

# 술, 인터넷에 걸려 휘청거리다

술과 인터넷은 대학생활에서 필요악이다. 술은 친구들과 어울리고 낭만을 즐기는 데 필요한 매개체이며 인터넷은 젊은이들의 주요한 생활공간이다. 하지만 술과 인터넷에의 지나친 몰입은 청년들을 무절제한 생활로 빠지게 하여 심신을 망가뜨리는 것을 볼 수 있다. 젊은이들이 술과 인터넷에 빠져들었던 생생한 경험들이, 그리고 그 해악이 무엇인지를 깨닫고 거기서 벗어난 경험담들이 여기에 진솔하게 표현되어 있다. 대학의 음주문화에 대한 신랄한 비판도 있다. 나는 어떤 모습일까? 인터넷의 득과 실을 알고 자기조절 능력의 중요성을 강조하는 청년들도 있다. 아마도 무절제한 생활 속에서 벗어나 대학생활을 좀 더 효율적으로 관리하기 위해 분투노력하는 친구들의 체험담들은 자신의 생활을 돌아보는 계기가 될 것이다.

# 1. 술이 먼저? 사람이 먼저?

## 마시고 취해야만 '폼 나는' 것인가?

대학 입학 후, 나는 학교 모임에서 술을 마셔본 적이 없다. 하지만 역설적으로 나의 대학생활에 가장 큰 영향을 미친 것도, 또 나를 가장 많이 고민하게 한 것도 술이었다. 내가 예상했던 대학생활과 지금의 생활을 달라지게 한 것도 술이었다.

OT 첫날, 우리가 들어간 음식점에는 '물 컵'이 없었다. 대신 작은, 아주 작은 잔들만이 자리마다 하나씩 놓여 있었다. 사실 나는 그때까지 한 번도 소주를 마셔본 적이 없었고 주변 사람들이 마시는 것도 자주 접해보지 못했다. 또 입학을 앞둔 나에게 '술자리에서 마음을 잘 지키라'고 충고해 준 교회 선배들의 말도 생각나 도저히 내 앞에 놓인 소주잔을 비울 엄두를 내지 못했다. 결국 나는 그날 술을 마시지 않은 '별난' 신입생이 되었고 엄청난 소외감을 맛보았다. 선배들은 강압적으로 마시라고 하지는 않았지만 일부는 못마땅한 눈초리를 보내며 그냥 마시면 안 되느냐고 되물었다. 나는 마치 그 자리에서 혼자 외계인이 된 것 같은 느낌을 지울 수 없었고 행여 게임에 걸리기라도 할까 봐 계속해서 노심초사해야 했다. 그날 집으로 돌아오면서 교회 언니에게 전화로 울면서 말했다. 사람들이랑 같이 어울려 놀고 싶은데 술을 못 마시니까 그게 너무 힘들다고.

내가 술을 전혀 마셔보지 않은 것은 아니다. 호기심이 많은 성격이라 부모님과 함께 맥주 맛을 본 적도 있었고 수학여행에서 맥주 반 컵 정도는 마셔본 적이 있다. 그런데도 유독 대학에 와서 술을 마시는 데 거부감을 느낀 것은 우선 기독교인으로서 종교적 신념 이외에도 처음 경험한 대학의 술자리가 나에겐 일종의 '문화적 충격'으로 다가왔기 때문이다. 철판 위의 고기가 채 익기도 전에 사람들은 소주 몇 병을 가볍게 비웠다. 이후 밥을 먹으면서도 계속해서 진행된 게임으로 다시 몇 병이 순식간에 사라졌다. 술집으로 자리를 옮긴 뒤에는 술병이 비워지는 속도가 더욱 빨라졌다. 선배들은 게임 사이사이에 '무용담'도 들려주었다. 어느 선배 네 명이 밤새 술을 마셨는데 눈을 떠보니 술집의 네 코너에 한 명씩 쓰러져 있었다든지, 누가 술에 취해서 주먹으로 천장에 구멍을 뚫었다든지 하는 이야기들이었다. 이런 이야기가 한편으로는 재미있기도 했지만 술을 왕창 마시고 취하는 것이 매우 자랑스럽다는 듯한 태도에 황당한 느낌이 들었다. 또 밤이 깊어가면서 서서히 취한 사람들이 나타나기 시작했는데 나는 그날 비로소 '혀 꼬부라진' 소리가 무엇인지 알게 되었다. 한마디로, 그날 경험한 대학의 술자리는 충격 그 자체였다.

그 이후로 나는 술자리를 점점 피해 다녔고 술이 없는 모임만을 찾아다니게 되었다. 그러다 보니 '당연히' 술자리가 있을 것 같은 밴드나 연극 동아리는 피하게 되었고 고등학교 때 예상했던 대학활동 중 상당부분을 포기하게 되었다. 술을 뺀 대학 첫 학기는 그야말로 공허한 느낌이었다. 뭔가 누릴 것을 다 누리지 못하는 것 같았다. 그만큼 요즘 대학생들의 삶에는 술이 큰 비중을 차지하고 있는 것 같다.

뭔가 허전한 느낌을 받았던 첫 학기를 보내고 다소 시간이 지난 지금은 그렇게 술 때문에 힘들지는 않다. 술자리 밖의 인간관계도 제법 탄탄히 쌓았고 술을 마시지 않으면서 술자리에 앉아 있는 법도 배웠다. 신입생 때만큼 술이 대학생활에 절대적인 존재는 아니게 된 것이다. 그러나 아직도 술자리에서는 어느 정도 소외감을 느낀다. 내 생각에는 요즈음 우리 사회에서 술은 사회생활을 위한 필수적인 요소다. 100%는 아니더라도 적어도 80% 정도는 그런 것 같다. 이는 '우리가 다같이 하는 일이니까 너도 해야 한다'는 이른바 '패거리 문화'가 술 문화에도 투영된 결과라고 생각한다. 사람들끼리 알아가는 데 술이라는 물질이 꼭 필요한 것만은 아닌데도 아직 술은 소통의 매개체 자리를 차지하고 있다.

나는 술 자체가 나쁘다고는 생각지 않는다. 정말 중요한 것은 술 자체가 아니라 술을 마심으로써 영향을 받는 내 마음의 상태라고 생각한다. 내가 술자리에서는 술을 아예 마시지 않는 이유는 많은 술자리가 '먹고 취하자'는 분위기이기 때문이다. 그리고 일단 술을 마시는 사람으로 알려지면 '마시고 취하자'는 식의 자리에서 더 이상은 거절할 수가 없다. 그래서 나는 다소 소외감을 느끼면서도 술을 마시지 않는다.

'비음주자'로서 나는 많은 학생들이 당연하게 생각하는 대학가의 음주문화에 대해서 색다른 시각으로 관찰할 수 있었다. 흔히 사람들은 외로움과 소외감, 분노와 적개심 등으로 답답한 마음을 술로 달래려 한다고 한다. 이런 모습들은 우리의 주변에서 쉽게 찾아볼 수 있다. 답답한 마음이 있으면 '술 한 잔' 하면서 풀어야 한다는 것이다. 하지만 술이 꼭 고민을 해결하는 데 필수적인 것일까? 나는 주변 친구들의 고민을 많이 들어주기도 하고 내 걱정거리를 이야기하기도 한다. 그때마다 술을 이용하지 않았는데도 마음을 전하는 데 특별히 어려움을 느끼지는 않았다. 또 힘들고 속상한 일이 있어서 운 적도 많았지만 술로 마음을 풀지는 않았다. 그런데 왜 '속상할 땐 술 한 잔'이 꼭 필요한 것일까? 물론 가끔 술을 마시고 모든 일을 잊고 싶은 경우도 있다. 그러나 그 절차가 꼭 필요한 것인가? 고민이 있으면 술을 마신다는 공식이 우리 가운데 너무 당연하게 자리 잡고 있는 것 같다.

우리의 음주문화에 대해서 한번 깊이 생각해 보자. 술을 취하도록 마시는 것이 과연 '폼 나는' 일인지? 사교는 과연 술자리를 통해 이루어져야만 하는지? 그리고 힘든 일이 있을 때는 술을 마시고 취하는 것이 당연한 것인지 말이다. 혹시나 술을 마시지 않는 문제로 힘들어하는 사람이 있다면 술자리에서 기죽지 말라고 말해주고 싶다. 또 술을 적당히 즐기고 가끔은 취하고 싶은 사람에게도 음주는 보다 상대적인 것으로 여겨져야 할 필요성이 있다. 마시는 것도, 마시지 않는 것도 강압적 분위기나 왜곡된 인식이 아니라 진정 자유로운 의지로 결정하는 것, 그것이 진짜 '주도'가 아닐까?

## 변화와 성숙을 술과 동행하다

대학생이 되고 나서 술은 나에게 새로 주어진 교류와 놀이의 도구였
다. 물론 고등학교 시절에도 술을 접하지 않았던 건 아니었는데 그땐
어른이 되고픈 객기의 표현이었고 일종의 일탈이라고 생각되어 마실
때마다 가슴이 두근두근했다. 그러나 대학생이 된 나에게 술은 합법적
이고 용인된 물질이었고 일탈이라는 죄책감에서도 자유스러울 수 있
었다. 내가 술을 가까이 하게 된 것은 대학 친구들보다 고향에서 같이
상경한 친구의 영향이 컸다. 그때 우리는 자취를 했는데 서로 지겨울
정도로 만나서 해가 지면 마치 의무적인 것처럼 술을 먹고 취해서 잠
이 들었다. 물론 그러한 생활이 오래되자 허무함과 죄책감이 느껴졌
다. 그때 정신을 차리고 군대를 갔어야 했는데 그러지 못했다. 술은 공
허하고 나태한 나를 잠시나마 방관하고 묵인하는 도구로 다가왔다. 그
것은 일종의 자아방어기제 발동과 같았다. 나는 내 처지를 술을 마실
수밖에 없는 상황이라 합리화했고 나의 나약한 정신상태는 술 때문이
라고 투사했던 것 같다. 고향 친구와의 음주생활은 그 친구가 군대를
가게 되면서 어쩔 수 없이 종료되었다.

그 1년간 나는 한 가지 자신감이 생겼다. 나는 술도 잘 마실 뿐 아니
라 아무리 마셔도 필름이 끊기거나 남에게 신세지는 행동을 하지 않고
정신력으로 버티는, 소위 술 매너도 좋은 사람이라고 자부하게 되었

다. 즉, 술 잘 마시는 게 내 자랑이었다. 대학에 와서 누구처럼 밴드활동이나 운동 등 별다른 취미활동도 없이 오직 술로써 여가를 즐겼기 때문에 나는 술에 집착할 수밖에 없었다.

입대 휴학을 하면서 나는 각성하고 변화하리라 결심했지만 나와 술의 밀월은 남들 다 정신 차린다는 군 생활에서도 이어졌다. 나는 공익근무를 하며 출퇴근을 했는데 근무지에서 직장인들의 술 문화를 새롭게 접할 수 있었다. 회식 자리에서 술을 못 먹는다거나 빼는 행동은 지탄의 대상이었다. 나와 같이 근무하던 다른 애들은 주는 술을 못 이겨서 잠이 들거나 한 번씩 큰 실수를 저질렀다. 하지만 나는 공자와 같은 온화한 미소를 지으며 상관인 주임님, 부장님들에게 술도 채워주고 되풀이되는 주정에 반응도 해주며 술기운을 빌어 속에 없는 말로 아부까지 해주곤 했다. 물론 그땐 참 내가 대견하게 여겨졌는데 지금 생각하면 차라리 자거나 취한 척하며 일찍 집에 가는 것이 더 득이 되었을지 모르겠다.

그렇게 시간을 보내던 중 내 음주생활의 절정이 찾아왔다. 새내기 시절 서울에서 매일 함께 술 마시던 그 친구가 전역을 하고 유학 준비를 위해 고향에 머물게 된 것이다. 그 친구에게는 유학 준비에서 오는 스트레스, 나에게는 공익근무에서 오는 스트레스라는 핑곗거리가 있었다. 예전과 달리 술에 유흥이 더해진 게 차이였다. 하지만 언젠가는 그 생활에 브레이크를 걸어야 된다고 생각했는데 그 친구가 유학을 떠나면서 그 생활도 접게 되었다. 이번에도 그런 생활을 내 의지로 접지 못한 건 정말 부끄러운 일이었다. 그 당시 그런 내 모습을 지켜보시면서 크게 나무라지 않으시고 이해해 주셨던 부모님께는 정말 죄송하다.

그렇게 놀고 마시는 것도 한때라고 생각하시고 나를 믿어주셨던 것 같다. 젊음의 에너지를 좀 더 생산적인 일에 쓰지 못하고 술을 마시고 회복하는 데 탕진해 버린 나 자신이 후회스럽다.

하지만 술이 모두 부정적인 것만은 아니었다. '개인적 우화'에 빠져서 내 고민과 문제를 남에게 드러내지 못하던 내가 술을 마시면서 나를 드러낼 수 있었다. 타인에게 하나둘씩 이야기를 풀면서 좀 더 진솔하게 다가갈 수 있었고 내 고민을 한결 가볍게 만드는 방법을 익힐 수 있었다. 특히 부모님에게도 말 못 하던 고민을 친구와 함께 고민해 보는 것은 새로운 경험이었다. 또 여러 사람과 술을 먹다 보니 겸손이 무엇이고 오만이 무엇인지 깨달을 수 있었다. 술로 그것을 파악한다는 게 웃기지만 자기가 술을 잘 먹는다고 떠벌리는 것이 오만이라는 것을 늦도록 술을 먹다가 실수하는 모습에서 깨달았으며 술을 마시되 자신을 과신하지 말고 조심하는 것이 겸손임을 알게 되었다. 이러한 혼자만의 깨달음으로 인해 나는 겸손을 미덕으로 여기게 되었다. 이렇듯 남들에게 드러내진 않지만 여전히 술은 내 자존심이었고 자랑이었다.

어느덧 전역을 하고 복학을 하니 나는 물론이고 동기들의 눈빛이 달라져 있었다. 학업에 대한 관심과 열정은 과연 경쟁적이라고 할 만했다. 그 결과 복학 첫 학기에 나를 비롯한 친구들은 이전에 비해 향상된 학점을 받았다. 술을 먹는 횟수가 이전에 비해 매우 줄어든 건 당연한 일이었다. 이러한 분위기 속에서 술을 자주 먹지 않게 되자 체질적으로 타고난 게 아니라 음주에 탄력이 붙어 주량이 늘었던 나는 소위 '음주 슬럼프'에 빠지게 되었다. 그러자 새로운 술버릇이 생겼다. 그것은 술을 먹다가 조금만 취하면 도망치는 것이었다.

내가 도망을 쳤던 이유는 하나였다. 물론 군대를 갔다 온 동기들의 주량이 늘어난 것도 있지만 같이 술을 마시다가 뭔가 취한 듯하면 '술 많이 먹어도 멀쩡하다'는 내 이미지에 손상이 갈까 봐 몰래 빠져나왔던 것이다. 아마도 술을 잘 마신다는 내 자랑거리를 잃어버리고 싶지 않아서였을 것이다. 술에 자신감을 잃어버린 나는 학교 수업을 열심히 듣고 혼자 조용히 생각하는 정적인 시간을 많이 갖게 되었다. 그리고 열심히 한 만큼 우수한 성적을 받자 나는 유능감과 자신감을 되찾았으며 혼자 사색을 통해 내가 나아가야 할 방향과 목표를 잡았다. 이를 통해 나의 이상한 술버릇은 고칠 수 있었으며 이제 더 이상 술에 집착하지 않게 되었다. 그 술버릇은 자신감이 부족하고 내세울 게 없었던 나를 보호하기 위한 일종의 방어행동이었던 것이다.

이제 술은 집착의 대상은 아니지만 나는 지금도 술을 마시는 것을 좋아하고 술자리에서는 술 권하는 남자이다. 물론 술을 권하는 것은 바람직한 일은 아니다. 하지만 술을 권하는 것은 술을 먹고 유쾌해진 기분을 같이 공유하고 싶은 훈훈한 마음에서 나온 것이라고 믿고 싶다. 나의 청년기를 동행하며 나에게 나태함을 주고 고민을 주기도 한 술이지만 술을 먹으면서 느꼈던 감정과 경험들은 내 삶에 교훈이 되기도 했다. 즉, 앞으로 나의 인간관계나 정신건강에 도움이 되도록 술을 주체적으로 사용할 수 있어야 한다는 것을, 그리고 술에 의존하고 영향을 받는 것이 아니라 내가 술을 제어하고 절제할 수 있어야 한다는 가르침을 술은 나에게 준 것이다.

# 2. 술이 나를 먹다

## 술은 나를 망칠 위험한 독이었다

가방을 챙기다가 문득 즐겁고 가볍게 듣던 교양과목보다 힘겹고 무거운 전공과목이 반 이상을 차지하고 있는 시간표를 보게 될 때가 있다. 그럴 때면 벌써 시간이 이렇게 되었나 싶기도 하고 1년이라는 긴 시간 동안 대학생으로서, 그리고 성인으로서 예전보다 발전한 모습이 있었는지 무척 고민스럽기도 하다. 1년간 나에게 남은 것은 무엇이었고 나 자신에게 부끄럽게 살지는 않았는지 가만히 생각해 본다. 하지만 항상 고민의 끝에는 부끄러운 대답과 후회, 그리고 되풀이되는 반성뿐이다.

열아홉 살과 스무 살, 학교생활, 라이프스타일까지 참 많은 변화가 있기도 했지만 어찌 보면 단지 나이 한 살 많아졌을 뿐, 다를 것 없는 나에게 '변화'라기보다 '흐트러짐'이라는 결과를 안겨다 준 것은 무엇이었을까? 그 중심에는 '술'이 가장 큰 자리를 차지하고 있다. 나의 생활계획표에 가장 큰 변화를 준 것은 수업보다도 중요하다 여겼던 '술자리'였다. 수업이 없는 날에도 술을 먹으러 학교를 가기도 했으며 수업을 빠지고 강의실 앞 풀밭에서 짬뽕과 낮술을 먹는 일은 한 주에 한 번꼴로 있었다. 또한 빈방에서 술을 마시고 정신을 잃어서 다음 날까지 자기도 했고 그런 날을 일부러 정해서 만들기도 했다. 더군다나 가족이 서울로 이사하려던 날짜가 밀리면서 급작스럽게 시작했던 6개월의 하숙생활은 나의 생활을 엉망으로 만들기에 더할 나위 없이 좋은 조건이었다.

대학생이라는 책임감은 뒷전에 둔 채 자유로움만 만끽하고자 했던 나에게 잔소리하는 부모님과 통금이 없는 생활은 그야말로 하늘 위를 나는 것처럼 자유로웠고 그만큼 위태로웠다. 전혀 예상하지 못했던 독립을 하게 된 나는 아무런 준비도 하지 못했고 빨래도, 청소도 해본 적이 없었기에 쌓아두기만 할 뿐 치울 생각도, 시간도 없었다. 결국 집은 '귀신 나오겠다'고 하는 우스갯소리가 딱 들어맞을 것 같은 집으로 변해갔고 그래서 난 지저분하고 적막한 반지하 하숙집에 한시도 들어가 있고 싶지 않았다. 막내로 자라 어리광도 많고 유난히 외로움을 잘 타는 나에게 술자리는 외로운 밤에 많은 사람들과 떠들며 즐겁게 시간을 보낼 수 있는 도피처이자 무릉도원이었다. 이렇게 자립심 없는 내 성격 탓에 집에서 빨래하고 청소하는 데 비중을 많이 두는 다른 여학생들에 비해 열 배가량 많은 술자리를 접하기도 했다.

술자리는 굳이 내가 만들려 하지 않아도 항상 준비되어 있었고 매일 새벽 3시를 대낮처럼 여기며 2차, 3차는 기본, 노래방까지 가야 하루가 끝났고 덕분에 수업은 뒷전이었다. 이러한 생활 때문에 난 대학생활에 더 큰 환상을 만들어내고 그러한 내 생활이 어떠한 대학생들보다도 즐겁고 활기찬 생활이라고 생각했다. 하지만 마실 때는 즐거웠던 술로 인해 소중했던 선배와 껄끄러운 사이가 되기도 했고, 다음 날 얼굴을 마주하기 부끄러워서 한참을 피해 다니기도 했다. 또한 매일 아침마다 나의 기억 속에는 없는 이야기들을 들으면서 많이 창피하기도 했다. 나는 주량이 소주 두 병 정도로, 여자 중에서는 꽤 센 편이어서 항상 선배들이 먹이려고 하기도 했고 나 자신도 자꾸 먹으려고 하다 보니 항상 정신을 잃고 거리를 헤매곤 했다. 반복되는 흥청망청한 생활은 무섭게도 습관으로 굳어서 시간이 있는데도 수업에 가지 않는 버릇이 들게 되었고 시험이나 학점, 진정 내 미래를 준비하는 일에는 관심도, 흥미도 없어지게 되었다.

학점 때문에 밤을 새고 매일같이 도서관에 가는 친구들을 보며 "넌 대학까지 와서 그렇게 공부하고 싶냐? 좀 즐겨라"라고 비웃으며 말했던 나였다. 그런 내가 지금은 무척 다행스럽게도 그 친구들을 동경하고 비슷해지고 싶어 한다. 난 지금 이 글을 쓰면서 벅찬 행복을 느끼고 있다. 아직 이룬 것도 없고 변한 것도 없지만 달라지려는 의지가 꿈틀대고 있다는 사실을 알았고 그것을 글로 적으며 고백하는 용기가 생긴 나 자신을 보았기 때문이다. 미래를 준비하고 자신을 책임질 줄 아는 대학생이 되는 과정에서 술은 자칫하면 그 모든 것을 망쳐버릴 수 있는 위험한 독약이란 것 또한 내가 스스로 알아낸 기특한 사실이다. 또 그 사실을 알게 되기까지 쓰라린 경험도 많이 해보았다.

집단 활동을 하는 중에 유난히 '술'이라는 주제의 나의 활동지에는 다른 활동보다 많은 이야기가 적혀 있었고, 개인 사례를 발표하는 여학생을 보면서 무척 공감을 하면서도 과거의 내가 떠올라 씁쓸하게 웃어버렸다. 특히 집단 활동지의 질문 중에 '내가 술을 먹는가, 술이 나를 먹는가?'라는 항목이 있었는데 혹자에겐 단지 우스꽝스러웠을지 모르지만 나에겐 뼈저리게 와 닿는 문구였던 것 같다. 1년간 술에게 참 자주도 잡아먹혔던 나에게 1년 아니 한 달 뒤에라도 다시 되묻고 싶다. 술을 먹는가, 아직도 잡아먹히는가? 지금 이 자리에서 글을 쓰는 '나'를 잊지 않는다면 당당하게 대답할 수 있을 것 같다.

우리 청년기에 있는 사람들에게 자제력을 잃게 하는 '감당하지 못할' 양의 술은 한순간에 인간관계, 혹은 인생 자체를 망가뜨릴 수도 있다. 나와 같은 고민을 가진 학생, 혹은 과거의 나처럼 흥청망청 마시며 술독에 빠져 있는 새내기, 정상적인 생활로 자신을 잘 관리하고 있는 모든 학생들에게 말하고 싶다. 술은 '적당히' 마시는 것이 멋지다. 자제력을 잃어가며 주량을 자랑하는 선배, 마시기 싫은 술을 권하는 선배가 되려 한다면 술이 깬 후에 자신을 돌아보아야 한다. 자신을 설계하고 책임지는 막중한 임무를 부여받은 청년기 친구들 모두 '적당히' 마시고 꿈을 펼치는 데 열중해야 하겠으며 나도 조금 늦었지만 한발 한발 내딛으며 함께 열중해야겠다.


## 술과 함께한 지난 1년

나의 청년기를 돌아보자면 우선 동아리 BK를 빼놓을 수 없다. 맨 처음 선배들을 만나는 대면식 자리에서 삼겹살이 채 익지도 않았는데 다같이 소주 세 잔씩을 먹고 시작했다. 사실 난 대학교에 들어올 때 선배들이 술을 많이 준다고 해서 걱정했었는데 생각보다 많이 주지도 않고 오히려 나보다 못 먹는 선배들도 많아서 '아, 별거 아니구나' 하고 생각했다. 그런데 이번엔 뭔가 좀 달랐다. 속은 비어 있는 데다가 있는 대로 긴장한 아이들은 거부할 틈도 없이 소주잔을 비워나갔고 나 역시 그랬다. 그렇게 끊임없이 마시다가 난 완전히 정신이 나가버렸다. 반 선배들의 부축을 받고 끌려오면서 몇 번을 토하고 또 토했는지 모르겠다. 마침 연락을 받고 오신 엄마 아빠의 엄청난 잔소리를 들으면서 난 차를 타고 집으로 돌아올 때까지도 제정신이 아니었다.

새벽에 문득 정신이 들었을 때 '아, 이 동아리에서 그냥 나와야겠구나' 하는 생각이 절실하게 들었다. 하지만 이렇게 끝내고 싶지는 않았다. 단지 술 때문에 그토록 원하던 동아리를 포기하기엔 너무 아쉬웠고 BK를 고작 이런 기억으로 남기고 싶지는 않았다. 난 더 열심히 해보기로 결심하고 ○○전을 위한 훈련에 본격적으로 참여했다. 그렇게 한 달 반의 힘든 훈련을 마치고 드디어 ○○전이 다가왔다. 우리는 정말 멋지게 그라운드에 섰고 모든 일정이 끝난 후 텅 빈 잔디구장에서 단가를 부르며 함께 고생했던 시간들을 떠올리며 눈물을 흘렸다. 정말 최고의 순간이었다. 그렇게 점점 동아리 아이들과 친해질수록 나의 대학생활은 더욱 활기를 띠어갔다.

문제는 이토록 친해진 아이들과 어울리면서 나는 나의 대학생활에 '술'이라는 커다란 문젯거리를 함께 안고 온 것이다. 그 대면식은 나의 술 생활의 아주 작은 시작에 불과했다. ○○전이 끝난 후 우리는 최소 일주일에 세 번 이상은 술을 마셨고 선배들과 함께 마시면 항상 맥주에 소주를 타서 맥주잔으로 몇 잔씩 마셨다. 더 큰 문제는 아이들 모두가 주량이 엄청나게 늘어서 웬만큼 마셔서는 전부 다 멀쩡했다. 처음엔 정말 재미있었다. 술을 마시는 횟수가 늘어날수록 우리 사이는 점점 끈끈해졌고 많은 추억이 생겼다며 즐거워했다. 새벽 늦게까지 술을 마신 적도 있었고 차를 놓치고 외박을 하고 기억을 잃고 찜질방에서 잔 적도 있었다.

처음엔 '다 추억이지' 하고 넘겼는데 점점 시간이 흘러 한 달, 두 달, 그리고 한 학기가 끝나갈 무렵이 되자 나는 점차 회의감을 느꼈고 몇몇 아이들도 나와 똑같은 기분이었다. 매일 밤 그렇게 늦게까지 술을 먹고 놀다 보니 수업도 제대로 못 들어가고 과제를 못 내는 일이 많아졌다. 또한 술 먹은 다음 날은 머리도 아프고 컨디션도 너무 안 좋아서 학교생활을 제대로 할 수가 없었다. 점차 상황의 심각성을 깨달은 우리들은 조금씩 술을 줄여나갔으나 여전히 한 번 먹기 시작하면 자제하지 못하고 '술이 나를 먹는 상황'을 초래하기 일쑤였다.

자신의 몸에 좋지 않다는 걸 알면서도 많은 학생들이 술을 끊지 못하는 이유는 무엇일까 종종 궁금했었다. 나 자신도 '먹지 말아야지, 말아야지' 하면서 정신을 차려보면 이미 너무나 많이 마신 뒤였다. 문득 수업시간에 '술과 나'라는 주제의 강의를 들으면서 내가 술을 마시는 이유를 곰곰이 생각해 보았다.

처음엔 그저 '나도 어른이구나, 나도 이제 당당하게 술을 마실 수 있구나' 하는 객기에서 마시기 시작했던 것 같다. 그러나 이제는 술 자체보다는 친구들과의 관계형성을 위해서 마시는 것 같다. 기쁜 일이 있으면 축하하기 위해 마시고 슬픈 일이 있으면 위로해 주려고 마신다. 일종의 의무이자 의리를 지키는 것이 되었다. 사실 그게 근본적인 해결책은 아닌데도 나를 포함한 많은 사람들이 술에 지나치게 의존하는 것 같다. 물론 술을 아예 마시지 말자는 것은 아니다. 하지만 대학 시절부터 이렇게 무분별하게 술을 마시다 보면 내 인생의 가장 중요한 부분을 낭비해 버리는 것이 아닌가 하는 생각이 든다.

지난 1년 동안의 경험을 통해 요즘은 음주를 자제하고 있다. 술을 마시지 않으니까 수업에 지각하지도 않고 머리도 아프지 않다. 그리고 친구가 힘든 상황에 있을 때는 그냥 평소에 신경을 써주고 함께 있어줌으로써 오히려 더 큰 힘이 되어줄 수 있었다. 술과 함께 보낸 지난 1년이 후회되지는 않는다. 언젠가는 한 번 원 없이 마셔보고 '이렇게 마시면 안 좋구나' 라는 것을 몸소 체험하고서야 술을 컨트롤할 수 있는 경지에 올랐을 것이기 때문이다. 난 그 시기가 대학 1학년이었던 것에 오히려 감사할 뿐이다. 어떤 문제든 이렇게 스스로 경험하고 깨달으면서 성숙해 가고 싶다. 아름다운 나의 청년기를 위하여!

# 3. 사이버 속으로 도피

## 가상세계에서는 내 결핍을 충족할 수 없었다

바로 작년 나는 인터넷 중독을 경험했다. 내가 생각할 때, 아무런 계기 없이 보통 사람이 인터넷 중독이 되지는 않는 것 같다. 평범하고 만족스러운 인생을 살아가는 사람들이 인터넷 중독에 걸릴 리는 없다는 뜻이다. 현실의 삶에서 무언가 결핍된 사람들이 그것을 가상세계에서 찾으려 하면서 인터넷 중독이 되는 것 같다. 나 역시 마찬가지였다.

입학 후 첫 학기를 어영부영 보낸 후, 새 학기가 되자 난 적응하기가 너무 힘들었다. 나만 빼고 모두들 즐거운 대학생활을 누리고 있는 것 같았다. 친구는 있었지만 고등학교 때처럼 깊은 마음을 나누지 못했다. 그렇다고 고등학교 친구들을 찾기엔 그들 나름대로 괜찮은 대학생활을 보내고 있는 것처럼 보였다. 군중 속의 고독이란 이런 것일까? 나는 많은 사람들과 함께 있어도 외로웠고 성격은 점점 내성적이고 소심하게 변해갔다. 내성적인 성격은 대인관계의 벽을 만들었고 악순환이 반복되었다. 티 나게 외향적인 편은 아니었지만 누군가와 감정적 교류 없이 사는 삶도 딱히 체질에 맞지 않았던 나는 이 외로움을 어딘가에 해소해야만 했다. 그러던 중에 한 인터넷 커뮤니티를 알게 되었다.

보통 인터넷 중독이라고 하면 게임 중독을 떠올리기 쉬운데 나는 게임은 원래 좋아하지 않아서 인터넷 사이트를 주로 돌아다녔다. 이 커뮤니티는 닉네임은 있었지만 나의 실체나 소심함을 공개하지 않고도 온라인상에서 실컷 웃고 떠들 수 있었다. 몇몇 사람들은 진짜 친구처럼 친해져서 온라인상의 긴밀한 관계를 가지기도 했다. 학교가 끝나면 밥을 먹자는 친구를 뿌리치고 집으로 달려와 컴퓨터를 켰다. 그리고는 지체할 것도 없이 커뮤니티에 접속했다. 오늘 하루 느꼈던 일을 쓰고 익숙한 닉네임들을 찾아 안부를 묻곤 했다. 지금 생각해 보면 별것 아니지만 그때 그 순간엔 몹시 재미있는 화제들을 가지고 몇 시간씩 키보드를 두드리며 수다를 떨었다.

비록 직접 만날 수는 없었지만 나는 정말 즐거운 시간을 보냈다. 사이트에 오랜 시간 상주해 있으니 나를 알아보는 사람들이 많아졌고 자연스레 유명인사 중 한 명이 되었다. 여러 가지 상황변수에 치여 피곤한 실제 세계의 대인관계와 다르게 온라인에서는 모든 사람들이 내게 살갑고 다정했다. 나는 그것이 너무 좋았다. 키보드를 두드리는 내 표정은 분명 웃고 있었다. 나는 커뮤니티에서 활동하고 글을 쓰고 좀 더 유명한 사람이 되기 위해 노력하면서 현실생활에서 겪었던 외로움이나 소외감을 위로받고 있다고 생각했다. 잠자는 시간을 빼고는 대부분의 시간을 컴퓨터 앞에서 보냈다. 잠자는 시간조차 아쉬워서 수면 시간도 서너 시간으로 줄였다. 학교에 가서도 커뮤니티 사람들이 아른아른했다. 수업을 빼지고 집에 달려가서 컴퓨터 앞에 앉기도 했다. 현실 속의 친구들과 하는 대화는 재미가 없었다. 다들 내 얘기를 알아듣지도, 이해하지도 못하는 것만 같았기 때문이다.

하지만 나의 착각이었을까? 온라인에서 더욱 친해지면 친해질수록, 유명해지면 유명해질수록, 컴퓨터를 오래 하면 할수록 나는 점점 외로워졌다. 얼굴도, 이름도, 나이도 모르는 사람들과 백날 웃고 떠들고 하면 무슨 소용일까 하는 생각이 들었다. 내가 며칠만 커뮤니티 접속을 중단하면 끊어질 인연들이었다. 끈끈한 실처럼 팽팽한 인연이 아니라 허공에 손짓하는 관계였던 것이다. 내가 손짓을 그만두면 모든 것이 공중분해될 것이었다. 회의감과 허무감이 몰려왔다. 그러면서도 기계적으로 컴퓨터 앞에 앉고 커뮤니티에 접속을 했다. 과제도, 시험공부도, 아무것도 하지 않았다. 모든 것이 귀찮고 무기력했다. 내 방에만 틀어박혀 있는 바람에 가족과의 대화도 단절되었다. 그러던 와중에 컴퓨터 앞에만 있는 나를 엄마가 나무라셨고 엄마와 큰 말다툼을 하게 되었다.

허무감이 밀려왔다. 반년 동안 컴퓨터 앞에 앉아 내가 이루어낸 것은 무엇인가? 그날 온종일 컴퓨터를 꺼놓고 곰곰이 생각했다. 그 결과 가상세계에서는 내 결핍을 충족할 수 없다는 것을 깨달았다. 온라인 활동은 내게 순간적인 기쁨을 주었지만 결코 나의 외로움을 해소해 주지는 못했던 것이다. 나는 내 태도를 바꾸기로 결심했다. 멀어졌던 동기들에게 차근차근 다가갔다. 먼저 말도 걸고 과제나 수업 이야기를 하며 대화를 이끌었다. 내가 먼저 다가가니 냉정한 줄만 알았던 동기들도 서먹서먹한 태도를 풀고 친절하게 대해 주었다. 나의 외로움은 내가 직접 만들어낸 착각 속의 벽이었던 것이다.

그렇게 조금씩 컴퓨터 사용 시간을 줄이고 커뮤니티와 멀어지려고 노력했다. 열심히 노력한 결과 지금은 그 커뮤니티에 접속하지 않는다. 생각했던 대로 그토록 친하다고 여겼던 커뮤니티상의 인연들은 공중분해되었다. 지금은 나를 기억하는 사람도 없을 것이다. 하지만 대신 현실 속에서 진짜 친구들을 찾았다. 이제는 외롭지 않고 동기들과 어울려 행복한 대학생활을 즐기고 있다.

아직도 많은 사람들이 인터넷에 매달려 자신의 외로움을 달래고자 한다. 과한 결핍은 허언증이나 자폭으로 연결되기도 한다. 지금 이 시간에도 커뮤니티에서 정체성을 찾고자 하는 인터넷 중독자가 있다면 말해주고 싶다. 당신에게 필요한 것은 키보드가 아니고 자신감이라고, 당신의 자신감이 당신의 결핍을 충족시켜 줄 것이라고.


## 인터넷 채팅을 나의 도피공간으로

어느덧 9년이라는 세월이 흘렀지만 나에게도 부푼 꿈을 가지고 대학생활을 시작했던 시절이 있었다. 누구나 처음 시작할 때는 뭐든지 열심히 하려는 마음이 가득하듯 나 역시 시작은 남들과 별반 다르지 않았다. 아니 오히려 남들보다 더 열심히 과 대표도 맡아 하고 여러 사람과 두루두루 어울리는 나름대로의 유명인사였다.

하지만 지방에서 혼자 서울로 올라와 새롭게 인간관계를 맺으며 시작해야 했던 나의 대학생활은 한 학기를 다 채우지 못하고 삐걱대기 시작했다. 옛 친구들과의 우정을 제대로 마무리하지 못한 나는 대학에서 만난 친구들과 옛 친구들 사이의 이질감에 방황하기 시작했다. 나는 대학에서 새로 만난 친구들에게 십년지기와 같은 친밀감과 허물없음을 원했고 이를 만족시켜 주지 못하는 대학 친구들에게 벽을 쌓기 시작했다. 물론 옛 친구들과도 함께 하는 시간이 줄어들면서 예전과 같은 친밀감은 유지하기 힘들었다. 그렇게 하나둘씩 사람들과 멀어지다 보니 어느덧 나는 대학생활의 부적응자로 캠퍼스를 방황하게 되었다.

때마침 내가 접하게 된 것이 인터넷 채팅이었다. 그 당시는 사회에 인터넷 붐이 일어나면서 PC방이 생기고 이메일 사용이 널리 보급되던 시기였다. 고등학교 시절부터 컴퓨터 게임을 좋아하던 나는 혼자 PC방에 들어가 종종 게임을 하다가 인터넷 채팅을 처음 접하게 되었다. 그 당시만 해도 대학생들 사이에서는 동호회나 대화방을 만들어 채팅을 하곤 했는데 나는 한창 인기를 끌고 있는 인터넷 채팅 프로그램에 접속을 하게 되었다. 처음 인터넷 채팅을 시작했을 때는 학교에서 겪었던 외로움이 어느 정도 해소되어서 좋았으나 시간이 지날수록 채팅을 하는 시간이 점점 늘어만 갔다. 인터넷 채팅의 또 다른 매력은 익명성에 있었다. 사이버라는 가상공간 속에서 나는 그 누구도 될 수 있었고 현실에서의 실패나 압박에 대해 아무에게나 털어놓고 얘기할 수 있었다. 그리고 내가 아닌 누군가로 행세하면서 대리만족을 얻는다든지 스트레스를 해소할 수 있었다. 이러한 매력에 빠지면서 나는 차츰 인터넷 채팅에 중독되어 갔다.

이러한 나의 인터넷 중독은 채팅 수준에만 그치지 않았다. 당시에는 속칭 '번개팅'이라고 가상공간에서 알게 된 사람을 직접 오프라인에서 만나는 일이 유행했는데 어느 순간부터 나는 번개팅에도 빠져들게 되었다. 사실 사이버 공간은 개방된 공간이어서 그곳에서 만난 사람들 사이에서 나의 학벌과 외모는 나를 어필할 수 있는 무기가 되기도 했다. 같은 또래집단 중에서도 뛰어난 인재들만 모인 학교에서 나를 드러내지 못해 자신감을 잃고 스트레스를 받던 나에게 사이버 공간은 나의 자신감을 회복하기 위한 휴식처이자 도피공간이기도 했다.

어느덧 나는 학교에 가는 시간보다 인터넷 채팅을 하면서 보내는 시간이 더 많아졌다. 또 번개팅을 하기 위해 인터넷상에서 알게 된 사람들과 자주 연락을 하고 서울 곳곳에서 만나 술과 유흥을 즐기면서 나의 대학생활은 점점 방탕해져만 갔다. 만나기로 한 사람이 약속 장소에 나오지 않으면 바로 PC방에 들어가 또 다른 번개팅을 약속하여 즐기곤 했다. 그렇게 나에게 인터넷 채팅은 채팅 수준에만 머문 것이 아니라 내 대학생활을 완전히 방탕으로 흐르게 한 원인이 되었다. 하지만 내가 대학생활에서 외로움과 소외감을 느낀 원인은 이전의 인간관계를 적절히 마무리 짓지 못하고 새로운 인간관계에 마음을 열지 못한 것이었기에 채팅이나 번개팅이 그것을 해결해 줄 수는 없었다.

그렇게 대학생활을 도피로 일관하다 보니 1년이 지났을 때 나에게 남은 것은 아무것도 없었다. 친구를 사귀지도 못했고 학점은 바닥을 쳤다. 결국 1년이라는 귀중한 시간을 탕진해 버린 나는 모든 것을 되돌

혼돈의 20대, 자신을 말하다

아보며 군대에 입대하게 되었다. 군 제대 후에는 나는 다시는 인터넷 채팅에 손대지 않았다. 지독하게 중독되었던 내 모습을 다시 떠올리는 것이 싫었고 그 중독성의 무서움을 알게 되었기 때문이다. 그 후 나는 차츰 학교생활에 적응할 수 있게 되었고 가상공간이 아닌 현실 속에서 남들과의 상호작용과 피드백을 통해 나 자신의 모습을 만들어가기 시작했다.

이제 와서 나의 청년기를 반추해 보면 후회스러운 일들만 기억 속에 남아 있다. 인터넷 채팅도 그중 한가지다. 하지만 인터넷 중독을 통해서 나는 나 자신의 통제력의 한계와 충동성을 알게 되었다. 인터넷 채팅을 12시간 넘게, 때론 밤을 새워가며 하는 내 모습을 보면서 나는 내가 얼마나 충동적이고 중독성에 취약한지를 깨달았다. 나 자신이 무엇인가를 적당히 하고 마치는 통제력이 부족하다는 것을 절실히 깨달은 것이다. 그래서 무슨 일이든 중간에 내 욕구를 조절하기 어려울 것이란 예감이 들 때에는 아예 처음부터 시작하지 말자는 것이 내가 인터넷 중독을 통해서 얻은 교훈이다.

# 4. 인터넷의 득과 실

## 사이버 몰입 경험을 나의 성장 발판으로

대학 입학 후 시간적인 여유가 풍부했던 나는 중학교 시절의 추억에 이끌려 남들과는 조금 다른 세계로 들어가게 되었다. 나는 교내에서 판타지와 관련된 동아리가 있나 찾아보았지만 존재하지 않았고 예전에 활동하던 PC통신 커뮤니티도 회사의 몰락과 함께 사라진 뒤였다. 그래서 다른 취미를 찾아 이리저리 살피던 중, 우연히 판타지를 주제로 한 온라인 게임에 접속하면서 아이디를 만들게 되었다. 이렇게 나의 대학생활은 사이버 세계에서 맞이하게 된 것이다.

처음 접해보는 '판타지'라는 가상현실 속에서 나는 마치 물 만난 고기처럼, 물고기를 문 고양이처럼 마음껏 뛰어 놀았다. 수렵활동, 상업활동, 모집활동, 상담활동 등 일상에서는 좀처럼 해보기 힘든 다양한 활동을 하면서 색다른 환경에서 살아가는 수많은 사람들과 사귀는 일은 내 삶의 활력소였다. 그 속에서 나는 상담가, 상인, 그룹의 리더, 기사 등 여러 가지 역할을 해봄으로써 복합적 정체성을 형성하였다. 10대에서 40대까지 연령, 성별, 지위, 학력, 장소에 상관없이 모인 수많은 사람들과 서로 경험을 공유하고 고민을 들어주고 최선의 해결책을 제시해 주는 과정에서 말솜씨가 더 좋아졌다. 공무원, 해저 탐사가, 게임 개발자, 화가, 작가, 교사 등 사회의 다양한 분야에서 종사하는 형님, 누님들에게선 생생한 사회경험을 들을 수 있었고 나이 어린 동생들에겐 내가 아는 한국, 학교, 그리고 양심에 어긋나지 않게 살아가는 삶의 자세에 대해 이야기해 줄 수 있었다. 이처럼 현실세계에서 접하기 힘든 다양한 간접경험을 통해서 인간관계와 사회에 대한 진지한 성찰을 해볼 수 있었던 점은 긍정적 측면이었다. 이분들 중에는 지금까지 서로 격려하고 도움을 주는 분들이 있어 사실 사이버 공간에서 이런 분들을 만나게 된 것을 뜻 깊게 생각한다.

그러나 사이버 공간 속의 나에겐 실망스러운 점도 많았다. 우선 나 자신이 통제력이 점점 낮아지고 있다는 것이 느껴졌다. 즉, 게임에 몰입하는 시간이 점차 늘어났고 원래 좋지 않은 시력에도 지장이 생겼고 가족과의 소중한 대화시간도 줄어만 갔다. 게임을 하느라 공부하는 시간이 줄어들었기에 자연히 성적도 떨어졌다. 게다가 유료인 게임 결제를 위해 달마다 많은 돈이 소모되었고 잠시나마 게임 자체의 도박성에 이끌려 도박에 몰입했던 적도 있었다. 하지만 무엇보다 나에게 상처를 준 것은 공동체 구성원들 간의 불화였다. 가상공간 속에서 서로 친해진 구성원들이 현실에서 만나 음주를 하게 되었고 이로 인해 서로 보이지 않던 벽과 긴장이 풀어졌던지 크고 작은 다툼이 일어나기 시작했다. 다툼의 와중에서 직접 관련이 없었던 나도 양방에서 비난과 원망을 듣게 되었고 일련의 사건을 해결해 나가는 과정이 나에게 큰 고통으로 다가왔다. 공동체적 게이머에서 반사회적 게이머로 넘어가는 갈림길에서 방황하고 있던 나는 결국 게임회사의 비도덕성으로 인해 몸담았던 게임이 급격히 쇠퇴하자 큰 마찰 없이 사이버 세계로부터 탈출하게 되었다. 이처럼 사이버 몰입에서의 탈출이 외적인 사건으로 인해 자연스럽게 일어난 것 같지만 사실 내면에는 나 자신에 대한 반성과 부모님에 대한 죄송스러운 마음이 더 크게 자리 잡고 있었다.

비록 사이버 세계의 몰입에서 벗어나긴 했지만 내 대학생활은 순탄하게 굴러가지 않았다. 나는 전공을 살려보고자 1년간 고시공부를 하였다. 하지만 좁은 방과 학원에 틀어박혀 나름 열심히 했던 공부는 좋은 결과물을 내놓지 못했다. 공부하는 과정에서의 지독한 외로움과 고시 자체의 어려움, 불현듯 닥쳐온 신체질환, 그리고 불합격에 따른 패배감과 좌절감에 휩싸인 나는 만신창이가 된 몸과 마음으로 이번 학기를 맞이하게 되었다.

이제 종강을 몇 주 앞두고 있는 지금, 이 수업은 나에게 큰 빛을 던져준 것 같다. 이 강의는 내 생활패턴과 미래의 계획을 점검해 보는 기회가 되었고 집단 활동에서 구성원들과의 대화는 내 고민을 해결해 나가는 데 큰 도움이 된 것 같다. 특히 우리 조에는 다양한 나이와 다양한 전공의 친구들이 있어서 자신의 경험과 고민에 관한 많은 이야기를 집단 활동과 사이버 강의실에서 나눌 수 있었다. 하지만 무엇보다 내게 큰 자산이 된 것은 나의 사례발표와 교수님의 피드백이었다.

나의 발표내용이 나의 시행착오, 부끄러웠던 과거에 관한 이야기였기에 발표를 결심하기까지 무척 망설였다. 발표자로 확정된 후 상당기간 발표내용을 준비했음에도 이상하게 발표 직전까지 몹시 떨렸다. 하지만 막상 여러 친구들 앞에 서는 순간, 다행히도 말이 술술 나왔다. 그 발표로 인해 나는 잔상처럼 남아 있던 패배감에서 벗어나 예전처럼 여러 사람 앞에서 말을 잘할 수 있다는 자신감을 회복했다. 나는 어렵지만 나의 시행착오를 털어놓고 마지막으로 사이버 공간 속에서의 무법지대 현상과 관련 법규의 큰 구멍, 익명성을 방패삼아 빈번하게 가해지는 슬픈 언어폭력들, 그리고 게임 회사들의 파렴치한 비도덕적 행위들…. 이런 부조리들을 나의 부끄러운 경험을 밑거름삼아 법조인이 되어서 해결해 보겠다고 나의 포부를 밝혔다. 이때 내 포부를 격려하고 조언해 주시는 교수님의 피드백은 나에게 큰 힘이 되었다. 내가 생각하는 진로 계획이 성장 가능성이 있는 계획이며 열심히만 하면 이 분야에서 성공할 수 있겠다는 자신감이 더욱 붙게 되었다. 나는 무척 젊고 무엇이든 할 용기와 쉽사리 지치지 않는 체력이 있으며 정의로운 사회 구현이란 나의 이상은 아직 시들지 않았다. 자아실현을 위해, 불쌍한 사람들을 돕기 위해 법조인이 되고자 하는 나의 꿈을 최선을 다해 실현시키기로 다짐한다.

## 중요한 것은 자기 조절 능력이다

컴퓨터 게임을 즐긴다고 하면 사람들은 부정적인 시선으로만 보려는 경향이 강하다. 물론 게임을 즐기는 정도가 심하다면 게임 중독으로 판단할 수 있지만 나는 실제생활과 온라인 생활의 절충을 통해 어느 것도 포기하지 않고 잘할 수 있었다. 물론 실제생활에 모든 것을 투자하는 것보다는 부족하겠지만 나는 온라인 게임을 통해서 상당히 많은 것을 배웠다.

대학 2학년이던 시절, 나는 온라인 게임을 즐기며 지냈다. 처음엔 그냥 취미삼아 했는데 차츰 상당히 많은 시간을 게임에 투자하며 지내게 되었다. 당시 부모님과 여자친구도 '조금 하다가 말겠지' 하며 크게 신경 쓰지 않았고 나 역시 재미는 물론 무엇인가 얻은 바가 있어서 계속하게 되었다. 당시 그 게임은 40명이라는 정해진 인원이 동시간대에 접속해서 완벽한 호흡을 맞춰 괴물을 물리치고 전리품을 획득하는 시스템이었다. 나는 40명 공격대의 공격대장을 맡았다. 매주 금, 토, 일 저녁 8~12시까지 게임을 하는 시스템이었다. 홈페이지를 통해 불참자와 참석자를 미리 파악하고 스케줄을 미리 정리하며 전리품을 분배하고 전체적인 진행을 맡은 것이 나의 역할이었다. 얼굴을 모르는 약 50명의 사람들이었지만 차차 시간이 지나며 형님, 누님, 동생 관계로 발전하며 따뜻한 인간미를 느낄 수 있는 시간이었다.

당시 나는 스물한 살이었는데 그 나이는 50여 명 가운데 거의 막내에 속하는 나이였다. 공격대에는 나보다 어린 고등학생부터 30~40세에 이르는 직장인들까지 있었다. 나이는 어렸지만 내가 대장이라는 직함을 가지고 있었기에 공격대를 운영하는 총체적인 책임은 나에게 있었다. 50여 명의 공격대를 이끄는 것은 중간 규모의 기업을 경영하는 것과 비슷하다. 자원을 분배하고 공평한 보상을 실시하며 경쟁에서 이겨야 할 뿐만 아니라 성장도 도모해야 한다. 아울러 세세한 일상 업무를 처리하는 동시에 구성원의 만족도와 생산성을 유지해야 한다. 나는 일주일에 30시간 정도를 투자해 공격을 이끌고 팀원들의 이메일과 질문에 답했으며 길드 정책을 마련하고 모든 사람의 공격 포인트를 업데이트했다.

나는 나의 팀을 운영하기 위해 운영진들과 회의를 하고 고민에 빠져 보곤 했었다. 그리고 다른 팀과의 경쟁에서 이기기 위해, 또 나의 팀원들에게 주어야 하는 보상의 형평성을 유지하기 위해 고민해 보았으며, 그 문제들을 해결해 나가면서 성취감을 느낄 수 있었다. 재야의 인재를 확보하기 위해 물심양면으로 부탁도 해보고 현실의 기업들처럼 능력 있는 인재를 더 큰 보상으로 다른 팀에서 스카우트해 오기도 하고 우리 팀의 인재를 다른 팀에 빼앗겨보기도 하면서 보상에 따라 움직이는 인간의 심성에 대해 마음 아파해 보았다.

온라인상에서는 피드백이 바로바로 온다. 짧은 시간 동안 수백 가지의 전략적 분석을 하며 최선의 방법을 찾아야 하고 만약 잘못된 방법이었다면 빠른 시간 안에 다른 방법으로 전략을 구성해서 도전할 수가 있다. 실제생활에서 피드백을 보려면 장시간이 필요한 것에 비하면 이것은 온라인의 장점이라고 할 수 있을 것이다. 다양한 전략과 리더십 기법을 자유롭게 시험해 볼 수 있다는 것도 게임의 장점이다. 게임에서는 실패하더라도 언제든 다시 시작할 수 있다. 실패를 두려워하지 않고 도전하는 과정에서 게이머들은 특정한 상황에서 냉정하고 침착하게 여러 가능성을 타진하는 법을 배운다. 게임에서의 보상은 즉각적으로 이뤄지기 때문에 현실보다 더 매력적이다. 현실의 기업에서는 조직원이 연초에 달성한 성과에 대해 연말에 보너스를 지급해 보상의 효과가 반감되는 경우가 많다.

마지막으로, 게임은 고도의 정보 투명성을 제공해 리더가 조직을 더 효율적으로 이끌게 해준다. 현실의 기업에서는 고위 임원 몇 명만이 회사의 전체적인 상황을 볼 수 있다. 이에 반해 온라인 게임은 게임에 참여하는 모든 사람에게 실시간으로 정보를 제공한다. 그 결과 게이머들은 리더의 지시를 기다릴 필요 없이 곧바로 필요한 행동에 나설 수 있다. 뿐만 아니라 경우에 따라 리더의 역할을 수행하기도 한다. 이것은 마치 재즈 연주자들이 즉흥 연주를 하는 것과 비슷하다.

물론 온라인 게임은 자기조절력 상실과 충동성이라는 문제가 있다. 자기지향적인 행동이나 타인에 대한 적개심 및 배타적 행동이 과장된 형태로 나타날 수도 있다. 또한 게임에 중독되어 버리면 현실보다 가상공간을 더 중요시하고 현실의 중요한 일들을 도외시한 채 생활할 수 있다. 그러나 이런 문제들은 개인의 자기조절 능력에 달려 있는 것 같다. 본인이 자기조절 능력이 있어서 온-오프를 필요에 따라 통제할 수 있다면 문제는 없으리라고 생각한다.

나는 약 10개월 정도 공격대장을 맡았고 후임자에게 모든 것을 이임하고 군 입대를 하였다. 군 입대 전에 뭔가 내가 좋아하는 것을 하며 무엇인가를 배울 수 있었다는 것은 참 좋은 경험이었다. 좋은 사람들과 좋은 추억들까지 가질 수 있었기에 더 기억에 남는 것 같다. 평상시

보다 학업에 약간 불충실했던 점, 그리고 여자친구한테 소홀했던 점은 지금도 미안하게 생각한다. 득이 있으면 실이 있는 것은 당연하기에 지금은 나 자신과 여자친구에게 더욱 충실한 사람이 되고자 노력하고 있다.

사람들은 다양한 라이프스타일을 가지고 생활하고 있다. 그것이 타인이 보기에 좋든 나쁘든 자신이 만족하고 자신의 생활과 장래 준비에 크게 방해가 되지 않는다면 그것은 좋은 라이프스타일일 것이다. 온라인상에 자신의 취미생활을 가지고 있다면 자신의 실생활이 주가 되어야 하고 온라인 생활은 부가 되어야 함을 잊지 말아야 할 것이다. 온라인 생활에 많은 시간을 투자한 경험이 있기에 나는 이것만은 당당하게 알려줄 수 있다. 무엇보다 중요한 것은 현실이지만 온라인 생활도 즐기며 살자는 것, 그리고 게임이라고 무조건 나쁜 것은 아니라는 것, 자신의 스트레스도 해소하며 무엇인가 실생활에서 도움이 될 만한 것을 얻을 수 있다는 것이다.

# 5. 시간 관리 분투기

올빼미에서 아침형으로

'○○○님이 로그인 하셨습니다.' 밤 10시 이후 많은 사람들이 로그인을 한다. 로그인을 하자마자 쪽지창과 대화창이 뜨기 시작한다. 채팅 사이트에서 흔히 볼 수 있는 모습이다. 쪽지와 대화창을 이용하여 우리는 오프라인에서는 못 했던 얘기들을 스스럼없이 한다. 별로 친하지 않은 친구들에게 장난을 치기도 하고 선배들과도 어색함 없이 일상적인 얘기를 한다. 우리들만의 '밤의 문화'가 시작되는 것이다.

나의 대학생활은 이렇게 메신저와 함께 시작되었다. 대학에 들어온 후 하숙방에서 혼자 살면서 학교수업을 마치고 집에 오면 얘기할 사람이 없어서 메신저를 시작하였고 차츰 그것에 빠져들기 시작했다. 혼자 사는 외로움에 대한 일종의 탈출구였다. 그것은 마치 중독과 같아서 한 번 시작한 뒤로는 끊을 수가 없어서 매일 집에 오면 메신저를 통해 친구들과 대화를 했다. 그렇게 시작한 온라인 생활은 나를 새벽까지

혼돈의 20대, 자신을 말하다

컴퓨터 앞에 앉아 있게 하면서 내 생활패턴을 자연스럽게 올빼미형으로 바꾸어버렸다.

밤에 메신저를 하면서 처음 만난 반 선배, 동기들과 친해질 수 있는 기회가 생겼고 직접 대면했을 때의 어색함이 없이 자유롭게 말할 수 있었다. 식사 약속을 잡거나 일상적인 얘기를 서로 나누다 보니 실제로 만나 친해질 수 있는 계기를 마련해 주었다. 이렇게 메신저를 즐기면서 얻은 것도 있었지만 득보다는 실이 더 많았던 것 같다. 우선 아침 수업에는 거의 참여하지 못했고 오전 11시 수업도 못 가는 일이 발생했다. 초등학교 때부터 지각 한 번 안 해본 모범생인 나에게 이런 생활은 상당히 충격이었다. 게다가 아침에 늦잠을 자니까 아침식사는 거의 매일 거르고 점심, 저녁 때 폭식을 하다 보니 살이 찌고 피부가 거칠어지는 등 건강상태가 안 좋아졌다. 무엇보다 점심때쯤 하루를 시작하니 하루가 너무 짧아서 공부할 시간은 물론 밖에서 놀 시간도 거의 없어져버렸다. 하루 중 컴퓨터를 잡고 있는 시간이 너무 큰 비중을 차지하게 된 것이었다. 1학기 초 이런 올빼미형 생활을 하는 사람은 나뿐만 아니라 내 주변 친구들 중에도 이런 야행성 생활을 하는 애들이 몇 명 있었다. 그래서 우리는 선배, 동기들로부터 일명 '새벽에 자고 오후에 일어나는 아이들'로 낙인찍히게 되었다.

이런 생활은 신학기 초 두 달 정도 지속되었는데 그 대가는 중간고사에 나타났다. 특히 심리학 과목의 점수가 바닥을 밑돌고 있는 것을 보자 나는 정신이 번쩍 들었다. 내가 이러려고 그토록 공부해서 대학 온 게 아닌데…. 나는 생활방식을 바꾸려는 시도에 돌입했다. 내가 아침형으로 거듭날 수 있게 해준 일등공신은 나의 부지런한 남자친구였다. 7시 전에 일어나서 성실하게 공부하는 그의 모습을 보면서 '나도 이렇게 살면 안 되겠구나' 하는 생각에 기상시간을 대략 4시간 정도 앞당기고 컴퓨터 사용시간을 줄이기 시작했다. 그런 노력 끝에 나는 차츰 아침형으로 거듭나기 시작했다. 물론 처음엔 그 습관을 바꾸기가 쉽지 않았다. 집에서 채팅을 안 하면 불안하기도 하고 무엇보다 아침잠을 줄이는 것이 쉽지 않았다. 그러나 나의 노력은 헛되지 않아 가끔 늦잠을 자기는 하지만 주말을 제외한 거의 매일 일찍 일어나고 일찍 자는 습관이 들게 되었다.

내 생활패턴을 바꾸면서 올빼미형보다 아침형이 훨씬 좋은 점이 많다는 것을 깨닫게 되었다. 우선 등교하는 시간이 빨라져서 1교시 수업을 거뜬히 들을 수 있게 되었고 아침에 도서관에서 공부를 할 수 있는 여유가 생겼다. 수업 전에 미리 예습이나 복습을 하고 수업에 임하는 성실한 생활을 할 수 있었으며 아침밥을 꼭 챙겨먹는 습관도 들었다. 컴퓨터 하는 시간을 줄이다 보니 피부도 다시 좋아지고 살도 빠지는 등 건강을 되찾게 되었다. 또한 하루의 시작이 빨라져 하루가 길어지자 생활 자체가 능률적이게 되었다. 나에 대한 주변 사람들의 인식도 이제 '일찍 자고 일찍 일어나는' 성실한 이미지로 바뀌었다. 이런 이미지는 나 스스로 하루라도 게으름을 피울 수 없게 하는 원동력으로 작용하고 있다.

## 감당하지 못할 일은 과감히 쳐내자

시간 관리는 언제나 나에겐 커다란 숙제였다. 한국 나이로 스물넷인 지금까지도 시간 관리는 내 생활의 가장 취약한 부분으로 남아 있다. 나는 왜 이렇게 되었을까? 그리고 앞으로 어떻게 이 문제를 극복할 수 있을까?

대학에 들어오기 전까지는 특별히 시간 관리에 신경 쓸 필요가 없었다. 고교 시절의 시간 관리에는 나의 자유의지가 개입될 여지가 거의 없었기 때문이다. 그러나 대학에 입학한 나는 커다란 난관에 부딪치고 말았다. 모두가 알다시피 대학은 학생들에게 매우 큰 자유를 부여한다. 이 자유는 잘 쓰면 매우 좋은 기회가 되지만 때로는 방종의 기회가 될 수도 있다. 내가 바로 그런 케이스였다. 어릴 적부터 혼자 시간을 조직하고 계획하는 훈련이 전혀 되어 있지 않았던 나는 갑자기 주어진 이 많은 시간을 어떻게 써야 할지 몰랐다. 결국 아무런 계획 없이 시간을 낭비해 버렸다. 시간을 낭비했다는 것은 그다지 중요하지 않은 일들에 시간을 쏟았다는 것이다. 심지어 그 시절 나는 내게 중요한 것들이 무엇인지도 몰랐다.

나중에 깨달았지만 시간 관리는 목표설정과도 긴밀히 연관되어 있다. 뚜렷한 목표의식이 있을 경우, 그 목표를 달성하기 위해서 시간을 효율적으로 쓰려는 동기가 생긴다. 하지만 그 당시 나는 목표의식이 없었다. 일단 대학에 들어왔다는 안일한 마음가짐으로 뭔가 하고 싶은 일이 없다 보니까 하루하루 의미 없이 살게 되었다. 그 당시 나의 하루는 다음과 같이 흘러갔다. '아침에 일어나 학교에 간다. 물론 5분에서

10분 정도 늘 지각한다. 수업시간에는 집중을 하지 못하거나 자는 경우가 많다. 수업이 끝난 후에는 집에 가서 영화를 보거나 친구들과 PC방에서 온라인 게임을 한다. 그리고 집에 와서 늦게까지 컴퓨터를 하다가 자정이 넘어 잠자리에 든다. 늦게 자다 보니 늦게 일어나고 다음 날도 지각하게 되어 악순환이 계속된다.'

그 1년은 스스로에게도 불만족스러웠던 해로 기억되고 있다. 지각과 불성실로 일관한 수업들 때문에 학점은 낮았으며, 이로 인해 학과 배정을 한 학기 늦추는 불상사도 발생했다. 아무것도 이루지 못한 상태였기에 자신감도 낮았고 자신감이 낮은 사람들이 흔히 그렇듯 사람들과의 관계도 좋지 않았다. 부모님과의 관계도 마찬가지였다. 한마디로 말해서 총체적 난국이었다.

그러다가 나는 군 입대를 하게 되었다. 군 입대는 정말 잘한 결정이었다. 그동안의 인생을 돌아보는 계기가 되었기 때문이다. 훈련소에서 군복을 입고 힘든 훈련들을 받으며 나는 몇백 번이고 생각했다. 내가 이 순간 하고 싶은 수많은 일들에 대해서. 돌이켜보니 나는 기회가 있는데도 하지 않았었다. 그때 깨달았다. '내가 그동안 헛되이 쓴 시간들이 무엇과도 바꿀 수 없는 얼마나 값진 기회였던가. 그걸 모르고 살았구나.'

스스로가 원망스러웠지만 지나간 시간은 어떻게 할 수 없는 법. 대신 앞으로는 그런 실수를 반복하지 않도록 굳은 다짐을 하고 실행으로 옮겼다. 우선 시간 관리를 위해 큼지막한 스케줄러를 사서 바쁜 일과 중에도 끊임없이 기록했다. 내가 해야 할 것들, 하고 싶은 것들, 그리

혼돈의 20대, 자신을 말하다

고 그것들을 실행한 결과와 만족도에 관해. 습관을 들이기가 어려웠지만 일단 궤도에 오르니 생활의 많은 부분이 바뀌었다. 더 많은 일들을 한정된 시간 내에 할 수 있었고 성과 역시 매우 만족스러웠다. 그러나 이러한 다짐이 지속되기 위해서는 더 큰 그림이 필요했다. 나는 내 인생에서 무엇을 하고 싶은지에 대해 고민하기 시작했다. 그러고는 인생의 계획을 장기, 중기, 단기로 나누어 세워보았다. 그렇게 2년이 지나갔고 나는 자신감을 얻은 채로 사회에 복귀했다.

학교에 돌아온 나는 군 시절 세웠던 계획을 하나둘씩 실행에 옮겼다. 듣고 싶었던 과목들로 수강신청을 채우고 교환학생에 지원하고 무척 들어가고 싶었던 경영학회에 들어갔다. 그리고 좋아하는 사람을 만나 연애도 시작했다. 과외도 생겼다. 학기 초에는 모든 것이 순탄하게 흘러갔다. 그러나 학기가 진행되고 점점 해야 할 일들이 많아지면서 나는 뭔가가 잘못되어 가고 있다는 사실을 깨달았다. 문제는 내가 너무 많은 일을 계획했다는 데에 있었다. 학업에 충실하기 위해서는 많은 양의 공부를 해야 했고 학회에서도 많은 노력을 요구했다. 과외를 잘하기 위해서는 강의 준비를 위한 시간이 아주 많이 들어갔다. 결국 나는 이 모든 일들에 끌려 다니는 신세가 되었다. 매일매일 그날 해야 할 일들을 처리하다 보면 신체적으로나 정신적으로 녹초가 되기 십상이었다. 더구나 정신이 분산되다 보니 애초에 계획했던 것만큼의 성과를 내기도 힘들었다. 입대 전에는 무계획이 문제였는데 이젠 내가 할 수 있는 업무량을 파악하지 못한 채 무작정 계획을 짜다 보니 힘든 시간을 보내게 된 것이다. 5월의 어느 날, 나는 감기몸살에 걸리고 말았다. 아파서 침대에 누워 있던 어느 순간 나는 깨달았다. 이렇게는 더 이상 보람찬 생활을 할 수 없겠다고.

결단을 내렸다. 부담이 되어가는 연애를 과감히 끝냈다. 지지부진하던 과외도 스스로 그만두었다. 대신 학업과 학회, 그리고 미래를 위한 준비에 집중하기로 결심했다. 일단 결심을 내리고 나자 하루하루가 훨씬 편해졌다. 학업과 학회 활동에서의 성과가 한결 나아졌고 마음도 편했다. 무엇보다도 여유가 생겨서 자신감을 가지고 하루하루를 맞이할 수 있게 되었다.

6월을 맞은 지금 나는 여전히 선택의 기로에 서 있다. 얼마 안 있으면 학기가 끝날 텐데 그 이후에는 어떤 일을 얼마나 할지 결정해야 하는 것이다. 이번 학기의 경험에서 볼 때 가장 중요한 것은 각종 활동의 우선순위를 정하고 내 에너지가 감당하지 못할 일들을 과감히 쳐내는 일이다. 요즈음 바쁜 가운데서도 여름방학 계획을 세우는 데 조금씩 시간을 할애하고 있다. 우선순위는 인턴과 교환학생이다. 아직 오지 않은 시간을 예상해서 계획하는 일은 쉽지 않지만 그동안 시행착오를 거울삼아 할 수 있을 것 같다.

## 죽은 시간을 살리자

친구들과 게임을 하거나 어떤 좋아하는 것을 하고 있을 때는 시간이 가는 줄 모른다. 하지만 친구를 기다리거나 지겨운 일 혹은 재미없는 수업을 듣고 있을 때는 거의 시간이 기어가는 듯하다. 고등학교 3학년

혼돈의 20대, 자신을 말하다

시절, 난 정말 그 1년이 너무도 지겹고 하루하루가 몇 년처럼 느껴졌다. 더욱이 재수를 하면서 다시 그 1년을 똑같이 생활했을 때는 거의 참을 수가 없을 정도였다. 하지만 대학에 들어와서의 1년은 너무나도 달랐다. 대학 입학 후 적응기간 한 달, 중간고사, 축제, 기말고사를 지내고 나니 한 학기가 금세 지나가버렸고 여름방학도 친구들과 놀고 여행을 다니다 보니 어느새 두 달 반이 지나버렸다. 2학기도 마찬가지로 쏜살같이 끝나버렸다.

지금은 대학 2학년, 참 많은 것을 생각할 시간이 되었다. 나와 친했던 친구들 몇몇은 벌써 군대에서 병장을 달고 나에게 전화를 걸고 있는 상황이고 몇몇은 참 많은 것을 이루었다. 하지만 나는 남들에게 무엇을 했다고 딱히 자랑할 것이 없다. 남들에 비해 뛰어나게 학점이 잘 나온 것도 아니고 남들에게 자랑할 만한 예쁜 여자친구가 있는 것도 아니고. 내가 유일하게 자랑할 만한 인간관계의 증진을 말하려 해도 이것은 딱히 남들에게 자랑할 거리나 눈에 보이는 능력향상 같은 것이 아니다. 재수할 때 그 기어가는 것 같던 시간에 '대학에 가면 이런저런 일을 해보겠다'고 마음먹었던 것들 중 아무것도 해놓은 것이 없다.

나는 왜 아무것도 이룬 것이 없을까? 시간이 없어서 그랬을까? 스스로 결론을 내리면 나는 이루고자 하는 것에 시간을 투여하지 않고 쓸데없는 일에 너무 시간을 낭비했다는 것이다. 내 동아리 동기 중 한 명이 있다. 그는 나와 똑같이 동아리 활동을 아주 열심히 활발하게 했고 놀기도 많이 놀았다. 그런데 이 친구는 1학년 때 학점이 하나만 A이고 나머지 모두 A⁺를 맞을 정도였다. 이걸 보고 난 정말 무엇을 한 것인지 한심한 생각이 들었다. 그래서 이 친구에게 '넌 어떻게 했기에 그런 학점이 나올 수 있느냐'고 물어보았다. 그러자 이 친구는 매일 아침 5시에 일어나서 6시쯤이면 중앙도서관에 자리를 잡고 공부한다고 하였다. '이것이 이 친구와 나의 차이점이구나' 하는 생각이 들었다. 난 매일 첫 수업시간에 맞춰 30분 전에 일어나 집을 출발하기 때문이다. 적어도 그 친구와 나는 하루에 4시간 정도 공부하는 시간이 차이가 났다.

최근에 그 친구를 벤치마킹하려 노력해 보았다. 말하자면 아침형 인간이 되려고 노력해 본 것이다. 그래서 아침 5~6시 사이에 일어나서 1시간 정도 운동을 하고 그 후 중앙도서관에 자리를 잡고 공부를 해보았다. 이젠 정말 시간을 효율적이고 잘 쓸 줄 알았다. 그런데 아침에 중앙도서관에 가면 너무 일찍 일어나는 바람에 피곤해서 졸거나 자버리고 저녁에는 너무 일찍 일어났다고 졸려서 일찍 자버렸다. 결국 하루 중 깨어 있는 총 시간은 같았다. 오히려 아침에 졸거나 자는 시간을 빼버리면 이용할 수 있는 시간은 더 줄어들었다. '어떻게 해야 가장 효율적인 생활을 할 수 있을까' 하고 고심하던 중, 수업 중에 '시간 관리 매트릭스'에 대한 설명이 번쩍 귀에 들어왔다. 이 매트릭스에 내 삶을 대비해 보면 난 I 영역에 30%, III 영역에 10%, 그리고 하잘 것 없는 활동인 IV 영역에 50% 이상의 시간을 쏟고 있었다. 나의 자아성장을 위한 활동인 II 영역엔 10% 미만의 시간을 투여하고 있었다. 성공하는 사람들은 II 영역에 투여하는 시간의 비중이 가장 높으며 이 영역의 활동을 늘려야 가장 풍요롭고 능동적인 삶을 살 수 있다는 것이다. 내 문제를 단번에 해결해 주는 말이었다.

그렇다면 어떻게 II 영역의 비중을 높일까? 이것은 IV 영역의 활동을 줄이면 가능하다. 내가 주로 하는 것, 즉 동아리 친구들과 술을 마시며 노는 것, 게임방에 가서 게임하는 것, 그리고 집에서 아무 생각 없이 컴퓨터 게임을 하는 것들을 줄이면 되는 것이다. 이렇게만 된다면 모든 일을 미리미리 준비할 수 있어서 스트레스가 쌓이는 I 영역의 비중도 줄어들 것이다. 또한 I 영역에서 보다는 II 영역에서 하는 일이 더 완성도가 높을 것이다. 리포트를 마감시간 직전에 쓰는 것보다는 미리 작성하여 시간을 두고 수정하면 더 좋은 평가를 받듯이 말이다.

우리들 누구에게나 똑같은 시간이 주어진다. 내 친구들이 사용하는 시간, 내가 지금 사용하는 시간, 그리고 수능 준비를 할 때 사용한 시간들은 다 똑같은 시간들이지만 그 효율성은 다 다르다. 이 시간들을 효율적으로 활용하면 정말 풍요로운 삶을 살아갈 수 있을 텐데 우리는 그것을 놓치고 있는 것이다. 만약 우리가 수능 준비를 할 때 1초도 낭비하지 않던 그 정신으로 일생을 살아간다면 얼마나 효율적인 시간 관리를 할 수 있을까? 수능 시절을 다시 회상하며 나에게 주어진 시간을 귀중하게 여기며 살아가야겠다.

## 에필로그  대학생활의 필요악, 술과 인터넷

아마도 대학생활의 낭만에서 빼놓을 수 없는 것이 술일 것이다. OT, MT, 동아리 활동, 친구·선후배들과의 만남, 그리고 각종 축제에서 술은 마치 약방의 감초처럼 따라다닌다. 그래서 신입생들이 들어오는 시기가 되면 술로 인한 사고 소식이 심심치 않게 들려오기도 한다. 언제부터 이렇게 한국의 대학 문화에서 술이 차지하는 비중이 커졌는지는 알 수가 없다. 학생들의 리포트를 읽다 보면 문득 위기감이 느껴지면서 '과연 대학의 술 문화 이대로 좋은가?' 하는 의문이 들기도 한다.

대학에 처음 들어온 새내기들은 사람을 사귀고 어울려야 한다는 강박적인 생각들을 가지고 있고 술자리에 끼지 못하면 소외될 수도 있다는 위기감마저 느끼고 있는 것 같다. 그래서 많은 학생들이 우선 사람을 사귀기 위해서, 그리고 넘치는 자유와 낭만을 만끽하기 위해서 술을 마시기 시작한다. 그러다가 외로움, 이성교제에서 오는 상처를 술로 달래고, 혹은 넘치는 자유를 감당하지 못하고 목표의식 없이 방황하느라고 술독에 빠져버리는 경우도 있다. 적절히 마시면 괜찮지만 항상 지나친 것이 문제이다.

술이란 우리 인간생활에서 일종의 필요악이다. 즐거울 때는 흥취를 돋우고 슬플 때는 위로해 주고 사람들과 어울릴 때는 긴장감을 풀어주고 분위기를 살리는 윤활유 역할을 한다. 한국 사람들에게 술은 풍류를 즐기고 우정과 친목을 다지고 경사와 애사를 치르는 데 없어서는 안 될 물질이었다. 그러나 지나치면 우리의 몸과 마음을 모두 황폐화시키는 악이 된다. 그래서 우리는 술을 먹으려면 잘 먹어야 한다. 이것은 많이 먹으란 말이 아니라 주도(酒道)를 알고 먹으란 말이다. 옛 선인들은 술의 마성을 알았기에 자식이 성인이 되면 주도를 가르쳤다. 즉, 술을 마셔도 예의범절을 지키며 마심으로써 자신을 버리지 않도록 가르쳤던 것이다.

그러나 요즈음 청소년들은 부모 몰래 너무 일찍 술을 접하는 경우가 많다. 그래서 술을 어떻게 마셔야 하는지, 술의 해악이 어떤지를 잘 모른다. 무조건 마시고 취하고 흥청거리는 것이 술을 즐기는 것으로 오인하는 청년들이 많다. 반면에 술로 인해 흥겨워진 분위기를 깨서는 안 된다는 생각은 철저해서 술을 억지로 권하고, 권하는 술을 뿌리치지 못하는 것 같다. 그러나 술을 강요하거나 술로 만남을 어색하게 하는 것은 바람직하지 않다. 술이나 음식을 지나치게 권하는 것은 한국인의 정(情)으로 볼 수 있으나 그렇게 세련된 매너는 아닐 것이다. 그 이유는 체질적으로 술이 받지 않은 사람이 있는데 이들은 몸 속에 술 분해효소ALDH가 부족해서 술을 마시면 구토, 홍조 등이 나타난다.[1] 또한 종교적 신념이나 가치관 때문에 술을 싫어하는 사람도 있다. 이런 사람에게 음주를 강요하는 것은 위험하기도 하고 무모한 일이다.

........................................................

1) 『청년기 갈등과 자기이해』 김애순 저, (주)시그마프레스, 2005.

또한 술이 몸에 잘 받는다고 자만하고 과시하는 것도 아주 어리석은 일이다. 이런 사람들은 체질적으로 술에 대한 위험요인을 안고 있어서 자신이 술을 통제하지 못하면 알코올중독의 길로 갈 위험도 있다. 사회에 나가면 직업세계의 치열한 경쟁, 인간관계에서 오는 스트레스가 술로 유인한다. 그래서 대학 시절의 음주습관이 매우 중요하다. 항상 '술이 사람을 먹어버리도록' 술버릇이 형성된 경우, 사회에 나가면 아주 힘들어질 수 있는데 그것은 사회는 대학사회만큼 술친구에게 관용적이지 않기 때문이다. 그래서 대학 시절에 '술이 나를 삼키는 게 아니라 내가 술을 즐기도록' 술을 통제할 수 있는 능력을 기를 필요가 있다. 다행히도 일부 학생들이 새내기 시절 무절제한 음주 경험을 통해 술의 마성을 깨닫고 그 경험을 자신의 성장 발판으로 삼고 있는 모습은 대견스럽다.

그러나 '사람을 사귀는 데 꼭 술이 필요한가?' 차(茶)도 있고 음식도 있고 스포츠, 놀이, 문화 활동도 있다. 사귐의 매개체는 매우 다양하다. 어떤 매개체를 언제 어떻게 사용하는가 하는 것은 그 사람의 멋이고 풍류이다. 대학인은 이 사회에서 선택받은 지성인이다. 사람을 사귀고 낭만을 즐기는 데 지성인다운 면모를 가꾸어나가는 것도 대학생활의 큰 과제일 것이다.

대학생활에서 또 하나의 필요악은 인터넷이다. 요즈음은 하루라도 컴퓨터를 켜지 않으면 흐르는 사회의 물결을 따라가기가 힘들어진다. 우리는 인터넷을 통해 소통하고 필요한 정보를 신속하게 아주 효율적으로 얻을 수 있을 뿐 아니라 뉴스, 영화, 드라마, 게임 등 여가활동까

혼돈의 20대, 자신을 말하다

지 즐긴다. 이처럼 인터넷은 우리의 삶 속에 없어서는 안 될 존재로 깊숙이 자리하고 있지만 이것을 잘못 사용할 경우 우리의 심신을 망가뜨리는 악이 되고 있다.

적지 않은 학생들이 자신의 인터넷 중독 경험을 말하고 있다. 사이버 세계의 몰입은 청소년 초기부터 시작되지만 대학에 들어와서 사이버 세계에 지나치게 빠져드는 이유는 주로 사람들과 어울리지 못한 데서 오는 외로움과 소외감 때문인 것 같다. 술과 마찬가지로 역시 만남의 문제가 여기에 결부되어 있다. 흔히 가족과 떨어져서 혼자 사는 학생들이 대학 1, 2학년 때 적응에 어려움을 겪으면서 사이버 세계로 도피하는 경우를 볼 수 있다. 이들은 넘치는 시간과 여유를 적절히 투자할 곳을 찾지 못해 인터넷 속으로 도피하여 자신을 가두어버리는 것이다. 결국 인터넷이 자신의 외로움과 소외감을 해결해 주지는 못한다는 것을 깨닫고 이들은 사이버 세계에서 탈출을 시도하고 있다.

물론 한참 자아정체를 형성해야 하는 청소년들에게 가상세계는 역할 실험을 하는 무대를 제공해 줄 수도 있다. 즉, 현실적 제약을 벗어나 다양한 활동과 역할을 시험해 보기도 하고 자기표현이 수줍고 미숙한 청소년들은 다양한 사람들과 접속하여 자기표현 능력을 향상시킬 수도 있다. 심지어는 게임을 통해 경영 능력을 키우고 리더십을 연마할 수도 있다. 그러나 인터넷에 너무 몰입할 경우, '가상세계 속의 자신이 진실인지 현실 속의 자신이 진정한 모습인지' 정체의 혼돈이 올 수 있다. 차츰 자기조절 능력을 상실하고 사이버 공간에 오래 머물다 보면 현실세계와의 괴리는 더욱 커지고 실제의 인간관계에서 필요한 감정이입 능력이나 타인지향적 태도는 약화되고 충동적이고 자기지향적인 사람으로 변모할 수 있다.

그래서 중요한 것은 자기조절 능력이다. 술이나 인터넷이나 어떤 물질에 중독된다는 것은 마찬가지 현상이다. 즉, 자신이 그 물질에 대한 통제력을 상실해 버리고 그 물질이 자신을 조정하게 되는 현상이다. 인터넷 중독이란 사이버 공간에 강박적으로 집착을 하며 지나친 몰입으로 망상이나 환상에 빠져 정체의 혼란을 겪는 상태이다. 여기서 강박적 집착이란 컴퓨터를 켜지 않으면 불안해서 안절부절못하고 경련이 일어나기까지도 한다. 대체로 인터넷 중독에 취약한 사람들은 무계획적이고 충동적이며 통제력이 낮은 사람들이다.

따라서 우리는 인터넷을 사용하면서 수시로 자신의 조절 능력을 점검해 볼 필요가 있다. 주로 용도는 무엇인지(정보검색, 게임, 채팅), 온-오프의 통제력은 어느 정도인지, 자아정체의 혼란을 겪은 적이 있는지, 그리고 유해매체 접속, 악성 댓글이나 비방을 충동적으로 한 적이 있는지 등을 체크해 볼 필요가 있다. 컴퓨터를 정상적으로 사용하는 사람들은 온-오프 통제력이 있어서 게임을 하다가도 필요하면 그만둘 수가 있다. 그리고 현실생활을 위해서 컴퓨터를 사용하지 컴퓨터 때문에 현실생활을 도외시하지 않는다. 설령 인터넷 중독의 지경까지 이르지 않았다고 하더라도 하루에 3~5시간씩 게임이나 채팅에 시간을 소모한다면 문제가 있다고 볼 수 있다. 시간 관리를 잘 하고 있지 않기 때문이다.

대학생활에서 술과 인터넷의 최대의 악은 무절제한 생활로 생활의 리듬을 잃어버리게 하는 것이다. 우리가 하루를 어떻게 보내느냐는 곧 일생의 시간 관리를 의미한다. 일생이란 하루하루의 축적이기 때문이다. 대체로 보통 사람들은 깨어 있는 시간의 1/2을 생산활동에, 나머지 1/4은 자기관리에, 1/4은 여가활동에 투자한다고 한다. 그러나 이것은 연령과 직업에 따라 달라질 수 있는데 과연 대학생들은 하루 24시간을 어떻게 분배해야 균형 있는 삶이라고 할 수 있을까? 많은 학생들이 대학에 들어오면 '넘쳐나는 것이 자유, 시간, 여유'라는 말을 한다. 그리고 대학생활 1~2년을 술과 인터넷, 하잘 것 없는 활동들로 탕진해 버린다. 여가에도 수동적 여가(TV 보기, 채팅)와 능동적 여가(악기, 스포츠)가 있다.[2] 재충전의 효과가 있는 능동적 여가를 즐기기 위해서는 그만큼의 시간과 에너지의 투여가 필요하다. 한참 인생을 설계할 밑그림을 준비해야 하는 대학 4년이 그렇게 길고 시간적 여유가 많을까? 외로움을 느낄 시간이 있을까?

코비S. Covey는 우리의 활동을 중요한 것과 긴급한 것의 두 차원에 따라 네 개의 활동영역으로 구분했는데 성공하는 사람들은 현재 긴급하진 않아도 자신의 삶을 준비하는 중요한 활동에 가장 많은 시간을 투자한다고 한다.[3] 따라서 시간 관리를 잘하기 위해서는 현재 자신의 대학생활에서 가장 중요한 것이 무엇인지, 즉 가치의 우선순위를 먼저 결정한 다음에 거기에 따라 시간을 배분할 필요가 있다. 가치의 우선순위를 결정하기 위해서는 먼저 삶의 원칙과 목표설정이 선행될 필요

2) 『몰입의 즐거움』 M. Csikszentmihalyi 저, 이희재 역, 해냄, 1999.
3) 『성공하는 사람들의 7가지 습관』 S. Covey 저, 김경섭, 김원석 역, 김영사, 1994.

가 있다. 대체로 주체할 수 없는 시간으로 방황하고 외로움을 느끼는 사람들은 추구할 목표가 없어서 시간을 어디에 적절하게 투여할지를 모른다.

　그래서 먼저 자신이 인생에서 성취하고 싶은 소위 꿈이라는 거대한 그림이 그려져야 한다. 이것이 그려지면 어떤 목표가 설정될 것이고 그것을 추구하기 위한 중·장기적인 계획이 모호하게나마 세워질 것이다. 그리고 대학 시절에 준비해야 할 구체적인 실천행동들이 떠오를 것이다. 이 실천행동을 실행에 옮기기 위해서는 학기 단위로 목표를 세우는 것이 좋고 구체적 시간 배분은 일과표보다는 일주일 단위로 계획을 하는 것이 더 효율적이다. 그 이유는 대학생활에서는 변수가 많이 발생해서 생활에 융통성을 주기 위함이다.

　인생의 어느 시기나 가장 조화로운 삶이란 일-여가-자기관리의 균형이 이루어진 경우라고 한다. 만약에 대학 1학년 때부터 성실하게 시간 관리를 해왔다면 4년 내내 이 균형을 유지하면서 상당히 건강하고 여유 있는 생활을 할 수 있을 것이다. 그러나 대학 1년 혹은 2년을 무절제한 생활로 탕진했다면 마음이 급할 것이고 이제 이 균형을 좀 조절할 필요가 있을 것이다. 나는 어디에 얼마큼 비중을 두어야 할지? 이제 나의 삶의 균형은 어떻게 그 비율을 조정해야 할까? 나만의 기획이 필요할 때다.

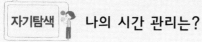

## 자기탐색  나의 시간 관리는?

현재 내가 하고 있는 활동들을 다음 네 가지 영역[4]으로 구분해서 모두 적어보세요. 그러고 나서, 줄여야 할 활동들은 지우고 새로 증가시켜야 할 활동들을 더 적어보세요.

|  | 긴급함 | 긴급하지 않음 |
|---|---|---|
| 중요함 | I | II |
| 중요하지 않음 | III | IV |

---

4) I 영역은 현재 급히 해야 하는 중요한 일들, II 영역은 급하진 않지만 미래를 위해 준비하는 중요한 일들, III 영역은 중요하진 않지만 급히 처리해야 하는 하찮은 일상사들, IV 영역은 중요하지도 급하지도 않은 시간 때우기 소일거리들이다.

# 꿈을 향한 도전

꿈을 형성하고 제2의 인생설계를 준비해야 하는 막중한 과제 앞에서 청년들이 꿈을 찾아가면서 고뇌하고 도전하는 모습들이 여기에 펼쳐져 있다. 한 줄기 가느다란 희망의 불빛을 찾기까지 무력함, 허무, 우울의 늪에서 허우적거리던 지난 날들을 뒤로하고 미래를 향해 떠날 채비를 하는 청년들의 초상이 있다. 또 어떤 청년들은 후회 없는 선택을 위해 자신을 좀 더 탐색하고 세상을 타진해 보는 신중을 기하면서 힘들지만 자신의 길을 걸어가겠노라고 스스로 다짐하기도 한다. 벌써 꿈을 향한 첫 도전에서 현실의 벽에 부딪친 후 이상과 현실 사이에서 번민하는 청년들도 있다. 더 나아가 일찍부터 품어온 자신의 꿈을 다지고 확장하고 시험해 보면서 세상 속으로 도전해가는 청년들의 모습은 우리 시대의 희망일 것이다.

# 1. 터널을 벗어나

### 이제 빛을 낼 수 있을 거란 희망이 보인다

누구나 그렇듯, 나에게는 어렸을 적 꿈이 있었다. 남달리 명랑하고 활달했던 나는 놀 때도, 공부할 때도 늘 친구들을 앞에서 이끄는 아이였다. 소년인 나에게 이 세상은 정말로 즐거웠다. 커서 무엇이든 될 수 있을 것 같았다. 빛나는 사람이 되고 싶었다. 야구선수 이종범처럼, 농구선수 마이클 조던처럼 결정적인 순간에 멋진 활약을 해서 팀을 구해주는 스타, TV에 나오는 멋진 가수들처럼 사람들에게 희망의 노래를 부르고 환호를 받는 사람, 아니면 김구 선생님, 세종대왕처럼 위대한 업적을 이루어 이 세상 사람들의 존경을 받고 이름을 남기는 그런 사람이 되고 싶었다. 그것은 그저 막연한 생각이었고 구체적인 꿈은 없었다. 선생님이 되고 싶을 때도 있었고 기자가 되고 싶을 때도, 운동선수가 되고 싶을 때도 있었다. 하지만 모두 잠깐 동안 스쳐가는 꿈이었을 뿐, 그저 빛나는 사람이 되고 싶을 뿐이었다.

혼돈의 20대, 자신을 말하다

그런데 어느 순간부터 나에게 그런 희망과 꿈은 사라졌다. 어느 순간이었는지는 나도 모르겠다. 나는 점점 빛을 잃어가기 시작했다. 지금의 나는 한심한 담배중독자일 뿐이다. 무엇이든 의욕적으로 하지 못한 채 하는 일 없이 밥만 축내는, 빛이라곤 다 죽어버린 그런 30대 백수와 비슷한 상태에 나는 이르러버린 것이다. 그 기간이 언제부터였는지 모르겠다. 앞으로도 계속 그럴지 모르겠지만….

1학년 2학기 때, 철학입문 시험 시간은 나에게 강한 느낌으로 남아 있다. 나는 시험지를 보고 눈이 깜깜해졌다. 머릿속이 꽉 막히는 기분이었다. 그것은 수능시험 날 영어 시험지를 풀다가 단어가 눈에 들어오지 않았을 때의 기분과 비슷했다. 그러나 조금 달랐다. 재수 끝의 두 번째 수능은 내가 도망칠 수 없는 것이었고, 나는 최선을 다해 이겨냈다. 그러나 이번에는 그러지 못했다. 도망치고 싶었다. 여기저기서 들려오는 연필 또각또각 구르는 소리와 함께 나는 잠을 청했다. 꿈속에는 아버지, 어머니, 고모님, 그리고 나의 옛 친구들이 다녀갔다. 즐거웠을 때의 나였다. 빛이 났을 때의 내가 있었다. 그러나 그것은 꿈이었고 잠에서 깨어났을 때, 모두들 시험지를 내고 있었다. 나는 '교수님, 죄송합니다' 라는 말을 적어놓은 채 시험지를 냈다.

밖으로 나오니 친구가 담배를 피우고 있었다. 갑자기 친구가 물건을 놓고 왔다며 나에게 잠시 담배를 맡기고 안으로 들어갔다. 나는 그때 평생 호기심 말고는 피워보지 않았던 담배를 쭉 빨아들였다. 그게 나의 첫 담배의 시작이었다. 처음 담배를 피울 때는 여러 가지 의미를 부여했다. 내가 재수 시절 좋아했던 여자애를 생각하기도 하고 그 애를 잊으려고 피우기도 하고 그랬다. 나는 나 자신이 너무나 한심했다. 혼자 좋아하고 혼자 고민하고 고백도 못 하고 혼자 잊으려 하고…. 나의 청년기는 누군가처럼 힘든 시련 속에서 보낸 것은 아니었다. 그렇다고 기쁨과 만족 속의 청년기는 더더욱 아니었다. 왜 나의 청년기는 그토록 우울한 느낌으로 남아 있을까? 나는 너무나 좋으신 부모님 밑에서 자랐다. 두 분이 맞벌이를 하셨기에 경제적으로도, 지적으로도 가정환경이 괜찮은 편이어서 나는 부족함을 모른 채 자랐다. 내가 혹시 조금 잘못을 저지르더라도 부모님은 엄한 꾸중보다는 용서와 이해를 베푸셨다. 내가 고집을 피우면 언제나 지는 쪽은 부모님이었다. 하지만 나는 그런 좋으신 부모님을 배반했다. 부모님의 사랑을 나는 무책임과 무절제한 성격으로 되돌려드린 것이다. 철학입문 시간의 일화는 그러한 나의 무절제함을 상징하는 일화라고 할 수 있다. 습관이 제2의 천성이라고 헤겔은 말했다. 나는 나쁜 행동습관으로 인해 게으른 천성이 생겨버린 것이다.

나의 청년기를 지배한 것은 어떤 중독이었다. 무의미한 것들에 대한 중독. 나는 대학에 들어와서 형성된 무책임함으로 인해 할 일을 하지 못했다. 그저 하고 싶은 것만 했다. 주어진 책임은 회피했다. 리포트, 수업, 영어 공부 등등. 매일 내가 집에 와서 하는 일이란 프로야구를 3시간 동안 보고 인터넷에 접속하여 친구들이랑 이야기하고 포털사이트를 돌아다니며 스포츠 연예기사를 읽고 동영상을 다운받아서 보고…. 매일 다람쥐쳇바퀴 굴러가는 생활의 반복이었다. 그런 내가 싫었다. 그래서 피웠던 담배였다. 그 담배에도 나는 중독되고 말았다. 학교 공부는 머릿속에 들어오지 않았다. 새로운 시도는 하지 못했다. 할 때마다 작심삼일이었다. 나는 공부가 하고 싶었지만 습관이 그것을 막았다. 내게 주어진 책임을 실행하는 것은 나와는 어울리지 않는 게 되어버렸다.

대학을 한참 다니고 있던 어느 날 문득 길을 걸으며 생각했다. 내가 세상에 태어나서 스스로 이룬 것이 있는가. 단 하나 공부해서 ○○대학에 들어온 것뿐이었다. 그것조차 어렸을 적부터 좋은 부모님께서 열심히 차려놓은 밥상에서 숟가락 들고 떠먹기만 했을 뿐이라는 것을 알았을 때 나는 너무 슬펐다. 대학교에 들어와서도 부모님은 열심히 나에게 밥상을 차려주셨다. 남들은 다 가고 싶어 하는 기숙사를 마다한 나에게 하숙방을 마련해 주셨고 스스로 과외나 아르바이트를 통해 돈을 벌지 못하는 나에게 꼬박꼬박 용돈과 학비를 보내주셨다. 나는 이제 학교 수업에 충실하여 부모님께 보답할 책임이 있는 것이다. 하지만 천성과 중독 때문에 그 책임을 다하지 못하는 나 자신이 너무나 미웠다. 우울했다.

무언가를 열심히 하는 사람에게서는 빛이 난다. 수업을 열심히 들으며 높지는 않더라도 만족스러운 학점을 받고 지망하는 학과에 가는 친구들, 학점은 비록 소홀히 하더라도 방송사나 신문사 동아리에 들어가 젊음을 발산시키는 친구들, 노래와 악기, 여러 가지 취미를 매일 연마하는 동아리 사람들, 교회 활동을 열심히 하는 사람들, 영어 공부를 열심히 하는 사람들, 매일 책을 통해 자신을 성숙시키는 사람들…. 모두들 빛이 났다. 내가 어렸을 적 되고 싶었던 빛나는 사람, 그것은 어찌면 간단한 것이었는지도 모른다. 하지만 나에겐 그러한 빛이 없었다. 매일 똑같이 반복되는 무의미의 연속이었다. 나는 스스로 창조적인 일을 하지 못했다.

그러다 보니 대인관계에도 소홀하게 되었다. 그래도 나의 큰 장점은 대인관계만은 좋다는 것이었다. 언제나 친구들과 어울려 재미있게 떠들고 놀고 하는 것은 그래도 잘하는 편이었고 주위 사람들에게 인기 있는 친구였다. 처음엔 낯선 사람들 사이에서 달라진 나의 위상을 느끼며 고민하기도 했지만 반이란 집단에서 공동체 의식을 느끼며 좋은 관계를 이루어나갔다. 하지만 점점 나 자신에 대한 부끄러움, 빛이 나지 않는 내 모습에 의해 나는 관계 맺는 것조차도 조금씩 두려워지기 시작했다. 그래서 나는 더욱 우울했는지도 모른다. 술자리에 가서 웃고 떠드는 것도 즐겁지가 않았고 내 얘기를 남에게 하고 싶지도 않았고 할 얘기도 없었다. 그래서 언젠가부터 새로운 관계를 두려워하기 시작했다.

그런데 요즈음 나는 이 긴 우울함에서 벗어나기 위한 희망의 빛을 보기 시작했다. 사실 꽤 오랫동안 변화하려는 노력을 했지만 잘 되지가 않았다. 하지만 오랫동안 노력했기에 언젠가는 결실을 이루리라 나는 믿는다. 나는 요즈음 조금의 변화를 느낀다. 기분 좋은 느낌, 중학교 2학년 이후 항상 비슷했던 나로부터 벗어날 수 있을 것 같은 느낌이 든다.

요즈음 나는 소설을 읽는다. 컴퓨터, 담배, 잠, 친구들과의 놀이 등나를 옭아매는 것들로부터 잠시 탈출을 해보는 과정이다. 소설을 읽으며 글을 써보기도 한다. 이 작업은 지금까지의 무의미한 삶 속의 허무

혼돈의 20대, 자신을 말하다

를 씻어준다. 나에게도 의미가 있고 창조적인 일을 한다는 생각이 들게 한다. 책을 읽으며 사고하고 나 자신에 대해 고민해 보고 이 넓은 세상으로 간접 여행을 떠난다. 나에게도 빛이 날 수 있을 것만 같은 희망이 생기는 것이다.

또한 기타를 샀다. 그리고 마음에 맞는 친구 한두 명과 함께 기타를 연습한다. 그것은 나의 외로움을 씻어준다. 기타를 연주하며 노래를 부를 때, 술자리에서 느끼는 허무한 즐거움과는 다른 어떤 감동을 느낀다. 이젠 사람들 사이에서 조금 떨어져서, 나를 옭아매던 습관들로부터 조금 떨어져서 새로운 것을 해보는 때라고 생각한다. 그것이 기타다. 언젠가 사랑하는 사람이 생기면 이 기타를 연주해 줌으로써 나를 빛낼 수 있을 것이란 희망 또한 함께 한다.

이번 여름방학에는 부모님과 함께 이집트-터키-그리스로 여행을 떠난다. 항상 부모님의 기대를 저버리는 나 자신이 너무나 부끄럽고 미웠었다. 이번 그리스 여행을 아버지, 어머니와 함께 하고 싶다. 그리고 두 분의 이야기를 들어보고 싶다. 항상 나와 다른 세대 어른들의 말이라고 치부해 버렸던 나 자신의 부끄러움을 회개하고 싶다. 평생 철학을 공부해 오신 아버지와 문학을 공부해 오신 어머니의 사상을 겸허히 듣고 싶다. 그리고 나 자신을 찾고 싶다. 여행은 떠나는 것이 아니라 자신으로부터의 돌아옴이라고 생각한다. 지금의 이 환경에서 떠나 새로운 환경 속에서 스스로 많은 것을 생각하고 올 것이다.

나의 청년기는 아직도 진행형이다. 주위에서 보는 'Me'와 나 스스로 느끼는 'I'의 괴리감, 그것이 나의 청년기를 우울하게 했다. 관계에 대한 불만보다는 스스로에 대한 불만으로 가득했던 나의 청년기였다. 이제는 조금 희망이 있다. 이러한 과정 속에서 사람은 성숙하는 것이라고 믿어본다.


## 내 인생은 내가 주조하는 것이다

대학 시절 동안 나는 심각한 정도로 변곡점을 오가며 힘든 방황의 시기를 보냈다. 아무도 나에게 우울해지라고 강요하지 않았지만 일련의 사건과 미래에 대한 막연한 불안감을 나는 센티멘털해지는 방법으로 피해 가고 있었다. 이 수많은 고민의 시간들을 최대한 솔직히 드러내 그늘진 마음에 빛을 비춰보려 한다. 그리고 최근에 내게 일어나고 있는 긍정적인 변화, 나 자신을 있는 그대로 인정하려는 결심을 선언해 본다. 이제 새로운 시작이다.

나는 고등학교 때 독서 토론 동아리를 하면서 학회에 상당한 흥미를 붙였다. 그래서 대학에서도 흥미를 가지고 시작한 모임이 꼬마학자클럽Junior Scholar Club이었다. 여기에서 만난 20여 명의 동기들은 학교 어디를 가도 찾기 어려운 친구들로, 나는 이들과 함께 대학생활의 모든 로망을 즐겼다. 카프카와 쿤데라의 책을 읽고 최신 네트워크 이론으로 논문을 쓰면서 지적 경험을 확충할 수 있었다. 그러나 이 모임을 통해 학문에 재미를 붙이기는 했지만 너무나 뛰어난 선배들과 친구들 때문에 오히려 기가 죽어 학자로서 필요한 자질을 갖추지 못했다는 생각에 점차 억눌리게 되었다.

그때부터 나의 방황은 시작되었던 것 같다. 나는 자신의 기대에 부응하지 못하는 자신을 구석으로 몰아붙이기 시작했다. 공부에 대한 자질이 없다고 생각하자 미래에 대한 불안감이 증폭되어 혼돈에 빠져들기 시작했다. 그래서 우선 다양한 경험을 해볼 필요가 있다는 생각에 2학년을 마치고 휴학을 한 후, 외국계 컨설팅 회사에서 인턴으로 일할 기회를 잡았다. 지금 같으면 말할 수 없이 좋은 기회였는데 그 당시에는 어리석게도 컨설팅 회사에 진입하는 것을 그다지 중요하게 생각하지 않았다. 여기서 아주 경쟁적인 인턴 동료를 만났는데, 그는 상당히 공격적이고 목표지향적인 맹수와 같은 사람이었다. 나는 그의 제압하는 듯한 적대적인 태도에 어떻게 반응해야 할지를 몰라 나의 삶의 가치관이나 사회성에 회의를 느끼는 등 매우 소극적인 자세를 취했다. 다소 능력이 부족했을지라도 아직 배우는 과정이고 경험삼아 겪는 일이라고 생각했으면 편했으련만, 새로운 도전에서 좋은 성과를 올리지 못하자 나의 실망감은 엄청나게 컸다.

저하된 자기효능감은 우울감으로 이어졌고 우울감은 나를 무력하게 만들어 다시 자기효능감을 떨어뜨렸다. 유독 낮은 학점을 받고 나는 다시 한 번 휴학을 결심했다. 사실 휴학을 결심한 데는 다른 충격적인 사건이 있었다. 오랜 투병생활을 하던 친한 친구가 세상을 떠난 것이었다. 그 소식을 장례식이 끝난 다음에야 듣게 되어서 한탄, 분노, 죄책감이 나를 사로잡았다. 삶을 치열하게 사는 것도 죄책감이 들었고 어떤 일을 박력 있게 추진할 의욕도 없어 휴학을 결심했다.

이 힘든 방황의 시기에 두 명의 언니에게 많은 감화를 받았다. 둘 다

JSC 선배였는데 한 명은 나의 멘토에 가까운 역할을 하는 선배였고 다른 선배는 나와 비슷한 점이 많아 역할 모델을 삼고자 했던 언니였다. 내 고시 노력이 흐지부지되어 갈 무렵 역할 모델인 언니는 고시를 접고 학교로 돌아왔는데 그 언니가 스스로 생을 마감한 것이었다. 슬프다기보다 충격이 먼저였다. 겨우 어두운 터널 끝을 빠져나오고 있던 나에게 그 소식은 체념을 주었다. 우울증이 치료해야 하는 질병이라는 것을 처음 인식하게 되었다. 무엇보다 괴로웠던 것은 '우울증에서 빠져나오려는 노력들이 허사인가?' 하는 의문이었다. 다행히 마음을 깊이 의존하던 다른 언니와의 많은 대화를 통해 나의 자아상을 죽은 언니와 분리해서 그 차이를 인지하게 되었다. 또한 나는 록 페스티벌에 가는 등 생명력 있는 활동을 통해 차츰 우울증을 호전시켰다.

나는 소중한 두 사람을 잃으면서 삶에 대해 관조적인 태도를 가지게 되었다. 거대한 성공에 대한 야망은 항상 내 마음속에 불타고 있지만 그보다 '행복'이라는 일상적 감각에 항상 깨어 있는 복된 삶을 살고 싶었다. 그래서 감정 기복이 심각한 나를 안정시켜 줄 만한 주변의 도움이 필요하다고 생각했고, 마침 그러한 사람을 곁에서 찾았다. 당시 행복해지고 싶다는 욕심이 점차 커간 것은 그때 만나기 시작한 남자친구의 도움이 컸다.

남자친구를 통해서 나는 비로소 나의 재능과 자질들을 객관적으로 볼 수 있게 되었다. 무엇보다 자신 안에 갇혀 있는 소극적인 생각에서 벗어나기 위해 6개월간 개인 상담을 받았다. 그 결과, 나를 괴롭히는 모든 생각들은 자신이 특별하다는 믿음에서 시작되는데 그 믿음이 현실 경험과 일치하지 않은 데서 스트레스를 받은 것이라는 걸 깨달았다. 게다가 나는 객관적인 사실보다는 부정적인 면을 확대하고 왜곡하여 기억하고 있는 부분이 많아서 더욱 우울해진 것이다. 나를 못나고 우울한 모습으로 만들어온 것이 나 자신이라니! 충격적인 깨달음이었다. 이후 나는 나를 있는 그대로 받아들이고 좀 더 여유로워졌다.

자신에 대한 여유는 자신에 대한 자신감으로 이어졌고 나는 다른 사람에게 좋은 기운을 나누어줄 수 있는 사람으로 점차 변해갔다. 4학년 때에는 남자친구와의 관계가 환상적이었기 때문에 진로에 대한 고민에 집중할 수 있었다. 현실적 여건을 고려해 우선 취업을 결정했고 미래에 내가 공부한다고 해도 지지해 줄 남자친구가 옆에 있어서 안정이 되었다. 운 좋게도 취업이 결정되었고 마음에 흡족하지 않은 작은 회사일지라도 한 걸음부터 시작하여 큰 그림을 그리겠다는 마음가짐으로 기업 연수에 열심히 참여하고 있다. 회사에 가서도 내가 깨달은 것은 그동안의 번민과 고통은 내가 우물 안에서 오만 가지 생각만 곱씹었기 때문이라는 것이었다.

새로운 도전을 맞이하자 그동안 최면상태에 있다가 깨어난 것처럼 내게 생명력과 활기가 넘쳐흐르기 시작했다. 지금 나의 모습은 여전히 작고 부족할지라도 미래의 가능성을 믿기 때문에 나는 나 자신에 대해 굉장한 자신감이 생겼다. 그게 지금의 바로 내 모습이다.

과거에는 누군가 내 앞에 나타나서, 무능력과 우울함이라는 지독한 악순환에 빠져 있는 나를 구원하고 내 잠재된 역량을 개발해 주기를 간절히 바랐다. 나만을 기다리는 특별한 일이 어딘가에 있을 것이기에 나의 방황은 당연한 것으로 여겼고 나는 그 일만 찾으면 운명적으로 천재적인 삶을 살게 될 것이라는 기대 또한 했다. 그러나 그런 일은 없다. 인생에 주어진 단 하나의 답은 없다. 인생에 이미 예정된 답이 있다면 왜 내가 그렇게 방황하도록 하느님이 내버려두셨을까? 나의 인생은 내가 주조하는 것이다. 나의 삶의 양식은 온전히 내가 조형하는 것인데 왜 그렇게 오랫동안 고통 속에서 허우적댔는지 모르겠다.

남자친구는 내가 남들보다 일찍 방황을 했기 때문에 중년기에 위기를 맞더라도 조금 더 수월할 것이라고 위로해 준다. 이런 남자친구, 선배 언니, 마음속 깊이 우정을 맺고 있는 친구들이 옆에 있으니 세상은 정말 살 만한 곳이다. 내가 인생을 살면서 자랑할 만한 것 딱 한 가지만 꼽는다면 바로 이 사람들이다. 친구와 선배 언니를 잃으면서 죽는 것 또한 사는 방법이라는 것을 깨달았고 마음의 눈을 뜨고 주변을 둘러보니 아름다운 사람들이 그득하다. 내 정체감이 안정된 것은 모두 이들 덕분이다.

곰곰이 돌이켜보면 난 그토록 성공을 열망했지만 실제로 그것을 이루기 위해 적극적으로 행동한 것은 하나도 없다. 이제 나의 꿈을 저장시켜 놓고 2년 동안 회사에 다니면서 준비하여 다시 대학원으로 갈 것이다. 결과가 잘 나오면 감사하고 부족하면 더 노력할 것이다. 그리고 마음을 활짝 열고 삶 속에서 순간순간의 행복을 예리하게 감지하고 누릴 것이다. 세상과 주변에 보다 좋은 것을 나누며 끝없이 성장할 것이다. 이것이 24세, 새내기 성인으로 접어드는 나의 인생관이다.

혼돈의 20대, 자신을 말하다

# 2. 선택의 기로에 서서

## 힘들지만 내 길을 가겠다

노란 숲속에서 길이 두 갈래로 나뉘었다.
유감스럽게도 나는 한 사람의 여행객으로서
두 개의 길을 모두 걸을 수는 없었기에 오래도록 서서
가능한 한 멀리까지 내다보았다.
(중략)
숲속에 두 갈래 길이 나 있었고, 나는
나는 인적이 드문 길을 택했노라고!
그리고 그로 인해 모든 것이 달라졌다고.

—로버트 프로스트Robert L. Frost

로버트 프로스트의 「가지 않은 길」은 내가 중학교 때 처음 접한 시인데, 읽고 또 읽어도 매번 나를 감탄하게 한다. 내년 졸업을 앞두고 직업선택에 대한 고민에 빠져 있는 나에게 선택의 기로에서 느끼는 시적

화자의 감정은 그 어느 때보다 나의 마음에 와 닿는다. 특히 '두 개의 길을 모두 걸을 수는 없었기에', '그리고 그로 인해 모든 것이 달라졌다고', 이 두 구절은 나에게 너무 큰 공감을 불러일으킨다. 그래서 나는 선택 앞에서 한 번 더 신중하지 않을 수가 없다.

의대나 법대처럼 졸업 후의 길과 현재가 뚜렷이 연계되어 있어서 한 가지 목표만을 바라보고 가는 것과는 달리, 탐색의 자유가 많은 인문계열에 들어온 나는 주어진 자유만큼이나 많은 고민을 했던 것 같다. 지금은 구체적으로 '많은 사람들이 좋아하고 신뢰하는 방송기자가 되고 싶다'는 생각을 굳혔지만 결정을 내리기 전까지는 많은 활동을 하면서도 늘 해결되지 않은 짐을 지고 있는 것 같아 마음이 무거웠다.

대학에 입학하면서부터 뚜렷한 목표가 있어 그것을 향해 달렸다면 더없이 좋았겠지만 그래도 많은 이야기를 듣고 직업탐색을 하는 데 적지 않은 시간을 투자한 나의 대학생활 3년도 헛되지는 않았다. 나는 계획이 없었다기보다는 모든 방면의 일을 두루두루 좋아해서 '무엇을 해도 괜찮겠지'라는 생각에 오랫동안 결정을 미뤄온 경우이다. 하지만 대학에 입학하자마자 교내 영자신문사에 들어가서 2년 반 동안 활동하면서 '정 할게 없으면 기자의 길을 걸으면 되니까'라고 농담 반 진담 반 혼잣말을 했던 것이 결국 현실이 되려고 한다. 하지만 애초에 신문사에 들어간 것부터 언론의 길에 관심이 있었기에 가능했던 것이 아닐까 하는 생각이 든다.

진로를 탐색하기 위해 지도교수님과 상담도 해보고 학교 상담소에서 성격·흥미검사도 받아보고 선배들의 경험담도 들어보았다. 하지만 내가 진로에 대한 결정을 내리는 데 실제로 도움이 된 것은 바로 미국으로 교환학생을 떠나 나 자신을 많이 돌아보았던 시간들이다. 홀랜드Holland의 성격-직업유형 분류에 의하면 나는 연구자형, 기업가형, 사회적 유형이 혼합된 'IES' 스타일이다. 특히 자기표현과 의사소통 능력이 남달리 뛰어나다는 것을 알게 되었는데 이러한 자질 역시 '기자'라는 직업적 특성과 잘 조화가 되겠다는 확신도 들었다.

또한 진정한 직업적 성공을 위해서는 '능력'과 '인간관계'는 물론 '올바른 가치관'이 조화를 이루어야 한다고 배웠다. 능력 면에서는 학교 신문사에서 장래 직업과 관계된 일을 직접 해본 것이 좋은 경험이었던 것 같다. 나는 나 자신이 실제로 기사를 쓰고 취재를 하고 회의를 하는 등의 일을 매우 좋아하고 잘한다는 것을 알게 되었다. 나는 정치, 사회, 교육 등 사회 전반적인 분야에도 늘 관심이 많고 논리적인 것을 좋아하고 생각을 정리해서 글을 쓰는 것을 무척 좋아한다. 또한 나는 학교 신문사에서 일을 하면서 만나게 된 모든 사람들과도 긍정적인 관계를 가질 수 있었다. 나는 사람들을 만나서 나를 잘 표현하기도 하지만 다른 사람들의 이야기를 듣는 것도 매우 좋아한다. 대학에서 내가 공부한 인문학 역시 사람에 대한 공부였기에 그동안 배운 '사람에 대한 사랑'과 '비판의식'은 내가 직업세계에서 활동하는 데 큰 도움이 될 것이다. 이 모든 나의 능력과 적성이 '기자'라는 직업에 잘 부합되는 것 같아 나는 틀림없이 잘 해낼 수 있을 것이란 확신이 든다.

이제 나의 고민은 주로 나의 가치관과 삶의 원칙을 다시금 정립해보고 그것이 기자의 직업과 어울리는지를 알아보는 일이다. 내가 생각하는 가치 있는 삶이란 사회에 이로운 일을 하면서 살아가는 것이다. 내가 기자라는 직업에 매력을 느꼈던 이유는 기자는 '진실을 말할 수 있는 위치에 있는 사람'이고 내가 열심히 뛰면 진실하고 가치 있는 정보를 많은 사람들에게 알릴 수 있다는 것 때문이다. 이를 통해 나는 사회에 올바른 가치관을 관철시키고 많은 사람들에게 희망을 줄 수 있을 것이다.

하지만 그렇게 쉽게 모든 것을 결정할 수 있다면 얼마나 좋았을까? 그 선택에 따른 고민들 또한 많았다. 우선 사람들의 '언론인에 대한 인식', 특히 기자에 대한 생각이 긍정적이지 않다는 것을 많이 알게 되었다. 나 또한 몇몇 가지 사건들 앞에서 편향된 보도들을 접하게 된 후, 한동안 언론에 대한 회의가 많았다. 무엇보다 많은 기자들이 권력에 아부하는 모습을 보면서 '나는 과연 목숨을 걸고 진실을 말할 수 있는 용기를 가진 사람인가?' 하고 끊임없이 자문해 보았다.

사실 이 구체적인 고민이 오랫동안 나를 괴롭혀왔고 또 망설이게 했다. 편히 살 수 있는데 내가 멋모르고 뛰어드는 것은 아닌지, 용기도 없으면서 정의감에만 불타는 것은 아닌지 생각하고 또 생각했다. 하지만 오랜 사색의 시간을 갖게 된 교환학생 기간 동안 나는 이 물음에 대해 어느 정도의 해결책을 찾았다. 그것은 바로 내가 욕심을 버리면 된다는 것이었다. 사람은 누구나 권력과 자본에 대한 욕심과 두려움이 전혀 없을 수는 없으며 그것에 대한 집착을 버린다면 진실한 기자가 되는 데 큰 걸림돌은 없을 것이라고 생각했다.

나는 직업선택 동기에 있어서 외적 동기보다는 내적 동기의 비율이 높은 편이다. 나는 실제로 외적 보상보다는 일을 통해 내가 얼마나 성장할 수 있고 자아실현을 할 수 있는지를 중요하게 생각한다. 기자라는 직업은 물론 체력적으로 많이 지치고 취재경쟁에 치이고 기사 마감에 시달리면서 많은 스트레스를 받을 것이다. 하지만 일에서 얻을 수 있는 보람을 생각하면 그 정도의 희생은 감수할 수 있지 않겠는가! 이렇게 자신 있게 말하면서도 사실 여전히 걱정은 있다. 특히 앞으로의 전망이다. 물론 모든 분야가 예측불허이긴 하나 언론은 전문 언론인이 아니어도 블로거와 같은 개인 저널리스트가 생겨나고 많은 부분이 전자화되는 추세여서 인터넷으로 인한 타격이 크다. 앞으로 언론이 차지하는 비중이 얼마나 될지, 사람들이 얼마나 뉴스에 관심을 갖고 또 기자들을 믿어줄지는 확신할 수 없다.

이런 불투명한 미래 속에서도 확실한 것이 있다면 나는 무엇보다 기자가 하는 일을 좋아하고 그 일을 남들보다 잘할 수 있다는 자신감이 있다는 것이다. 그래서 나는 앞으로 '안락한 삶'과는 결별할 마음의 준비를 하고 있다. 막상 사회에 나가면 지금 내가 계획한 대로 일이 술술 풀려나가지 않을 수도 있을 것이다. 그러나 나의 최종계획은 전 세계적으로 많은 시청자들을 보유하고 있고, 또 신뢰할 수 있는 언론으로 명성이 높은 'CNN'에 들어가는 것이다. 그리고 거기서 여러 사람들을 만나서 인터뷰하고 그들이 사는 얘기를 또 다른 많은 사람들과 나누는 것이다. 또한 한국인으로서 더 유리할지도 모르는 북한 관련 뉴스를 담당하는 기자가 되고 싶다.

이렇게 구체적인 꿈을 가지고 있지만 지금의 나로선 노력만 할 수 있을 뿐, 사실 졸업 후의 미래에 대해서는 장담할 수가 없다. 하지만 나에게 더 많은 고민의 시간이 주어진다 해도 망설이는 것은 마찬가지일 것이다. 그래서 이제 내가 해야 할 일은 나 자신을 믿고 사회로 첫 걸음을 내딛는 것이다. 내가 가지 못한 길들에 대해 아쉬움은 늘 남겠지만 이제 그것들은 뒤로하고 나는 '내가 정말 잘할 수 있는 일'을 하기 위해 용기를 가지고 세상 속으로 뛰어들어야겠다. 훗날 나 또한 지금의 선택으로 인해 모든 것이 달라졌다고 여유 있게 말할 수 있는 날이 오기를 바라면서.

## 꿈을 쫓을 것인가, 현실과 타협할 것인가

첫 수업에서 자아의 원과 그것을 둘러싼 현실세계의 원을 그린 그림이 생각난다. 이 두 원이 상호작용하면서 한 시기의 인생설계가 만들어진다는 설명이었다. 매우 간단한 그림이지만 참 많이 공감되었고 많은 생각을 하게 했다. 나의 청년기 고민과 직결되었기 때문이다. 나는 사법시험을 준비하는 고시생이다. 어린 시절에야 만화, 영화 등을 보면서 하루에도 몇 번씩 장래 희망이 바뀌곤 했지만 어느 샌가 나는 검사가 되고 싶다는 생각을 진지하게 갖게 되었다. 지금 생각하면 부모님의 희망이 알게 모르게 주입되어 당위적인 것이 되어버린 것 같지만 그 생각이 꾸준히 변치 않았고 지금은 나 스스로 진심으로 원하고 있다.

왜 내 부모님은 자식이 검사가 되기를 바라셨을까? 그것은 당신들이 살아온 삶은 당신들 대에서 끊고 자식은 폼 나게 살기를 바라셨기 때문일 것이다. 나의 부모님은 배움도 짧고 단순노동을 하면서 살아오셨다. 이렇게 경제적·사회적으로 약자의 위치에서 살다 보니 자식만큼은 똑똑하고 부유하고 명예롭게 살기를 바라셨을 텐데 부모님 생각에 검사라는 직업이 거기에 가장 부합했던 것 같다. 넉넉한 형편은 아니었지만 부모님은 나를 거의 왕자처럼 키우셨다. 행여 친구들 사이에서 기가 죽을까 봐 나에겐 항상 무리하게 투자를 하셨다. 정작 당신들은 옷 한 벌 사는 데 벌벌 떠시면서 내게는 늘 좋은 옷, 필요한 것은 가장 좋은 것으로 사주셨다. 이러한 사랑과 투자 덕분에 나는 밝은 성격에 공부도 잘하고 친구들에게 인기도 많았다. 법대에 입학했을 때 '이제 거의 다 왔구나' 싶었다. 이제 부모님께 되갚을 수 있는 날이 멀지 않았구나 싶었고 스스로 대견했다. 사법시험을 준비하는 선배들 중에 실패한 사람이 부지기수였고 성공한 사람은 소수였으나 새내기 땐 소수 성공한 선배들의 멋진 모습만 보였고 그것이 내 미래의 모습이라 생각했다. 그러나 슬프게도 그것은 착각이었다.

돌이켜보면 2학년 1학기까지 마음이 붕 들뜬 채 이런저런 분위기에 휩쓸려 정신없이 보내버린 것 같다. 2학년 2학기가 되어서야 처음으로 사법시험 공부를 하기 시작했다. 사법시험은 양도 방대할 뿐 아니라 내용도 어렵고 경쟁이 치열해서 여간 힘든 것이 아니었다. 게다가 여러 가지 달콤한 유혹들에 휩쓸려 가끔은 넘어가기도 했고 번번이 겪는 실연의 아픔은 공부하는 데 큰 지장을 주기도 했다. 또한 방황을 반성하고 군 복무 후 사법시험을 준비하려고 했으나 로스쿨 제도를 도입하고 현행사법시험을 수년 내에 폐지한다는 정책이 예고되면서 군 입대를 미루고 사시 준비를 하는 수밖에 없었다. 결국 이 정책의 시행이 지연되면서 군 입대를 미룬 의미는 반감되고 말았다.

무엇보다 흐르는 세월 앞에 부모님은 늙어가고 힘든 노동으로 한 해 두 해 눈에 띌 만큼 야위어가고 힘들어하신다. 내 부모님이라고 각종 성인병이 비켜 가는 것은 아니다. 나 하나만을 바라보면서 무리한 투자를 하셨으니 노후 준비도 못 하셨고 이제 겁이 나시기 시작한 것 같다. 사시란 워낙 합격여부가 불투명한 데다 요즈음은 시험 준비에 돈도 많이 들고 1년에 한 번인 시험에 낙방하면 깨진 바가지에 물 붓기니…. 그렇다고 포기할 수도 없고, 각고의 노력 끝에 공부를 시작한 지 3년 만에 1차 시험에 합격했으나 2차 시험에 낙방을 하고 말았다.

나이 스물넷, 대학 4학년, 병역 미필, 이것이 나의 현재 모습이다. 추가로 탈모와 갑상선기능저하, 척추 측만증도 그동안의 대가로 얻었다. 새내기 시절 무능력하다고 비난했던 선배들의 모습과 다를 바 없는, 아니 그보다 못한 모습이 바로 지금의 나다. 예전엔 집안의 자랑거리였던 내가 이제 집안의 근심거리가 되어버렸다.

이쯤 해서 나는 다시 고민하고 있다. 과연 아름답지만 위험하기도 한 꿈을 계속 쫓을 것인지, 아니면 현실과 타협을 하고 꿈을 수정해야할 것인지를. 예전에는 꿈이 크면 좋은 줄 알았고, 어떤 순간에도 그 꿈을 포기해서는 안 된다고 믿어왔다. 하지만 그것이 아닐 수도 있겠다는 생각이 든다. 나는 꿈속에 사는 피터팬이 아니라 현실세계에서 늙어가는 사람이기 때문이다. 그리고 세상은 냉정하고 항상 좋은 일만 일어나는 것이 아니고 언제든 예기치 않은 일이 닥칠 수도 있기 때문이다. 무엇보다 부모님을 더 이상 고생시키고 싶지가 않다.

하지만 이런 생각도 든다. 지금 시련은 남들과 비교하는 데서 오는 아픔이 아닐까? 사실 애초에 이 정도의 시련을 전혀 예상하지 못했던 바는 아닌데 단지 나보다 나은 사람들과 비교하면서 실패했다고 좌절하고 서둘러 목표를 낮추고 안주하는 것은 성급한 생각이 아닐까? 나는 아직 절대적으로 젊기 때문이다. 또한 성급하게 꿈을 접는 것이 과연 부모님을 편하게 해드리는 길일지, 아니면 지울 수 없는 아쉬움을 남겨드리게 되는 것은 아닌지. 이렇게 나의 청년기 갈등은 아직 진행 중이다.

# 3. 아름다운 꿈, 천직

## 나는 꿈을 꾸는 사람이다

나에 대해 소개할 때 빼먹지 않고 이야기하는 것이 있다. 그것은 바로 나의 꿈에 대해서이다. 내가 항상 꿈에 대해서 이야기하는 이유는 내 꿈은 '나'라고 하는 사람과 떼려야 뗄 수 없는 그런 소중한 것이기 때문이다.

많은 사람들이 그랬듯 나도 어릴 적 수많은 꿈들을 갖고 살았다. 어떤 때는 외교관, 어떤 때는 소방관, 어떤 때는 생명공학자가 되는 것이 꿈이었다. 모두 다 당시에는 내게 의미가 있었다. 하지만 커가면서 여러 가지 현실들, 내가 좋아하는 것들을 모두 생각하며 나는 하나의 꿈을 결정했다. 사실 나는 의대에 재학 중이다. 비록 지금은 예과생이지만 계속해서 공부하며 시간을 보낸다면 곧 본과에 가고 시험을 보고 의사가 될 것이다. 그렇다고 내 꿈이 '의사가 되는 것'인가? 사실 그것도 아니다. 내가 원하는 것은 결코 '되는' 것이 아니다. 나는 '하는' 사람이 되고 싶다.

내가 '의사'라는 직업을 처음 마음에 두기 시작한 것은 중학교 3학년 때부터였다. 나는 중학교 3학년 때 멕시코로 단기 선교여행을 가본 적이 있다. 어릴 때 외국에 나가는 좋은 기회가 된다고 생각해서 가기로 마음먹었던 것이었다. 그곳에서 내가 한 것은 인디오들을 위해 집한 채를 지어주는 것이었다. 하지만 단순한 집은 아니었다. 그 집은 의료센터였다.

내가 갔던 그 장소는 변변한 슈퍼마켓이나 병원, 학교조차도 없는 그런 곳이었다. 우리가 간다고 해서 새롭게 지어진 최신식 시설은 그 마을에선 유일하게 하나 있는 수세식 화장실이었다. 그런 곳이다 보니 인디오들이 아무리 아프다고 해도 병원에 가기 위해서는 한두 시간 정도 차를 타고 시내로 나가야 했다. 하지만 사실 돈이 없는 인디오들에게 기름 값을 지불하고 그곳까지 가서 치료를 받는다는 것은 전혀 생각할 수 없는 것이기도 했다.

그래서 미국에 있는 몇 명의 의사들이 직접 의료품들을 들고 와서 무료로 원주민들을 치료해 주고 있었다. 그런데 그렇게 온 의사들도 우리가 묵던 그저 허름한 창고 같은 곳에서 담요를 깔고 자곤 했기에 편안하게 살 만한 깨끗한 곳도, 환자들을 눕혀놓고 진찰해 줄 만한 공간도 없었다. 그래서 우리가 한 것이 의사들이 와서 진료를 할 수 있고 쉴 수 있는 공간을 만드는 것이었다. 이때 이것을 만들며 나는 '나도 언젠가는 이곳에 와서 치료받기 힘든 사람들을 도와주고 싶다'고 생각했다. 이것이 내가 의사라는 직업에 관심을 갖게 되는 큰 계기가 되었다.

하지만 이 계기는 내게 그리 오랜 열정을 심어주지는 않았다. 나는 다시 한국에 돌아와 내 삶을 살고 공부를 하게 되었다. 하지만 이때부터 내가 하던 공부는 그저 점수를 잘 받기 위한 공부, 가능하다면 의대에 가기 위한 그런 공부일 뿐이었다. 그렇게 나는 외국어고등학교에 들어가기 위해 공부를 했고, 그 고등학교에 입학한 후 이젠 의대에 가기 위해 공부하기 시작했다. 분명 의사라는 직업에 관심을 갖게 된 것은 의료봉사를 하는 사람이 되고 싶다는 생각에서였지만 결과적으로 내가 바라보게 된 것은 의대였던 것이었다. 나는 내 꿈이 이렇게 작아졌다는 사실을 고등학교 3학년이 될 때까지도 눈치 채지 못했다.

고등학교 3학년 때 나는 그렇게 공부를 열심히 했던 것 같지는 않다. 참 우연히도 나는 수능을 잘 보게 되어서 그 점수로 적당히 점수가 맞는 의대를 지원했다. 하지만 분명히 하향지원을 했음에도 불구하고 모든 대학에 떨어지고 말았다. 결국 나는 재수를 하게 되었다. 의료봉사에서 의대로 꿈이 참 작아지기는 했지만 그 의대를 포기할 만큼 꿈이 더 작아지진 않았다. 그래서 나는 의대에 갈 것이라는 확신 속에서 재수를 하기로 마음을 먹었다.

그런데 이때 난 새로운 체험을 하게 되었다. 나는 선교나 수련회 같은 것에 많이 참여하기도 했지만 20년 동안 그저 꼬박꼬박 교회를 다녔다. 마치 평일엔 학교, 주일엔 교회를 가듯이 말이다. 그렇게 교회 고등부를 졸업하고 청년부로 들어가게 되었는데 청년부에는 다른 것이 너무나 많았다. 우선 예배 분위기도 달랐고 신앙심이 깊고 항상 기쁨에 차 있는 사람들을 많이 만날 수 있었다. 재수생활로 별 기쁨이 없던 내게 그런 사람들은 너무나 신기해 보였고 나도 그렇게 기쁘게 살고 싶었다. 그래서 그 사람들이 말한 대로 방에서 무릎을 꿇고 진지하게 진심어린 기도를 하기 시작했다. 그렇게 한 달 정도의 시간이 지났을까? 나는 드디어 머리로만 하나님을 아는 것이 아니라 진짜 마음으로 하나님을 믿을 수 있게 되었다. 그리고 하나님께서는 내가 그동안 지었던 수많은 죄들을 기억나게 하시며 회개하게 하셨고 내가 그동안 잊고 있었던 열정들을 다시 일깨워주시기 시작했다.

나는 그동안 공부라는 것 때문에 너무나 많은 소중한 것들을 소홀하게 생각하고 있었다. 나의 인간관계뿐만 아니라 내가 가졌던 그 꿈에 대한 열정까지도 나는 잊어버리고 있었던 것이다. 나는 기도하면서 하나님으로부터 '새로운 비전'을 받게 되었다. 어떻게 보면 그 내용은 중학교 3학년 때의 꿈과 동일할 수도 있지만 이렇게 '새로운 비전'이라고 표현한 것은 약간 방향의 차이도 있고 다시는 잊지 않도록 하나님께서 주신 소중한 꿈이기 때문이다. 그 새로운 비전은 무엇이냐 하면 아직 복음이 전해지지 않은 곳에 가서 의료봉사로 복음이 들어갈 수 있는 통로를 여는 것이다. 즉, 내가 그리스도의 향기를 전하는 통로로써 사용되는 것이다. 복음이 전해지지 않은 곳은 내가 어릴 때 갔던 그 멕시코가 될 수도 있고 다른 곳이 될 수도 있을 것이다. 아직 '정확히 이곳이다'라고는 말할 수가 없다. 왜냐하면 하나님께서 내가 나갈 수 있을 때에 그곳으로 나를 인도하실 것이기 때문이다.

이러한 믿음과 비전 속에서 나는 하나씩 하나씩 배우면서 준비하고 있다. 아직은 '앞으로 내가 어떤 일을 해야 한다'는 것은 정확하게 모르겠다. 하지만 그 옛날 의료선교를 위해 우리나라에 오신 선교사님들, 광혜원, 제중원, 세브란스로 이어지는 의료봉사와 선교활동에 일생을 보내신 수많은 선교사님들의 삶을 보면서 내 마음가짐을 계속 새롭게 하고 있다. 또한 내가 어느 나라로 나갈지 모르기 때문에 지금 영어, 일본어, 중국어 공부를 하면서 여러 가지 언어를 배우고 있다. 비록 아직 완벽하게 회화가 되지는 않지만 본과에 진입하기 전까지, 아니 그 이후에도 계속해서 공부해서 어디든 나갈 수 있게 노력할 것이다.

요즈음 나는 다양한 의료봉사 관련 책들을 읽고 있다. 국경없는 의사회에 관련된 책도 읽고 북한이나 중국 선교를 위해 의료봉사가 선택되고 있고 그런 의료활동들이 놀라운 기적들로 나타나는 모습을 보며 나는 많은 도전을 받고 있다. 물론 그런 과정에는 많은 어려움들이 있는 것은 사실이다. 분명 그런 어려움 때문에 그만 포기하는 사람들도 더러 있을 것이다. 나는 책에서 이런 글을 본 적이 있다. '꿈을 향한 길에 장애물이 보이기 시작한다면 그 일은 이미 당신이 꿈에서 멀어졌다는 얘기다.' 어떻게 보면 참 지혜로운 말인 것 같다. 하지만 나는 그 반대라고 생각한다. 장애물이 보이기 시작하면 그것을 넘겠다는 의욕이 생길 것이고 그것을 하나씩 극복해 나갈 때 내가 살아 있음을 느낄 수 있을 것이다. 곧 '꿈을 향한 길에 장애물이 있다면 그것은 꿈을 향해 더욱 박차를 가하게 하는 활력소가 될 것이다' 라고 나는 말하고 싶다.

반면에 의사라는 직업을 갖게 되면 많은 돈을 벌어서 적당히 결혼하고 병원을 차리고 편안하게 살려고 하는 유혹도 있을 것이다. 하지만 나는 그런 안락함을 절제하면서 살 것이다. 아직 한국에서 살면서 시기를 정해놓고 의료봉사를 떠날지, 아니면 아예 외국에 나가서 살지는 아직 결정하지는 못했다. 하지만 그저 안락하게 살고 싶지는 않다. 단순히 의사가 '되는' 것이 꿈이 아니라 의료봉사를 '하는' 것이 꿈이기 때문이다.

나의 청년기는 나의 가장 소중한 꿈(아직 복음이 전해지지 않은 땅에 가서 의료봉사로써 그리스도의 복음이 전해질 수 있는 통로가 되는 것)을 준비하는 시기였으며 앞으로도 그렇게 될 것이다. 내가 가장 듣고 싶은 말은 '너는 꿈을 꾸는 사람이다' 라는 것이다. 물론 단순한 몽상가는 싫다. 정말로 하나님으로부터 받은 나의 사명을 실천하기 위해 달려가는, 준비하는 사람으로 나는 나의 남은 청년기를 보낼 것이다.


## 조금 빠르게, 조금 느리게 가는 것은 중요하지 않다

내가 기억할 수 있는 가장 어린 시절부터 대학 2학년 때까지 사람들이 내게 '무엇이 되고 싶냐' 고 물을 때 나는 항상 신경외과 의사가 되겠다고 이야기해 왔다. 대부분의 친구들이 가수, 영화배우 혹은 백댄서 등을 장래희망이라고 말하던 그 어린 시절부터 나는 미래의 어느 날 하얀색 가운을 걸치고 회진을 도는 나의 모습을 상상하고 있었다. 중·고등학교에 진학하면서 막연한 희망사항에 지나지 않던 미래의 나의 모습을 현실화시키기 위해 다른 것에는 눈길도 주지 않고 학업에만 몰두했다. 덕분에 수험생이 될 때까지 좋은 성적을 유지할 수 있었고 수능이라는 언덕만 순탄하게 넘으면 긴 시간 동안 너무도 간절히 바랐던 의사라는 꿈에 도달하기 위한 첫 문턱, 의대 입학의 길이 열릴 것이었다.

　그러나 시간이 지나면서 눈덩이처럼 불어나는 압박감과 걷잡을 수 없는 스트레스를 견디지 못한 나의 몸은 불행하게도 내게 수능의 기회를 허락하지 않았다. 결국 1차 수시모집에 지원해야 하는 상황에 이르렀고, ○○대 의대 전형에 맞추어 자기 소개서와 입학원서를 차근차근 준비했다. 원서를 접수하는 당일, 담임선생님께서 나를 조용히 부르시더니 하향지원을 하면 붙을 수 있지만 워낙 소수의 인원을 모집하는 ○○대 의대의 합격여부는 확신할 수 없다고 말씀하셨다. 일단 생명공학과에 들어가서 공부를 하고, 그쪽 분야에서 전문지식을 많이 쌓고 실력을 키우면 의대로 편입할 수 있다고 말씀하셨다. 지금 생각하면 터무니없는 얘기였지만 대학이라는 것, 그리고 입시라는 것에 대해 그다지 많은 정보를 갖고 있지 않던 나는 셀 수 없이 많은 수험생의 입시를 담당해 오신 선생님의 말을 믿기로 했고 결국 공대에 지원하였고 합격했다.

　1학년 때는 이제 더 이상 입시지옥이 아니라는 해방감과 안도감을 만끽하면서 학업에 충실했다. 너무나 바쁘게 흘러가는 나날들 속에서 시간이나 일정에 끌려가지 않고 그것을 끌고 가려면 다른 생각은 할 여유가 없었다. 눈앞에 닥친 시험공부를 하고 마감시간에 맞춰 과제를 제출하고 프로젝트를 진행하면서 정작 내가 무엇을 원했는가에 대해서는 고려해 보지 못했다. 그러나 두 해째 학교를 다니면서, 공대가 어떠한 목표를 가지고 어떠한 성격의 공부를 하는 곳인지를 알기 시작하면서부터 나는 회의에 빠져들었다.

배우는 과목들도 모두 적성에 맞지 않는다는 생각이 들었고 시험 성적이 잘 나오지 않을 때마다 잘못된 선택에 대한 좌절감과 분노는 커져만 갔다. 한 학기에 수강하는 과목이 여섯, 그중 네 과목은 전공인데 한 개의 전공만 해도 시험이 4~6회 정도 되었다. 이미 자신감과 의욕을 상실한 나는 그러한 일정을 소화해 낼 수 없었다. 내가 하고 있는 것이 내가 하고 싶은 것과는 전혀 관계없는 일이라는 회의는 현실과 평생의 꿈 사이의 괴리감을 더욱 심화시켜 갔다. 성적 또한 제대로 나올 리 없었다. 성적표를 받아 보니 한두 개의 과목을 제외하고는 전부 C, D였다. 멈춰야만 한다는 생각이 들었다. 어디로 가는지도 모른 채, 어디로 가야 하는지도 모른 채 방황하면서 계속 걸어갈 수는 없었다. 갈등과 방황 속에서 미래에 대한 어떠한 결정도 내릴 수 없었고 모든 것을 등진 채 어학연수를 떠났다.

호주에서 1년 남짓한 시간 동안 학교를 다녔다. 시험 대비, 영어 실력 향상 등 여러 가지 목적을 위해 도서관에서 상당한 시간을 보냈다. 그곳에는 내 또래로 보이는 학생들도, 전혀 그렇게 보이지 않는 학생들도 많이 있었다. 적어도 30~40대로 보이는 사람들부터 머리색이 이미 변해버린 노인들까지 있었다. '빨리빨리'가 마치 대단한 능력인 것처럼 여겨지는 한국에서(낙방 없이 빨리 좋은 학교에 입학하고 한 살이라도 어린 나이에 빨리 취직을 해서 직장에서 자리를 잡고 열심히 일해서 빨리 승진하는 것만이 인생의 성공이라고 여기는 사람들 사이에서) 자라온 내게는 늦게까지 도서관에 남아 공부를 하는 그들의 모습이 굉장한 충격으로 다가왔다. 그

낯선 땅에서는 나이나 다른 사람의 시선 따위는 상관없었다. 자기가 원하는 것이 무엇인가, 무엇을 하는 것이 자기를 가장 행복하게 해줄 수 있는가에 대한 끊임없는 고찰과 그것을 바탕으로 꿈꾸는 것을 현실화할 수 있는 용기를 가진 사람들, 그들은 진정 행복해 보였다.

조금 빠르게 가는 것, 조금 느리게 가는 것은 중요하지 않다. 내가 죽을 때까지 평생을 살아갈 나의 인생이 내가 진정으로 하고 싶은 일, 이루고 싶은 것, 이뤄낸 것, 그리고 그것들을 통해 얻는 행복으로 가득 채워질 수만 있다면 조금 느리게 가도 괜찮다. 지금 당장 실패와 회의, 좌절로 얼룩져 있다고 해서 내가 꿈꿔온 모든 것을 등 뒤로 한 채 '빨리' 가는 것만을 선택할 수는 없다. 조금 빨리, 조금 느리게 가는 것이 무슨 대단한 차이가 있겠는가! 내가 진정 하고 싶은 것을 향해 모든 어려움을 뚫고 내딛는 소중한 한걸음 한걸음이 인생의 진정한 성취를 향한 진전이며, 그것이 완전한 '나의 삶'을 만들어가는 동력인 것이다. 회의의 소용돌이에 빠진 내 인생의 한가운데서 선택한 어학연수에서 내가 얻은 것은 바로 이것이었다. 이것은 평생 잊을 수 없는, 값을 매길 수도 없는 교훈이며 과제와 시험의 폭풍 한가운데서 꼬질꼬질한 공순이로 열심히 나를 살게 하는 이유이다.

때로는 시험에서 좋은 결과를 얻기도 하고 또 때로는 평균에 미치지 못하는 성적을 받을 때도 있지만 이전처럼 좌절하고 주저앉아 슬퍼하지 않는다. 그 이유는 내 가슴속 깊은 곳에 나의 꿈에 대한 끓는 열정이 있기 때문이다. 무언가에 얽매이지 않은 채 많은 것을 이룰 수 있고 또 이룰 준비를 하는 대학생활에서 2년 동안 내가 어디를 향하는지도 모른 채 방황했지만 이제 나에게는 꿈이 있다. 나는 사람을 살리는 의사가 되고 싶다. 3D 직업과 다름없어서 공부를 잘하는 대부분의 의대생들은 선택을 기피한다는, 그러나 인재가 절실하게 필요하다는 신경외과에서 사람을 살리며 평생을 살고 싶다.

대학을 졸업하기 전에 의학전문대에 합격하여 진정으로 내가 하고 싶은 공부를 하고 공부를 마친 후에는 내가 하고 싶은 일, '사람을 살리는 일'을 하며 행복하게 살 것이다.

나 자신을 예쁘게 꾸밀 시간도 없고, 갓 구워진 베이글과 좋은 향이 나는 원두커피를 들고 캠퍼스를 배회할 여유도 없지만, 그래도 좋다. 내가 살아온 23년 동안 방황기를 제외하고는 단 하루도 꿈꾸지 않은 날이 없는, 단 하루도 절실하게 원하지 않은 날이 없는 의사가 되고 싶고, 될 것이다. 대학에 들어와서 3년 동안 화학공학에 관련된 공부를 했지만, 그리고 1년 동안은 어학연수를 다녀왔지만, 내 또래의 친구들은 이미 취직을 하거나 취직준비를 하고 있지만 늦어도 좋고 어려워도 좋다. 내가 가는 길이 결코 남들이 가는 길이 아니라 해도 좋고 결코 쉽지 않은 길이라고 해도 좋다. 왜냐하면 그것만이 나의 인생이라는 도화지를 행복의 빛으로 채색해 줄 유일한 것이기 때문이다.

앞으로 3주도 채 남지 않는 짧은 기간 동안 열두 개나 되는 과제와 시험들이 나를 기다리고 있지만, 오늘도 나는 화장기 없는 모습으로 가방을 메고 집을 나서는 나 자신에게 파이팅을 외친다. 꿈을 꾸기에 나는 오늘도 숨을 쉬고 그 꿈이 이뤄질 날을 기다리며 그것에 다가가고 결국 그 속에서 살기 위해 오늘도 나는 최선을 다해서 하루를 산다.

# 4. 도전, 또 도전

## 기회는 두드리는 자에게 열린다

스물네 살, 나는 어느새 청년기의 한가운데 서 있다. 나의 젊은 날들은 어린 시절부터 소원했던 꿈을 이루기 위한 여정이었다. 이제와 생각해보니 그동안 젊은 내 마음을 사로잡았던 사랑도 있었고 잠을 잊고 이야기하던 친구들도 있었지만 그들조차도 내 꿈을 함께하기 위한 동반자 같은 관계였다. 그만큼 나는, 그리고 내 젊은 시절은 그 꿈과 함께였다.

정확히 10년 전, 아직 어렸던 나는 충격적인 진실 앞에 서 있었다. 경제위기가 아니었다면 아무도 몰랐을 IMF. 별다른 걱정 없이 지내왔던 내 어린 시절은 그때부터 다른 방향으로 흐르기 시작했다. 원래 부유한 가정은 아니었지만 당시에는 어린 내가 느낄 만큼 집안이 어려운 시기였다. 우리 동네에도 전기세를 내지 못해 어둠 속에서 지내는 집들이 점점 늘어났고 우리 집도 그 집들 중 하나였다. 집 가까운 번화가

혼돈의 20대, 자신을 말하다

에 있던 은행은 문을 닫았으며 등교하는 길에 있던 상호신용금고의 금리는 20%를 넘어 23%까지 치솟았다. 하루가 멀다 하고 바뀌는 숫자를 보며 학교를 향하는 것으로 하루가 시작되곤 했다. 멀쩡한 사람들이 직장을 잃고 거리를 배회했고 그들에 대한 이야기로 뉴스가 채워졌다. 우울한 시절이었다.

친구들을 선동해서 일을 벌이기 좋아했던 나는 정치인도 되고 싶었고, 또 뜬금없는 호기심에 과학자도 되고 싶었지만 그때 이후로 그런 것들에는 관심이 없어졌다. 세계의 흐름, 어쩌면 역사의 흐름이라고 불러도 좋을 그 시절을 보내며 내 꿈은 오히려 명료해졌다.

'기업에서 사람들을 위한 일을 하자. 좋은 기업이 흔들리지 않고 서 있다는 것만으로도 사람들에게 얼마나 큰 위안이고 도움인가?'

기업 속에서 이루는 공리(公理). 내 꿈은 그렇게 결론이 났다. 내 꿈을 결정지었던 중학교 시절을 되돌아보면 물론 즐거운 일도 많았지만 어두운 방 안에 누워 내가 무엇을 할 수 있을까를 생각하며 보낸 시간이 가장 기억에 남는다. 어렸지만 내 고민은 생각보다 깊었고 길었다.

고등학교에 진학하고는 서슴없이 문과를 선택했다. 기업과 가장 가까운 경영학과가 문과에 있었기 때문이다. 하루의 대부분을 공부하는데 쓰느라 풋풋한 고등학교 생활의 낭만과는 거리가 먼 생활을 했지만 내게는 이루고자 하는 목표가 있었으므로 그것으로도 좋았다. 나는 분명 내가 생각하는 기업과 점점 가까워지고 있었고 그렇게 고등학교 시절이 지나갔다.

2004년, 원하는 학교 원하는 과에 입학한 나에게는 새로운 목표가 있었다. 아직 아무것도 배우지 않은 상태에서 아무 선입견도 없이, 학교 밖에서 함께 일하게 될 다른 많은 사람들의 일을 직접 몸으로 해보고 이야기를 듣는 것이 그것이었다. 지방에서 상경해 팍팍한 서울 생활에 적응하느라 보내버린 1학년 1학기를 뒤로하고 여름방학이 되자 본격적으로 일을 구하러 다녔다. 주유소, 편의점 아르바이트 등이 물망에 올랐지만 '아무나 할 수 없는 일부터 시작하자'는 생각에 내가 처음 일하러 간 곳은 고향인 대구의 외곽에 있는 작은 '제조공장'이었다.

그곳은 방습제를 만드는 공장이었는데 대구의 더운 열기와 더불어 방습제 만들 때 쓰는 500°C의 가마들은 공장 안의 모든 물기를 말려버리기에 충분했다. 이곳에서 내가 하는 일은 25kg의 완제품을 나르는 일과 습기가 차지 않게 포장하는 일 정도였다. 하루에 백 포대, 2백 포대씩 완제품을 나르고 남는 시간에 포장을 하고 나면 하루 일과가 끝났는데 처음 1~2주 동안에는 온몸에 근육이 뭉쳐 움직일 때마다 통증이 느껴졌다. 설상가상으로 방습제를 만드는 원재료인 염화칼슘이 미처 장갑이 가리지 못하는 팔목이나 팔꿈치에 닿을 때는 땀과 반응해 상처가 났다.

아침에 공장에서 보내주는 승합차를 타고 아저씨, 아주머니들과 출근해 저녁까지 일하고 돌아오는 생활은 책상 앞에만 앉아 있던 내게는 새로움 이상이었다. 원재료가 컨베이어벨트를 지나 내려오는 속도에 따라 내 작업은 빨라지거나 느려졌고 온종일 라디오에서 들려오는 트로트 가요에 대한 거부감도 이내 사라져 나는 아무 생각 없이 흘러나오는 노래를 흥얼거리며 포대를 날랐다. 대부분이 5, 60대인 아저씨들

혼돈의 20대, 자신을 말하다

과의 호흡도 어느새 척척 맞아 들어갔고 같은 자리에서 밥을 먹고 일이 끝나면 술을 마시러 갈 만큼 아저씨들과도 친해졌다. 그런 생활이 익숙해질 무렵, 나는 한 가지 의문이 들었다.

나는 하루를 어떻게 이렇게 아무 생각도 없이 보낼까? 왜 이렇게 시간은 빨리 갈까? 일을 시작하고 첫 월급을 받을 무렵부터 내 의문은 점점 더해갔고 때마침 작업물량이 적었던 어느 날, 부쩍 많이 친해진 아저씨에게 젊었을 때는 어떻게 지내셨는지, 일이 힘들지는 않으신지 여쭤볼 수 있었다. 갑작스런 내 질문에 대한 아저씨의 대답은 몇 년이 지난 지금까지도 잊어지지 않고 기억에 생생하다.

"나는 젊었을 때부터 이 일을 시작했는데 스무 살에 결혼해서 스물넷에 첫 아이를 낳았고 그 애가 대학을 졸업했으니 참 시간도 많이 지났지. 막상 첫 애가 태어나니 내가 무슨 일을 어떻게 해야겠다는 생각을 할 틈도 없었어. 그저 돈이 없으니 일을 했고 그렇게 시간이 지나갔지. 생각해 보니 시간 참 잘 지나갔어. 너는 아직 어리고 좋은 학교도 다니고 있으니까 나처럼 이렇게 살지 않겠지."

인생은 뭔가 위대한 것이고 사람들의 삶이란 알 수 없고 복잡한 것이라고 생각했던 내게 아저씨의 말은 대단한 충격이었다. 나는 그저 내 몸으로 일을 체험해 보겠다는 심산이었지만 뜻밖에도 '어떤 일을 하고 어떻게 살아야 하는가?' 라는 경험보다 더 중요한 것들을 배울 수 있었던 것이다. 막연히 '기업 속에서 공리를 이루자' 는 내 삶의 목표에 '어떤 일로 어떤 삶을 살면서 그것을 실현할 것인가' 라는 과제가 더해진 순간이었다.

방습제 공장에서 여름을 보낸 후에도 학기 중이나 방학을 가릴 것 없이 이런저런 일들을 체험하는 데 몰두했다. 여전히 나에게 다른 사람들이 어떤 일을 하며 살아가는지는 중요한 화두였다. 신형 오토바이 면접요원으로 택배 아저씨들을 면담하기도 하고 주말이면 결혼식장에서 서빙을 하거나 하루 정도 막일을 해 돈을 벌기도 했다. 그렇게 했던 일들 중 공장에서 일했을 때만큼 기억에 남는 일이 있다면 2005년 여름 추계예술대학의 24시간 맞교대 경비원을 했던 일이다. 구인광고를 보고 무작정 찾아간 나에게 방학 동안 미대 건물의 경비를 맡는 일이 주어졌다. 24시간을 꼬박 근무하고 다음날 하루를 쉬고 또다시 24시간을 하는 일이다 보니 여간 고된 게 아니었다. 피로는 말할 것도 없거니와 태권도 한 번 배워본 적 없는 나에게 심야의 야간순찰은 무섭고 영겁의 세월처럼 길게만 느껴졌다. 시간이 많이 남아 간간이 책을 볼 수는 있었지만 아무 보람도 없는 그 여름의 시간들을 보내며 나는 내가 '어떤 일을 하며 살아야 될 것인가'에 한 가지 기준을 더 추가할 수 있었다. 그것은 바로 '좋아하는 일을 하자'는 것이었다.

공리를 실현하는 기업인이 되는 것을 목표로 줄기차게 다른 사람들의 일과 삶을 체험해 오던 나날들이었지만 순전히 내가 좋아서 도전해 본 일도 있었다. 단편영화를 만드는 것이 그것인데, 이름도 제대로 알려지지 않은 상경대의 작은 영화 소모임의 감독으로 두 편의 영화를 만들어 상영하고 100여 장이 넘는 영화 시나리오를 몇 날 며칠이고 책상 앞에 앉아 썼던 일은 아직도 즐거운 기억으로 남아 있다.

특히 영화를 찍을 때만큼은 기업이나 내 가치관에 대한 생각은 잠시 잊고 영화 자체에만 몰두할 수 있어 좋았다. 온종일 무거운 카메라를 들고 이리저리 장소를 옮겨 다니며 촬영을 마친 후 돌아오는 길에 차가운 밤공기를 쐬며 '이대로도 좋다, 나는 행복하다'는 생각을 했다. 온종일 내가 좋아하는 일을 한다는 것은 얼마나 행복한 일인가? 개인적인 행복은 그것으로도 족했다. 그러나 내게는 해야 할 일이 있었고 이루고 싶은 목표가 있었다. 영화를 찍으며 행복했지만 그 행복이 내가 세운 목표보다 크지는 않았기에 이내 나는 내 자리로 돌아와 다시 '기업'과 '공리'라는 내 가치에 골몰했다. 아까웠지만 그것이 내 선택이었다.

좋은 기업가가 되기 위해서, 기업 속에서 공리를 실현하기 위해서 결국 내가 찾은 길은 '마케팅'이었다. 소비자와 기업을 연결해 주는 일, 기업의 활동 전반을 통합하는 마케팅 분야를 대학에서 처음 접했을 때 이미 학업에 대한 내 관심은 온통 마케팅에 집중되었다. 기업의 재무 상태나 자금 흐름을 관리하는 일이나 조직을 정비하는 일도 물론 매력적이었지만 마케팅이 내 목표와 더 가깝다는 생각에 본격적으로 마케팅 분야로 진로를 결정했다. 좋은 마케터가 되어 모든 사람에게 꼭 필요한 기업을, 그리고 소비자가 무서운 줄 아는 기업을 만드는 것이 구체적인 목표로 다가왔다. 이내 나는 실질적인 경력을 쌓기 시작했다.

군 입대 직전이었던 2005년 겨울, 한 기업에서 개최하는 대회에 참가했고 운이 좋게도 첫 대회부터 입상의 행운을 안았다. 그 회사의 임원들 앞에서 내 전략을 발표하던 순간에 마케팅에 대한 내 호감은 확

신으로 바뀌었다. '이것은 내 길이다.'

  입대 후에도 휴가를 모으고 모아 대회에 참가했다. '두드리는 자에게 열린다'는 기회가 나에게도 열린 것처럼 나는 또다시 최대 규모 대회에서 입상했다. 좋은 마케터가 되어 좋은 기업을 만들어 공리를 실현하려는 내 신념은 점점 구체적인 경로로 다가왔다. 무엇인가가 이끄는 것처럼 나는 제대 직전에도 휴가를 모아 나간 모 대기업이 주최한 대회에서 국내 2위로 입상했다. 그 회사의 사장단 앞에서 발표를 마치고 입상 소식을 들었을 때 이미 내 재능은 나만을 위한 것이 아니라는 생각이 들었다. 나만을 위한 것이 아니기 때문에 나에게 계속해서 기회가 열리는 것이라고 생각했다.

  제대 후 맞은 여름방학 기간에는 본격적으로 내 진로와 관련된 일을 하기 시작했다. 그동안 많은 사람을 만나고 많은 일들을 했던 것이 서서히 빛을 발하는 듯, 나는 인턴으로 들어간 회사에서도 어렵지 않게 사람들과 관계를 형성하고 새로운 관점을 배울 수 있었다. 본격적으로 일해 본 회사는 내 상상처럼 창의적이거나 윤리적인 곳과는 거리가 멀었지만 나에게는 나만의 목표가 있었으므로 그들이 일하는 방식과 사고하는 방식을 눈여겨보려 애썼다. 그렇게 회사생활을 뒤로하고 나는 대학으로 돌아와 학업을 이어가기 시작했다. 그리고 더 많은 사람과 내 가치와 경험을 공유하려는 마음에 학회까지 조직해 가며 내가 하고 싶은 일에 한걸음씩 다가서고 있다.

  10년 전 시작된 '기업 속에서 공리를 찾자'라는 내 삶의 가치는 이미 나의 청년기를 내가 아는 다른 사람들과는 다른 방향으로 이끌고 있

혼돈의 20대, 자신을 말하다

다. 그러나 아무리 담대한 목표가 있다 하더라도 그것을 실현하는 과정에서 생각지도 못한 많은 한계와 때로는 주저앉아 울어버리고 싶을 만큼의 좌절이 기다리고 있다는 것을 나는 잘 알고 있다. 나는 내 가치를 실현하는 삶을 사는 과정에서 이기지 못할 것만 같은 어려움을 만날 때면 한 번쯤 멈춰 서서 처음을 돌아볼 것이다. 내가 왜 기업 속에서 공리를 실현하기로 마음을 먹었는지, 내가 경험한 다른 사람들의 삶은 어떤 것이었는지, 내가 어린 시절부터 세워왔던 목표를 이루기 위해 얼마나 많은 노력을 했는지 몇 번이고 곱씹어볼 것이다. 생각보다 복잡하고 놀라움으로 가득 찬, 그러나 때로는 매몰차고 때로는 생각 없이 흘러가기도 하는 인생의 여정 속에서 끝까지 신념을 포기하지 않는 사람이 되고 싶다. 그렇게 인생을 살고 싶다.

## 드디어 내 꿈을 당당하게 외치다

아주 어렸을 적에 아빠는 묻곤 하셨다. "○○는 커서 뭐가 되고 싶니?" 어린 마음에 아무 생각 없이 대답했다. "간호사요." 그러면 아빠는 단호하게 말씀하셨다. "간호사가 아니라 의사가 되어야지."

초등학교 시절, 존경하는 위인을 써내라는 숙제에 아빠께서 '슈바이처'를 쓰라고 하셨다. 슈바이처가 누군지도 모르던 난 대략적인 설명만 듣고 '슈바이처'라고 써냈다. 교실 한쪽 벽, 내 사진 밑에 '꿈은 의사, 존경하는 인물은 슈바이처'라고 쓰여 있는 것을 본 순간 부끄러웠던 기억이 난다.

그렇게 어릴 적부터 부모님은 내게 너무나 확고히 꿈을 '제시' 하셨고 어린 나는 내 꿈에 대한 환상적 단계를 거칠 기회도 없었다. 중학교 3학년이 되자 어느 날 아빠께서 외고에 가는 게 어떠냐고 하셨다. 영어를 참 좋아했던 나는 외고에 가는 것 자체는 좋았기에 순순히 받아들였다. 그런데 단순히 고등학교 진학 문제를 넘어서, 아빠는 외고는 문과이니 꿈을 바꿔 변호사가 되는 것이 어떠냐고 말씀하셨다. 지금 생각해 보면 갑자기 꿈이 바뀌는 것이 혼란스러워 반항했을 만도 한데 나는 전혀 그러지 않았다. 애초에 '의사' 라는 꿈에 대해 별 애착이 없었기에 순순히 받아들인 것 같다. 그렇게 외고에 진학한다는 이유만으로 내 꿈은 순식간에 변호사로 바뀌었다.

　　고교 진학 과정에서 순식간에 정해져 버린 꿈이었기에, 머리가 커지면서 나는 끊임없이 의심하고 고민할 수밖에 없었다. 누가 내 꿈이 뭐냐고 물을 때마다 나는 "왜?" 라는 질문에 대답해야 했다. 처음엔 '부모님이 원하시니까' 라는 이유밖에 찾을 수 없었지만 시간이 흐를수록 나는 그 질문에 대한 다른 답들을 만들어갈 수 있었다. 생각해 보니 내가 중요하게 여기는 가치들이 법조인이라는 직업과 잘 맞아떨어졌다. 외적으론 명예, 사회적 지위, 안정적 생활, 전문직, 비교적 평등한 여성의 지위, 그리고 내적으론 정의실현에 이바지할 수 있다는 점, 사회적 약자의 편에 설 수 있다는 점, 뜬구름 잡는 것이 아닌 현실생활과 밀접한 학문이라는 점이 그러했다. 또한 만약 그 길이 맘에 들지 않을 경우 다른 직업으로의 전환이 용이하다는 점도 맘에 들었다. 이모저모 고려해 보아도 참 괜찮은 꿈이었다.

특히 '민주사회를 위한 변호사 모임' 같은 곳에서 일하는 공익변호사가 되고 싶었다. 만약 판사가 된다면 법을 형식적으로 적용하기보다는 법의 희생양이 되기 쉬운 약자의 편에 서서 판결을 내리는 법관이 되고 싶었다. 내가 그런 일을 하면서 삶을 산다면 나 스스로가 참 멋질 것 같다는 생각을 했다. 내게 내적 충만을 줄 수 있는 직업이라는 요인이 나로 하여금 이 꿈을 버릴 수 없게 했다.

그렇지만 그렇게 내가 스스로 고민해서 결론을 내리고도 순식간에 바뀐 꿈이라는 사실, 부모님이 정해준 꿈이라는 사실 때문에 '결국 자기 합리화가 아닌가' 라는 의심이 들어 나는 계속 힘들어했고, 그것이 내게 내 꿈에 대해 강한 열망을 갖는 것을 방해했다.

대학에 입학하면서 법학과에 왔다. 거의 모두가 사법고시 패스를 목표로 하는 동류집단에 있으니 다른 것들이 보이지 않아 마음이 편했던 것 같다. 그렇게 나는 법조인을 위한 길에 어느새 풍덩 온몸을 담갔다. 1, 2학년 때는 기본소양이 있는 법조인이 되어야겠다는 생각에 학회 활동과 독서 토론 동아리 활동을 열심히 했고, 3학년 때부터 고시공부를 시작했다.

고시공부를 하면서 치열한 경쟁 피라미드와 맞닥뜨리게 되었다. 주위 사람들과 이야기하면서 그 피라미드의 상위에 있는 직업군들에 대한 높은 평가가 끊임없이 내 머릿속에 각인되었다. 국내 유명 로펌에 들어간 사람들이 부러웠고 대법관이 부러웠으며 사시에 합격하지 않고도 미국에서 JD를 마치고 와서 삼성 사내변호사로서 안정적 생활을 하고 있는 여선배가 부러웠고 전관예우를 비난하면서도 엄청난 수임

료를 받는 전관예우 변호사들을 부러워했다.

언젠가부터 경쟁 피라미드의 상위를 동경하다 보니 처음 내가 꿈을 확고하게 다지면서 생각했던 것들이 희미해져 갔다. 공익변호사를 하는 선배의 후줄근한 옷차림이 현실을 직시하게 했고, 고시공부가 힘들어질수록 달디 단 열매를 상상했다. '꼭 할 거다'에서 '하면 좋지'로, '언젠간 할 수 있겠지'로 마음이 바뀌어갔고 화려한 스펙을 갖춘 고액연봉 변호사의 그림이 그런 옅은 마음마저도 완전히 밀어내버렸다.

이번 봄 학기에 사회봉사 과목으로 세브란스 병원에서 병원 안내 및 처방전 발급 도우미 활동을 하게 되었다. 그곳에는 나 말고도 75세의 자원봉사자 한 분이 더 계셨는데, 그분은 너무나 활력이 넘치셨다. 모든 일을 빠르고 확실하게 처리할 뿐만 아니라 병원을 찾는 한 분 한 분에게 매우 친절하게 대하셨다. 봉사활동 중에도 여러 사람이 그분을 찾아와 인사를 할 정도로 인간미도 넘치시는 분이었다. 같이 봉사활동을 하다 보니 그분의 삶에 대해 얘기를 들을 기회가 있었다. 그분은 플루트를 전공하셨는데 오래전부터 시각장애인들에게, 그리고 청소년 교화원에서 플루트를 가르치고 계셨으며 그 밖에도 곳곳에서 활발하게 봉사활동을 해오고 계셨다.

그분을 보면서 나는 너무나 부러웠다. 자신이 잘하는 한 가지, 그것으로 남을 도울 수 있다는 것, 그것이 참으로 부러웠다. 75세의 넘치는 활력과 내적 충만, 그 원천은 그분이 지금까지 살아왔고 지금도 여전히 살고 있는 아름다운 삶, 그 자체라는 것을 강하게 느꼈다. 나는 그분과의 만남, 그리고 봉사활동에서의 깨달음으로 인해 다시 내 삶의 큰 그림을 되새길 수 있었다. 내가 잊고 있었던 것, 나에게 궁극적인 만족을 줄 수 있는 가치가 무엇인지를 알 수 있었다. 그것은 자아실현과 동시에 타인에 기여하는 삶이었다.

방학이 되자마자 강원도에 있는 한 재활원에 1박 2일 동안 짧게나마 봉사활동을 다녀왔다. 같이 간 사람들과 밤에 이야기를 나누면서 앞으로 우리가 이렇게 일회성 봉사로 그칠 게 아니라 삶 자체를 나눔의 삶으로 만들어가려면 어떻게 해야 할지를 고민해 보는 좋은 시간을 가졌다. 아마도 봄 학기의 봉사 경험이 아니었으면 그런 곳에 갈 생각도 못했을 것이다.

나는 봉사활동에서 돌아온 직후, 〈청년기 갈등과 자기이해〉 수업을 듣게 되었다. 워크시트와 사이버 토론 과제를 하면서 그 어느 때보다도 나의 미래에 대해 많은 생각을 하게 되었다. 먼저 나의 과거를 돌아보면서 내 꿈이 '부모님이 제시하신 수동적인 꿈'이라는 사실 때문에 아직도 내가 힘들어하고 있다는 것을 깨달았다. 그 고민을 조원들에게 털어놓았을 때, "이미 ○○씨는 충분히 능동적으로 꿈을 선택하고 있는 것 같은데요"라는 한 조원의 말에 큰 힘을 얻을 수 있었다. 그랬다. 나는 과거의 프레임에서 벗어나지 못하고, 내가 그동안 내 꿈에 대해 얼마나 치열하게 고민해 왔는지를 깨닫지 못하고 있었던 것이다. 이제 내 꿈은 부모의 권유에 의한 것이 아닌, 나 스스로 선택한 꿈이었다.

내가 중요시하는 가치가 무엇인지를 토론하면서 이번 세브란스 병원 봉사활동에서 얻은 깨달음과 내 미래의 구체적인 상을 연결해 보았다. 무심코 넘겼던 사실, 즉 아는 선배가 사시 합격 후 '공감'이라는 공익변호사 모임에 인턴으로 활동하고 있다는 사실이 의미 있게 다가왔다. '공감'에 대해 인터넷 홈페이지에서 이것저것 알아보면서 공익변호사가 현실과 멀지 않은 곳에 있다는 것을 느꼈다. 다른 영리법무법인에서 근무하면서도 그곳의 자문위원으로 활동하는 방법도 있었다. 꿈꾸면 꿈꿀수록, 알면 알수록 그 꿈들이 현실과 더 가까워지는 것처럼 느껴졌다.

물론 내 꿈을 실현시키기 위해 갖추어야 하는 능력들이 있다. 우선 로스쿨에 합격해야 하고 변호사 시험에 합격해야 한다. 그 다음엔 법조계의 특정 분야에서 전문성을 구축해서 능력을 인정받아야 한다. 판사가 되고 싶으면 로스쿨 출신자에 요구되는 역량을 갖춰야 할 것이다. 고시공부를 하면서 힘들던 때를 떠올려보면 내가 꿈꾸는 이 모든 것들이 과장된 자아상이 아닐까 우려되기도 한다. 그렇지만 나는 아직 내 능력에 대한 믿음이 있고 법학이 재미있고 로스쿨에 들어가서 열심히 할 자신이 있다. 지금 나는 1차 목표인 로스쿨 합격을 위해 매일 LEET 스터디를 하고 주말에 모의고사를 치며 높은 학점을 위해 수업에 성실하게 참여하고 토익 만점을 목표로 영어 공부를 하면서 하루하루를 열심히 살고 있다. 그리고 2학기에는 사법고시 1차도 준비할 계획이다.

내가 변호사가 된 뒤에, 지금 생각한 것들을 까마득하게 잊고 또 돈이나 화려한 외적 가치에 흔들릴지도 모른다. 경제적 안정을 위해 누구처럼 처음에는 돈 되는 사건을 맡을지는 몰라도 내 삶의 큰 그림을

**418**

잊지 않고 과감히 거기서 빠져나와야 할 것이다. 그러려면 엄청난 의지가 필요할 것이라는 것도 안다. 그렇지만 내가 내 직업을 단지 돈벌이로 여겨서는 절대 행복하지 않을 것이며 삶이 공허할 것이라는 사실을 지금부터 10년, 20년 후에도 잊지 않고 기억한다면 할 수 있다.

지금 내가 마음속에 그려보며 가슴 설레는 미래의 내 모습이 반드시 실현되기를 희망하며 오늘도, 내일도 그 꿈을 향해 열심히 달려가겠다.

**꿈을 향해 가는 길**

젊은 시절, 꿈이 있었던 자와 꿈이 없었던 자는 그 인생의 내용과 향기가 다를 것이다. 그래서 청년기의 가장 중요한 과제는 꿈을 형성하고 준비하는 것이다. 꿈을 형성하는 과정은 자신이 가야 할 길을 찾는 '길찾기'에 비유할 수 있다. 인생의 갈림길에서 어느 길을 택하는가에 따라 모든 것이 달라질 수 있다. 그리고 하나의 길을 택해서 걷다 보면 또 다른 길로 이어지기에 되돌아와서 다른 길로 가기란 그렇게 쉬운 일이 아니다. 그래서 처음에 선택을 잘 하는 것이 좋을 것이다. 어떻게 하면 나에게 맞는 길을 찾을 수 있을까?

많은 학생들이 본격적으로 자신의 길을 찾아 나서기 전에 지독한 성장통을 앓는 것을 볼 수 있다. 대학 입학이라는 꿈이 이루어진 데 도취되어서 정신없이 휘청거리던 청년들이 또 다른 꿈을 찾아나서야 한다는 것을 깨닫는 것은 곧 변화의 시작이라고 할 수 있다. 이들 앞에는 어둡고 긴 터널이 입을 크게 벌리고 있다. 이전의 터널은 열심히 한곳을 향해서 얼마쯤 가면 빠져나갈 수 있다는 걸 알았는데 이번의 터널은 얼마나 긴지, 어느 쪽으로 가야 할지 도무지 갈피를 잡을 수가 없다. 답답하고 무기력해진다. 터널 속에 자기 혼자만 있는 것 같다. 불안하고 두렵기까지 하다.

이러한 성장통은 청년기에 있는 젊은이들이 한 번쯤은 겪는, 또 겪을 필요가 있는 '길 찾기'를 위한 몸부림이다. 터널의 길이는 이전 휘청거림에 비례할 수 있는데, 너무 길면 갈 길을 찾았을 때 준비할 시간이 너무 부족해질 수 있다. 하지만 터널의 길이보다는 그 어둠 속에서 무엇을 했는가가 더 중요하다. 어둠 속에서 자신을 거울에 비추듯 반영해 보는 작업이 필요하다. 과거를 돌이켜보며 자신의 생활이 얼마나 무절제하고 소모적이었는지에 대한 후회, 그리고 자신을 그렇게도 괴롭히던 열등감과 자신감 없음이 결국 '자신이 특별한 사람'이라는 자아개념과 현실경험이 불일치한 데서 비롯된 것이라는 깨달음, 그리고 여기서 오는 회한, 울적함, 자괴감 등은 우리가 변화와 성장으로 가는 길목에서 불가피하게 감내해야 하는 것들이다. 이 과정에서 자신을 좀 더 알고 자신감을 되찾을 때, 이제 앞에 놓인 몇 갈래의 길들에 어렴풋이 빛이 비치기 시작할 것이다.

　그러나 청년들 중에는 좀 더 일찍부터 자신의 길을 찾아 나서는 데 에너지와 시간을 투자하면서 고뇌하는 사람들이 있다. 인생이란 선택의 연속이라고 하지만 청년들이 인생의 갈림길에서 하는 '꿈을 향한 길 찾기'는 그 어느 시기의 선택보다 중요하다. 그래서 어떤 청년들에게서는 처음의 선택에 공을 들이면서 신중을 기하는 지혜를 엿볼 수 있다. 이들은 동아리 활동, 각종 심리검사, 선배들과의 대화, 상담, 직업정보, 시대적 흐름 등 '다양한 체험'과 '정보 수집'이라는 두 가지 도구를 모두 이용해서 자신이 갈 길을 모색하고 있다. 이들은 자신이 어떤 사람인지, 즉 성격, 적성과 흥미, 능력을 알아보고 직업적 특성과 시대적 흐름까지 탐색해 본 후, 자신에게 맞는 길을 찾아가고 있다.

이때 중요한 것은 선택과 결정을 할 때, '이성'과 '감성' 모두에 귀를 기울이라는 것이다.[1] 즉, 차가운 머리와 따뜻한 가슴으로 선택하고 결정을 내리라는 것이다. 여기서 감성, 즉 따뜻한 가슴이란 내가 진정으로 이 길을 가고 싶은지, 이 길을 가는 데 두려움이 없는지를 자신에게 물어보는 것이다. 그리고 이성, 즉 차가운 머리란 이 길이 내가 가야 하는 길인지, 과연 현실 속에서 실현가능한지를 묻고 탐색해 보는 것이다. 아마도 이성에만 치우친다면 그 삶은 무미건조할 것이고, 감성에만 치우친다면 그 삶은 불안정할 것이다. 또한 차가운 머리로 내가 이 길을 선택한 진정한 동기가 무엇인지 생각해 보자. 돈과 풍요 때문인가, 아니면 성취감 때문인가? 보수, 지위 등 외적 동기보다는 직무의 고유성, 성장을 위한 자극과 도전 등 내적 동기에서 어떤 길을 선택했을 때, 그 길은 성장가능성이 높고 더 큰 만족감을 안겨줄 것이다.

어떤 청년들은 '가야 할 길'과 '가고 싶은 길' 사이에서 갈등한다. 또 일단 어떤 길을 택했을지라도 현실 속에서 장애물을 넘기가 너무 힘들 때, 청년들은 이상과 현실 사이에서 갈등한다. 아마도 그 갈등의 핵심에는 안정을 쫓을 것인가, 아니면 성장을 쫓을 것인가의 고민이 있을 것이다. 청년들은 젊음과 시간이라는 자원을 소유하고 있기에 안정보다는 성장을 추구하라고 권하고 싶다. 그 이유는 안정은 위험이 없지만 발전이 없고, 변화와 성장은 시련과 위험이 따르지만 그만큼

---

1) 『선택』, J. Spencer 저, 형선호 옮김, 청림출판, 2005.

혼돈의 20대, 자신을 말하다

보람과 성취감이 있기 때문이다. 하지만 인생의 한 시기의 설계는 자아와 현실세계의 합작품이다. 현실은 자아의 실현을 북돋아주기도 하지만 제약하기도 한다. 현실세계의 제약이 너무 클 때는 어떻게 할까? 우선 '가야 할 길'을 선택해서 일단 자원을 비축한 다음에 다시 '가고 싶은 길'을 가는 방법도 있다. 인생을 조금 빠르게, 조금 느리게 가는 것은 그렇게 중요하지가 않기 때문이다. 그런데 길을 가다가 아무래도 이 길이 내 길이 아니다 싶을 때는 선택과 결정을 변경할 수도 있다는 것을 잊어버려서는 안 될 것이다. 길을 바꾸는 일은 가능한 한 빠른 것이 좋다.

그런데 신통하게도 아주 일찌감치 원대한 꿈을 키워온 청년들도 있다. 이들은 어린 시절의 경험을 통해, 혹은 주위의 모델링을 통해 아주 일찍부터 자기 스스로 꿈을 키워온 것이다. 그래서 이들에게 대학생활은 꿈을 찾는 무대라기보다는 꿈을 실험해 보고 준비하는 활동무대이다. 대학에서의 모든 활동은 자신의 꿈을 이루는 것과 연관되어 있다. 이들은 목적의식이 뚜렷하고 방향감각이 있기 때문에 대학생활을 아주 효율적으로 관리하는 것을 볼 수 있다. 다양한 경험을 통해서 자아를 확장시키고 지식을 넓히며 광범위한 인간관계를 체험해 보면서 이들은 세상을 알아가고 있다. 몇 번씩 세상 속으로 들어가 걸음마를 시험해 보기도 한다. 그렇다고 이들이 대학의 낭만을 등지고 사는 것은 아니다. 자기 나름대로 여유를 가지고 즐기는 방법이 있다.

이처럼 꿈이 자의에 의해 능동적으로 형성된 경우, 그 꿈은 매우 견고하고 마치 꿈을 향해 질주하는 것처럼 동기와 추진력이 강하다. 이들 중에는 자신의 길을 천직이라고 생각하는 사람들도 있다. 그러나 부모님의 소망과 기대가 그대로 내면화되어서 자신의 꿈으로 발전된 경우도 있다. 이처럼 수동적으로 꿈이 형성된 경우, 자아를 탐색해서 스스로 꿈을 형성할 기회를 유실해 버린 상태라고 할 수 있는데 그만큼 꿈을 실현하고자 하는 동기와 추진력이 약할 수 있다. 하지만 대학시절에 처절한 자기반영과 자기탐색을 거쳐서 현재의 꿈을 재조명해 본 후, 그것을 다시 자신의 꿈으로 재조형한다면 아마도 그 꿈은 이전보다 훨씬 동기나 추진력이 강해질 것이다.

레빈슨은 '인생에서 꿈을 배신한 자는 언젠가는 그 대가를 치를 것이다'[2]라고 했다. 우리가 꿈을 실현해 나가는 것은 곧 자아를 실현하는 길이다. 이 길은 결코 편안하고 행복하기만 한 것은 아니며 역경과 시련, 그리고 능력에 대한 끊임없는 시험과 평가가 뒤따른다. 행복감은 이 과정의 부산물일 뿐이다. 동계 올림픽에서 세계인에게 감동과 경의, 황홀감을 안겨준 피겨 여왕 김연아의 "기쁜 순간은 잠깐이고 대부분 힘들었다"는 말은 꿈을 이루어나가는 과정이 어떻다는 것을 여실히 보여주고 있다. 자아를 실현하는 과정은 타인과의 경쟁이 아닌 자신과의 싸움이며 그 최대의 적은 안이함과 편안함의 유혹일 것이다.

자아를 실현하려는 사람은 삶의 흐름에 대한 자신감이 있어야 하며 도전의 용기가 필요하다. 이들의 삶에서 중요한 것은 목표가 아니라 과정이다. 이것은 마치 산악인들이 히말라야 정상을 향해 오르는 것과

---

2) 『남자가 겪는 인생의 사계절』 D. Levinson 저, 김애순 역, 이대출판부, 1996.

혼돈의 20대, 자신을 말하다

마찬가지이다. 물론 이들이 목표로 하는 것은 정상을 정복하는 것이며 정복했을 경우, 일시적으로 성취감과 희열을 느낀다. 그러나 이들이 산을 오르는 더 중요한 이유는 산을 오르는 과정 자체가 즐겁기 때문이다. 마찬가지로 자아를 실현하는 과정에는 삶에 대한 '몰입의 즐거움flow effect'이 있다. 그 과정에 줄지어 있는 조그만 목표들은 우리에게 삶의 의욕과 동기를 불러일으키고 하나하나의 목표가 달성될 때마다 기쁨과 성취감을 맛보게 한다. 그리고 우리는 또 다른 목표를 향해 계속 가야 한다. 결국 우리에겐 '무엇을 얼마나 성취했는가' 보다는 '어떤 방향으로 어떻게 살아왔는가'가 더욱 중요해질 것이다.

 **자기탐색** **나의 길 찾기**

1. 나는 어떤 사람인가?

나의 기술, 능력, 흥미, 적성, 가치, 장·단점 등을 생각나는 대로 열 가지 적어
보세요. 그리고 나에게 가장 의미 있는 것부터 순위를 매겨보세요. 나를 가장
잘 드러내주는 공통요소는 무엇입니까?

| 나는 어떤 사람인가? | 우선순위 |
|---|---|
| 1. | |
| 2. | |
| 3. | |
| 4. | |
| 5. | |
| 6. | |
| 7. | |
| 8. | |
| 9. | |
| 10. | |
| 공통요소는? | |
| | |

혼돈의 20대, 자신을 말하다

## 2. 나의 가능한 자아Possible self는?

미래 속에 나를 한번 던져보세요. 내가 '되고 싶은 나', '될 수 있는 나', '되는 것이 두려운 나' 는 무엇입니까?

| | |
|---|---|
| 되고 싶은 나 | |
| 될 수 있는 나 | |
| 되는 것이 두려운 나 | |

## 3. 나의 생애 설계

| | |
|---|---|
| 삶의 핵심가치 | |
| 인생의 구체적 목표 | |
| 장기계획 | 1.<br>2. |
| 단기계획 | 1.<br>2. |
| 구체적 실천행동 | 1.<br>2. |

## 부록 1    대학생의 혼전 성행동에 대한 태도와 성경험 실태[1])

1. 만약에 파트너가 혼전 성관계를 요구한다면 어떻게 하겠는가?

    ① 절대 순결을 지키겠다.        ② 사랑하는 사이라면 허용하겠다.

    ③ 결혼을 약속한 사이라면 허용하겠다.  ④ 특별한 감정 없어도 즐기겠다.

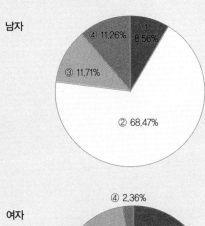

남자

④ 11.26%
③ 11.71%
① 8.56%
② 68.47%

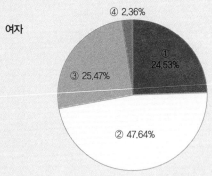

여자

④ 2.36%
③ 25.47%
① 24.53%
② 47.64%

|1-1|  혼전 성교에 대한 태도

---

1) 2010년 3월, 서울시내 5개 대학 대학생 442명(남자 227, 여자 215)을 대상으로 설문조사한 것이
다. 1학년 64명, 2학년 158명, 3학년 89명, 4학년 131명이었다.

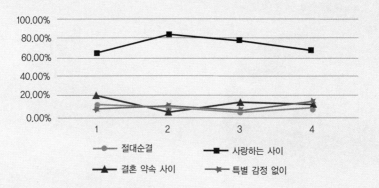

남자

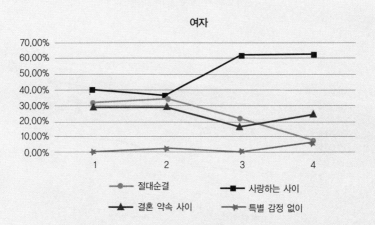

여자

| 1-2 | 혼전 성교에 대한 태도 학년별 추이

2. 나는 혼전 성경험을 한 적이       ① 있다.       ② 없다.

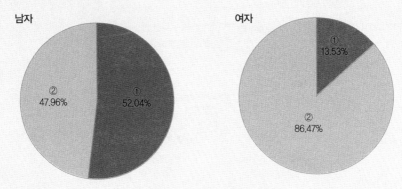

남자

② 47.96%   ① 52.04%

여자

① 13.53%   ② 86.47%

|2-1| 혼전 성경험 실태

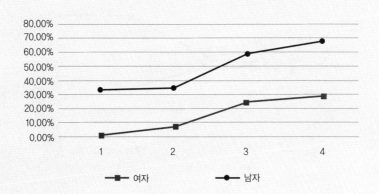

|2-2| 혼전 성경험 학년별 추이

혼돈의 20대, 자신을 말하다

3. 결혼을 약속한 사람이 과거 혼전 성경험을 털어놓았을 때 어떻게 하겠는가?

　① 헤어지겠다.　　　　　② 결혼을 보류하고 생각할 시간을 갖겠다.

　③ 개의치 않겠다.　　　　④ 사정을 들어보고 가능하면 용서하겠다.

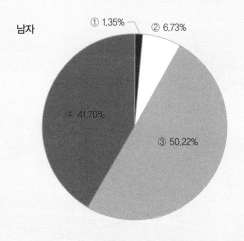

남자

① 1.35%　② 6.73%

④ 41.70%

③ 50.22%

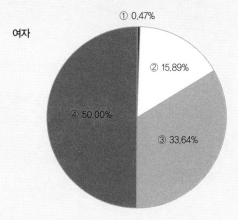

여자

① 0.47%

② 15.89%

④ 50.00%

③ 33.64%

|3-1| 혼전 성경험에 대한 관용성

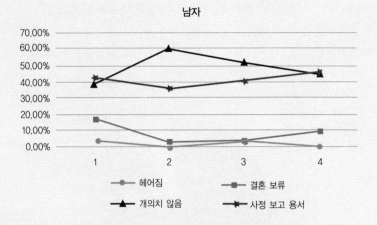

남자

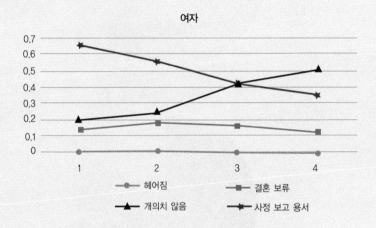

여자

| 3-2 | 혼전 성경험에 대한 관용성 학년별 추이

혼돈의 20대, 자신을 말하다

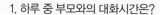

# 부록 2  대학생의 부모－자녀 간 대화와 갈등 실태[1]

1. 하루 중 부모와의 대화시간은?

　① 전혀 안 함　　② 10분 미만　　③ 30분 미만

　④ 1시간 이상　　⑤ 2시간 이상

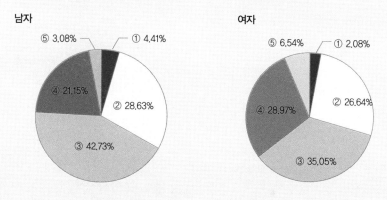

남자

⑤ 3.08%　① 4.41%
④ 21.15%
② 28.63%
③ 42.73%

여자

⑤ 6.54%　① 2.08%
④ 28.97%
② 26.64%
③ 35.05%

2. 가족 중 주로 누구와 대화를 하는가?

　① 아버지　　② 어머니　　③ 양쪽 모두　　④ 형제/자매

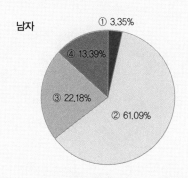

남자

① 3.35%
④ 13.39%
③ 22.18%
② 61.09%

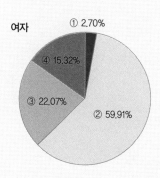

여자

① 2.70%
④ 15.32%
③ 22.07%
② 59.91%

........................................................................

1) 2010년 3월, 서울시내 5개 대학 대학생 442명(남자 227, 여자 215)을 대상으로 설문조사한 것이다. 1학년 64명, 2학년 158명, 3학년 89명, 4학년 131명이었다.

3. 대화의 채널은?

　① 직접 대화　② 전화　③ 인터넷　④ 기타

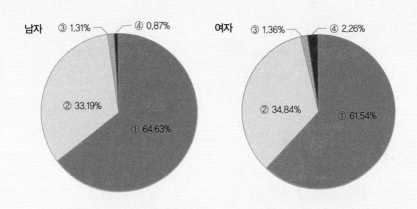

4. 부모와 나누는 대화의 내용은?

　① 학업 및 진로 문제　② 이성관계 및 성 문제　③ 사회 문제 및 가치관

　④ 대인관계 문제　⑤ 일상생활사

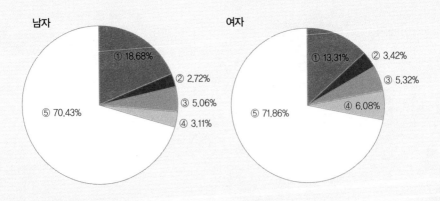

혼돈의 20대, 자신을 말하다

## 5. 부모 중 누구와 갈등이 많은가?

① 아버지　　　② 어머니　　　③ 양쪽 다

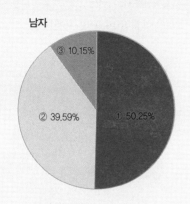

남자

③ 10.15%
② 39.59%
① 50.25%

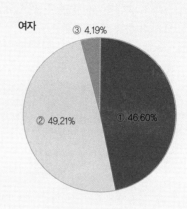

여자

③ 4.19%
② 49.21%
① 46.60%

## 6. 아버지와 갈등이 있다면, 주로 갈등의 소재는?

① 학업 및 진로 문제　　　② 이성 문제
③ 생활습관(옷차림, 귀가시간, 용돈)　　　④ 음주 및 흡연
⑤ 사회 문제 및 가치관　　　⑥ 형제간 비교 및 차별대우

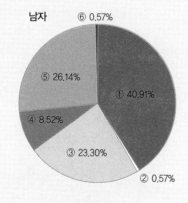

남자

⑥ 0.57%
⑤ 26.14%
④ 8.52%
③ 23.30%
② 0.57%
① 40.91%

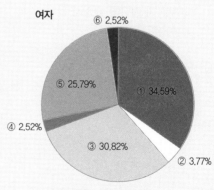

여자

⑥ 2.52%
⑤ 25.79%
④ 2.52%
③ 30.82%
② 3.77%
① 34.59%

7. 어머니와 갈등이 있다면, 주로 갈등의 소재는?

　① 학업 및 진로 문제　　　　　② 이성 문제

　③ 생활습관(옷차림, 귀가시간, 용돈)　④ 음주 및 흡연

　⑤ 사회 문제 및 가치관　　　　⑥ 형제간 비교 및 차별대우

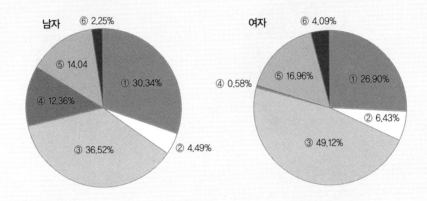

8. 갈등을 심화시키는 원인은?

　① 가치관의 차이로 인한 상호 몰이해　② 부모의 권위주의적 태도

　③ 부모의 지나친 개입과 간섭　　　④ 나의 무절제한 행동

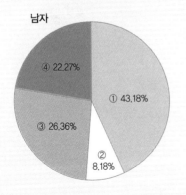
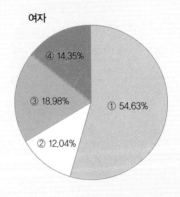

9. 고민과 갈등이 있을 때, 주로 누구에게 마음을 터놓는가?

① 아버지　　② 어머니　　③ 형제/자매　　④ 친구　　⑤ 애인

⑥ 선배　　　⑦ 상담자　　⑧ 교수　　　　⑨ 아무도 없다

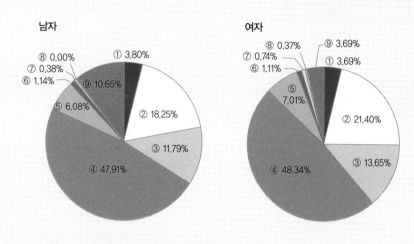

10. 부모와의 갈등을 해결하기 위한 노력은?

① 시간이 지나면 저절로 해결이 된다.　② 대화를 통해 마음의 응어리를 푼다.

③ 이메일을 통해 속마음을 털어놓는다.　④ 장기간 냉전 상태로 말없이 지낸다.

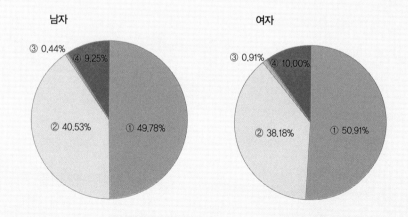